广东省优秀社会科学家文库（系列三）

陶一桃自选集

陶一桃 ◎ 著

中山大学出版社
·广州·

版权所有　翻印必究

图书在版编目（CIP）数据

陶一桃自选集／陶一桃著. ‐‐广州：中山大学出版社，2024.12.
（广东省优秀社会科学家文库）. ‐‐ ISBN 978‐7‐306‐08371‐5

Ⅰ. F0‐53

中国国家版本馆 CIP 数据核字第 2024Z4C784 号

TAO YITAO ZIXUANJI

出 版 人：	王天琪
策划编辑：	嵇春霞　廖丽玲　王旭红
责任编辑：	王旭红
封面设计：	曾　斌
责任校对：	孙碧涵
责任技编：	靳晓虹
出版发行：	中山大学出版社
电　　话：	编辑部 020‐84110283，84113349，84111997，84110779，84110776 发行部 020‐84111998，84111981，84111160
地　　址：	广州市新港西路 135 号
邮　　编：	510275　　　　传　真：020‐84036565
网　　址：	http://www.zsup.com.cn　　E‐mail：zdcbs@mail.sysu.edu.cn
印　刷　者：	佛山市浩文彩色印刷有限公司
规　　格：	787mm×1092mm　1/16　26.75 印张　452 千字
版次印次：	2024 年 12 月第 1 版　2024 年 12 月第 1 次印刷
定　　价：	95.00 元

如发现本书因印装质量影响阅读，请与出版社发行部联系调换

陶一桃

1958年4月生，黑龙江哈尔滨人。1989年于上海财经大学博士毕业，2000年晋升教授，2023年获聘为深圳大学人文社会科学资深教授。现任教育部人文社会科学重点研究基地——深圳大学中国经济特区研究中心主任、一带一路国际合作发展（深圳）研究院理事长兼院长，深圳大学理论经济学学科带头人、喀什大学"天池学者"。深圳市国家级学术领军人才、深圳大学领军学者；中国经济思想史学会常务副会长、广东经济学会副会长、深圳市国际交流基金会副理事长；第四届深圳市人大代表，第五届和第六届深圳市政协委员、深圳市政协文化文史和学习委员会兼职副主任，第三届和第四届深圳市妇女联合会执行委员会委员。自2007年以来，连续四届担任深圳市决策咨询委员会委员。深圳大学原党委副书记、纪委书记。

代表性论文《经济特区与中国制度变迁的路径选择》被列为《新华文摘》封面要目文章，代表性著作《经济特区与中国道路》以五种语言出版发行。承担国家社会科学基金重大项目、重点项目，教育部重点基地重大项目，广东省重大委托项目等近20项。获广东省哲学社会科学优秀成果一等奖2次、教育部"首批国家级线上一流课程"、"深圳市第五届哲学社会科学优秀成果特别荣誉奖"等8项。2019年，获评第三届广东省优秀社会科学家。

"广东省优秀社会科学家文库"（系列三）

出版说明

  哲学社会科学是人们认识世界、改造世界的重要工具，是推动历史发展和社会进步的重要力量。党的十八大以来，以习近平同志为核心的党中央高度重视发展哲学社会科学，习近平总书记亲自主持召开哲学社会科学工作座谈会，就哲学社会科学工作发表一系列重要讲话，作出一系列重要论述和指示批示，对构建中国特色哲学社会科学作出总体部署，有力推动哲学社会科学事业繁荣发展。党的二十届三中全会进一步明确提出"构建中国哲学社会科学自主知识体系"，这是党中央立足完成新的文化使命和哲学社会科学发展规律作出的重大部署，也是新时代我国哲学社会科学发展的战略目标。

  广东省委省政府深入学习贯彻习近平文化思想，认真落实习近平总书记关于哲学社会科学的重要论述，着力加强组织领导、政策保障、人才培育，扎实推动全省哲学社会科学事业高质量发展。全省广大哲学社会科学工作者自觉立时代之潮头、通古今之变化、发思想之先声，积极为党和人民述学立论、建言献策，涌现出了一大批方向明、主义真、学问高、德行正的优秀社科名家，在推进构建中国哲学社会科学自主知识体系进程中充分展现了岭南学人担当、演绎了广东学界精彩。广东省委宣传部、省社科联组织评出的"广东省优秀社会科学家"就是其中的杰出代表，他们以深厚的学识修养、高尚的人格魅力、先进的学术思想、优秀的学术品格和严谨的治学方法，生动展现了岭南学人的使命担当和时代风采。

遵循自愿出版原则，"广东省优秀社会科学家文库"（系列三）收录了第三届广东省优秀社会科学家中9位学者的自选集，包括（以姓氏笔画为序）卢晓中（华南师范大学）、朱桂龙（华南理工大学）、李凤亮（南方科技大学）、李庆新（广东省社会科学院）、李宗桂（中山大学）、吴承学（中山大学）、何自然（广东外语外贸大学）、陶一桃（深圳大学）、程国赋（暨南大学）。自选集编选的原则是：(1) 尽量收集作者最具代表性的学术论文和调研报告，专著中的章节尽量少收。(2) 书前有作者的"学术自传"，叙述学术经历，分享治学经验；书末附"作者主要著述目录"。(3) 为尊重历史，所收文章原则上不做修改，尽量保持原貌。

这些优秀社会科学家有的年事已高，有的工作繁忙，但对编选工作都高度重视。他们亲自编选，亲自校对，并对全书做最后的审订。他们认真严谨、精益求精的精神和学风，令人肃然起敬，我们在此表示衷心的感谢和崇高的敬意！

我们由衷地希望，本文库能够让读者比较方便地进入这些当代岭南学术名家的思想世界，领略其学术精华，了解其治学方法，感受其思想魅力。希望全省广大哲学社会科学工作者自觉以优秀社会科学家为榜样，始终胸怀"国之大者"，肩负时代使命，勇于担当作为，不断为构建中国哲学社会科学自主知识体系，为广东在推进中国式现代化建设中走在前列作出新的更大贡献！

丛书编委会
2024年11月

目录

学术自传 / 1

农奴、佃农的生活状况及其对东西方封建社会发展的影响 / 1
浅谈中国古代经济思想之特征
　　——兼论中西方封建社会异同 / 10
儒家经济思想的特征及其影响 / 19
中国古代经济思想体系中传统思想与反传统思想的统一
　　——兼论中西方文化—心理结构之异同 / 25
儒家经济思想之深层土壤
　　——兼论中国经济思想史中的儒、道融合 / 33
从"子罕言利"到不耻言利
　　——谈商品经济中的价值取向 / 40
共同富裕与非平均的分配方式 / 48
理想与现实的冲突
　　——精神文明建设中的价值观念之嬗变 / 54
深圳市高新技术产业发展战略研究 / 64
消费的成本
　　——论收入分配对消费的制约 / 74
需求与供给之间的选择
　　——供给学派对扩大"内需"的启示 / 88
产权虚置的历史追踪 / 96
对中国加入WTO的制度效益分析 / 101
小康社会的制度约束
　　——兼论制度转型的目标特征 / 117
对《孙子兵法》的博弈论分析 / 128
三大都市经济圈制度竞争力的比较研究 / 144

CEPA 的制度经济学分析 / 157

关于"和谐社会"的经济学分析 / 165

"消费者剩余"与社会经济福利感 / 173

CEPA 的制度绩效与"邻里效应"分析 / 183

香港制度环境及基础性制度的借鉴 / 195

选择了"前海",就是要再造一个香港 / 205

经济特区与中国道路 / 212

从沿海开放到沿边开放
　　——开放拓展战略的意义及喀什经济特区发展应该注意的
　　　几个问题 / 222

深圳经验印证中国道路历史必然性 / 232

厘清政府与市场的边界是深化改革的关键 / 236

喀什发展电子商务的制度文化约束 / 242

中国的近代化性质投资影响因素分析（1903—1936）/ 250

从特区到自贸区：中国自贸区的特殊使命 / 263

论雄安新区与中国道路 / 270

经济特区与中国制度变迁的路径选择
　　——中国改革开放四十年历史进程的理论思考 / 283

中国道路的又一伟大实践
　　——从经济特区到粤港澳大湾区 / 315

从"先行先试"到"先行示范"
　　——经济特区的新使命 / 336

经济特区与中国特色"渐进式改革"的绩效 / 351

深圳奇迹与中国共产党改革智慧 / 367

深港融合发展与区域经济韧性 / 376

附录　陶一桃主要著作目录 / 399

后记：对智慧顶礼膜拜 / 401

学术自传

◎陶一桃

出版一部自选论文集，是我一直以来的心愿。但一方面由于一直处于各种忙碌之中而无法静下心来思考与选择，另一方面又觉得自己似乎还没到案兵束甲之时，或许还能再笔耕20年，所以就始终没有去做。然而，"广东省优秀社会科学家文库"的创举，不仅让我提前实现了自己的夙愿，而且让我在没完没了的忙碌中给了自己一份伴随思考的宁静，让思绪与心灵能在理性中回眸曾经走过的道路，看到了自己在学术上的成长、成熟及某些思想与见地形成的轨迹，寻找到了时代赋予我的创作灵感的源头，还有那些年代对于我的学术思想形成所产生的深刻影响。

横跨39年的自选文集，记载了我从硕士到博士的求学历程，记录了我从讲师到教授的学术生涯，更承载了我人生最富有求知欲望与创作激情的奋斗年华，见证着我从一个热衷于学术研究的青年学子成长成为一个具有独立思考能力、理性批判精神与反思自觉的成熟学者的人生轨迹。可以说，这部自选文集对我而言与其说是文字的汇集，不如说是岁月在有限人生中的一个小憩，当心静下来的时候，我们才能从回忆中感知得失，领悟人生，聆听智慧的呼唤与忠告。

我学术生涯发表的第一篇论文是1985年发表于《求是学刊》第6期的《农奴、佃农的生活状况及其对东西方封建社会发展的影响》，那是我研究生二年级的课程论文。给我们讲授中国古代经济史的是一位张姓女教授。她课讲得非常好，一部中国古代经济史几乎信手拈来、驾驭自如。我很敬佩她，想学成毕业后成为如她那样博古通今的学者。但是她不爱笑，厚厚的眼镜后面是一双随时都会发现对方问题的眼睛，她严肃得让人面对她时难免有些紧张与局促。然而，当她点评我的课程论文时却露出了难得一见的微笑。这个肯定的微笑给了我自信，至今每每想起那个微笑，我依然还会有一种自信油然而生。在这篇论文中，我有两个观点得到了张教授的肯定。其一，我认为，"中国封建社会自身的运转虽然为生产力发展提供了可能性,但又使生产力不可能充分发展。纵观我国历史,每一个朝代由兴盛走向衰落的过程,也就是生产力发展水平由较高到停滞的过程。频繁的大规模的农民战争不仅荡涤了旧的王朝,而且几乎荡涤了旧王朝创造的生产力。因此,中国封建社会生产力发展水平尽管在某一时期达到了相当的程度,超过了前一王朝的最高水平,甚至超过了西方同时期的水平,但生产力的积聚常常被打断,始终未能冲破封建生产方式"。其二,我提出,"考察和比较农奴、佃农生活状况本身并不是目的,目的在于通过这种比较发现东西方封建社会发展进程中的特殊规律。中国封建社会产生于欧洲封建制度远远没有产生之前,而又消灭在欧洲封建制度早已消灭之后。……佃农这个中国式的农奴比西方的农奴有更多的人身自由和更大的生产积极性,但这种对社会生产发展起积极作用的因素,却一再被社会的周期动荡所毁灭。劳役地租形式本来可以使佃农较之农奴更多地积聚财富,从而增加提高社会生产力的可能性,但也不断地被社会周期动荡所中断。因此,中国封建社会的生产力发展状况和劳动者的生活状况总是处在破坏—恢复—提高、再破坏—再恢复—再提高的周而复始的循环之中"。

尤其记得那次的课程论文点评,张教授教会了我如何区分并正确使用备注与脚注。张教授告诉我,写学术论文首先要学会正确使用备注和脚注,它们是论文的重要组成部分,也是一个学者学术素养的体现。张教授的话我始终铭记于心,直到今日,每每撰写一篇学术论文时,我都会如斟酌每一个学术观点的表达一样,审核备注、脚注的使用。

记得台湾清华大学历史学家赖建成先生曾这样评价保罗·萨缪尔森(Paul Samuelson):"他是第二次世界大战后经济学界的标志性灯塔,让茫茫大海的船只有明确指引,照亮了广袤的海面,可以说是阳光普照。"在谈到英国学者罗杰·巴克豪斯(Roger Backhouse)参照萨缪尔森手稿文档出版萨缪尔森的传记时,赖建成先生还曾这样生动地描述:"相对《萨缪尔森自述》而言,传记就好像半个世纪来对灯塔很熟悉的四海船只,倾诉它们对这座灯塔的感情与见闻。"借用这个意境我想说,那些备注、脚注就是我治学的"灯塔",当我早已为人师并在学术上有了一定的收获时,这座"灯塔"总会让我明白自己是从哪里出发,应该驶向何方。

发表于《中国军事科学》2004年第6期的《对〈孙子兵法〉的博弈论分析》是一篇被"逼"出来的文章。我阴错阳差地被选定代表深圳学者在"中国孙子兵法研究会"上发言,接到任务时我有些紧张,因为我将面对的是《孙子兵法》的资深研究者和深谙兵书战谋的中外军事家。讲什么是既定的,必须是《孙子兵法》,但怎么讲对我是个挑战,我只能在如何诠释《孙子兵法》上动脑筋了。《晏子春秋·内篇问下》曰:"先君能以人之长续其短,以人之厚补其薄。"以己之长补己之短是我最好的选择,于是我决定从经济学的视角,用博弈论的方法来分析《孙子兵法》中的"智""计""谋"。

我得出如下结论:如果从博弈的思维方式出发,《孙子兵法》是以"智"为基础,以"计"为核心,以"谋"为最高境界(最优化),在"计"与"谋"的应用中来完成单人博弈的最优化过程。所谓"计"可以理解为"对策",它包括了各种不同环境和条件下的"对策"选择。所谓"谋"可以理解为一种最优化的境界或状态,它既是"计"的结果,又是高于"计"的选择,是最高的,也是最完美的战略目标和战争境界。作为"对策"的"计",不仅是客观条件与环境的产物,还蕴含着《孙子兵法》中"变"与"奇"的全部真谛。

我把"智"与信息不对称相关联,将"智"设定为制造信息不对称,从而扰乱敌方战略决策与思想的内生因素——"诡道"。我同时得出如下结论:《孙子兵法》以"智"制造信息不对称的思想,不仅具有一种哲学的思辨之美感,而且与道家的"大成若缺,大盈若冲,大直若屈,大巧若拙,大辩若讷""曲则全,枉则直,洼则盈,敝则新,少则得,多则惑"等思想有着神似之奇妙。所以,《孙子兵法》虽不像《论语》那样,在两千多年的历史进程中成为中国传统文化乃至意识形态的"蓝本",但蕴含"儒"(家)、"道"(家),张扬"名"(家)、"法"(家),既闪耀着哲学思辨的火花,渗透着老庄智慧的美感,又展示了兵家机敏从容的境界和中华民族人文睿智的无限感染力。

我又把"计"与动态博弈中的"策略"和"行为"结合起来研究,判定在完全信息的零和博弈的框架中,"计"无疑具有了"对策"的含义。完全信息假设意味着孙子在其关于战争的分析中,完全了解敌我双方(各博弈方)在不同条件和情况下的胜与败(各种情况下的得益)的对策选择,因此,如何"得益",即如何取得战争的胜利,就是对策("计")选择的目标。

我把"谋"纳入单人博弈中的最优化实现的逻辑中进行分析,并进而认为,如果从战争必须要有敌我双方的角度看,把《孙子兵法》看作单人博弈似乎有点不合逻辑。但是，《孙子兵法》是一部舍事而言理、论战而非实际作战的教科书。因此，《孙子兵法》说到底是孙子本人作为一个战略家、军事家和谋略家，凭借自身深厚的人文睿智、在军事方面的天分、丰富的战争经验和敏锐的观察力与判断力，告诉人们如何在那些已知的和可以预见到的环境与条件下用兵用计，从而达到在"慎战"中"全胜"的最佳的战争境界。所以，在《孙子兵法》十三篇中，单人博弈的最优化问题，表现为围绕打胜仗的一系列最佳政策、策略、战术、途径、作战方式和方法的选择。但同时我又是在零和博弈的框架中对《孙子兵法》进行了社会道德层面的研究。将《孙子兵法》看作零和博弈的理由，是基于对战争的一般的价值判断。零和博弈的定义，是从各博弈方策略选择的结果出发而厘定的。当一方的收益必定是另一方的损失时，各博弈方无论如何决策，最终的社会总得益，即各博弈方得益结果之和为零时，博弈就进入了零和博弈的状态。而战争的结果，尤其是传统的古老的战争形式，正是具备了零和博弈的这种特征。尽管人类在进入文明的漫长历程中不断经历战争，尽管战争本身有胜利方和战败方之分，但从人类文明的视角看，战争毕竟是对人类文明和生命的践踏，也是社会资源的损失与浪费。因此，战败的不仅仅是战败方，还是人类自己。从社会效用和福利的角度来讲，战争是没有赢家的，哪怕是正义的战争，因为战争本身的正义性，并不代表社会财富和福利的正相关性增长。鉴于上述判断，我得出如下结论：《孙子兵法》中的"慎战"思想和"不战而屈人之兵"的境界正是企图改变或避免零和博弈的一种智慧的策略选择。

今天回顾、分析当年的选题与其中的思想，尽管还有许多可以进一步完善与更科学地斟酌的地方，但我还是为自己能够以己之长补己之短而感到欣慰。其实我们每一个人都不可能穷尽知识，哪怕是那些知识渊博的让人敬佩的伟人。但是能有所收获的人，一定是那些懂得趋利避害、取长补短的人。明确知道自己的弱点在哪里、是什么，往往比知道自己的优势有多强更重要。人生中所遇到的每件事都会受到多种因素的影响，所以想解决这些问题，并从中有所收益，就必须熟练掌握多种思考的方式。因为，事情的结果往往不是由问题本身决定的，而是由解决问题的方法所决定的。在人生道路上总会遇到很多问题，但我坚信没什么比持续学习对我们的帮助更大了。在我的学术生涯中，每一次具有挑战性的思考与创作不仅激发我探究的热情与无限的学术兴趣，更让持续学习成为我能够保持不断思考的生生不息的智慧源泉。

自选文集中我特地选择了三篇与香港研究有关的论文：《CEPA 的制度绩效与"邻里效应"分析》《香港制度环境及基础性制度的借鉴》和《深港融合发展与区域经济韧性》。我亲身经历了 1997 年香港回归，见证了香港与内地的协同发展。作为学者，经历不仅仅是人生的阅历与历程，更是促发思考的源头活水。正如俄罗斯思想家索尔仁尼琴曾说过的那样："我们的生命，我们的精神必须产生于我们自己的理解，我们自己的文化氛围。"发表于《广东社会科学》2009 年第 2 期的《香港制度环境及基础性制度的借鉴》，是我专门研究香港的第一篇论文。我一直认为，无论从深圳经济特区的成功实践还是中国改革开放所取得的伟大成就的角度看，香港都是一个极其重要的因素。改革开放 40 多年来，在相当长的时期里，香港都是内地了解世界、学习市场经济、融入国际社会的最直接便利的窗口。改革开放初期，政府（主要是内地政府）提供政策，鼓励香港民间资本与内地自由往来，是香港与广东乃至全国普遍采用、实施的合作模式，而且在相当长的时间里引入港资、与港人合资以及港人独资也是内地与香港合作的最基本的、最主要的方式。2003 年 CEPA[①] 的实施，也主要是向香港开放市场，以政策的优惠允许、鼓励港资参与内地市场竞争。1999 年，港澳投资占深圳实际利用外资的 50.70%；2016 年，这个数值高达 88.14%。应该肯定地说，与香港资金、物质、商品、技术、人才等经济要素的往来，真正推动了内地，尤其是广东改革开放的进程。它不仅加快了计划经济向市场经济转型的步伐，而且带来了足以改变传统体制的来自竞争和市场经济的制度文化力量。

香港因素对深圳乃至中国改革开放进程的影响，让我们不得不去思考：市场经济是什么？为何市场经济能给中国社会带来如此巨大的变化？任何时候，我们都不能把市场经济简单地理解为技术、科学、工具、手段，因为从根本上说，市场经济是制度，是机制，是文化与文明。如果说改革开放的根本在于解放人，在于人性的解放与创造精神的释放，那么市场经济的本质则在于法制框架下每一个人选择的自由与来自自由选择的平等获得。改革开放 40 多年的实践证明，只有社会主义市场经济才能救

---

① CEPA（*Closer Economic Partnership Arrangement*），即《内地与香港关于建立更紧密经贸关系的安排》的英文名称简称。

中国。

上述对香港因素的研究，还让我得出一些基本的判断：香港社会向我们展示的是被实践检验、证明过了的，不断被人们的试错教训所修正、完善了的一套成熟的社会管理框架及行政运作程序。香港在管理社会的功能及效率上、在政府的决策规则及程序上、在官员的服务意识及法制观念上、在社会生活的民主及平等的价值取向上都具有一定的借鉴意义。香港的体制优势，是一种有价值的资源。向先进制度学习，有助于克服、避免转型社会的政府由于自身的局限性而导致的保守和低效率。比如，原有体制内的既得利益及传统意识形态，会直接影响官员们在制度变迁过程中的选择偏好，而先进体制的示范则可以使人们在短期内迅速跳出传统意识形态的束缚，避开人的理性的局限性，从而提升对制度变迁的认知能力。又如，转型社会的制度变迁过程中，常常会出现这样的情况：即使政府有信心建立新的制度安排以促使制度从不均衡恢复到均衡，但由于社会科学知识不足，政府也可能无法完成一项正确的制度安排。结果在利润最大化方面的短期努力会导致对持续无效活动的追逐（在制度制约给定时），而且即使它们会追求生产性活动，也可能会导致无法预期的结果。因此，向先进制度学习，既可以消除制度变迁的时滞，降低制度变迁的成本，减少制度变迁中的无形损耗，还可以使政府在制度的变迁中走向成熟、理性并形成富有责任感和服务社会与民众的职业人价值取向。香港是一个成熟、完善、高度国际化的发达的市场经济地区，它向我们展示出来的是服务型政府的工作效率，民主、透明的议事、办事秩序，公平竞争的市场秩序，完善、普惠的社会保障机制。从某种意义上说，向香港借鉴体制优势是我们一直没有完成的课题。

发表于《澳门理工学报（人文社会科学版）》2022年第2期的《深港融合发展与区域经济韧性》已经开始在粤港澳大湾区的背景下，探讨深港融合发展对区域协同发展的影响问题了。这个研究方向的拓展，一方面与2019年《粤港澳大湾区发展规划纲要》出台有关；另一方面，也是更重要的一个方面，经过改革开放实践与内地市场经济的日臻成熟，深圳与香港协同发展的模式也在发生着某些变化，这些变化已经将深港融合发展及区域共同发展繁荣的机制研究提到了理论界的面前。

我认为，粤港澳大湾区的形成与构建，不仅具有制度一般的基本功能与属性，更具有制度创新的特殊意义。深港融合发展以营商环境的高水平规则衔接与制度对接为路径,不仅提升了粤港澳大湾区的制度环境质量,而且促进香港真正融入祖国建设的整体布局之中。从深港两地产业结构的特点来看,深港融合发展将以各自产业结构的优势,整体增强着区域经济韧性;从深港两地的社会—文化资本与人力资本结构来看,将以强化社会—文化资本潜在收益的方式增强着区域经济韧性;从深港两地社会资本的契合度来看,将会以社会资本的制度力量增强着粤港澳大湾区的区域经济韧性。

我在研究中尤其强调,从根本上说,深港融合发展不是一个单纯的经济问题,而是一个文化大于资本、制度重于技术的社会问题。相对于资本与技术而言,来自制度—文化的约束,既是最软的约束,也是最坚硬、最根本的约束。实际上,它是共同的价值观和规则,界定着一个社会或共同体及其个人的选择行为。而在一个社会或共同体中发展起来的,并已经成形的诸如习俗、信仰、价值观等非正式制度,不仅是制度这一系统的组成部分,也是文化这一系统的组成部分。因此,建立一个富有包容性的可操作的制度—文化认知共同体系,对深港融合发展来说无论是从逻辑还是从现实意义上讲,都应该是首要的策略与智慧考虑。

尼采曾说:"在哲学家中,没有比理智的诚实性更稀罕的了。"① 索尔仁尼琴说:"一句真话比整个世界的分量还重。"② 人类社会的前进不仅需要勤奋与热情,更需要思考与理性。同样,学者不仅需要勤奋与热情,更加需要思考与理性。只有这样,学者才能真正拥有推动历史前行的冷静的头脑。

在我的自选文集中,关于经济特区与中国特色渐进式改革、经济特区与中国道路、从经济特区到自贸区、从经济特区到粤港澳大湾区、从"先行先试"到"先行示范"等方面的研究,既是我在深圳32年来的主要研究方向,也是我有关"中国特色渐进式改革"思想形成的逻辑演进的历程。谈到治学之道,我很崇拜胡适先生的理念,那就是"大胆的假设""小心的求证"。"不大胆的假设、怀疑,就不会有进步和创新。"但大胆假设、怀疑之后,应该"有几分证据说几分话。有七分证据,不说

---

① [德] 弗里德里希·尼采:《权力意志——重估一切价值的尝试》,张念东、凌素心译,商务印书馆1991年版,第590页。

② 过客:《索尔仁尼琴语录》,载《杂文月刊(选刊版)》2008年第10期。

八分话","没有证据,只可悬而不断;证据不够,只可假设,不可武断;必须等到证实之后,方才奉为定论"。① 可以说,我对经济特区的研究及相关思想与判断的形成,既产生于中国改革开放的实践中,又不断被经济特区所创造的中国奇迹所印证,同时还随着中国社会深化改革的推进而逐渐完善并形成自己的体系。

  我认为,作为中国最成功、最典型的经济特区,在新中国发展史上恐怕没有哪一座城市能像深圳那样,以其自身的产生预示着一个时代的开始(改革开放时代)和另一个时代的结束(传统计划经济时代);也没有哪座城市能像深圳那样,以其自身的发展体现、引领着整个国家的制度变迁的方向,并创造着一种崭新的富有绩效的社会发展模式;更没有哪座城市能像深圳那样,以其自身的不断变革书写着社会转型的奇迹,并在创造财富的同时创造着新的观念、精神和理念。因此,深圳成长的历史不仅仅是一座年轻城市的发展岁月,同时也是一个转型国家制度变迁的探寻轨迹,是一个民族寻求富裕与强大的奋斗历程,是中国人民为实现现代化而砥砺前行所昭示的一条独特的发展道路。深圳经济特区以它的发展历程,记录并承载着中国改革开放40多年的实践。这40多年的伟大实践,不仅是对以往传统计划经济体制的回顾与反思,更是对中国改革开放目标与未来发展方向的探索与确定。深圳经济特区以其自身成长的40多年的岁月,为制度转型的中国社会提供了许多崭新并富有挑战意义的思想。更重要的是,那些崭新并富有挑战精神的思想与观念,摧毁的不只是传统体制下桎梏变革的精神藩篱,更有那些曾一度被视为绝对真理的教条。

  作为中国经济特区最典型、最成功的代表,深圳经济特区的地位是不可替代的。它不仅是真正意义上的中国改革开放的发源地,而且在相当长的历史时期内以自身的改革开放实践,引领着中国改革开放的方向,并不断创造出可以复制、借鉴的模式与经验。尽管从中国制度变迁的路径选择和中国道路的实践来看,经济特区只是局限于一座城市的概念,但深圳作为一座以率先改革开放而崛起的城市,无疑应该写进中国改革开放的史册之中。因为,深圳经济特区的形成,远远大于一座城市的形成;深圳经济特区的成长,远远高于一座城市的成长;深圳经济特区的发展,远远重于一座城市的发展;深圳经济特区的影响力,也远远超越一座城市的影

---

① 胡适著、耿云志编:《胡适语萃》,华夏出版社1993年版。

响力。

经济特区在中国改革开放的历史进程中绝不是一个暂时的经济现象，也不是单纯的特殊政策的产物，更不是一种权宜之计。作为特殊政策的产物，它完成了中国社会由计划经济向市场经济转型的探索与示范的使命；作为一种制度安排，它是在一个非均衡发展的大国里，以最小成本代价实现社会转型的最佳路径选择；作为渐进式改革的重要的实践模式，它降低了中国改革开放的风险并提高了制度变迁的绩效；作为中国道路的一个重要的组成部分，它以区域经济的集聚效应和辐射力，不断改变、改善并形成着中国经济的新版图，成为中国社会实现现代化的一条具有制度绩效的"捷径"。因此，经济特区是中国社会制度变迁路径的探索者，是社会主义市场经济体系营建的先行者，是中国道路不可或缺的组成部分。我们只有把对经济特区的理解与研究放在中国改革开放的历史进程中，才能说明、认识、理解经济特区的独特作用与使命，才能寻找到中国制度变迁的演进路径，才能发现中国道路的理论机理，才能寻找到"中国奇迹"发生的原动力，才能真正说清楚经济特区为什么会以路径依赖的方式，为中国社会的制度变迁提供一条可复制的发展道路。对于今天的中国而言，经济特区是中国社会制度变迁和中国道路的逻辑起点，它本身就构成了中国道路的重要内涵。甚至可以说：没有经济特区的创建，就没有中国改革开放的实践；没有经济特区的示范，就没有社会主义市场经济的普遍确立与发展；没有经济特区的"先行先试"，就没有所谓中国道路的探索；没有经济特区的率先与引领，就没有全面建成小康社会的发展积累；没有经济特区的拓展与创新，就没有实现中国梦的坚实的制度与物质力量。

2008年我领衔编写出版了《中国经济特区史论》一书，并以"必由之路"为标题撰写了序言。在序言中，我写道："从严格意义上讲，经济特区是特殊政策的产物，当特殊政策不复存在时，经济特区也就似乎不存在了。但是，由此我们就说经济特区可以光荣地走进历史博物馆了，又未免太短视或缺乏历史责任感了。如果说经济特区还存在着新的历史，那就是要把这场关乎中国命运的改革开放大业推向深入，进行到底。从这个意义上说，经济特区将贯穿中国改革开放的全过程。"今天读起来，那时我对经济特区的认识还没有真正达到一定的高度，对于如何从理论上，尤其是从制度变迁的理论视角诠释经济特区及其发展演进还没有形成系统化、体系化的认知。

2015年，我作为国家社会科学基金重点项目负责人领衔撰写了《经济特区与中国道路》一书。我为此书写了一篇长达五万字的总序，比较系统地阐述了我对经济特区及其拓展形式以及经济特区与中国道路的研究所得出的观点和结论。

首先，我认为，作为中国最典型、最成功的经济特区，深圳对中国改革开放做出了五个方面的历史贡献：其一，率先探寻、示范、实践了社会主义市场经济，为转型中国社会贡献了一个富有绩效的崭新的经济体制，那就是社会主义市场经济体制，从而为中国社会的改革开放及制度变迁提供了基础性、制度性保障；其二，以其自身的发展与成功，为中国实现现代化探索、贡献了一条独具特色的发展道路，那就是中国道路，从而使中国社会通过非均衡发展战略和"渐进式改革"的路径，迅速而稳步地由传统计划经济的普遍贫穷走向了社会主义市场经济的共同富裕，为中国梦和"两个一百年"的宏伟目标的实现奠定了坚实而又具有竞争力的社会物质与制度基础；其三，以其"先行"的实践与"敢为天下先"的勇气，为推进中国社会改革开放的进程培育、贡献了一种激荡人心的精神，那就是敢闯、创新，从而推动了足以影响亿万人的观念更新的革命，促进了具有革命性意义的市场经济文化与创新文化的形成；其四，以率先创新的实践和优先发展高科技产业的选择，推动经济增长方式转变，印证了创新是一个国家或民族经济可持续发展和持久繁荣的生生不息的源泉，从而为创新型国家建设提供了可复制、可推广的经验与制度安排。其五，以其率先发展的富裕和引领中国改革开放的成就证明了一个朴素而崇高的大道理——人的自由发展是社会发展的内容与目标，从而把尊重人的自由发展写到了社会发展的旗帜上。每一个公民的创造力既是社会发展的源动力，又是实现中国梦的源动力；深化改革既是中国实现现代化的必由之路，也是实现中国梦的必由之路。

其次，我尝试从理论上阐述经济特区与中国道路之间的关系。我认为：一是经济特区作为开启中国改革开放的突破口，同时开启了中国道路的探索征程。从此，中国现代化走上了一条既不同于传统体制下的苏联模式，又不同于资本主义时代的西方模式，更不同于被苏联、中东欧前社会主义国家和拉美转型国家所采纳的"华盛顿共识"的独特发展道路。二是经济特区作为一种强制性制度安排，打破了传统体制下的一般均衡状态，使非均衡发展成为中国社会制度变迁的最佳路径选择，从而也成为探索中国道路的路径选择。经济特区作为非均衡发展道路的产物，与非均衡发展道路共同构成了中国道路的重要组成部分。三是经济特区作为自上而下的正式制度安排，在"摸着石头过河"的理念下，构成了中国渐进式改革的重要实践模式，而"先行先试""率先示范""敢闯"又都构成了这一重要实践模式的重要内涵与品质。它们以符合中国国情的改革实践方式，证明了中国道路的实践价值与现实意义。四是如果从制度变迁理论和区域增长理论来看，无论是典型经济特区、广义经济特区还是自贸区、湾区，都是在中国改革开放不同时期与阶段中，承担着不同的先行先试使命，从而实现国家整体发展战略的一项制度安排。从典型经济特区到广义经济特区，再到经济特区拓展形式的自贸区、湾区的建立与形成，是"梯度发展"与"反梯度发展"路径选择的有机结合。这种有机结合在深化改革的进程中诠释着中国道路的独特性与创造性。五是从中国社会改革开放的逻辑起点和路径选择来看，非均衡发展是占主导地位的战略选择。但是，随着越来越多的各类特区的建立及市场经济的普遍建立与发展完善，威廉姆逊倒"U"型假说所预测的状况也逐渐显现出来，其中的理论逻辑构成了中国道路的理论机理。

坦率地说，这个时期，我对"中国道路"学理上的表述也不是太准确，我只是描述性地进行了阐述："中国道路"是既不同于苏联模式，又不同于"华盛顿共识"的，而是充分体现中国特色的实现现代化之路，其实质就是中国共产党领导和实现社会主义现代化。中国道路的形成过程，既是一个探索的过程，更是一个用观念战胜观念的过程。中国道路不仅以其自身的成功实践证明了自身选择的正确性，还探索出一条转型国家实现现代化的可借鉴的发展道路。中国道路的探索过程是对人类文明的认同过程，也是向世界展现中国智慧的过程。这一过程记录着一个民族独立自主谋求富强的美丽故事，更体现了改革开放倡导者、领导者们敢于探索的胆略、自我革命的勇气、选择的智慧与民族担当的情怀。

之后我在发表于《社会科学战线》2018年第6期的《从经济特区谈中国道路的实质与内涵》与发表于《澳门理工大学学报》2018年第3期的《经济特区与中国制度变迁的路径选择——中国改革开放四十年历史进程的理论思考》两篇文章中，对"中国道路"及其相关问题又做了深入思考后的理论诠释：这里所说的中国道路，是指1978年以来中国所选择的社会转型、经济发展与全面实现现代化的方式与路径。具体地说，就是在一个已经拥有30年计划经济历史，同时传统意识形态又毋庸置疑地占据统治地位的计划经济的大国里，在区域及城乡发展严重不平衡的贫穷的国度中，以创办经济特区的方式作为以冲破传统体制为目标的制度变迁的突破口，旨在在全国范围内逐步完成由传统的计划经济向社会主义市场经济转型，使中国社会在一段时期内全面走上市场经济的道路，逐渐成为一个真正的经济繁荣、制度自信、文化昌盛、国富民强的法治的社会主义市场经济国家。

同时，我又把对"中国道路"的研究具体深入到中国特色"渐进式改革"的研究。我提出：中国社会的改革开放，具有中国特色"渐进式改革"的鲜明的特征。所谓中国特色"渐进式改革"是指1978年以来中国所采取的既不同于"华盛顿共识"所推崇的"激进式改革"，又不同于典型的"渐进式改革"的中国特色的制度变迁的路径与模式。其特征主要有：以建立经济特区为重要的实践载体；以先行先试为主要的实践逻辑与步骤；以强制性制度变迁为主导，以诱致性制度变迁为潜能；以自上而下顶层设计为核心，以自上而下授权改革为路径；以经济改革为切入口，以全方位改革为方向；以发展经济为着眼点，以全面发展为目标；以非均衡发展为路径，以协调与共享发展为宗旨。由此，我对经济特区的功能与定位也进行了制度经济学范畴的诠释：在中国改革开放40多年的历史进程中，经济特区，尤其是深圳经济特区，拥有着制度变迁的先行者和"政策性经济增长极"的双重身份。作为制度变迁的先行者和"政策性经济增长极"，经济特区率先探索着中国社会由传统计划经济向社会主义市场经济转型的发展路径，寻找着由普遍贫穷走向共同富裕的实践模式，探寻着由经济体制改革逐步深入到政治体制、社会管理体制机制等全方位改革的制度安排，实践着以非均衡发展战略实现区域协同发展的有效途径，贡献着由政策开放走向制度开放，由外向型经济走向开放型经济的理念、做法与可借鉴、复制经验。

如果从"中国特色渐进式改革"的视角或理论框架来理解经济特区，那么可以说，以深圳为典型代表的经济特区作为中国社会制度变迁的逻辑起点与中国道路的重要组成部分，既是自上而下强制性制度变迁的产物，又是这一制度变迁的结果，同时还是中国特色"渐进式改革"的载体与实践者。作为自上而下强制性制度变迁的产物，它肩负起"先行先试"和"先行示范"的历史使命；作为强制性制度变迁的结果，它以"政策性增长极"的制度力量，不断产生、释放着"虹吸效应"与"扩散效应"，从而改变、形成了中国经济的新版图；作为中国特色"渐进式改革"的实践者，它以其自身的发展不断探索着中国社会制度变迁的路径，更以其自身的成功证明了中国道路选择的正确性。上述主要学术观点大多发表于2018年第3期的《澳门理工大学学报》，这篇文章被《新华文摘》2018年第20期全文转载并成为封面文章、《中国社会科学文摘》总第179期（2018年11月20日）全文转载、人大复印资料《社会主义经济理论与实践》2018年第9期全文转载。

　　自选文集的出版，给了我回顾、反思自己虽不漫长但也占据我大半生的治学生涯的时机与时间。每一篇学术论文完成的过程，都是一个认知的提升、思想的突破与精神的洗礼过程。在某种意义上，与其说是我在撰写论文，不如说是文章在砥砺着我。每当我被一个学术判断所困扰而停滞不前的时候，书总是我最好的老师。读着每一部大师之作，都如同与智者进行酣畅淋漓的对话，往往可以得到顿开茅塞的启迪，会带来文章若水之趋下般一气呵成的快乐与无限的成就感。记得美国一位杰出的法官曾说过："自由的精神就是对自己是否正确不是很有把握的精神。"正是这种自由的精神，让我一直在探索与求证中前行。

　　我很赞同这样的一句话：我们的社会不会由于缺少奇迹而毁灭，但会由于缺乏创造奇迹的思想而枯萎。对一个学者而言，信仰与求索的精神犹如创造奇迹的思想一样，会使自己的生命之树在岁月的流逝中长青不衰。尼采曾说："如果这世界上真有奇迹，那只是努力的另一个名字。"我不曾创造过什么奇迹，但我一直在努力着……

陶一桃
二〇二三年十二月于深圳大学粤海校区

农奴、佃农的生活状况及其对东西方封建社会发展的影响

农奴和佃农是东西方封建社会最基本的生产者和最主要的阶级成分。农奴与封建领主的对立、佃农与地主阶级的对立,是东西方封建社会最主要的阶级对立;农奴与封建领主的土地结合、佃农与地主阶级的土地结合,反映了东西方封建社会占支配地位的生产关系。因此,深入探讨农奴、佃农的生活状况、社会经济地位,以及他们各自所处的特定的经济地位对东西方封建社会特征的形成、发展进程的影响是很有价值的。

一

马克思说:"物质生活的生产方式制约着整个社会生活、政治生活和精神生活的过程。"① 中国封建社会生产方式表现出来的不同于西方封建社会的特殊性,以及由此而产生的它所独有的经济规律,制约并决定了中国封建社会沿着自己的轨道走完了漫长的历程。

封建社会不同于奴隶社会,在两个对抗阶级形成的同时产生了两种对抗性的经济——领主经济(地主经济)和农奴经济(佃农经济)。这两种对抗性的经济成分既相互对立,又相互依存,互为存在的前提和条件,并共同构成了既矛盾又统一的封建社会的经济实体。因此,无论在庄园制下还是在租佃制下,封建主对农奴(佃农)的剥削都是既有限又无限的,即一方面封建主千方百计地采用各种手段来压榨农民,提高剥削率;另一方面封建主也要将必要劳动留给他们,否则封建主经济就失去了存在的基础和支柱。但是,如果我们从静态的角度看问题,似乎在庄园制经济中,领主经济与农奴经济的相互依存较之租佃制下的地主经济与佃农经济的相互依存更为显著。在庄园制中,土地分为直属于领主的"公田"和分配

---

① [德]马克思、[德]恩格斯著,中共中央马克思恩格斯列宁斯大林著作编译局编译:《马克思恩格斯选集》第2卷,人民出版社1972年版,第82页。

给农奴的"份地"。农奴不仅要在从领主那里领来的份地上耕作，以保证起码的生存需要，同时还要耕作领主的公田。公田实际上是领主用以剥削农奴剩余劳动的主要手段和农奴实现无偿劳动的主要场所，份地则是领主取得农奴劳动的一种必要开支。这样公田（领主经济）和份地（农奴经济）共同构成了西欧封建庄园经济，即西欧封建社会生产方式的基本形式，二者缺一不可。没有公田就没有领主经济，同时，没有份地领主就失去了可使用的劳动力，领主经济也得不到保证。因此，要保证领主经济的存在就要保证农奴经济的存在，尤其要保证农奴自身的生产和再生产。这就从客观上将剥削限制在一定的限度内了。租佃制不同于庄园制，在这里土地是一种生息资本，土地所有权对地主来说就是榨取农民剩余劳动的手段。地主只是为取得地租收入而出租土地，即所谓"田非耕者所有，而有田者不耕也"。因此，地租率高一分，地主阶级的收入就多一分。于是地主总是想方设法提高剥削率，以致佃农失去了再生产者的能力，甚至离开了土地，而转徙流亡，到了"常衣牛马之衣，而食犬彘之食"的悲惨境地。租佃关系将地主经济与佃农经济的联系掩盖住了，似乎地主阶级将会无限制地提高剥削程度，从而使中国的佃农贫困破产，使其生活状况远不及西方的农奴。但如果我们从动态的角度看问题就会发现，地主对佃农的剥削程度有一个由强到弱再由弱到强的周期变化过程。并且，这个变化同中国封建社会上地产的分割与兼并的周期循环、政治上帝制的改朝换宗的世代轮回、地权和政权在同一生产方式和思想体系中的重复和再分配密切联系在一起。也就是说，当一个王朝刚刚确立之时，鉴于前一王朝灭亡的教训，一些贤明君主总要采取轻徭薄赋、与民休息的政策。在这相当长的休养生息的过程中，农民安居乐业，勤于生产，使社会经济得到发展，并出现了"太仓之粟，陈陈相因，充溢露积于外，至腐败不可食。"（《史记·平淮书》）的情景，如我国历史上的"文景之治""贞观之治"。而当一个王朝由兴盛走向衰落之时，政治腐败，经济衰落，战乱不断。一方面，一些豪门权势大规模兼并土地，使大量的自耕农破产，成为无立锥之地的剩余劳动力；另一方面，大量过剩劳动力与佃农处在竞争地位，地主阶级则乘机一再提高地租率，并且附加种种苛刻的条件，使佃农"今日还租明日借贷"，甚至大批破产。地主阶级对农民的残酷剥削必然导致阶级矛盾的不断激化，结果酿成大规模的农民战争。农民战争推翻了腐朽王朝的统治，继而改朝换代，一个"好皇帝"登上了历史的舞台。于是社会又出现了轻徭薄赋、与民休息的安居乐业的局面，社会生产得到恢复发展。以我国封建社会极盛时期的唐朝为例，李家父子推翻了隋炀帝的残暴统治后，鉴于隋炀帝"赋繁役重"的教训，深感"君依于国，国依于民。刻民以奉君，犹割肉以充腹，腹饱而身毙，君富而国亡。故人君之患，不自外来，常由身出。夫欲盛则费广，费广则赋重，赋重则民愁，民愁则国危，国危则君丧矣"（《资治通鉴》卷192）。为了免蹈隋炀帝的覆辙，李世民确立了"去奢省费，轻徭薄赋，选用廉吏，使民衣食有余"（《资治通鉴》卷192）的治国方针。所谓的"使民衣食有余"，就是让农民保留一部分剩余劳动。唐初的赋役剥削相对来说比隋朝要轻得多。唐中叶，均田制遭到了严重的破坏，两税法代替了租庸调制。土地所有者——豪绅地主进行大规模的土地兼并，从而导致了大批自耕农破产。大批自耕农的破产又为地主提供了剩余劳动力，佃农的生活受到了威胁，阶级矛盾日益尖锐。"安史之乱"以后，唐朝由兴盛走向衰落，中央政权和地方割据势力竞相收敛，竭泽而渔，杀鸡取卵，农民"竭膏血，鬻亲爱，旬输月送，无有休息"（《新唐书·杨炎传》），连一部分必要劳动都被吞噬掉了，使佃农的简单再生产也难以维持。经济危机必然导致政治危机，农民领袖黄巢举起了"平均"的旗帜。于是改朝换代，一个新的政治、经济周期在中国历史上又重新开始了。

中国封建社会这种循环发展的特点，决定了尽管租佃制下的佃农在某一时期或某一历史阶段受到的剥削强度大大超过西方的农奴，但从总体上说，佃农所受到的剥削并不是一成不变的，而是随着历史的循环和周期时而松动和缓和。佃农经济也正是在这种松动和缓和中得到了生存空间和相当的发展，并推动了整个封建社会生产力的发展。可以说，这是我国封建社会早期生产力发展水平大大超过西方相应阶段的原因之一。

当然，这里谈的仅仅是问题的一个方面。既然中国封建社会自身的调节因素周期地或者说不断地给予基本的生产者——佃农以充分发展生产力的可能性，那么为什么中国却晚于西方近三个世纪才结束封建时代？我认为，这是因为周期的社会动荡使中国封建社会失去了与西方封建社会平衡发展的机会。中国封建社会自身的运转虽然为生产力发展提供了可能性，但又使生产力不可能充分发展。纵观我国历史，每一个朝代由兴盛走向衰落的过程，也就是生产力发展水平由较高到停滞的过程。频繁的大规模的农民战争不仅荡涤了旧的王朝，而且几乎荡涤了旧王朝创造的生产力。因此，中国封建社会生产力发展水平尽管在某一时期达到了相当的程度，超过了前一王朝的最高水平，甚至超过了西方同时期的水平，但生产力的积聚常常被打断，始终未能冲破封建生产方式。当然，中国封建社会这种朝代的循环更替并不是从茹毛饮血开始的重建，更不是简单的朝代再现。每一个新建的王朝都对前一王朝有所继承，从而使中国封建社会一朝一朝地接近成熟。

二

人身依附即超经济强制是封建社会的基本特征之一。封建土地所有制是这种人身依附的物质基础。农民对封建主的人身依附不仅反映了封建主与农民在社会中的不同地位和相互关系，也影响了封建社会的产品分配。农民对封建主的人身依附在西方表现为农奴的份地制，在中国则表现为租佃制。因此，人身依附无论在东方还是在西方都是普遍存在的。但由于农奴份地制和租佃制的差别，这种超经济强制所表现的程度有所不同。西方的农奴是终生被束缚在领主的领地上的，他们在任何时候都不可能合法地离开领地，同时领主还可以随着土地将农奴卖掉。另外，在中世纪的欧洲，领主在领地内拥有"特恩权"（即征税权）、司法权和军事权，他们不仅可以卖掉农奴，还可以处罚和审判农奴。因此，领主实际上成了毫无限制的统治者。

在中国封建社会中，虽然也出现了人身依附性较强的佃农：部曲、佃客、客户等，甚至历史上还记载了东汉的"徒附万计"、魏晋南北朝时的"客皆附家籍"、宋代的"私下分田客非时不得起移，如主人发遣，给与凭由，方许别住。多被主人抑勒，不放起移"（《宋会要辑稿·食货》一三之二一）、清代的"十年一佃"（《古今图书集成·职方典·荆州府风俗考》）之事，但这仅仅是个别朝代在一定时期出现的特殊现象。中国的佃农在大多数时期和一般情况下，并不终生束缚于某一块田地上。一般来说，租佃关系有长期与短期之别。即使是长期租佃，地主也不能终生占有佃产。在短期租佃的场合，主佃关系就更不稳定了，佃农对地主的人身依附就更见削弱。再者，中国封建社会的土地可以自由买卖，也没有形成严格的等级制度，地主的经济身份无法永久地固定在一个人身上。因而行政权、司法权、军事权也就不可能交给某一地主来永久掌握，而只能采取与西方截然不同的做法——从土地关系中游离出来，由专门的行政官吏掌握。这样，地主对佃农尽管有私刑拷讯、任意打骂的情况，但毕竟不是合乎法律规定的社会常态。理论上，地主无法在行政上、法律上直接强制佃农，这就必然会使佃农人身依附性较之西方农奴更弱。另外，中国历史上发生的大规模农民起义和农民战争，使相当一部分佃农转化为自耕农，这就使阶级关系的对比经常发生剧烈的变动，也从某种程度上缓和了佃农对地主的人身依附关系。中国的佃农与西欧的农奴相比，不仅在对封建主依附的程度上有差别，而且依附关系还具有不同的特点。一方面，佃农并不终生束缚于某一块土地，依附于某一地主，而是具有一定的人身自由；另一方面，他们又永远地被束缚于封建制度，专制主义的中央政权代表整个地主阶级对全体农民进行超经济的强制。这两点都是西方封建社会所不具有的。那么，佃农和农奴在人身依附关系上所表现出来的不同特点，又会给东西方封建社会带来怎样的社会经济结果呢？首先，租佃关系的契约性可以使地主"划田改佃"或"改佃增租"。这种情况大多发生在土地兼并加剧、大批自耕农破产之时。在这种场合，佃农与失去土地后的自耕农以及佃农之间的竞争较严重，使"贫民惟恐不得富民之田而耕之"，而"豪家之田不患无十五之税"（《皇清经世文编·江北均丁说》），地主则"坐视火客佃户狼狈失业，恬不介意"（《朱子大全·约束粜米及劫掠榜》），甚至趁火打劫，"今年索取明年之租，若不预完，则夺地另佃矣"（《皇清经世文编·八旗公产疏》）。中国佃农这种破产和失业的情况在西方封建社会是很少见的。西方农奴的生活是"有保障的"①，他们"处在竞争之外"②。"农奴的生存有封建制度来保障，在那种社会制度下，每个人都有他一定的位置"③。这种保障与稳定地占有份地是密切联系的。在庄园制下，农奴无权处理其份地，同时领主也不能随意剥夺份地。分别占有各自份地的农奴，彼此之间是不发生竞争的。其次，契约关系又可以使佃农"利于易田"（《履园丛话》卷四）而改佃。如《续通鉴长编》记载："富

---

① ［德］马克思、［德］恩格斯著，中共中央马克思恩格斯列宁斯大林著作编译局编译：《马克思恩格斯全集》第4卷，人民出版社1958年版，第360页。
② ［德］马克思、［德］恩格斯著，中共中央马克思恩格斯列宁斯大林著作编译局编译：《马克思恩格斯全集》第4卷，人民出版社1958年版，第360页。
③ ［德］马克思、［德］恩格斯著，中共中央马克思恩格斯列宁斯大林著作编译局编译：《马克思恩格斯全集》第2卷，人民出版社1957年版，第471页。

民召客为佃户，每岁未收获间，借贷周给，无所不至。一失抚存，明年必去而之他。"甚至有的地主唯恐佃农"今日掉臂而来，异时不难洋洋而他适。……即另召耕佃，未必遂得其良。万一旷而不耕，弗耕既有不可，耕之复重伤资力"（《杨园先生全集·与徐敬可》），所以主张"有愿凭此田者，本家给以资本，成熟取租而不取息"（《西园闻见录·蠲账》）。由此看来，佃农改佃是进行阶级斗争的一种方式。佃农离开地主的土地"弃而不种"，就会使地主招佃发生困难，以致引起彼此间的竞争，从而导致剥削率下降。在这种情况下，不仅佃农的经济地位有所改善，而且有利于农业的发展。另外，地主阶级政权为了缓和阶级矛盾，维护本阶级的利益，唯恐佃农流徙造成"田土抛荒，公私受弊"（《朱子大全·劝谕救荒》），也"劝上户有力之家，切须存恤接济本家地客，务令足食，免致流移"（《朱子大全·劝谕救荒》）。总之，佃农较农奴有较多的人身自由，大大提高了佃农生产的积极性和灵活性。尤其在实行分成制的条件下，佃农会认为增加产量对自己有好处，从而对提高劳动生产率发生兴趣，自动延长劳动时间和增加劳动强度。西欧的庄园制是在特定的历史条件下出现的生产方式，在经营上还带有一定的落后性。在庄园制下从事耕种的是对劳动不那么感兴趣的农奴。农奴耕种领主的公田时消极怠工，而对自己份地的耕作又受到领主任意支配劳动的干扰。在西欧庄园制中，农奴要为领主服沉重的劳役，领主可根据需要随时随地指定服役的时间、地点、内容，这对农奴经济是一种损害。不定时的、无休止的劳役负担，势必影响农奴对份地的耕作，甚至违误农时，减少收入。这种对农奴经济的破坏，并不亚于残酷的封建剥削所造成的恶果。

此外，自从商鞅"废井田，开阡陌，民得买卖"以来，土地的自由转手为佃农上升为自耕农提供了可能，改善个人生活状况和社会地位的欲望极大地刺激了佃农的生产积极性。明代就曾有过"先世佃仆，今以富强"的记载。可以说，中国佃农较之农奴的这种特殊的社会地位和较大的生产主动性和积极性，是中国封建社会前期在经济文化上超过西方中世纪相应阶段的原因之一。

三

庄园制、租佃制是东西方封建农民同封建主土地结合的特定形式。在庄园制经济中，劳役地租占主要地位，而在租佃制经济中，实物地租占主要地位。这一点是由东西方土地制度的特点所决定的。劳役地租、实物地租、货币地租是封建地租发展的三种基本形式。这三种形式的依次更替，大体上与封建生产方式的发展过程相一致，并标志着由生产力发展所决定的封建生产关系的不同发展阶段。一般来说，劳役地租是地租最简单、最原始的形式。它以封建社会初期较低的生产力发展水平和原始的劳动方式为基础。在庄园制经济中，劳役地租长期成为主要的地租形式。当实物地租出现时，农奴制已面临瓦解了。因此，实物地租在西欧是封建社会发展到较高阶段的产物，在十三四世纪封建庄园已经趋于瓦解之后才占主要地位。中国西周时的井田制是建立在劳务地租基础上的，但自战国以后长达两千多年的漫长历史中，实物地租一直占支配地位，并一直延续至鸦片战争以后。实物地租较之劳役地租是一种进步。在劳役地租形式下，农民对在封建主土地上的劳动是全无兴趣的，因而不断地用怠工、逃亡来反抗。而在实物地租形式下，无偿劳动和有偿劳动在时间和空间上已不再明显区分，剩余劳动也不必在封建主的直接监督和强制下进行。驱使农民的已经不是强制和鞭子，而是法律规定和各种经济关系。农民不仅可以自由地支配他们的劳动时间，还可支配部分作业品种。同时，代表剩余劳动的地租数量并不与农民家庭的全部剩余劳动相等。加之，租佃制下每个佃农所能租佃土地的数量是由个体的劳动力状况和经济能力来决定的。这样，农民各自生产条件和劳动条件的差异便导致了两极分化。社会生产就在这一次次的分化中普遍得到了提高。因此，相对于劳役地租，在实行实物地租的场合，农民会有较高的生产水平和文化水平，直接生产者的"劳动以及整个社会已处于较高发展阶段"①。"在这个地租形式上，体现剩余劳动的产品地租，根本不需要把农民家庭的全部剩余劳动吮吸殆尽。"② 相反，生产者已经有了较大的活动余地，去获得时间从事剩余劳动，并将这些产品"归他自己所有"③。可以说，我国封建社会一开始就实行实物地租，

---

① ［德］马克思、［德］恩格斯著，中共中央马克思恩格斯列宁斯大林著作编译局编译：《马克思恩格斯全集》第25卷，人民出版社1975年版，第895页。
② ［德］马克思、［德］恩格斯著，中共中央马克思恩格斯列宁斯大林著作编译局编译：《马克思恩格斯全集》第25卷，人民出版社1975年版，第896页。
③ ［德］马克思、［德］恩格斯著，中共中央马克思恩格斯列宁斯大林著作编译局编译：《马克思恩格斯全集》第25卷，人民出版社1975年版，第896页。

是战国、秦汉时代就能出现社会经济相当繁荣局面的主要原因之一。

那么，既然实物地租较之劳役地租显示出有利于发展生产的优越性，实物地租不仅贯穿中国封建社会的始终而且得到了充分的发展，为什么西欧的劳役地租却比中国的实物地租更早、更顺利地向货币地租转化，并由此结束了中世纪的"黑暗时代"？因为实物地租虽然使农民有可能保留一部分剩余劳动，并用于再生产和扩大再生产，但中国封建社会的周期动荡又使他们有可能失去一部分必要劳动。这种情况就是：农民手里有可能保留一部分剩余劳动→地主阶级的剥削使剩余劳动全部丧失→剥削加重，必要劳动部分丧失，阶级矛盾尖锐化→发生农民起义，农民要求占有剩余劳动→新王朝调整经济政策，对农民实行让步，让他们实际占有一部分剩余劳动，阶级矛盾缓和，生产得到恢复和发展。这样，周期性社会动荡造成社会经济的周期破坏和恢复，剩余价值的社会积聚（表现为社会财富的增加和生产力水平的提高）始终未能达到突破封建的自然经济的地步。所以，尽管中国封建社会前期生产力发展水平很高，但后来却落后于西方了。另外，无论是实物地租向货币地租的转化，还是劳役地租向货币地租的转化，都要有商品经济作为"伴侣"，而中国封建社会商品经济的发展和资本主义萌芽的出现却较西方更缓慢。

综上所述，探讨农奴、佃农的生活状况，绝不能简单地说前者好于后者，或后者强于前者。在阶级社会中，处于被剥削地位的劳动者的生活状况，既决定于该社会的政治制度和经济制度，又受该社会其他阶层生活状况的制约和社会发展特殊规律的影响。如探讨农奴、佃农受剥削的程度，绝不能简单地说佃农比农奴受到的剥削更残酷。尽管租佃制本身为地主阶级更残酷地剥削佃农提供了可能性，但农民战争是一种社会因素的"调节器"，它会使这种剥削发生由强到弱的转变。另外，考察佃农生活状况时，又离不开对自耕农命运的分析。自耕农生活状况下降，直接威胁到佃农的生活。这两个阶层此消彼长的过程，也就是地主阶级对佃农剥削由强到弱，再由弱到强的变化过程，也是佃农生活状况由稍好到更悲惨的过程。然而，考察和比较农奴、佃农生活状况本身并不是目的，目的在于通过这种比较发现东西方封建社会发展进程中的特殊规律。中国封建制度产生于欧洲封建制度远远没有产生之前，而又消灭在欧洲封建制度早已消灭之后。在两千多年的漫长历程中，中国封建社会的生产力曾一度发展很快，并远远超过西欧封建社会的相应时期。可是，当西方封建社会内部的生产力冲破生产关系之时，中国社会生产力的发展却相对地缓慢起来。佃农这个中国式的农奴本来比西方的农奴有更多的人身自由和更大的生产积极性，但这种对社会生产发展起积极作用的因素，却一再被社会的周期动荡所毁灭。劳役地租形式本来可以使佃农较之农奴更多地积聚财富，从而增加提高社会生产力的可能性，但也不断地被社会周期动荡所中断。因此，中国封建社会的生产力发展状况和劳动者的生活状况总是处在破坏—恢复—提高、再破坏—再恢复—再提高的周而复始的循环之中。较之西欧封建社会的平衡发展，这种循环降低了中国封建社会生产力发展的速度，并使中国封建社会内部许多较西方封建社会更优越的因素不能发挥，从而使中国封建社会延续了两千多年。而当封建的生产关系即将被冲破之时，帝国主义势力侵入中国，使中国社会脱离了正常的发展轨道，出现了畸形的社会形态——半殖民地半封建社会。

（原载《求是学刊》1985年第6期）

浅谈中国古代经济思想之特征
——兼论中西方封建社会异同

中国古代经济思想是我们中华民族伟大文化遗产的部分。它是中国人民在几千年经济管理与经济活动中的智慧结晶，也是建立我国社会主义经济学和具有中国特色的经济管理学的重要理论来源。虽然，如今有的人面对着以新型思维方法建立起来的当代资产阶级经济学，自叹弗如。但是，中国古代经济思想以它丰富的内容、深邃的见解、不朽的影响力，使中国人民为之骄傲，亦使西方学者为之惊叹不已。

中国古代经济思想史，作为经济科学的一部分，从人们对经济问题的观察中呈现中国封建社会发展的面貌。作为思想史的一部分，又必然受着政治倾向、哲学观点、伦理规范的影响和制约，并且通过经济思想和对待经济问题的态度表现出来。

中国古代经济思想，同其他民族文化遗产一样，具有浓厚的民族色彩。它是古老的东方民族的精神财富。它不仅呈现儒教与基督教二种思想体系以及中西方民族的传统心理、习俗、思维方式的差别，而且反映了中西方封建社会发展的不同特点。本文试图从中西方民族各自的传统心理、思维方式、伦理规范以及中西方封建社会异同等方面来探讨中国古代经济思想的特点。并通过这种探讨，挖掘我国古代经济思想产生的社会根源，探寻它对中国封建社会发展所起的积极与消极作用，说明那些古老却富有生命力的经济思想对我们今天进行社会主义建设的启迪意义，证实中国古代经济思想对世界经济思想发展与演变所做出的特殊贡献以及它所享有的不可取代的历史地位。

提起重农抑商思想，有人会感到这是中国古代经济思想史中颇不光彩的一页，甚至把它看成中国封建社会发展迟缓的祸根。殊不知，在我国古代经济思想中早熟而出色的商业思想，以它高出西欧同时代经济思想水平的先驱性和不朽的影响力，为中国古代经济思想史，乃至世界经济思想史填补了光辉灿烂的一页。然而，中国封建社会中同时并存且又相互矛盾的发展规律，使进步与落后相孕而生、相辅而存。在中国古代经济思想发展的长河中，优秀的商业思想与传统的抑商思想，就是这样地被历史统一起来了。

我国优秀的商业思想均产生于春秋战国之际。当时，中国封建社会正值领主经济向地方经济转变时期。整个社会处在极度的动荡之中。商品经济与货币经济的迅速发展，改变着人们的思想意识、道德观念和行为准则。世道人心在突起的商品经济的袭击下，"礼义""王制"对人们经济行为所规定的一切约束几乎荡然无存。"礼谊不足以拘君子，刑戮不足以威小人""天下熙熙皆为利来，天下攘攘皆为利往"，整个社会成为一个追逐竞争的社会。商品经济的飞速发展导致整个社会陷入对财富的狂热追求中，在我国历史上第一次出现了"金玉其车，交错其服"的富商大贾。大量专业商人的涌现，商业资本活动范围的扩大，一个新的阶级成分在中国封建社会生产方式内孕育产生出来了——这就是商人阶级。几乎与此同时出现了睿智的人，兼有政治家、经济家、大商人三重思想素质的商人阶级的"代言人"范蠡的"旱则资舟，水则资车""待乏"与"积著"的贸易思想；"无敢居贵""贵出如粪土，贱取如珠玉"的供求与价格之间变化的理论，旨在说明市场商情预测的循环论。白圭"乐观时变""人弃我取，人取我与"的商业经营原则。至于《管子》的作者更是充分发挥了商人的机智与天才，对商业经营、价格、供求变化作了全面论述。在商品价格上，《管子》的作者虽然未理解到商品的价格围绕其价值上下波动，但却认识到了市场价格一高一下这一事实，指出绝对稳定的价格是不可能的，也是不必要的，而应该在价格的一高一下之中求其准平，即"常则高下不二，高下不二则万物不可得而使固"（《管子·轻重乙》），"故物不得有常固，故曰衡无数"（《管子·轻重乙》）。《管子》的作者不自觉地利用了价值规律的调节作用，以轻重理论为方法论述了一种商品的价格与社会需求量之间变化的规律。提倡人们有意识地应用此规律来达到想要实现的轻重要求。"散则轻，聚则重"（《管子·国蓄》）；"物藏则重，发则轻"（《管子·揆度》）；"少或不足则重，有余或多则轻"（《管子·国蓄》）；"守则重，不守则轻"（《管子·轻重甲》）；"令疾则重，令徐则轻"（《管子·地数》）。只有万物通才能万物运，而只有万物运才能达到万物贱。尤其《管子》具有社会总需求与总供给相一致的潜意识。它所说的"少""不足""多""有余"是相对社会供求而言的，是商品与社会需求相比较为不足，而不是商品自身数量少；反之，商品多不是本身数量多，而是相对社会需求量有余。因此，为君者就要学会"乘时进退"（《管子·山致数篇》），"以重射轻"（《管子·国蓄篇》），"以浅泄平"（《管子·国蓄篇》）。在对外贸易上，《管子》的作者坚持"征求关者勿征于市，征于市者勿征关"的保护政策，并提出了"可因者因之，乘者乘之，此因天下以制天下"的原则。还以轻重理论制定了"天下高我下""天下下我高"的奖励出口和鼓励进口的政策。另外，其对市场问题也提出不少独立新颖的看法。可以说，从范蠡到《管子》，我国古代商业思想达到了高峰，论述范围之广，内容之深，方法之新，商人气息之浓均是无以匹敌的。以后的司马迁、桑弘羊虽然也提出了不少有关商业的见解，但是他们的理论着意强调商业的重要性，并且首先作为"抑商""轻商"思想的对立物而存在的。其中许多思想的理论依据均未能超出《管子》的范围。另外，就世界范围来讲，此时的商业思想就显得更加高深周密、光彩夺目了。当范蠡、白圭、《管子》的作者已经开始对商业行为的手段、方法、目的进行探讨时，与之同时代或稍晚一些的色诺芬、柏拉图甚至亚里士多德还仅限于对商业这一行当和对商人本身的认识阶段，没有提出有关商业经营的原则。而《管子》的许多思想则具有超越时代的可比性。它不仅使早期古典经济学家们相形见绌，而且可以同亚当·斯密相媲美。如在对外贸易问题上，《管子》的"天下高我下""天下下我高"的原则既比只进不出的早期重商主义高明，又比晚期重商主义显出更加充分的贸易自由和思想解放的倾向。再如，在价值规律调节作用问题上，《管子》不自觉地论述与亚当·斯密自觉地研究相吻合。斯密看到了市场价格围绕自然价格波动，《管子》意识到了"物不得常固"。当然，由于历史发展进程的局限，《管子》只能意识到应该在价格的一高一下波动中求其准平，不可能看到这种波动是围绕着怎样一个中心——价值。而斯密也只是找到了市场价格波动的轴——自然价格，并没有提出价值的概念。但是，《管子》比斯密更早地运用供求来解释商品价格的变化，即"少或不足（供不应求）则重"（价格高），"有余或多（供大于求）则轻"（价格低）。此外，范蠡、白圭的治商术和《管子》卓越的商业经营思想对我们今天进行社会主义建设仍不失其效用。它是我们民族优秀的商业思想的源头活水。那么，为什么在中国封建社会初期就会出现商业思想如此发达的现象呢？这要从中国封建社会自身运动和发展特点来寻找。

我们知道，在公元前11世纪的西周，中国就进入了封建社会。中国由奴隶社会向封建制社会的转变不同于西欧，它是一个渐进的演变过程。虽然这种演变少不了兵戎相见，但是只摧毁了一个腐朽的生产方式，对整个社会的破坏并不大，从而对城市和商品经济的破坏也不严重。因此，传统的民族文化、习俗连同原有的生产力水平一起保存下来。同时从旧的生产方式下解放出来的生产力，在新的生产方式内部又得到了充分的发展。所以说，中国封建社会从它形成那天起就建立在一个较高的生产力水平之上，并且很快就出现了春秋战国之际生产力飞越发展的局面。西欧则不同，由奴隶制向封建制转变是一个剧烈的破坏与重建过程。在历史上存在着公元476年罗马帝国灭亡这一分界点。日耳曼人的入侵，扫荡了旧的生产方式，原有的古代文明也与生产力一起玉石俱焚了。因此，西欧封建社会是在落后民族的统治下，在较低的生产力水平上建立起来的。它经历了三百年之久才证实了自己的优越性。同时，与古希腊、罗马的人文精神与科学传统根本对立的基督教文化的统治，使欧洲历史上出现了思想文化上的"空白区"。"基督教的中世纪什么也没有留下"，被称为历史上的黑暗时代。当然，我们说中国封建社会建立在较高的生产力发展水平之一，春秋战国之际出现了社会生产飞跃发展的局面，仅仅是相对而言的。那么，又是什么原因使并不十分发达的生产力水平促进了商品经济的发展，并培养了我国古代优秀的商业思想呢？独特的经济思想和经济现象，往往要由特殊的历史进程和条件来解释。西周封建社会刚刚走完三百多年的历程，在中国封建社会便出现了庄园制瓦解的过程。与西欧相比，这个过程的出现有些过早且不是时候。西欧庄园制的瓦解发生于15—16世纪，当时西欧的商品经济已经得到了充分的发展。尤其英国进入工场手工时代，各种大型工业特别是拥有广大国内外市场并具有资本主义性质的毛纺织业几乎遍布英国。因此，庄园制崩溃的结果是资本主义生产方式取代了封建主义的生产方式，告别了黑暗时代，迎来了资本主义的曙光。

中国领主经济的解体并没有导致资本主义的出现。因为当时的生产力发展水平和商品经济发展的程度还不足以呼唤资本主义生产方式，商业还不是作为商品资本而是以商人的身份参与社会经济活动的。而商业或商人本身是绝不能形成和决定形成怎样一种生产方式的。所以在中国代替庄园制经济的并不是资本主义的生产方式，而仍然是改变了土地占有形式的封建生产方式。西欧由庄园制向资本主义制度转变的不太长的历史时期，在中国扩大为长达二千多年的漫长的"过渡阶段"。

无论领主经济还是地主经济都是以自给自足的自然经济为基本特征的。然而，二者在自给自足的程度上又显示出了相当大的差别。庄园制经济是一种"闭塞型"的自给自足经济。一个庄园即是一个比较完整的经济实体，几乎不需要与他人进行商品交换，再加上西欧封建城市形成得较晚，因此在西欧封建社会初期存在着一个相对纯自然经济时期。地主经济是一个"开放型"自给自足经济。人们常用男耕女织来概括中国封建社会的经济性质，然而所谓"男耕女织"并不能排除农民对市场的依赖，相当的生活用品和农具就非通过商品交换来获得不可。此外，土地买卖，租佃关系的形成，物币地租的存在和发展，与地主经济同时出现的城市，大批的官僚、商人纯消费阶层居住城市等诸因素，都既对商品生产提出了要求，又为商品生产的发展创造了条件。所以可以说，在中国封建社会中，随着领主经济的瓦解、地主经济的形成，商品生产就产生了。商品经济在依赖并服务于自然经济的同时，不断地释放出瓦解封建生产方式的力量。而强大的中央集权专制的确立，尽管有能力从政治上、经济上、措施上"贱商""抑商"，但地主经济的特点又决定它不可能、也没有能力完全排除商品生产。所以，在中国古代经济思想史中出现了早熟而优秀的商业思想与传统的抑商思想倾向同时并存的矛盾局面。由此看来，正如我们不能将土地自由买卖归功于商鞅变法一样，也不能将重农抑商思想的产生归罪于荀子的"重农轻商"理论和韩非"农本工商末"的口号。如果说商鞅不过将春秋以来由商品经济发展所导致的土地自由买卖这一事实法律化了，那么，重农抑商只不过是将封建生产方式内部所产生的对商品力量的排除和限制的自我保护机能加以政策化、意念化而已。

前面已经说过，地主经济为商品经济的存在和发展保留了余地。但是，地主经济的性质又决定它不会始终为商品经济的发展开绿灯，也绝不会允许商品经济的发展达到威胁封建生产方式的程度。更何况在自然经济占主导地位的生产方式中，商品经济只是处于服从地位。因此，封建政权可以用超额经济的手段限制商业的发展，也可以用同样的手段扶植商品生产。地主经济尚处在形成确立之时，商业被视为社会经济的"润滑油"。封建政权利用商业积聚财货、带动整个社会经济的发展。丰富而精辟的商业思想也就应运而生，如春秋战国之际。而当地主经济日臻完善，统一的中央集权专制业已形成，为了巩固封建统治，保护大地主的利益就必然从各方面打击限制商人和商业资本。如汉初就颁布过贱商令。但是，即使在

"困商""贱商"的政策下，商人资本也得到了充分的发展。晁错就曾感叹："今法律贱商人，商人已富贵矣。"这说明，封建君主们在任何时候都不得不服从经济条件，"并且从来不能向经济条件发号施令"。司马迁、桑弘羊就是在重农抑商思想占支配地位时出现的地主阶级杰出的商业思想家。可以说，司马迁、桑弘羊把从范蠡、白圭、《管子》手中继承下来的商业思想发扬光大了。司马迁不仅提出了许多商业经营思想，还注意提高商人的社会地位。树碑立传，称商人是"不害于政，不妨百姓，取与以时，而息财富"的"布衣匹夫之人"。在财富问题上，司马迁比《管子》更高一筹。他完全冲出了伦理道德的观念的限制，把人们对财富的追求夸大为生活的唯一目的，并扩展到社会各阶层人的生活中去。他说："富者，人之情性，所不学而俱欲者也。"无论是"千乘之王，万家之候，百室之君……匹夫编户之民"皆然。甚至"深谋于廊庙，议论朝廷，守信死节"，在朝为统治阶级服务的"贤人"；"设为名高"的野隐士；"攻城先登……不避汤火之难"的战士；小偷娼妓均是为了"归于富厚"。司马迁的上述描写真可谓生动精彩、入木三分，这种论述在中国古代经济思想史乃至世界经济思想史中都是少有的。另外，司马迁把社会经济活动看成是"若水之趋下，日月无休止，不召而自来，不求而民出之"合乎"自然之验"的不以人的意志为转移的客观过程，这充分显示了他在经济上的自由放任思想。17世纪中叶的重农学派也似乎了解到在社会发展中存在着不以人们意志为转移的客观规律——"自然秩序"。但是，他们以为"自然秩序"是上帝安排的，把它看成由外界某种势力强加于人类的东西。古典经济学家亚当·斯密从"利己心"出发，认为在一切都听其自由的社会里，人们是受一只"看不见的手"指导的。如果说亚当·斯密是在一个充分自由竞争的社会里看到了不以人的意志为转移的客观规律，那么司马迁则是在一个封建专制无孔不入的国度里发现了"看不见的手"。尽管二者所考察的生产方式迥然不同，但对社会经济活动的相同认识却使比斯密早两千年的司马迁的经济思想显得更有光彩。司马迁关于商业作用和农工商关系的见地也是十分卓越的。他说"工而成之，商而通之""农不出则乏其食，工不出则乏其事，商不出则三宝绝，虞不出则财匮少。"这种从社会生产的角度看待商业的思想，既要归功于当时已经充分发展起来的商业和商品生产，又要归功于司马迁敏锐而深刻的洞察力。另外，桑弘羊的重商思想在中国古代思想史中可谓绝无仅有。他公开宣称

"富国何必且本农,足民何必井田也""富在术数,不在劳身,利在势居,不在力耕也"。只可惜出于政治上的需要,桑弘羊的思想带有阶级的偏见,过分强调商业的重要性。实际上,桑弘羊还是主张"本末俱利"的。自秦王朝和汉初推行打击困辱商人的政策以来,随着儒学学术垄断地位的确立,重农抑商思想和农本工商末的观念就被法律化教条化了,并为历代王朝一脉相承地继承了下来。但是,地主经济与商品经济之间天然的千丝万缕的联系,代表统治阶级利益和要求的政策,毕竟不能遏止经济发展的客观过程。尤其随着地主经济的巩固和成长,在中国出现了地主兼商人高利贷"三位一体"的特殊阶级构成。这种"三位一体"结构,使地主阶级的身份人既有守财奴的品性又有商人的动机。地主阶级本身担负起向社会渗透商人意识的使命。因此,虽然继司马迁、桑弘羊以后具有十分卓越精彩的商业思想的经济学家并不多见,但重视商业或正确看待农工商关系的经济思想家却不乏其人。从秦汉到明末在长达两千年自然经济与商品经济同时并存的历程中,商业思想尽管远不如它以前丰富深刻具有较强的政府性,也更不如它以后的商业思想具有摆脱封建生产方式羁绊的突破性,但同欧洲中世纪相比,中国古代商业思想从没有贫乏过。然而此时的商业思想已从治术转向对农商孰"本"孰"末","抑商"与反"抑商"及农工商关系的争论。可以说,这种转变是与中国封建社会发展相吻合的。首先,随着商品生产的发展及其在社会生产和再生产中发挥作用,人们的开始从实际出发,而不是从传统的教条出发来重新认识商业,并对"常若权衡"的重农轻商和农本工商末的思想表示了怀疑。"功利"学派的集大成者叶适就公开指出"厚本抑末,非正论也"。张居正也对农工商关系做了新颖而辩证的解释——"厚商而利农,厚农而资商",从理论上肯定了农商之间相互依赖、相辅相成的关系。其次,商人资本在与自然经济同时并存相互抗衡的时起时落、时高时下的竞争中也意识到了改变本级社会地位首先要改变保留在人们头脑中的对商业的原始而保守的认识。于是,一批经济思想家便为商人奔走呼叫。

综上所述,重农抑商思想是中国封建社会中早熟商业思想的"副产品"。它提出于商品经济长足发展之时,并随着商品经济的"抑"而不"灭","轻"而不"衰",成为几乎被历代王朝所奉行的传统政策。但是,重农抑商思想形成和发展的过程有其自己的特点。如果说中国古代的财政思想、货币思想、商业思想的发展历史是一个不断充实丰富的过程,那么"抑商"思想的发展则表现为不断自我否定的运动。自韩非继承商、荀之说称农为"本",工商为"末",并形成重本轻末的口号以来,不到一百年的时间就出现了独重商业的桑弘羊。汉末的王符首先开始对农本工商末的思想提出异议,提出并非工商均为末业,而是农工商各有其本,亦各有其末;晋初的傅玄明提出商人可贼而商业不可废;唐代的韩愈主张农工并重;南宋的叶适公然批评"抑末"观点;明清之际的黄宗羲提倡工商皆本;清初的李恭则宣称重工兼重商;19世纪初随着中国历史上早在公元前8世纪就出现的商人资本——"历史上最古老的自由资本存在的方式"开始了归结资本主义生产方式的过程,魏源以新的时代精神和观念为"重农抑商"思想敲了丧钟。

重农抑商思想并非我国古代经济思想的"特产"。西欧中世纪初期教会作家对商业也是采取否定态度的,认为商业是一种贱买贵卖的行为,它的罪恶甚至超过了盗窃。但实质上该看法是贱其人而不废其业。但11世纪中叶以后,随着商业在封建社会内部的发展,教会改变了对商业的看法,并公开为商业利润辩护,称之为"劳动的报酬"。另外,西欧封建社会确立以后,有一个较长的相对稳定的纯自然经济时期,随着城市的兴起才出现庄园制经济与城市经济同时并存平行发展的局面。但是,由于具有较强自给自足性质的庄园经济,城市对商品经济的依赖并不大,因此商品经济对领主经济乃至对封建生产方式的威胁力远不如对地主经济之强。在中国,商品经济是从内部来瓦解封建生产方式的。而在西欧,商品经济是外部来侵蚀封建生产方式。同时,西欧各封建君主面临着四分五裂的政治局面,缺少中国封建帝王对臣属的威慑力和对全国至高无上的统治权。此外,为了巩固自己的统治地位,西欧封建君主还要依赖于城市工商阶层的经济势力,并且在反对领主集团势力的斗争中,与市民结成同盟,因此不可能提出重农抑商的口号。

由于儒家经济思想逐步取得政治上的学术垄断地位,重农抑商与其说是一种经济思想,不如说是一个传统的经济教条更准确。重农抑商作为一条教谕在思想意识领域里广为散布,给人们意念中所打下的烙印远远胜过实际经济措施所达到的效果。另外,由于中华民族传统的尊祖心理,甚至有时重农抑商仅仅作为君主们用来标榜自己不忘记先王之法的招牌,实际上并没有发生效用。如宋朝就是一个"不抑兼并"王朝。元朝尽管在政治上、思想上、社会生活上采取了一系列汉化政策,但游牧民族天生的商人习性，使它成为中国历史上唯一重商的王朝。此外，在好"义"而不好"利"的儒家说教影响下，重农抑商思想多少带有伦理色彩。

总之，中国封建社会不同于西欧封建社会特殊的发展规律，使中国古代经济思想史中出现了早熟且优秀的商业思想与传统"抑商"思想倾向并存的局面。正是因为在中国历史上比西欧过早地开始了地主经济的瓦解过程，所以产生了早熟的商业思想。也正是由于地主经济本身不可能，也没有能力完全排除商品生产，因此商品经济始终"抑"而不"灭"，"轻"而不"衰"，顽强地与自然经济相抗衡，并经历了两千多年漫长的量变到质变过程。但是，历史又一次改变了中国社会发展的航向，继之而来的不是一个资本主义生产方式，而是半殖民地半封建社会。中国封建社会中商品经济与自然经济同时并存混合发展的结果，在瓦解封建生产方式的同时增强了地主经济的生命力和整个社会的弹性，从而使中国封建社会具有两千多年的"高龄"。历史又使商品经济较之西欧发育迟缓，用了两千多年的时间才完成在西欧仅用几百年就能完成的使命。可以说，中国古代商业思想与"抑商"思想发展演变的历史，从不同的侧面反映了中国封建社会商品经济发展的艰难历程。

(原载《求是学刊》1987年第2期)

儒家经济思想的特征及其影响

改革意味着摧枯拉朽，革故鼎新。改革的深化，强烈地激发了人们"寻根"的意识。人们开始思索：灿烂的古代文明为现代人带来了什么？在艰辛而又充满着希望的改革历程中，中国传统文化自身的弱点又是怎样在世世代代支配了我们的祖先以后，影响并困扰着我们自己。本文试图从中国古代经济思想史的角度，揭示作为传统文化重要组成部分的儒家经济思想的特点，并初步探讨儒家经济思想是怎样积淀、渗透为传统的民族意识，又是怎样支配并影响着中国社会经济发展的。

儒家传统经济思想是中国封建社会占统治地位的经济思想。它是儒家体系之重要组成部分，成为世代君主治国理政的理论依据。儒家传统经济思想具有一个显著的特征：充满伦理色彩。它是一种以伦理规范为标准，伦理原则与对经济现象的叙述相掺杂的混合体。可以说，儒家传统经济思想的"惰性"就是由此产生出来的。当然，若从世界角度看，古代经济思想具有伦理色彩或者说掺杂着伦理因素，东西方皆然。但是论经济思想中伦理色彩之浓郁，对社会经济发展影响之深广，则非中国莫属了。在两千多年的封建社会中，人们几乎毫无疑义地信奉、遵循着儒家经济准则。这些经济准则不仅在中国这块古老的大地上寻找到了深厚的植根土壤，而且培养了广泛的民众承受心理。我们知道，尊祖崇古是千百年来积淀在中国人民心中的固有民族意识。它几乎与中国古代文明一同产生。所谓"尊祖崇古"，意味着恪守先人之说。因此，又导致了"惯性思维方式"。这是一种循旧的思维方式。对同一事物或问题，过去怎样做，今天亦怎样做；先人怎样说，后人亦怎样说。"惯性思维方式"使得以儒家思想为主体的中国传统文化一经取得统治地位便被制度化、法律化了。人类创造着文化，文化也创造着人类自身。各个民族用不同的方式创造着不同的文化，不同的文化也用不同的方式创造着各个民族。儒学创造了一个笃信"儒教"的民族，儒家思想的统治成了天经地义的事。随之，人们所思考的不是儒学的正确与否，而是是否按照儒家思想去做了。每一代人都携带着儒学社会遗传基因一代一代地传递下去，儒家思想在人们的心中获得了广泛而深厚的生存基础。所以从某种角度来看，与其说儒学是中国封建社会的产物，倒不如说是迎合人们心理的说教。传统的"惯性思维方式"和社会遗传因素使儒家传统经济思想积淀、渗透为固有的民族意识。无论社会经济发生了怎样的变化，它都始终躲在人们的心里，并以一种不可抗拒的潜意识支配着人们的经济活动，直至今日。

一、"贵义贱利"——充满伦理色彩的利益观

"贵义贱利"是儒家经济思想的核心。自古以来，在中国社会就有"君子谋道，小人谋食"（《论语·卫灵公》）之说。"义"作为道德范畴早在奴隶社会就存在了。孔子不是谈论"利""义"关系的第一人，但却是最终为"利""义"关系定论的人。孔子在"利""义"天平上以其固有的阶级本能为"义"一端加上了砝码，于是"贵义贱利"便成了人们在"利""义"选择中所遵从的原则。同时，"贵义贱利"的原则又被广而泛之地由自身修养的道德规范延伸到了社会经济生活领域。可以说，历史的悲剧正是从这里发生：中国古代经济思想中的伦理观，事实上不是作为伦理规范和道德水准来指导人们的经济活动，而是作为衡量经济活动的原则来支配或规定人们的经济行为的。"贵义贱利"作为"独善其身"的道德规范，要求人们在从事经济活动中不要"见利忘义"。另外，"贵义贱利"作为道德水准它隶属于上层建筑，而被它所支配或者规定的社会经济活动却是其赖以形成的基础。因此，千百年来人们自觉或不自觉地沿袭着一种主观价值判断——伦理利益观。然而，伦理观念与现实的背离，传统思维方式与现代生活的结合必然形成一种扭曲了的民族心理。历史随着时间的推移而流逝了，而"惯性思维方式"和社会遗传却把传统观念留给了后人。传统观念作为目前经济改革中的文化背景，必然要阻碍现代化的进程。中国社会主义现代化建设有两个鲜明的目标：其一是它的经济目标，其二是它的道德目标。两个目标同步前进、不偏不废才是全国人民为之努力追求的。然而，经济目标与道德目标同步，使"贵义贱利"的传统观念与现实发生了正面冲突。时代要求人们抛弃传统意识，但这种抛弃对一个民族来说是一个痛苦的过程，它常常伴随着强烈的"失重感"和心理上的不平衡。因为，作为传统文化组成部分的儒家传统经济思想如一块胎记一直烙在中国民族的躯体上。它同这个民族融为了一体，并被作

为美德保留遗传下来。当前，随着改革开放的深入，商品经济的发展，有人感叹：道德沦丧，"见利忘义"。我以为这种现象的出现是人们试图摆脱传统观念束缚，探讨新的"利""义"观过程中的"失控"。在"失控"中不可避免地出现偏差或丑陋的东西。但是经过一段阵痛，人们将用时代的目光和尺度重新拨动"利""义"天平上的砝码。

二、"重道轻器"——轻视生产劳动和经济事务

恩格斯曾说："奴隶制留下了它那有毒的刺，即鄙视自由人的生产劳动。"① 中国古代社会，不仅留下了鄙视生产劳动的毒刺，而且留下了鄙视经济活动的毒刺。后者是一根毒性更大的刺，在中国历史上贻害深远。与"贵义贱利"相联系，"重道轻器""重农轻商"也是儒家所普遍遵循的价值观，它们可谓"贵义贱利"观的孪生姐妹。在"重道轻器"（自然科学）传统观念支配下，中国传统文化中自然科学的地位极其低下。而知识的视野仅限定于儒家经典范围，解经悟道既是修养，也是为学的主要途径。真是历史的误会，"君子不器"（孔子）的传统观念竟滥觞于四大发明的故乡。"贵义贱利"与"重道轻器"相结合，派生出了重精神轻物质的传统。这一传统对中国社会经济的发展产生了极坏的影响。在这个传统支配下，古老的大国竟成了"精神极乐"的王国。在"精神极乐"的王国里，知识受到了空前的贬值。对知识和人才的批判、迫害达到了耸人听闻的地步。早在元代就有"九儒十丐"之说，"文化大革命"期间中国的知识分子继承了先人的头衔，被称之为"臭老九"。"文化大革命"使包括儒家传统经济思想在内的封建文化得到了充分的复兴。除开尊祖崇古心理和惯性思维方式外，自然经济的存在并且达到极端"自然化"的程度是其主要根源。在两千多年的封建历程中尚存在资本主义的萌芽——商品、交换，而"文化大革命"期间任何商品经济的因素都被当作"资本主义的尾巴"割掉了。自然经济的充分"自然化"为"重农轻商"传统观念的复兴提供了温床。农民只能种田，种田只能种粮食。当中国人关起门来"灵魂深处爆发革命"、社会经济濒临崩溃之时，西方社会正轰轰烈

---

① ［德］马克思、［德］恩格斯著，中共中央马克思恩格斯列宁斯大林著作编译局编译：《马克思恩格斯全集》第21卷，人民出版社1971年版，第170页。

烈地开始了真正的社会革命①。传统与现代真可谓一对难解的结，现代化意味着对传统的超越与扬弃，而传统又像永不消失的幽灵，总在现代人的生活中时隐时现。党的十一届三中全会以来，我国开始实行社会主义条件下的商品经济。商品经济与自然经济是相对立的，前者的实行意味着后者的解体。自然经济——在中国社会生存了几千年并产生了深刻影响的经济形式，将让位于姗姗来迟的商品经济。然而，自然经济的瓦解又意味着儒家传统经济思想的动摇。

三、崇俭抑奢——"压抑"消费心理结构

中华民族一向以吃苦耐劳而著称于世，崇尚节俭的消费思想一直为人们所普遍接受，并作为优秀的民族传统世代相袭。从历史上看，道家是节用崇俭的竭力倡导者。而儒家所提倡的崇俭则是以"用之以礼"为前提的。可以说，儒家消费思想是一种"相对崇俭"论，但后人在消费观上更多地继承了道家的东西。于是在中国历史上形成了形儒内道的"绝对崇俭"的消费观。不可否认，崇俭是一种美德，它对社会经济发展所起的积极作用也是不言而喻的。但如果将其作为民族传统却不顾社会经济的发展变化而一味固守，势必对社会经济的发展产生反作用。从理论上讲，消费是生产的终点，亦是生产者的起点。若无适当的消费规模和速度，社会再生产将受到影响。因此，适当的消费是社会经济发展的必然要求，而绝对崇俭则是小生产者的习气和观念。我国广大人民似乎都在努力实现着道家"无欲""寡欲""知足"的道德意境。传统消费思想以超出社会经济之外的伦理力量拽制着人们消费选择的层次、规模、结构。由消费心态所表现的不是真正的自我，而是经过修正了的自我，即以伦理规范限定后的自我。这实质上是经济基础对上层建筑决定作用的反逆。最终决定人们消费水平的不是道德因素，而是社会生产力发展水平。受传统观念的影响，中国曾长期是一个低消费结构的国度。其中自有客观原因，但主观原因——尚未形成高消费心理素质不能不说占据着主导地位。商品经济的发展，抛弃传统消费心理结构已刻不容缓。当然，我们说抛弃传统消费观并不等于丢掉勤俭节约的优秀传统。而培养全民族的消费意识也并不等于忘

---

① 西方社会革命指科技革命、人口革命等。

掉艰苦朴素的优良作风。高消费不是浪费，尽管前者往往潜伏着后者的萌芽，但它终究是高度发达的商品经济的要求。

四、"不患寡而患不均"——缺少竞争机制的分配原则

中国可谓是具有平均传统的国度，"均平"分配原则最能体现"贵义贱利"的道德观，所以古代关于分配的论述尤为发达。自孔子提出"不患寡而患不均"的分配思想，"均平"几乎为历代思想家和统治者所乐道。尽管事实上不可能实现，但这面旗帜却被世代高举着。"平均"思想在中国社会的历史进程中，发挥了不可忽视的积极作用。作为政治口号，它启迪了人民的思想，展示了一个激奋人心的分配方案和"无处不平均"的理想天国，并成为中国历史上历代农民起义的政治纲领。从"不患寡而患不均"到"均贫富，等贵贱"，反映了中国农民为实现"均平"而浴血奋战的艰难历程。作为道德水准，它反映了拥有古老文化传统的中华民族的集体主义精神和互助美德。因而，"不患寡而患不均"的分配思想最容易被人们所普遍接受。但与此同时，"均平"分配原则又削弱了集体中的个体的竞争意识，埋下了绝对平均主义的种子。

沿着历史的足迹探寻，"平均"几乎与人类的历史一样古老。在原始社会中，我们的祖先就实行"平均"原则。"平均"与低下的生产力水平和自然经济相联系，是小农经济的产物。旧中国是一个小农经济的汪洋大海，在为"不患寡而患不均"的分配思想提供植根土壤的同时，又培育了广泛的民众承受心理。新中国带着封建主义的痕迹开始了社会主义经济建设。儒家传统分配思想不仅残留在人们心理，而且这种分配思想所植根的土壤——小农经济依然存在。于是，"平均主义"又被当作社会主义的分配原则沿用了下来。"平均主义"与商品经济是不相容的。"平均"旨在消灭差别，而商品经济则指在竞争：优胜劣败，"能者辐辏，不肖者瓦解"（《史记·货殖列传》）。可以说，在"文化大革命"期间，"平均主义"得到了最充分的实现。"一大二公""大锅饭"，在个人消费品分配上无论劳动多少，贡献大小，技术高低均享受同样的待遇。人的积极性、创造性、竞争心理都被扼杀了。追根溯源，"文化大革命"只能发生于中国这块古老的土地上。"文化大革命"的实质是中国传统文化的自身反逆：一面打着批孔的旗帜，一面把儒家思想当作社会主义的原则来使用。如今

平均主义的危害恐怕无人怀疑了，可是人的意识是具有惯性的，心理还要有一个平衡的过程。如当今出现的"红眼病"就是"平均主义"的变种。千百年来人们已经习惯于平均主义的分配方式，因而缺乏竞争的心理素质。事实上，一个社会正是在竞争中由"不均""不平"逐步趋于均平，从而不断发展的。

  综上所述，儒家传统经济思想对中国社会经济的发展和民族意识的形成在一定程度上产生了消极的影响。十年动乱中所实施的极左路线，现今经济改革中所遇到的某些思想、心理障碍均可从中找到蓝本。因此，随着经济改革的深入，作为传统文化组成部分的儒家传统思想面临着猛烈的冲击：首先是来势迅猛的商品的冲击，其次是由改革、对外开放而引起的现代西方文化的冲击，再次是不可逆转的民族自强心理的冲击。三股力量汇合，震撼着古老的民族，使曾光耀一时并作为火种助燃了西方近代文明的中国传统方面面临着危机。摆脱传统观念的困囿，建立崭新的观念价值体系已迫在眉睫。人们再也不能只沉醉于古老的文化、悠久的历史之中，再也不能踌躇于传统伦理观念与现实不能自拔的二律背反之中。一个崭新的思想观念，民族意识形成之时，即是中华民族再度崛起之日。

（原载《北方论丛》1989 年第 1 期）

中国古代经济思想体系中
传统思想与反传统思想的统一
——兼论中西方文化—心理结构之异同

传统经济思想与反传统经济思想的碰撞,从儒家经济学说的统治地位确立那天起就已经存在了。前者从客观上反映了儒家思想的局限性、狭隘性、保守性以及脱离实际的纯伦理说教性;后者则从心理上反映了未曾中断历史进程的文明,给中华民族带来的崇古尊祖观念的动摇和对儒家传统经济教条的怀疑与否定。二者的统一正是中国古代经济思想自我调节的艰难而痛苦的过程。

纵观我国古代经济思想的发展,大致可分为三个时期,即经济理论的产生与奠基时期、儒家经济思想的统治地位确立时期、传统经济思想的自我调节时期。

中国古代经济思想发展的第一阶段,是同思想史上的"认同"与"内分"相伴随的。所谓"认同"乃是诸子百家分门别类,各寻其主;而"内分"则是同出一师却各鸣其义。二者均发生于春秋战国之时。

春秋战国时代是造就中华民族古老而灿烂的民族文化的时代,是我国学术思想的繁盛时代,也是古代经济思想史上的黄金时代。它造就了中国历史上一代思想巨匠,同时也造就了一批优秀的经济思想家。当时,社会的动荡、世态的变迁,冲击着人们的头脑,改变着人们的意识,激发起民族的智能,呼唤出思想上的伟人。它同14世纪后半期的欧洲文艺复兴时代一样,成为中国历史上需要巨人且产生巨人的辉煌时代。梁启超先生曾生动地论述了这一变革时代的壮丽图景:"……孔北老南,对垒互峙,九流十家继轨并作,如春雷一声,万绿齐苗于广野,如火山炸裂。热石竞飞于天外,壮哉,盛哉,非特中华学界之大观,抑亦世界学术界之伟绩也。"① 一批被时代的洪流推托出来的代表不同阶级的思想家,以各色各

---

① 梁启超:《论中国学术思想变迁之大势》,见梁启超《饮冰室合集》第三册,中华书局1989年版。

样的姿态登上了历史的舞台。于是，在中国历史上第一次形成了学派林立、百家争鸣的局面。思想家们便以自己的政治嗅觉纷纷向不同学派认同、追随、靠拢。如儒家学派有孔子、子贡、孟子，法家学派有子产、李悝、商鞅、邓析、韩非，道家学派有杨朱、老子、庄周，等等。

　　思想史上的"认同"与"内分"是同一过程的两个方面，即一方面各寻其主；另一方面同归一祖，而其思想又有异于其祖。正如韩非子《显学篇》所说：继孔子之后"有子张之儒，有子思之儒，有颜氏之儒，有孟氏之儒，有漆雕氏之儒，有仲梁氏之儒，有孙氏（荀子）之儒，有乐正氏之儒。自墨子死后，有相里氏之墨，有相夫氏之墨，有郑陵氏之墨。故孔墨之后，儒分为八，墨分为三"。经过"认同"与"内分"，在我国古代经济思想史中出现了重伦理、明等级、罕言利，以伦理规范衡量经济行为的儒家"伦理经济思想"；提倡"兼相爱、交相利"，以"利"来规定伦理的墨家"重利经济理论"；对一切生产活动抱着消极憎恶或反对态度的道家"颓废经济学"；具有改革精神，重视经济措施的法家"法治经济观"和农家独重农业的"小农经济学"。春秋战国之际，学术思想的解放达到了相当的程度。这同儒家学术思想统治地位确立后，"暧暧昧昧守一先生之言而有信，尺寸不敢成其畔也"①的学术气氛相比，真是大相径庭。也许正是这种自由的学术空气，使尊师一祖，独重门户之见的先秦思想竟出现了博采它派之长，以光大本宗的思想家。如儒家者流荀子兼墨、道、法家者言，道家流庄周尊儒家之言，法家者流韩非也兼有道家者言。这种各学派之间取长补短，相互融合，还产生了既有各家思想又兼备商人意识的中国历史上不可多得的经济巨著《管子》。

　　自汉武帝罢黜百家独尊儒术，中国古代经济思想史进入了发展的第二阶段。然而这一阶段既是漫长的，又是短暂的。说其漫长，因为儒家传统经济思想毕竟占据了两千多年的统治地位。说其短暂，因为独尊儒仅百十年，就出现了像王充那样的敢于"问孔""刺孟"的思想家。就上述意义来说，中国古代经济思想发展的第二阶段（儒家经济思想统治地位确立时期）与中国古代经济思想发展的第三阶段（儒家经济思想自我调整时期）是无较严格的分界的。但对儒家传统经济思想由怀疑到公开的批判，

---

　　① 梁启超：《论中国学术思想变迁之大势》，见梁启超《饮冰室合集》第三册，中华书局1989年版。

则是宋以后才开始的。

可以说，儒家经济思想既不如墨家经济学说内容具体，见地深刻，也不如《管子》丰富详尽，论理周到精辟。但是，它却在中国占据了两千多年的学术统治地位，并形成了千百年来不变的、为历代统治者和知识分子所赞誉和遵循的三大信条：重义轻利、重本抑末、崇俭抑奢。其中自有经济方面的原因，但更有政治上的需要。儒家伦理经济学不仅适合统治者的口味，也十分容易为一直在宗法观念熏陶下的中国人民所接受。政治上的适者生存，演出了学术上的独尊儒术。但是，与基督教神学统治下的西欧相比，儒家学说还具有进步意义。基督教让人们崇拜的是超脱世外的上帝，中国人信天、敬神，而皇帝就是实实在在的真龙天子，天神人格化为万民敬仰的皇上，看得见，摸得着，听得见。因此，西方人超脱尘世，而中国人则要驾驭尘世。驾驭尘世就要务实、重生计。所以古代中国出现了丰富的"生计"理论——经济思想。与古代中国相比，中世纪的欧洲在经济思想上几乎是空白的，杰出的经济思想家是被誉为"神学泰斗"的托马斯·阿奎那。西方的神学以《圣经》来解释世界，《圣经》中的规定和戒律成为禁锢人们思想行为的枷锁。而君权虽然使儒家学说成为类似《圣经》的教谕，并形成了排外力很强的封闭保守的思想体系，但是，在这个保守的思想体系中是不乏理论之争辩的。人们就像敢于推翻一代君主一样，同样敢于冒犯儒家传统思想。因此，正如庄园制经济与地主经济，虽然二者都属于自然经济，但前者是"闭塞型"的自然经济，后者则是"开放型"经济的自然经济一样，基督教神学与儒家学说同样都是保守封闭的思想体系，但前者的不变是绝对的，而后者的不变则是相对的。当然，我们还不能过高地估计这种"变"。因为儒家传统经济是不能在否定之否定的框架中进行自我扬弃，从而完成由"传统的批判"到"批判的传统"的自身改造的过程，而只能是站在传统中反传统，或者说以一部分传统来反对另一部分传统。尤其中国学术界特有的，与宗法观念密切相关的崇古尊祖心理，又使一些本来可以冲破儒家传统思想体系的思想家，既想反传统的经济教条，又怕触犯传统。同时，仿佛只有借古人之言才有说服力。因此，自北宋起，不少经济学家开始推崇《周礼》。就连明清之际启蒙思想家的代表人物黄宗羲、顾炎武、王夫之也不免从"四书"回到"五经""十三经"，从伦理之学回到训古考据，从宋学回到汉学。所以自宋以来，尽管反传统教条的经济思想家不断涌现，颉颃相争，但都未摆脱儒学的框架。我们所看到的只是以儒家传统经济思想为主体的中国古代经济思想体系，在剧烈的社会变革中，在伦理规范与"经世致用之学"的冲突下所进行的自我调整。

在我国古代经济思想史上，第一个挺身而出反对儒家正统经济思想的是桑弘羊。但桑弘羊不同于后来的儒家传统经济教条的反对者。桑弘羊所在的时代，儒家传统经济思想的统治地位刚刚确立，还不够巩固。宋以后，虽然出现了不少怀疑和公开批判传统经济教条的思想家，但儒学毕竟在思想意识领域里已取得了一千多年的支配地位。也正是如此，桑弘羊可以毫无顾虑地打出反孔的旗帜。而后来批判者则往往要借助于儒家经典来反儒家传统思想。另外，桑弘羊与贤良文学的论战具有政治论战的性质，而后者更具有理论论战的色彩。

如果说桑弘羊是古代经济思想史上反对儒家传统教条的先锋，那么李觏、王安石则是使这种批判公开化，从而开始了中国古代经济思想自我调节过程的发轫者。李觏首先反对"贵义贱利""讳言财利"的儒家传统观念。他说："人非利不生，曷为不可言。"（《李直讲先生文集》卷二十九）"故贤圣之君，经济之士必先富其国焉。"（《李直讲先生文集》卷十六，《富国策》一）功利之义者王安石从中小地主阶级的立场出发也大谈"利"。他说："利者义之和，义固所为利也。"（《续通鉴长篇》卷二一九，《熙宁》四年正月）。在财富与伦理的关系上，他虽然没能像管子、墨子那样把财富作为伦理的基础，但已冲出了儒家的"利""义"观，并且辩证地看待二者的关系："聚天下之人，不可无财；理天下之财，不可无义。"（《王临川集》卷七十，《乞制置三司条例》）即一方面把财富放在首位，另一方面又把伦理作为处理财富的手段。王安石以比李觏更加鲜明有力的态度，批判了"讳言财利"的传统经济教条。他从"利"乃"义"之和，"利"就是"义"的观点出发，认为"政事所以理财，理财乃所谓义也"（《王临川集》卷七十三，《答曾公立书》）。由此，王安石成为我国历史上公开讲求理财的第一人。但是无论李觏还是王安石，都深受《周礼》的局限。作为中国历史上一代有魄力、有胆识的改革家王安石，却自称制定青苗法所依据的农业放贷思想源于《周礼·泉府》，他用来反对儒家"讳言财利"传统说教的武器是《易经》，而用来摧毁把"理财"视为"聚敛"的儒家传统经济观点的炮弹则是《周礼》。借古人来反古，用传统来反传统，可谓中国古代学术界一大趣观。当然，我们又不能简单地将推崇《周礼》视为复古。因为无论李觏还是王安石推崇《周礼》的最终目的都不是要回到《周礼》时代,而是为了寻找反对儒家经济教条不能被人轻易否定掉的理论依据。

与李觏、王安石相比,在反对儒家传统经济教条中,功利主义者叶适和泰州学派的李贽就显得气概不凡,胆略超人。他们不仅涉及的范围比较广,而且其言辞赤裸裸、火辣辣,甚至撕去了保留在李觏、王安石那里的托古面纱。叶适认为"古今异时",因此反对"泥古"。他大胆嘲笑儒家"正其谊不谋其利,明其道不计其功"的传统说教是看起来好看,实则虚伪,掩人耳目罢了。他公开否定"抑末"思想,指出"抑末厚本,看非正论也"(《水心别集》卷十一,《财总论一》),尤其对"讳言财利"的传统教条进行了彻底地批判。他针锋相对地提出"古之人未有不善理财而为圣君贤臣者也"(《习学记言》),并断言"理财并非聚敛"(《水心别集》卷二,《财计》上),从理论上澄清了把"理财"与"聚敛"等同起来的儒家财政观点。如果说王安石谈理财还没有完全脱离伦理(只因为"义"就是"利",所以不避"理财"),那么叶适则是从分工、生产、流通的角度来说明理财是不可缺少的。因此,"讳言财利"的传统思想和"圣贤不为利"的古老命题在叶适那里才得到了真正彻底的批判。

另外,泰州学派的李贽对儒家传统经济教条的批判虽不如叶适全面深刻,但态度坚决,毫不含糊。他首先以"异端"自居,大胆指出儒学经典《论语》只是当弟子的随笔记录而已,并不是"万世之至论",故反对以"孔子的是非为是非",否定儒学的独尊地位。他抨击儒家学说是空虚的伦理说教,认为"穿衣吃饭即是人伦物理"(李贽《焚书》卷一,《答邓石阳书》)。但是,处在传统思想对整个社会还依然起着支配作用时代的先进思想家,只能是以旧的思维方式,站在传统中来抨击传统的弊病。尽管如此,"每一种新的进步都必然表现为对某一种神圣事物的亵渎,表现为对陈旧的、日渐衰亡的、但为习惯所崇奉的秩序的叛逆"[①]。况且他们的许多观点又正是明清之际启蒙思想家的先行思想。

对儒家传统经济教条的批判,到了明末清初进入了新的发展阶段。商品经济的日益发展、成熟和市民势力的逐步壮大,都为反对传统经济教条

---

① [德]马克思、[德]恩格斯著,中共中央马克思恩格斯列宁斯大林著作编译局编译:《马克思恩格斯选集》第4卷,人民出版社1972年版,第233页。

提供了新的更加坚实的社会基础。因此，这个时期的思想家已经不是从地主阶级的利益出发，而是从市民阶层的利益出发来反对儒家传统经济思想了。他们不仅比前人站得高，而且以新的姿态批判儒家正统经济思想，其理论富有时代气息和感染力。如启蒙思想家黄宗羲进一步扩展深化了叶适、张居正的观点，他不仅反对"抑末"，而且以新的时代意识彻底否定了工商为"末"的传统观念，公开提倡"工商皆本"。具有强烈资产阶级思想倾向的地主阶级改革家魏源，则以商人资本的意识颠倒了"本富为上，末富次之"（《史记·货殖列传》）的传统思想顺序，认为以末致富是较稳妥可靠的摆脱封建束缚的途径，从而把封建生产方式瓦解前夕"商业的至上权"[①]赋予他的重商意识淋漓尽致地表述了出来。

但是，无论是以黄宗羲、顾炎武、王船山为代表的启蒙思想家，还是后来的魏源，都没有彻底摆脱儒家传统思想的束缚。尤其是启蒙思想家，他们虽然对许多传统经济教条进行了大胆而尖锐的批判，但整个思想体系中还残留着儒家传统经济思想的痕迹。其经济理论则常常是瑕瑜互见，既有时代的气息，又掺杂着陈旧的因素，传统与反传统并存。尽管如此，我们又不能将启蒙思想家与他们以前的具有反传统思想倾向的经济家们等同起来。因为时代使他们成为区别于"传统者"的"过渡人"。这些过渡人，一方面既不生活在一个完全的传统世界里，又不生活在一个新的世界里；另一方面，既生活在传统世界里，也生活在资本主义因素兴起，小市民阶层力量逐渐壮大大的新世界里。他们能看到别人看不到的新事物，他们生活在"传统者"无法分享的幻想中。他们一眼向着过去回顾，一眼向着未来盼望；一只脚还没有完全从传统中拔出，另一只脚则又触及了近代。双重意识并存，使他们常常自我困扰。然而正是他们，成为中国古代经济思想史上承前启后的一代思想家。魏源就是经济思想史上转折点和杰出的"过渡人"。胡寄窗老先生把魏源称为古典中国经济思想最末一个思想家，又是中国第一个前往近代资产阶级经济学圣地朝拜的香客。从魏源以后，在中国缓慢地开始了一个由典型的传统经济思想向近代经济思想的转型期。[②]

在中国古代经济思想发展沿革中，形成传统思想与反传统思想同时并

---

① ［德］马克思：《资本论》第 1 卷，郭大力、王亚南译，人民出版社 1953 年版，第 952 页。
② 胡寄窗：《中国经济思想史》下，上海人民出版社 1981 年版。

存的局面是有其深厚的社会原因和思想根源的。

首先，秦汉以后儒家经济思想传统地位的确立，在中国形成了封闭保守的经济思想体系。而尊祖崇古则是这个封闭体系形成的重要文化原因。从先秦各学派的产生来看，无一不是依托古人的。被称为一代圣人的孔子也祖述尧舜，宪章文武；墨翟托诸大禹；老子托诸黄帝；许行则托诸神农①。这种托古而立学的风气，对后来中国古代经济思想的发展产生了极坏的影响。它成为中国思想界封闭、守旧的最原始祸根，也同希腊学术思想的产生形成了鲜明的对比。梁启超先生曾说："古希腊哲人每创一论，皆自思考之，自组织之，自发布之，自承认之，初未尝依傍古人以为重也。皆务前人所未发而思以之易天下，未敢教人反古以为也重。"② 尊祖崇古就必恪守先王之说，不敢有所增损。稍有异议不是被斥为离经叛道，就是被指为"背师""非圣"，从而为世俗所不容。同时，由于中国封建社会政治结构和意识形态结构的一体化，绝大多数经济思想家在朝为官，他们从小饱读诗书，熟悉儒家经典，基本上是在儒学的严格教育和熏陶下，通过科举考试的士大夫阶层。因此，儒家思想在他们头脑中是根深蒂固的。尽管一些敢于正视现实的敏感的思想家公然批判早已不实际的儒家经济教条，但总体上说，他们并没有超出儒家经济思想体系。因此，他们的学说往往是瑕瑜互见，传统与反传统并存。

其次，崇古尊祖是千百年来积淀在中国人民心中固有的民族意识。它在桎梏着整个民族思想的同时，也桎梏着那些不囿于儒家传统教条的思想家。于是，一方面，社会经济的发展带给了一部分进步思想家以先进意识，促使他们向传统挑战；另一方面，尊祖崇古心理又引导他们向祖宗求助。这就使他们即使摆脱了儒家思想的羁绊，也不可避免地要去寻找不同姓氏的古人或学派，而不是去创新。这种矛盾的文化—心理结构困扰着许多思想家，出现了像王安石那样托《周礼》以施新政的改革者（在这点上西方人则不同，他们不崇拜古人，只有上帝才能得到整个民族的共同崇拜）。因此，反对儒家传统经济教条的过程，实质上是在传统中反传统的

---

① 梁启超：《论中国学术思想变迁之大势》，见梁启超《饮冰室合集》第三册，中华书局1989年版。

② 梁启超：《论中国学术思想变迁之大势》，见梁启超《饮冰室合集》第三册，中华书局1989年版。

过程。

再次，以托古的方式来反传统是尊古心理赋予古代经济思想家的政治上的"自卫术"。崇古尊祖既可以取悦于君王，又可避离经叛道之嫌。张居正就是打着"遵守成宪"的旗号推行新政的。崇古尊祖还可以迎合百姓心理，以古已有之的面目出现的新经济政策和观点，就更容易为人们所接受。所以说，独尊儒术是中国古代学术思想封闭保守的主要原因，但绝非唯一原因。

中国封建社会所特有的文化—心理结构，导致了古代经济思想体系中传统思想与反传统思想的并存。二者的颉颃相争既反映了中国古代经济思想发展的主要脉络，又反映了中国封建社会的历史发展进程。因此，尽管王安石、叶适乃至魏源都未能完全摆脱传统思想的束缚，但我们却可以看到一条清晰的时代发展路数：那些先进的思想家逐渐从传统的困扰中解脱出来，思想中的矛盾因素越来越少，对古人的留恋之情越来越淡。然而，历史却是悲剧性的选择，反传统思想与传统思想的碰撞并没有闪出火花——一个新的经济思想体系在夹缝中诞生。那么，是什么原因造成这种结局的呢？上面说过，托古来反传统是中国古代经济思想史上的一大特点。但是这种"托古"完全不同于14世纪欧洲文艺复兴时的"复古"。文艺复兴是以"复古"求解放，它带来的是一个崭新的思想体系和世界；而反传统经济思想中的"复古"，则是中国学术界的旧习，它可以用来调节封建社会内部的关系，作为进行思想斗争的武器，但却不可能成为人们求得从封建社会解放出来的途径。包括经济思想在内的中国传统文化，是一个封闭的系统。它有广泛深厚的土壤、连绵悠久的历史，并且与宗法观念密切相连。正如中国封建社会的商品经济无论怎样发展，必然不能摆脱自然经济脐带，步入资本主义一样，中国古代经济思想也不可能通过自身的调节冲出原有的体系。

（原载《求是学刊》1989年第3期）

儒家经济思想之深层土壤
——兼论中国经济思想史中的儒、道融合

在中国传统文化的五大主流派（儒、道、墨、法、农）中，论其对后人影响之深远，可谓儒、道并举。在传统文化中，尽管儒术独尊，掩盖了其他学派，尤其是道家在传统思想形成过程中的作用，但事实上，在民族性格和价值观念的形成上，道家起了儒学所无法起到的作用，并为儒家学说培植了广泛而深厚的社会—心理土壤。

与道家相比，儒学一直显得很"吃香"。它对中国封建社会意识形态领域的主宰是显而易见、妇孺皆知的。而道家对中国封建社会意识形态的统摄作用，则如同其道体一样，无影无形。自汉武帝采纳董氏之主张，"罢黜百家，独尊儒术"，儒家便交上了红运。但在独尊儒术的两千余年里，道家既没有像墨、农两家那样销声匿迹，也没有像法家那样，改头换面，以儒家思想的实行者的身份出现于历史的舞台。老庄之说时而复炽，时而为世人所淡漠，但"清静无为"的思想，始终为历代提倡"放任主义"的经济思想家所推崇，并成为中国古代经济思想史上反"干涉主义"的理论武器。

道家理论实为消极、厌世、颓废、理想、嫉俗的综合，如果用来指导人们的经济行为，则无一不与社会经济的发展进步背道而驰。然而道家的理论不仅与时代相悖离，还似乎与当时的诸子百家，尤其是儒家相背驰。"唱反调"可谓道家思想的特点与奇妙之处。如一般人都积极修道成德，勤习学业，希望达到圣人的境地，而老庄却呼吁"绝圣弃智，民利百倍"（《老子》第十九章），"剖斗折衡，民乃无争"（《庄子·胠箧》）；一般人都渴望求进求益，而老庄却高谈"为学日益，为道日损"（《老子·下篇》）；世人皆贵难得之物，而老庄则以为"难得之物使人行妨"；一般人都力求欲望的满足，而老庄却认为"不见可欲，使民心不乱"（《老子》第三章）。道家的反调太多了，实不胜枚举。虽说道家的思想与诸子百家，尤其是儒家背道而驰，但其目的却是一致的。儒、道之所以融合就在于二者殊途同归：儒、道从不同的角度，以不同的方式反映并规定着人们

的心理意识，道家反映了人们深层心理状态，儒家则反映了人们表层生活状态。如果说道家是中国人传统意识的基础理论，那么儒家则是建立其上的应用理论。在中国古代经济思想史上，道家与儒家这种相辅相成的关系尤为突出。

正是由于儒家经济思想掺入了"道"的因素，或者说建立在"道"所奠基的民族心理—意识之上，所以儒家经济思想才越发为中华民族所接受、推崇。同时，也加重了儒家经济思想的"惰性"，导致了儒家经济观的某种"变形"。

一、道家经济思想的哲学依据

周金声先生在其《中国经济思想史》中曾说："道家与我国经济思想的关系，重在其人生观所产生的恶劣影响。"从某种意义上说，道家的哲学不仅产生了道家的经济观，而且也参与了中国传统经济思想的形成过程。

崇尚自然是老庄哲学的特点。《老子》第二十五章云："人法地，地法天，天法道，道法自然"。所谓道法自然是说道体也以自然为依归，要顺应自然为依归，要顺应自然法则而演变。因而，自然的法则亦是道体的法则。那么自然的法则（道的法则）又是什么呢？那就是"曲即全，枉则直，洼则盈，敝则新，少则得，多则惑"（《老子》第二十二章）。由于崇尚自然力的伟大，因而道的力量也被看作是伟大无比的："故道大，天大，地大，王亦大。……域中有四大，而王居其一焉。"（《老子》第二十五章）故，人类不可离开道而妄自做作，否则将会自招灾害。如若善体道旨，顺应天道，则常赐予幸福。即"天道无亲，常与善人"（《老子》第七十九章）。在道家看来，既然天道的力量是强大无比的，那么人类生存在世界上，就犹如沧海一粟，如以人力来改造自然，何异螳臂当车。因此，人类要以"乐天安道""返朴归真"为人生的目标。而人类的职责只是"辅万物之自然"，由此导出了道家的无为思想。

老子认为："天之道，不争而善胜。"（《老子》第七十三章）"夫唯不争"，故天下莫能与之争。（《老子》第二十二章）"是以圣人无为故无败。"（《老子》第六十四章）《老子》第八章中还进一步以水为例来阐述无为之道的妙处："上善若水，水善利万物而不争，夫唯不争，谓无尤。众人之所恶，故几于道。"这是说，水以自己的有用性来供养万物，甘居卑下，不与高山树木争长短，论高低，从而使百川之水都汇注其中。如若相互争尊高位，山泉之水必不能汇纳百川。由此看来，"无为"乃顺应自然，顺应自然即遵循天道。而"无为"之妙处就在于无为而无不为："天长地久。天地所以能长且久者，以其不自生，故能长生。"（《老子》第七章）所谓"不自生"便是无为，而"故能长生"即是无不为。

从无为而无不为的原则出发，引出了一系列道家的经济思想。在社会生产问题上道家提出了"我无为而民自富"的生产思想。只要无为而治，天下自然能治。百姓丰衣足食，安居乐业，社会富足昌盛。在分配问题上，道家又提出了"民莫之令而自均"的分配理论。因为无为而治乃循天道，"天之道损有余而补不足"（《老子·道德经》第七十七章）。另外，道家还认为，顺应自然的最好方法是回到原始的淳朴状态之下——"返朴归真"。而"返朴归真"的第一步就是要完备塞五官和心门，因为这都是易受外物引诱的感官。把它们关闭了，一切以"道"为依归，虽万物纷纭在我们面前，无视，不知，则终身宁静而不劳累。同时"返朴归真"还必须知足，恬淡寡欲。老子认为善体道旨的人应该"衣养万物不为主"（《老子》第三十四章），"处无为之事，行不言之教，生而不有，为而不恃，功成而弗居"（《老子·上篇》）。在道家看来，欲望非良物，如果不能根本摒除，那么返朴自然则是办不到的。因而老子直言欲望之弊害："五色令人目盲，五音令人耳聋，五味令人口爽，驰骋数猎，令人心发狂。难得之物，令人行妨，是以圣人为腹不为目，故去彼取此。"（《老子》第十二章）道家不仅反对人们对物质利益的欲望，还反对人们的求知欲："为学日益，为道日损。"（《老子》第四十八章）可以说，这正是中国历史上愚民政策的学术渊源。为了使人们克制欲念、"返朴归真"，老庄又劝人去奢、去泰、知足。即"知足者富"（《老子》第三十三章），"少私寡欲"（《老子·道德经》第十九章），"罪莫大于可欲，祸莫大于不知足"（《老子》第四十六章），"无欲以静，天下将自正"（《老子·道德经》第三十七章）。这就是道家养心莫善于寡欲的消费观。

二、道家的哲学思想是儒家经济思想的深层土壤

至今仍有不少人相信，儒家与道家在无为问题上是针锋相对的。儒家让人积极入世，道家则让人消极避世；儒家教人有所作为，奋发功名，而道家则告诫人们"功成而弗居"；儒家承认"人生有欲"（《荀子·荣辱篇》），道家则劝导"常使民无知无欲"；儒家者言"口之于味，耳之于声，目之于色，同有美焉……故理义之悦我心，尤刍豢之悦我口"（《孟子·告子篇》），道家者云"祸莫大于不知足""知足者富"。的确，表面看起来儒、道实不相同。道家看问题出发点是天道，而天道是无为的。因而道家教导人们自觉遵循天道，以无为而立自身。孔夫子一生奔走执教，呼号仁礼，他要求人们自觉遵从和实践仁、礼，而"仁"与"礼"是有为的（人为的）。追求有为的东西似乎是人生有为的表现。其实不然。如果我们比较一下孔夫子的"仁""礼"与老聃的"道"，就会发展其中的深层关联。首先，孔子所宣扬的"仁"与"礼"对于百姓来说并不是"自为"的而是"他为"的。封建伦理纲常礼教是以异己的力量桎梏着人们，人们也是不得不遵从的。因此，在"克己复礼"的过程中，人们的主动性与创造精神会逐渐消失。久而久之，其结果看似有为实则无为。人们会在封建礼教的框框里循规蹈矩。其次，从规定的内容来看，儒家要人恪守封建礼教，墨守成规，而不是奋发进取，锐意创新。遵循儒家规定的结果，不仅每一个人都被凝固在封建等级的某一点上，而且整个社会也变得稳定，无所进取。再次，从教育人的方式来看儒、道是相同的，均让人内省，独善其身。我们知道"有为"意味着主体向客体的宣战，让环境服从于人。然而，无论道家还是儒家，都是将外部的力量向自身压来，以外来的力量来束缚自己。在道家，这个外来的力量表现为"天道"；在儒家，这个外来的力量则表现为仁、礼。前者以无形的东西（天道）来否定人，后者用有形的东西（仁、礼）来否定；前者将人消融于虚无的天道之中，后者将人消融于关系范畴之中。老庄教人从"道"出发，孔子教人从封建礼义出发，其结果都是个性的消融与自我否定。在民族传统文化心理—意识形成上，道家实质上起了比儒家更大的作用。"道是无为却有为"，它在很深的层次上反映了中国人的传统价值观。儒家传统经济思想之所以能够为百姓接受并深深植根于中华大地上，是因为人们首先接受

了一种外来规定的心理。这种外来规定的心理就是"道"。道家利用了道家造就的这种心态,引导人们带着"处无为之事,行不言之教""道常无为而无不为"的心理去行有为之事——遵守封建礼教。其结果,人越是"有为"——积极按照封建礼教修炼自身,越变得"无为"——越修炼越发消极、保守,并被困囿在封建纲常礼教之中而无法自拔。从这层意义上讲,道家对人们思想统摄作用远比儒家深刻得多。

如果说道家是中国人传统价值观的基础理论,它告诉了人们为什么要克制自己,克制功利心,克制欲望,那么儒学则是中国人传统价值的应用理论,它解决了中国人用什么去克制自我,以及怎样克制自我。当然,在人们的思维程序中并无先道后儒的序列,道对人们的价值观念的影响是无形无声、潜移默化的。人们常引用老聃的一段话来说明儒、道的分庭抗礼:"大道废,有仁义,慧智出,有大伪。""失道而后德,失德而后仁,失仁而后礼。"(《老子·下篇》)我以为这恰恰说明了儒、道本是一条根。儒家正是出于人心不道不得不施之于礼教。儒学所说的仁、义、礼之类并不是反道,而正是弥补天下失道所造成的紊乱。道启迪人们顺应自然,应天、应君、应万物,儒以礼义迫使人们应天、应君。道家告诫人要无知无欲,而儒家的"人生而有欲"却丧失或束缚于封建伦理纲常之中。由此来看,儒学的真谛乃为补道之术。由此我们说,道家的哲学思想(人生观)是儒家经济思想的深层土壤。

三、儒、道融合使儒家经济思想发生"变形"

独尊儒术后,除道家以外的其他学派与儒学的融合,基本上采取"改头换面"的方式,如崇俭抑奢,几乎为先秦各家各派所主张,但却成为儒家传统经济教条。然而儒、道融合则是更深一层次的,这种融合是对整个民族社会心态的影响。而建立在道家所造就的民族心态上的儒家经济思想,又在许多方面违背了孔夫子的初衷。因此说,虽然造成先秦儒家与后儒之间理论偏差的有其他原因,但道家思想从中起的作用是绝不可小视的。

首先,在"求利"问题上,道家是根本反对人们逐利的。因为逐利即是有为,有为便是违背了天道。先秦儒家承认"人生而有欲",也不一味地反对人们逐利。那么何为可求,何为不可求呢?孔子又说:"富与贵，人之所欲也，不以其道而得之不处也，贫与贱，人之所恶也，不以其道而得之不去也。"然而后人所理解的孔孟儒家的"义""利"观只是"贵义贱利""子罕言利"。董仲舒以后，"义"与"利"舍此方彼的关系愈加显明了："正其义不谋其利，明其道不计其身。"原来在儒家传统思想之框架中，人们受着来自两方的困扰。一方面，遵循封建礼教而自我束缚；另一方面，道家的无为思想隐隐作祟："道"合于"天"，天道合于封建仁礼，因此在封建礼教的面前，人们只能是"处无为之事"，即无能为力，听之任之，柔弱顺从。于是，道家顺应天道的思想，转变为儒家的顺从封建伦理纲常的思想。既然对利的追逐是违背天道的，那么也就违背封建仁礼。所以儒家"贵义贱利"的思想被后继承了，而以其道而"得之""处之"的原则却人们淡忘了。这样一来，在物质利益面前，人人都摆出一副"于我予浮云"的潇洒姿态，似乎只有这样做才真正领悟了孔子"贵义贱利"的真意。

其次，在欲望的满足与消费问题上，道家认为"罪莫大于可欲"，因此告诫人们要"少私寡欲"。儒家者云"人生而有欲"，同时又提倡节欲、崇俭，并为人们规定了节欲、崇俭的水准，即"俭不违礼，用不伤义"。可以说，儒家所提倡的是以"用之以礼"为前提的"相对崇俭"观。但是，后人在消费观上更多地继承了道家的东西，在"用之以礼"中掺入了道家的"知足""寡欲"等非乐成分，形成了形儒内道的"绝对崇俭"消费观。

再次，在分配问题上，初看起来儒、道似乎有相同的思想。孔子说"不患寡而患不均"，老聃云"损有余而补不足"。但细分析起来，二者的内涵是不同的。"损有余而补不足"是天道，因此老子以为"民莫令而自均"。既然"损有余而补不足"是天道，那么"均"是天经地义的事。均而不怪，不均反而怪了。是故，"不患寡而患不均"并不是中国历史上绝对平均主义的思想渊源，平均思想的真正心理根基在于天道的"损有余而补不足"。

综上所述，历史往往以扭曲了的面目出现于后人面前。"独尊儒术"使处在传统与现代交锋中的炎黄子孙不大公允地将传统文化心态所带来的弊病，统统归咎于儒学。但从上述分析中我们不难看出，组成中国传统文化主体的并非只是儒学，而是儒、道始终相辅相成，相得益彰。一方面，道为儒学奠定了心理基础，儒又充分利用了"道"之微妙，在天道之上建立了自己的仁、礼之说。天道凭借着封建礼教得以保存，成为儒学的深层土壤。另一方面，封建礼教在天道中得到了充分的发挥，从而完成了补道的任务。而掺入了"道"之后的儒学经济思想，或者说传统经济思想，一方面愈发适合人们的心理，被百姓所普遍接受；另一方面促使儒家经济思想之惰性的产生，从而加剧了传统经济思想对中国社会经济发展的消极影响。

（原载《求是学刊》1991年第6期）

从"子罕言利"到不耻言利
——谈商品经济中的价值取向

从历史上看,商品经济对中国社会的冲击,现今可谓"第二次浪潮"。"第一浪潮"发生在四千多年前的春秋旧战国时代。那时,伴随着土地买卖而突发的商品经济及经商观念,把我们混沌初开的祖先冲击得惊恐万状。于是乎孔老夫子挺身而出,以"贵义贱利""君子喻于义,小人喻于利"等观点奠定了不屑言利的中华文化之基础;创树了"不义而富且贵,于我如浮云"这一代文人雅士之铮铮"风骨";培育了几千年来中华民族坚守,亦为西方人士啧啧赞佩的"富贵不能淫,贫贱不以移"的道德规范。然而,同是商品经济的冲击,正在风起云涌的"第二次浪潮"却是对"对第一次浪潮"的挑战。任何重大的社会经济变革,都必然导致一个社会或者一个民族道德观念的跌宕和社会价值观的更新。在贫穷即是落后的现代商业世界里,为历代儒者所辛苦营建数千年,深深植根于中国这个农业社会土壤之中的"贵义贱利"之道德堤坝,正面临着严重的冲击。

儒学是中国传统文化的主体。千百年来,炎黄子孙正是在以儒学为主体的传统文化的教导熏陶下,一辈辈繁衍生息着。人类创造着文化,文化也创造着人类自身。各个民族用不同的方式创造着不同的文化,不同的文化也用不同的方式创造着各个民族。

"贵义贱利"是儒家学说之核心,也是中华民族传统的道德观。自古以来,在中国就有"君子谋道,小人谋食""君子喻于义,小人喻于利"之说。"义"作为道德范畴,早在奴隶社会初期就存在了。孔子不是谈论"利""义"关系的第一人,但却是最终为"利""义"关系定论的人。孔子在"利""义"的天平上,本能地为"义"加上了砝码,于是"贵义贱利""重义轻利""见利思义"便成为人们面对"利""义"两难选择时,所应该遵循的原则。

"义,人之正路也。"在儒家者流看来,"贵义贱利"不仅是学者的风范,仁者的气度,圣人的品德,也是社会最高的道德规范。数千年来,以儒家经典为主体的民族文化教育，实质上是按着儒学的道德规范修炼自身的过程。而且，在这一过程中，品德的修炼与培养远远高于文化教育本身，即"有德便是才"。因此，"贵义贱利"作为一个民族的美德，无论帝王还是庶民无不接纳、趋向、认同。人人都恐怕做孔夫子所斥责的"小人"，因而贵义耻利。这样，在世代沿袭着的儒学训教下成长起来的中华民族，就成为最怕谈钱言利的民族。

然而，问题远非这样简单。"子罕言利"是事实。但孔老夫子只是"罕言利"，只强调"贵义贱利""重义轻利"，并非主张贵义去利、绝利之念，甚至在某些情形下并不回避"利"字。原来，先秦儒家的"利义之辩"，具有"律己"与"待人"，或者说个人道德价值标准与治国之策略的分野。"贵义贱利"作为"律己"的功夫，要求人们要先义而后利，以义统利，所以当子路问如何才能成为"完人"时，夫子言："见利思义，见危授命。"

以"义"律己，以利待人，可谓儒者的风范。但是从"利"与"义"的内涵差异上来看，前者讲的是精神，后者说的是物质；一为道德生命之升华，一为自然生命之凭借；只有恰当地将两者协调起来，自然生命才有所依托，同时道德生命也能更加充实。可以说，孔子也是深谙其理的。那么，该如何协调两者的关系呢？孔老夫子曰："俭不违礼，用不伤义。"即对于一己之私利，只要取之以"义"，在"义"所允许的范围内，以"义"的手段和方法取之，便无可厚非。为此，孔子还不乏幽默地说："富而可求也，虽执鞭之士，吾亦为之。"

"贵义贱利"作为"待人"的原则，要求统治者要"以义生利"，"以利待民"。所谓"以义生利"，即以"贵义贱利"之道德规范教化百姓；所谓"以利待民"，即以物质利益笼络人心，安抚臣民。在儒家者流看来，如果一个政府奉行"因民之利而利之"的基本国策，能坚持"以美利而利天下"的治国方针，那么这个政府即是贤能的政府，所实施的政策即是仁政，亦即最大的"义"。

讲到这里，我们似乎可以得到这样的结论：先秦孔孟儒家"利义之辩"不仅是一种道德规范，更是一项治国的原则。其中既有"德性化"的因素，又有物质的成分，绝不是否定功利，扼杀人性，鼓吹禁欲的说教，而是物质与精神的融合，道德规范与社会经济行为准则之辩证，尽管孔夫子十分强调"义"，但并不否定"利"。只要求对一己之私利求之而不违礼，如是，便是"义"。对于执政者来说，予民以"利"即为"义"。所以，先秦儒家的"利义之辩"是以物质作为基础的，而非空洞的德性说教。

既然如此，人们不禁要问：孔夫子不过教人"贵义贱利"，并不否定"利"，那么以儒学为主体的传统文化何以造就了一个"耻言财利"的民族性格呢？

我们知道，自汉武帝"罢黜百家独尊儒术"，儒学从一个学说的思想，成为中国封建社会占统治地位的思想；从一个学源的意识，成为一个民族的意识。然而，秦汉以后，儒学曾先后以"汉儒""宋儒"的面目出现，而先秦孔孟之儒经由董仲舒、程朱等人之手的演变，被歪曲变形了。"先义后利"，变成了"存天理、灭人欲"；"贵义贱利"被抽象为"正其谊不谋其利，明其道而计其功"。于是孔门遗教中的物质一面被抛弃掉了，剩下的只是精神的一面。同时，"贵义贱利""先义而后利"被简单化为只要精神（义）、不要物质（利），甚至被绝对化为有了精神（义），就可以不要物质（利），而要了物质（利）即失去了精神（义）。这种趋势愈演愈烈，从而先秦儒学中的积极因素被抹杀掉了，儒家的"义""利"观被庸俗、教条化为戕性灭欲的纯理性说教。可以说，自秦汉以后，以儒学为文体的传统文化，已从先秦的"贵义"文化变为耻言财利的文化。"贵义贱利"不仅作为一种民族美德被保存、"光大"，还被视为判断是非曲直的标准而世代沿袭，被广而泛之地伸延到社会及社会经济生活的各个领域，成为支配、规定人们社会及社会经济活动的原则和衡量上述行为仁义与否的尺度。

应该公允地说，作为传统文化的儒学与先秦孔孟之儒相去甚远。它是一种被后人扭曲、变形了的"儒"，而且在许多重大问题上有违孔夫子的初衷。因此，从某种角度看，与其说儒学构成中国传统文化的主体，不如说传统文化汇集于儒学招牌之下，并以"儒"的面目表现出来更为确切。先秦孔孟之儒与后儒内涵上的判别正是历史悲剧的起点。古老的华夏文化哺育了东亚一方人士，在"四小龙"，儒学启迪着人们的智慧，促进着社会经济的发展与繁荣；而在中国本土，作为传统文化的儒学则长期禁锢着人们的思想，桎梏着社会经济的发展。所以，当西方学者趣味盎然地从儒学中探寻促使社会经济发展的奥秘时，为贫穷、落后而倍感耻辱的中国人，正从儒学中寻找贫穷、落后的根源。

如果说"汉儒""宋儒"抹杀了孔孟之儒"利义之辩"的物质内容，并将"利"与"义"对立起来，那么道家"清风明月不用钱"的归返自然的心境和不慕名利、飘然出尘的"无为"想法，则又使"贵义贱利"成为高不可攀的超逸气质。有人说，儒家给人以力量，道家给人以境界；道家是中国传统文化意识的基础理论，儒家则是建筑其上的应用理论；道家反映着人们深层的心理状态，儒家则反映人们表层的生活状态；在民族性格形成过程中，儒道合力共同铸造了中华民族的群体品格。事实上，儒家和道家都在教人如何避免或摆脱"利"的诱惑，只是殊途同归罢了。孔夫子正面告诫人们"见利思义"，而道家则婉转地告诉人们"生而不有，为而不恃，功成而弗居""五色，令人目盲；五音，令人耳聋；五味，令人口爽；难得之物，令人行妨（偷盗）"。"不见可欲"可以"使民心不乱"。"不贵难得之物"能够防止"民为盗贼"。道家把"利"直接列入品德的敌人，澄清心境的障碍和破坏者。似乎只有"虽见可欲"而不屑一顾的人，其心境才能纯洁高朗。《济公传》中的一句唱词正是采撷了道家的飘逸："不积财，不结怨，睡也安，走也便。"济公是仙人倒可以飘逸自适，然而作为传统文化启蒙教材之一的《增广贤文》也从儿时就教导人们"贫穷自在，富贵多忧"。如是，在儒道合力铸造的人格框架里，"贵义贱利"又与贫困、清高联系起来。同时，在这个框架中，耻言财利不仅表现为一种高尚的美德，还是一种圣洁脱俗的超逸气节。贫穷被视为"天资旷逸，有神仙风致"，清高则透出蔑视财利的潇洒淡泊的气节和安贫乐道的心境。

　　如果说男耕女织、自给自足的自然经济是中国封建社会的经济基础，那么这个基础同时也正是以儒学为主体的中国传统文化赖以生存、生长、发展的温床。由于延期经济在本质上是一种农民经济，因此中国传统文化，其本质是小农意识。这种作为自然经济产物的文化意识，不仅以"均贫富、等贵贱"等平均主义口号直接反映了农民的思想要求，还以"贵义贱利"这一道德规范体现了为频频破产而惊骇不已的小农求稳、自闭纯朴、祈求保住自然经济的自足田园之深层次的情感和心态。马克思主义者认为，一个社会占统治地位的思想，往往即是统治阶级的思想。然而在中国封建社会，只有以小农意识为内容的封建文化，并没有独立的地主文化。封建统治阶级的思想即是小农思想，两者是同一的。所以，以儒学为主体的传统文化，既为小农出身的历代帝王所推崇，又为随时都有可能夺取帝王之位的庶民所宾服。自给自足的自然经济滋生了以儒学为主体的中国传统文化，而以儒学为主体的传统文化又世世代代培育着具有浓厚小农意识的国民；汪洋大海似的小农营建着自足自乐的自然经济之乐园。而传统文化本身又在自然经济的乐园中寻找到了更加深厚的植根土壤，从而得以"永生"。

旧中国是一个小农经济的汪洋大海。新中国则是带着封建社会痕迹开始社会主义建设的。然而，社会主义的称号，并没有也不可能一夜之间根除小农意识及其赖以生存的经济基础。新中国成立之后，某些传统的价值观不仅没有被祛除，反而沿袭了下来。儒学道统依然支配着人们的思想观念及其行为规范。尤其在"文化大革命"期间，当中国社会的经济"自然"到了极端"自然化"的程度时，便为传统文化的全面复兴提供了更加适宜的温床。于是"贵义贱利"以极左的面目表现出来，并达到了登峰造极的地步。如"重义轻利"演变成为重政治、轻生产、轻物质利益；"贵义贱利"表现为只讲空头政治，不计劳动报酬，只算政治账，不算经济账；等等。"文化大革命"实质上是以儒学为主体的中国传统文化的自身反逆：一面打着批孔的旗帜，一面又把"儒"的东西当作社会主义原则来使用。

商品经济与自然经济在本质上是对立的。因此，商品经济的实行与发展，就意味着自然经济的解体，而自然经济的解体又意味着传统文化赖以生存之基础的动摇。所以，商品经济对自然经济的冲击，势必亦是对以自然经济为生存基础的中国传统文化和观念的冲击。一场深刻的社会经济的变革，必然导致一场痛苦而艰难的观念上的革新，两者可谓同一过程的两个方面。

可以说，一个过于避"利"字的民族，是一个缺乏创造财富能力和愿望的民族，因而也不易改善自己的生活状况。如果在这个世界上大家都言利，唯你一人独不言利；各国都谈利，唯你一国独不谈利，那么无疑会成为被剥夺者而无法立足于世。当然，这种担心现在是不必要的。因为一个曾经不屑言利的民族，正以惊人的速度和幅度投入对"利"的追逐之中。

不屑言利的传统文化，还培育了羞于谈"钱"的民族心态。不屑言利，首先就要不谈"钱"，因为"钱"是"利"的集中体现。于是，"钱"在中国的文人墨客笔下有一个十分典雅而体面的名称——"孔方兄"。中国人一般做事之先是不讨价还价的。如果想要问个价码，又总免不了要自嘲地说："哈，给个价吧，咱们先小人后君子。"真可谓与其让别人说自己是言利谈钱的小人，倒不如自己先承认的好。不过，这比起根本不敢谈钱的"君子"要勇敢现实得多。据说许多在西方闯荡的炎黄子孙，常常由于不屑言利，羞于谈钱而饱受经济上的损失。按西方人的惯例，受雇者要自己提出受聘工资的数码。而每每此时，谦虚而又不屑言利的中国人都要受到阵阵心灵上的折磨。有的人在困扰良久后，客客气气地填上一个中庸的数码，结果发现自己因不会讨价还价而大吃其亏。然而，钱方面的吃亏，在一向轻利的中国人看来，还可以"清高"过去，而自尊方面的吃亏，才似乎真正使自视清高的中国人难以忍受，咽不下这口"气"。其实，在商业社会中你自己要少了价钱，别人并不会由此赞赏你的"高风亮节"。相反，人家会笑你傻瓜，吃亏活该，或许你就值这个价。这正应了中国的老话："一分钱一分货""好货不便宜，便宜无好货"。当然，对于许多中国人来说，在上述情况下，与其说失去的是金钱，倒不如说失去的是自尊，但正是由于自尊方面的受损，才使羞于言利自视清高的中国人开始"觉醒"，并用商人的眼光看待钱的含义。他们终于领悟到：少要价码并不表示你品格的高尚，而只能证明你无能或不值钱。敢于要价，不仅能保住你的自尊，还能"买到"到更大的自尊。

　　如上所述，由于不屑言利又同时表现为一种超逸自适、脱俗出凡的气节，因此中国人常以"富与贵于我如浮云"的潇洒姿态，来展示自己对金钱的蔑视。然而，这种潇洒姿态又伴随着的掩饰自己的才能而作出谦逊和显示自己的高节而表现出的孤傲。为掩饰而作出的谦逊使许多"贤人志士"们都在等待着别人对自己的才能的发掘与证实，而不是积极地、不失时机地向别人证实自己的才能。诸葛孔明高卧隆中等待明主的发现，于是导演了中国历史上"三顾茅庐"的感人故事。"谦恭"对于做人来说或许是一种美德，但绝不适用于商场。西方人说"弱者等待时机，强者创造时机"；中国人讲"等待知己"。如果按照西方人的逻辑，诸葛孔明虽然是一个聪明的人，但绝不是一个强者。是期待明主"三顾茅庐"，还是学会自我推销，这是一个观念上的更新，更是一个时代性的选择。现在已有许多中国人开始学会"推销"自己了。他们或许没有诸葛军师的锦囊妙计，但却有着诸葛孔明所不具备的力图证实自我价值的勇气和胆量。

　　"推销"是一个商业用语，一旦你在推销自己，那么你就是商品了，因此你就不能太谦虚了。孔夫子曾以商品自喻:"沽哉,沽哉,吾待价而沽哉!"所谓的"待价而沽",就是要卖个好价。恐怕没有一个商人会如此谦虚地说,我的货不大好,你看着给个价吧。

应该承认,由于贵义贱利体现一种人格、气节,因此中华民族又是一个十分看重精神胜利的民族。纵观数千年中国历史,战乱频仍而寿命绵长,百姓贫穷而文化辉煌。究其原因,我们不难发现,在中华民族的体内蕴含着一种不声不响的迂回之力,和在败中求胜,辱中求荣,无法在现实中求欢乐,只得在精神上寻求恒久的阴柔坚忍之功。你富我穷,但我在人格上超越你,因而我是精神上富有穷君子,而你则是人格上贫穷的富小人;虽然你是事实上的胜利者,而我则是精神上的胜利者,所以我的心境要高超于你,但是,商场上让人起敬的却是事实上的胜利者,精神上的潇洒与飘逸是绝对带不来利润和效益的。

"轻利"与"轻商"在中国传统文化中几乎是同义语。如果说"钱"是利的集中体现,那么"商"则是输送"利"的最直接的"渠道"。在中国历史上,商业一直被称为"末业",而农业则被称为"本业"。"重本抑末"始终是历代王朝所奉行的治国纲领。然而,无商不富的道理古人也明白。史圣司马迁也曾倡导:"以末治富,用本守之。"但是,无商不奸的定义和维护自然经济的本能,使我们的祖先在道德观与现实生活冲突时,选择了道德而压抑了现实。因而数千年来,商业及商人一方面被用为赚钱,另一方面又被斥责为社会风气的败坏者。所以,商业这株萌发于春秋战国时代的幼芽,历经三千余年的兴衰涨落,直至清朝初期还依旧是一株在自然经济的缝隙中顽强生存着的萌芽。

早年曾有人说过:"我们国家的贫弱是受了轻商观念的影响。"中国台湾地区的人及早地认识到了这一点,于是凭借着商业厚殖了社会的财富,奠定了小康社会的基础,闯入了东亚四强之列。如今,大陆人也开始领悟并体验到了商业在富国裕民中的"先锋"作用。商业像一块巨大的磁石吸引着各行各业的人士,连一向以清高淡泊、不言财利而为社会"示范"的文人也对此趋之若鹜。

"轻利"是儒学道统数千年来所辛苦营建的一道维护品德的堤防。冲破这道堤防是一个民族历史性的选择,然而溃决之虞也随之困扰着人们:不会言利,是一个民族的悲哀,而一个被孳孳为利之徒所充斥的社会,恐怕也非一个民族福。同样,一个不会谈钱言利的民族无疑是一个愚钝的民族，然而一个只会谈钱言利的民族，绝不是一个高雅的民族；一个会经商的民族是一个聪明的民族，然而一个只会赚钱的民族，绝不是富有的民族。因此，财富要"厚殖"，文化也要"厚殖"。文化不是少数人才华的炫耀，而是一个民族生活内容与精神内涵的一致提升。

传统思想及其价值观念就像一块一直烙在中华民族躯体上的胎记，它同这个民族融为一体，并长期被作为美德而保留、遗传下来。因此，抛弃传统观念对于这个民族来说，无疑是一个痛苦的过程，它还常常伴随着强烈的"失重感"和心理上的不平衡。随着商品经济的发展，人们不免感叹社会道德观的日渐沦丧和见利忘义，唯利是图之辈的增多。我以为这种现象的出现，是人们在新的历史条件下，试图摆脱传统观念的束缚，探寻新的"利""义"观念过程中的一种"失控"。在"失控"中不可避免地出现某些偏差或丑陋的东西，但经过一段阵痛之后，人们将用时代的目光和尺度重新拨正"利""义"天平上的砝码。

一个崭新的思想观念民族意识形成之时，即是中华民族再度崛起之日。

（原载《学术交流》1993 年第 4 期）

共同富裕与非平均的分配方式*

"共同富裕"是社会主义的本质所在,是社会主义社会有别于资本主义社会的特点之一,是发展社会主义经济,从而提高、改善人民物质生活水平所必须遵循的道路,是实现具有中国特色的社会主义所必须坚持的一项重要原则。

谋求富裕,改善人类自身的生活环境和物质条件,提高人类自身的物质生活水平与层次,是人类社会最基本的渴望与追求。纵观中国社会发展的历史,说到底即是为生存而劳作,为富裕而拼搏的历史。然而,从陈胜、吴广到太平天国,从"均贫富,等贵贱"的呼号到《天朝田亩制》的纲领性文献,数千年来,一个阶级为社会上的绝大多数人获得生存、求得富裕而进行的浴血奋战,这种斗争只可能作为感天动地的壮举加载史册,并没有也绝不可能真正实现"均贫富"的政治理想。

如果说谋求富裕是人类社会最基本的渴望与要求,那么"共同富裕"无疑是一个有目的的社会举措,它反映并体现了人们对未来更高、更成熟、更稳健的设计与追求。

"共同富裕"作为社会主义的基本特点之一,已经从理论上证明了社会主义制度是远比资本主义制度更完善、更先进的一种社会制度。一个社会、一种制度必定要为部分人带来富裕和实惠,但并非任何社会、任何制度都能保证它的国民经过努力可以共同走向富裕。

只有社会主义国家,才有能力并有可能通过"共同富裕"的道路,在一定时期内普遍提高人民的物质生活水平。如果说财富不均,或者说贫富悬殊是经济发展所带来的不可避免的社会现象,那么社会主义制度的功能及优越性,并不是限抑部分富有者,使国民的生活状况趋就于贫困线上的平均化,而是通过国家政府对社会经济宏观调控的这种形式,利用中央政策的权威性和力度,采用税收这一经济杠杆,尽可能地缩小贫富差距,防止两极分化,并经过一段示范与带动的过程,使全国人民尽早地走向共

---

* 与王延昌合作撰写。

同富裕的道路。这就是邓小平同志所说的："社会主义与资本主义不同的特点就是共同富裕，不搞两极分化。创造的财富，第一归国家，第二归人民，不会产生新的资产阶级的。"①"我们允许一部分人先好起来，一部分地区先好起来，目的是更快地实现共同富裕。正因为如此，所以我们的政策是不使社会两极分化，就是说，不导致富的越富，贫的越贫。"②

"共同富裕"作为一种思想，它是一定历史条件下的产物。当社会经济尚未得到充分发展，社会财富并不丰足的时候，必定是一部分人对另一部分人进行政治上的奴役以及财富上的掠夺（如奴隶社会、封建社会、资本主义初期时期）。而当社会财富达到极大丰富时期，人们将以按需分配的方式获取社会财富（如共产主义）。社会主义是通往共产主义的过渡阶段，是最终实现共产主义的准备时期。这时期尽管社会财富并没有达到极大丰盛的程度，但以公有制经济为主体的社会性质决定社会主义的财富在理论上属于全社会，属于人民。如果说，鼓励一部分人、一部分地区先富会使社会物质财富不断迅速增长，那么"共同富裕"则是在公平的原则下让全社会的每一个成员都尽可能享受到社会物质进步所带来的好处。如果说"共同富裕"是大力发展社会主义经济的目标所在，那么鼓励并允许一部分人与一部分地区先富起来，则是实现这一目的的最有效手段。

邓小平同志指出："社会主义原则，第一是发展生产，第二是共同富裕。"③ 在这里已明确为我们指出了实现共同富裕的途径。那么，如何实施"共同富裕"的原则，或者说实施"共同富裕"的手段或方式是什么，就自然涉及社会财富的分配问题。

首先，共同富裕的思想在分配问题上，使人们走出了长期以来存有的以下两个观念上的误区。

（1）从中国历史上看，分配问题始终具有浓重的伦理色彩。孔夫子云："富与贵，是人之所欲也，不以其道得之，不处也；贫与贱，是人之所恶也，不以其道而得之，不去也。""不义而富且贵，于我如浮云。""不患寡而患不均"不仅仅是历代进步思想家、政治家的一个美好的理想，在新中国成立之后，也成了社会主义的分配原则。人们想当然地以为

---

① 邓小平：《邓小平文选》第3卷，人民出版社1993年版，第124页。
② 邓小平：《邓小平文选》第3卷，人民出版社1993年版，第172页。
③ 邓小平：《邓小平文选》第3卷，人民出版社1993年版，第172页。

"按劳分配"即平均分配,并以分配上的平均主义,即每个人都有饭吃,证明社会主义制度的优越性。长此以往,人们便形成了一种错误的思维定式:"平均"才是合理的、道德的,而有差距则是不道德的、有违社会主义原则的。于是人们心安理得地吃着"大锅饭",理直气壮地闹"红眼病"。

分配问题固然包含着道德的因素,但分配从来就不是一个道德问题,而是一个经济问题。"平均"也绝不是社会主义的分配原则,而是小农经济的分配习惯。但是,在传统体制下,"平均主义"的分配原则都是作为社会主义的、具有伟大道德感染力和感召力的、最理想的分配原则长期支配着人们的生活。以部分人、部分地区先富的方式来实现共同富裕,以承认、允许收入上差别存在的方式,来力图缩小差别。这不仅消除了长期以来分配问题上的唯伦理色彩,而且将人们的价值观从小生产的狭隘境地,引向商品经济的广阔市场。人们顿然醒悟,"平均主义"的分配方式不仅迂腐,而且束缚了劳动者的积极性与创造性。在按劳分配的原则下,绝对的平均是不合理的、不道德的,而不均则是合理的、道德的。

(2)长期以来,在中国社会,分配一直被看成政治问题的一个方面,或者说具有浓郁政治色彩的经济问题,而不是作为纯经济问题,直接与"效益"完全相结合。当然,分配不均会导致社会的动乱和不安定,从而带来社会问题,并演变为政治问题。所以自古就有"不患寡而患不均,不患贫而患不安,盖和无寡,均无贫,安无倾"之说。事实上,绝对的"均"也会失去公平性,反而带来更大的不安定和混乱。"平均"不等于"公平",而"公平"则包含了不平均的因素。"公平"是一个动态的过程,真正的"公平"恰恰是通过"不均"来实现的。共同富裕的思想,正是将分配真正地与经济效益联系起来,而不是单纯地与政治及美好的道德理想联系起来。

如果说改善、提高人们的物质生活条件,是人类最基本的要求,那么对人们的劳动(脑、体劳动)给予最合理的经济回报,则是刺激人们劳动积极性与创造性最有效的方法。以非平均主义的分配方式实现共同富裕的原则,意味着多劳多得,少劳少得;有才能的人先富,无才能的人甘拜下风;勤劳的人先富,懒惰的人受穷。这正如史圣司马迁所云:"能者辐辏,不肖者瓦解。"以非平均主义的方式实现共同富裕体现了商品社会的商业竞争精神与理念。马克思曾说:"单是社会接触就会引起竞争心和特有的精力振奋，从而提高每个人的个人工作效率。"① 商品经济下的竞争机制和人与人之间的先天的竞争心态，正是以非平均的方式实施共同富裕的客观基础。商场上的竞争，犹如竞技场上的比赛一样。在共同的跑道上，人们只会注意到跑在自己前面的人，并竭尽全力赶上他/她。当一项田径记录被创造出来时，可能会在短期内造成一种高低落差，但当原来的记录被打破时，即意味着总体竞技水平的普遍提高。同理，当一部分人和地区富裕起来，必然激发起其他人和地区的竞争心态，当更多的人和地区都富裕起来，那么社会经济必将得到相当的发展。

其次，"共同富裕"的理论的提出，使我们必须在理论上承认以下两个事实。

（1）必须承认并认可私人财产的收益权。收入分配问题，必然要涉及收益权的界定问题，因而收入分配也是产权制度的一个必不可少的组成部分。多种经济成分的并存，无疑意味着对私有财产收益权的承认和认可。那么，这种承认和认可，肯定会扩大、甚至加剧社会成员间个人收入上的差距，换句话来说，财产收益会使社会成员之间的收入分配的基尼系数扩大②。

对私人财产收益权的肯定，会不会导致贫富悬殊现象的出现和长期存在？回答是否定的。共同富裕的一项基本原则就是尽可能地缩小两极分化，防止收入分配上的马太效应。然而，这种"缩小"并不是对私有财产及财产收益权的否定与限抑，而是政府通过某些倾斜政策，尤其是税收措施，将首先富裕起来的人和地区的收益以税收的方式上缴国家，国家再用这部分资金扶植、发展落后地区的经济。这就是以一人和一地区的首先富裕，带动他人和多地区乃至全国、全民的共同富裕。

（2）实现共同富裕的手段或方法是以"不均"来达到最终的"均"，从而实现由部分人先富，达到全社会共同富裕。如是，"共同富裕"的思想使原有的分配方式的弊端和缺陷暴露无遗。

第一个问题，"按劳分配"是社会主义公有制经济中的分配原则，而消灭私有制曾被看作是社会主义的本质特征。所以，建筑在公有制经济基础上的按劳分配原则，并没有肯定、承认个人财产的收益权。在完全公有

---

① ［德］马克思：《资本论》第1卷，人民出版社1975年版，第362页。
② ［美］萨缪尔逊：《经济学》下册，高鸿业译，商务印书馆1964年版，第338页。

制经济中，国家不仅是公有制经济的代表，还是这一经济的计划者。国家作为计划者，不仅是全民所有的生产资料的代表，而且依照功能性收入的原则，拥有对社会总产品中物化劳动转移的价值的收益权，索取这部分产品用以补偿消耗掉的生产资料。因此，国家事实上拥有不可转让的财产权和毋庸置疑的财产收益权。然而在现实经济中，多种经济成分并存以及私有经济的存在和发展，意味着并不是所有的劳动者都只是按提供的劳动的数量与质量来领取个人消费品；同时，也并不只是有国家才享有对财产的收益权。而应该是，所有劳动者，以一种形式给予社会的劳动量（活劳动和物化劳动），又以另种形式全部领取回来。只有这样，才可以说"这里通行的是商品等价物的交换中也通行的同一原则"①。

第二个问题，建筑在社会主义公有制基础上的按劳分配原则，只注重并强化了分配的所谓公平性，从而弱化了经济报酬刺激"效率"的弹性。最典型的事例就是固定工资制度的设计。虽然这种工资制度中设有"八级工资"等级，但其要旨却在于体现"同工同酬"的公平性。如是，看似公平的工资制度，却掩盖着事实上的不公平。别的不说，单就劳动者个体的体力、技能、智能的差异来讲，同工就不可能完全同酬。"同工同酬"工资制度，实质上是在肯定个体差异的情形下，诱使人们向最低标准看齐。既然同工就已经决定了报酬的相同，那么在同工的条件下，比他人多支出的劳动量，绝不会带来收益绝对量的增加的，这就势必导致了经济效益的低下。最终，人们所关注的不是如何努力工作，而是如何搞好与上属的关系，再进一级。

最后，固定工资制实质上是一种先进行个人收入分配，再进行功能性收入分配的一种"倒置"的分配方式。这种"倒置"的分配方式所造成的直接后果即是功能性收入分配的成果，无法正确而清晰地评价生产要素在生产中的真正和实际的贡献。因为这种扣除（以个人分配原则进行的）是由计划者统一做出来的，而不是先进行了功能性收入分配，然后再用真正的税收的方式，从每一个生产要素所有者（主要指单个劳动者）的收入额中"扣除"的。在固定工资制度下这种"倒置"的分配方式，使得劳动者从事后的分配结果来看，似乎每类工种中的每一个劳动者的劳动贡

---

① ［德］马克思、［德］恩格斯著，中共中央马克思恩格斯列宁斯大林著作编译局编译：《马克思恩格斯选集》第3卷，人民出版社1995年版，第10页。

献都是相同的（因为工资相同）。同时，也无法正确评价每一个劳动者对国家和社会所作出的实际贡献（因为"扣除"是事先进行的），其结果自然只能说每一个劳动者对国家和社会都作出相同的贡献。这就是为什么长期以来，在劳动者中间普遍滋生了"干好干坏一个样""干多干少一个样""干与不干一个样"的惰性意识和心态。工资报酬刺激"效率"功能的丧失，必然导致劳动积极性的衰落，从而造成社会经济效益的下降。

可以说，固定工资制度所遵循的"同工同酬"的分配原则，并没有甚至完全没有体现按劳分配的原则。目前部分企业、公司实施的"模糊工资"，实质上就是按照每个劳动者的实际能力、技能、智能，实行真正意义上的按劳分配。

综上所述，"共同富裕"将共产主义的理想变成一种踏实而有效的社会主义实践。一个社会共同富裕的实现，必须坚持公平分配的原则，然而公平分配并不等于平均分配。"平均主义"用来满足共同温饱可以，用来实施共同富裕则不行。

如果说，按劳分配是社会主义的分配原则，那么建筑在完全公有制基础上的按劳分配原则在事实上不仅导致了经济效率的低下，还完全不符合邓小平同志所提出的"三个有利于"的基本原则，"按劳分配"所暴露出来的"弊端"，其原因既有历史上的，也有观念上的，更有政治体制上的。邓小平同志关于共同富裕的理论提出，实质上为中国的经济学家们提出了一个尖锐的课题，这就是在劳动价值论的基础上，进一步发展按劳分配的原则，重新厘定按劳分配的内涵。

（原载《求是学刊》1995 年第 1 期）

理想与现实的冲突
——精神文明建设中的价值观念之嬗变

无论从中国传统文化的角度，还是从中国共产党人实践的角度来说，作为思想道德教育的精神文明建设，在中国人民的生活中始终处于重要的地位，并取得了伟大成就。如20世纪六七十年代培育、涌现出来的雷锋、焦裕禄、王进喜等一批既代表那个时代人的朴素情感，又超越那个时代的普遍思想境界；曾经影响，并仍在影响这个民族几代人的情操、境界的典范人物。因此，今天精神文明建设与物质文明建设被同等重要地提了出来，并不是由于在中国社会的历史进程中精神文明建设曾经是一项缺损，更不是由于它的建设远远落后于物质文明。而是由于：其一，以往的精神文明建设受极左思潮的影响，方向有所偏颇，人们并没有正确理解和认识两个文明之间的相互依存、互为条件、互为因果的辩证统一的关系，而是一味地强调精神及意识形态的反作用，结果一种文化的历程变成了纯政治的说教；其二，随着社会主义市场经济大环境的形成，精神文明建设的背景发生了变化，在新的历史条件下，曾经固守了多年的价值观面临着现实的挑战，许多新的观念需要人们的认同与接受，人们不无尴尬地处在理想与现实的冲突之中，面对着如何确有成效地进行精神文明建设这一并不好解决的"老问题"。然而，这一切问题的解决，首先都是价值观念的转变和对以往思维方式的反思。

一

精神文明建设必定受着经济、政治思想和政治制度的影响与制约，并具有质的规定性。但精神文明既不能简单地归结为政治，也不能简单地归结为思想，更不能简单地归结为政治思想，尤其不能表现为长期不断的意识形态领域里的"阶级斗争"。它除了世界观、理想、政治信仰和正确的道德观的树立与教化，还当然包括人的科学文化素质的提高，以及与此相联系的人的智能、气质、涵养、风度、仪表、审美情趣等的培养和提高，即人类"精神文明一般"。它不仅是人的政治素质的展示,更是人的文化素质的展示;它不可能通过"灵魂深处爆发革命"来实现,而只能闪耀于人类现代化的进程中。因此,精神文明从来就应该是思想培育与文化熏陶的统一,思想道德素质与科学文化素质的统一,其本质是提高人的素质。

如果说物质文明是人类有效地认识自然、改造自然所取得的物质成果,是人类物质生产进步和物质生活改善的总和,它通过人类劳动所创造的各种物质产品和人们的生活方式表现出来,是衡量社会进步的客观物质标志。那么,精神文明则是人类在改造客观世界和主观世界过程中所创造的对人类进步起推动和促进作用的精神财富,是积极的肯定的精神成果,它蕴含于人类精神生活之中,并通过人的思想、观念、情操、道德、文化素质、思维和行为方式或物质的载体表现出来,是衡量社会进步的人文标志。

精神文明是人类社会历史发展的产物,又是社会历史发展的重要内容;是人类社会存在和发展的客观实在,又是衡量社会发展水平的尺度。

作为抽象的哲学概念的精神,包含了精神文明的内容。但是,二者在内涵与外延上又是不相等的。精神泛指作为实践主体的人对客体和客观世界的主观感受与反映。而精神文明并不仅是作为主体的人单向地对客观世界的反映,它还是精神生产者的主观精神,如信仰、思维方式、性格、意志、情感、道德、理想和审美追求等,渗入精神文明的生产,对精神生产的成果发生影响,在精神产品上留下"精神"烙印的过程。精神可以表现为振奋或萎靡、健康或病弱、崇高或卑下、奔放或畏缩、明朗或灰暗等状态;也可以造成正确或错误、成功或失败、前进或后退、文明或堕落等后果;精神所转化的结果,可能是精神文明的光彩夺目的标志,也可能是精神野蛮阴暗的象征。但是,精神文明则一定是积极性的肯定的精神成果,它无疑是与野蛮、愚昧、迷信、自私、低级庸俗相对立的。它对于一个群体来说,是培育高尚美丽的情操、善良美好的心境、互助友爱的精神、宽容大度的襟怀的精神养料;对于一个社会来说,它是提高公众素质、营造有利于社会发展的健康的"精神生态环境"的保障;对于一个民族和国家来说,它是优秀的民族之魂,是生生不息的凝聚力,是展示给世界的"民族肖像",是推动社会向前迈进的内在的执着的精神动力,是一个民族屹立于世界的精神支柱。

作为人类积极的肯定的精神成果的精神文明具有"世界性",其中许多成果与"阶级""主义"并无关系,纯粹表现为人类自身从愚昧走向文明,从闭塞迈入开化状态,以及精神文明创造者个人哲学理念和道德情操达到相当高超境界的产物,它是全人类的精神财富。如但丁的"人文主义"不仅使他成为"封建中世纪的终结和现代资本主义纪元开端"的"伟大的标志人物"[①],而且标志着人类自身摆脱了神役的精神枷锁,在精神上的自我解放和肯定。这是人类最辉煌的精神文明的结果。再如,"自由、平等、博爱"的思想,爱国主义、集体主义、大公无私、先人后己、乐善好施、见危授命、职业道德等在任何时候都是人类美好的情怀和精神文明的闪烁。

承认精神文明的世界性,就是承认作为人类自身进步与开化的"精神文明一般"的存在,就意味着任何民族和国家,只有在建筑本民族的物质文明和精神文明的同时,成功地吸纳人类"精神文明一般",才能融入人类文明的进程中。同时还意味着人们必须改变以往的惯于简单地按照无产阶级与资产阶级的关系去思考问题的方法,因为那些腐朽的、阴霾的精神产品和损人利己、自私自利的价值观,不仅为无产阶级所摒弃,而且在资本主义社会也绝不是什么精神文明。那么,是不是说精神文明不具有质的规定性呢?绝不是。精神文明的质的规定性就在于它是人类积极的肯定的精神产品,而这一切又与人类自身的文明、进化、进步、正义、健康的思想、正确的道德观和崇高的人生理想与境界联系在一起。党的十四届六中全会通过的决议明确指出:社会主义的精神文明建设,必须以马克思列宁主义、毛泽东思想和邓小平建设有中国特色社会主义理论为指导。这是当今中国社会精神文明建设的质的规定。然而,这一质的规定是不能简单地理解为无产阶级战胜资产阶级、社会主义战胜资本主义的需要,而应该从人类文化的高度来认识:马克思列宁主义、毛泽东思想和邓小平有中国特色社会主义的理论,是人类精神文明的一部分。它向人们昭示的是高度物质文明与精神文明并存的,令人向往并能够激励人们为之奋斗的灿烂的明天。无论人的政治信仰如何,美好和追求美好,富裕和追求富裕,文明和创造文明,友爱和渴望友爱都既是人类健康、向上、文明的标志,也

---

① [德] 马克思、[德] 恩格斯著,中共中央马克思恩格斯列宁斯大林著作编译局编译:《马克思恩格斯选集》第 1 卷,人民出版社 1995 年版,第 249 页。

不会为人类自身发展与进步所拒绝。

　　精神文明的构成，涵盖着人类精神生活各方面的内容，但基本内容可概括为两个方面，即思想方面和文化方面。人的世界观、道德观、理想和信仰构成了思想方面的重要内容，而教育、教学、文学艺术、审美、修养及全民知识水平的普遍提高则构成了文化方面的主要内容。党的十五大报告也指出：建设有中国特色社会主义，必须着力提高全民族的思想道德素质和科学文化素质。"文化"不等于"文明"，但"文化"是"文明"产生、发展的基础，人类的祖先就是由"文"而"明"的。"文明"是文化中的积极因素。文化程度基本决定了文明程度（尤其在科学技术发明和与生产力的发展直接相联系的精神文明方面），而文化程度，则完全取决于教育的发展程度和水平。一个人的道德品质与受教育的程度不一定完全相关，而一个民族、一个国家的总体道德风貌，则取决于全民普遍接受教育水平的高低。受教育程度的提高，除了可以使人在气质、风度、修养、审美和生活方式方面走进精神文明，还有助于人的正确的思维方式、科学的理解能力与判断能力的培养和形成，并减少人的盲动性和愚昧性，从而有助于人们在精神文明的建设中，树立科学的自由选择观，把他律变成自律。从这个意义上说，科学文化方面的精神文明建设，是思想道德方面的精神文明建设的科学的理性的保证。但是，在旧体制下，由于受"以阶级斗争为纲"等极左思想的影响，意识形态的好斗性在精神文明建设方面突出地表现为重思想轻文化、重品德轻才能。政治思想工作几乎成为精神文明建设的同义语，而人的思想素质的提高，则表现为无休止的思想改造和没完没了的"灵魂深处爆发革命"。包括精神文明建设在内的一切工作都围绕着"以阶级斗争为纲"这一中心，精神文明建设变成了意识形态领域的革命。

　　在精神文明建设中，思想道德相较科学文化与意识形态的联系更直接。在精神文明建设的思想道德方面，理想处于核心的地位。理想，确立于人们的观念里，付诸人们的信念中，是同人们奋斗目标相联系的。一个伟大的具有感染力的理想会使一个人坚守着这一信念，并为之奋斗终生。社会主义精神文明，就是通过理想、道德、情操等精神因素去激励人的积极性和进取心，从而为社会主义物质文明建设提供强大的精神动力和智力支持。

　　社会主义的精神文明建设，应该是理想的树立与文化提高的统一、

"主义"的形成与知识的增长相统一。只有这样才能真正提高人的素质，从而达到思想道德素质和科学文化素质共同提高之目的。

二

物质文明与精神文明是一对社会历史范畴。它不是哲学的抽象的概括，而是相对具体的社会历史层次的概括。它所标示的是人类有效改造自然的物质成果，以及在改造客观世界和主观世界的实践中所取得的积极精神成果。怎样看待物质文明与精神文明的关系，固然受哲学的世界观和方法论的支配，但"两个文明"的关系是相互依赖、互为条件、互为因果的辩证统一。

首先，物质文明是精神文明发展的物质基础，为精神文明的建设提供了物质条件，因而精神文明建设、发展的规模和程度，总是受着物质文明状况的制约。精神文明在本质上是一种先进的、健康的意识、观念、知识形态及其实体形态的存在，是精神生产的积极成果，满足人们精神生活的需求和享受。但是，观念形态要发挥认识、教育、审美、娱乐、传播、熏陶等社会功能，都必须使其具有相应的物质的依托，只有借助于物质载体，精神文明建设才能真正展开，而一旦离开了物质文明，纵有一颗高尚的心灵，也难以发挥它的建设社会之功能。

人类创造物质文明的实践正是精神文明产生的源头和丰厚的土壤。在人类精神文明的创造与再创造的过程中，我们可以听到历史滚滚向前的脚步声。科学技术的发生和发展一开始就是由生产决定，并与物质文明的创造联系在一起的。科学技术既是物质文明的结果，又会推动物质文明和精神文明继续进步，而物质文明又为哲学的抽象思维、自然科学的发现、社会科学的概括、文学艺术的创作、伦理道德的修炼、审美情趣的培育等提供了无限丰厚的物质土壤和强大的动力源泉。当然，在有些时候，作为精神文明之重要内容的哲学思想和道德观，由于受个人的生活经历、意志和智慧的影响而超越物质文明的现实状况。正如恩格斯在评价19世纪德国哲学时所说："经济落后的国家，在哲学上仍然能够演奏第一小提琴。"[①]

---

① [德] 马克思、[德] 恩格斯著，中共中央马克思恩格斯列宁斯大林著作编译局编译：《马克思恩格斯选集》第4卷，人民出版社1995年版，第485页。

但是，同样正如在贫瘠的土壤里不可能生长出茂盛的大树一样，在一个物质文明低下的国度里，是不可能有普遍高超的精神文明的。一个民族的精英分子（尤其在思想道德方面），是这个民族、社会精神文明的典范，也代表了人类健康向上的精神情感。但是，衡量一个社会精神文明发展水平则是以这个社会的人们普遍所具有的精神状态、科学文化程度和思想道德水平为标准的，而这无疑又与该社会所普遍达到的物质文明程度紧密相联。

其次，精神文明是物质文明发展的内在根据和方向保证。没有物质生产和物质文明，人类就不能生存和发展。而物质文明的发展依靠人的实践、智慧和知识的力量。精神文明渗入物质文明的具体实践，从而化作物质文明发展的内在根据，即提供强大的精神动力和智力支持。所以精神文明对物质文明的推动作用，绝不是"革命向前进，生产长一寸"的"精神奇迹"。

"智力支持"，是指构成精神文明内涵的科学、文化、教育而言的。科学与物质文明的关系比较直接。科学的确曾经是生产的"产儿"。但随着科学的迅猛发展，科学已在相当程度上成为生产的"母亲"了。"自然界没有制造出任何机器，没有制造出机车、铁路、电报、走锭精纺机等。它是人类劳动的产物，……它们是人类一手创造出来的人类头脑的器官；是物化的知识力量。"[①] 从这个意义上说，物质文明是"物化的知识力量"，是"物化的精神文明"。文化、教育，既是物质文明发展的重要条件，也是提高人和整个民族思想道德素质、文化修养程度、审美情趣和水平的重要条件。就发展物质文明而言，教育可以培养人才，可以提高人力资本的素质，从而提高全社会的劳动生产力水平和劳动者的生产技能，有利于物质文明的生产与创造。

"精神动力"，则是指构成精神文明内涵的思想道德、政治信念、理想、价值观念而言的。一定的物质文明是一定的精神文明的基础。但并不是说有怎样的物质文明，就必然有怎样的精神文明，更不表明精神文明是物质文明的附属品。随着物质文明的发展，那些与物质文明的发展水平直接相关联的精神文明之成果，会作为物质文明发展的直接结果而表现出

---

① ［德］马克思、［德］恩格斯著，中共中央马克思恩格斯列宁斯大林著作编译局编译：《马克思恩格斯全集》第46卷（下），人民出版社1963年版，第219－220页。

来。如生活方式的改善与提高，教育投资的增加，文化设施的建立，娱乐、休闲生活和时间的丰富等。但与此同时，诸如思维方式的改变、人们文化素养的普遍提高、社会价值观的转变、正确道德观念的树立等，则会在一定时间并在某种程度上滞后于物质文明发展的水平。如我们所看到的富裕但缺乏修养，有钱却少有风度，通经商之道但却不知做人之道等现象。尤其对于像中国这样一个经济骤然起步，然而包括文化教育在内的其他领域，一时还没有立即呈现同步发展趋势的传统国度，甚至在一段时期里还会在现象上出现一种"落差"，即"物质文明上去了（主要指人们的生活方式和水平），而精神文明却下降了（主要指人们的思想道德水准）"。

一般来说，作为人类文化、知识、智慧和科学技术结晶的物质文明之成果，可以通过引进的方式，为其他民族所享用，从而还能在短期内，提高引进国人民的物质生活水平和物质文明程度。但是，一个民族的文化素质和思想道德水平的提高与完善，则不是单靠"引进"就能实现的，它需要过程和时间。一个扎实、稳健、成熟的文明社会，任何时候都不可能是急功近利的行为所能建成的，而只能是社会物质文明与精神文明相互促进、协调发展的循序渐进之结果。

"社会主义现代化应该有繁荣的经济，也应该有繁荣的文化。我国现代化建设的进程，在很大程度上取决于国民素质的提高和人才资源的开发。""提高全民族的思想道德素质和科学文化素质，为经济发展和社会全面进步提供强大的精神动力和智力支持。"① 这反映了我党对以往精神文明建设失误的反思和思维方式的转变。精神文明建设从过去的只讲"突出政治"转变为人的思想和文化素质的综合提高，从以往的"政治压倒一切"转变为反映社会物质文明建设的进程，规定了物质文明建设的方向，促进了物质文明建设向前迈进的精神力量。

三

作为精神文明之重要内容和尺度的道德具有物质性。所以，我们不能脱离国情，超越现实物质条件，在理想、道德、社会关系等问题上提出过

---

① 《十五大报告辅导读本》，人民出版社1997年版，第36页。

高、过激的要求。精神文明建设，如果离开了一定的物质文明就会成为空洞的说教，就会失去现实的感召力和感染力，从而丧失激发人们美的情操，善良的人格和崇高精神境界的功能。以往精神文明建设的偏颇就在于：把共产主义道德的培养和树立与人们所生活着的现实物质世界截然分割开来，并驾于其上，就像试图只通过生产关系领域里的革命来实现社会主义一样，期望超越现实物质基础的道德价值观，化作强大的物质力量，其结果往往是走向道德的虚无主义。

古人云"衣食足则知荣辱"（《七十列传·管晏列传》），"仓廪实则囹圄空（《管子·王辅》）"这是说，客观上一定的物质文明是一定的道德水准赖以存在的物质基础。然而，物质文明除了意味着人们生活质量的提高和文化含量的增加，同时还意味着财富的增加和生活条件的优越。而财富对人的欲望具有天然的撩拨和诱惑性。通常在两种情况下社会的道德风尚会比较好，那就是社会财富不够丰富和社会财富极大丰富。在社会财富不够丰富的情形下，由于没有物欲的撩拨，少有金钱的诱惑，民心纯朴，清心寡欲，加之在精神上来自数千年中国传统文化的"贵义贱利""崇俭抑奢""安贫乐道"的教化和无产阶级对资产阶级"私欲"的批判；在制度上，平均主义从根本上遏止了个体贫富差异对人们追求富裕的激励和刺激。但是，社会道德风尚的良好，既不是物质文明的结果，也不能简单地称之为精神文明，而更多地表现为政治思想工作强化和人们普遍贫困的结果；某些社会时期所普遍推崇的道德观，如"大公无私""无私奉献""舍己为人"等既有超越物质文明的超前性和高尚性，同时又具有缺乏相应的物质文明作为基础的脆弱性。所以，随着商品经济的发展和物质文明的进步，有时首先受到冲击的是那些优秀的道德观念，而得到释放的却是并不怎么高尚的东西。然而，现今中国社会道德的所谓"滑坡"，绝不能说是物质文明发展的结果（因为对于一个循序稳步发展的社会而言，物质文明是会带来人们普遍的精神文明之提高的），而是道德的物质性的反映；绝不是精神文明倒退了，而是人们理想中的并曾经孜孜以求的美好的思想道德境界还没有真正普遍地到来。所以我们不能离开中国社会的文化背景，尤其是特定的政治背景来谈论、评价过去的和今天的精神文明建设问题。至于与理想的、高超的精神文明之成果相左的思想、观念，尤其是道德操行，部分是社会总体物质文明尚不够发达的反映；这同时还意味着，在这样一个改革的年代里，在这样一种骤然起步的经济与社会文化教育尚未同步发展的背景下，对于一个社会来说，从"衣食足"到"知荣辱"的境界并不是一条直接畅达的路，其中的桥梁或中介就是教育。教育不仅能教会人们怎样富裕，而且可以教会人富裕后的文明。

社会财富极大丰富条件下的社会道德水准的普遍提高，是由物质文明引发的，物质文明与精神文明共同的成果，是一个成熟、有序、稳健、健康社会的展示，是人类现代文明的标志。然而，这个社会对于现今中国还远远没有到来。

市场经济和社会主义初级阶段理论的提出，意味着商品经济已成为今天精神文明建设的大背景。然而由计划经济向市场经济的转变，更重要的是价值观念的转变。面对利润、股息这些曾被冠以"资本主义"头衔的既熟悉又陌生的字眼，中国人着实困惑、尴尬过；在公利与私利，利他与利己，为人民服务与劳动所得等关系问题上，中国人也的确不解、痛苦过，如"贵义贱利"曾经是中国人崇尚的一种超然境界与美德。但是，在人们把商品经济等同于资本主义的时候，"贵义贱利"又具有了阶级的内涵，即追求物质利益被视为资产阶级意识。但是，市场经济的本能就是求利和对个人的利益承认。这就要求人们既不能否定个人利益，更不能把个人利益等同于人的自私本性，从而引发出道德问题和精神文明问题，而应该从经济关系的表现来理解个人利益，从社会利益来说明社会道德问题。无私奉献是一种境界，但索取正常的劳动所得也是为人民服务；"大公无私"是高尚的情操，但"大公有私"亦为人之常情，并非耻辱；"子罕言利"是一种圣贤的风范，但追求物质利益也不是过错；"崇俭抑奢"是传统的美德，但渴望生活质量的提高，也是一种高尚的追求。

社会主义初级阶段要求精神文明建设，尤其是道德的教育，必须从以往的空洞的政治说教变成脚踏实地的令人接受、信服的社会实践。在社会主义精神文明建设中，必须首先面对初级阶段这一客观事实。在人们的现实精神生活中，既包含共产主义理想、道德、情操和价值观等熠熠生辉的先进因素，同时又应该允许非共产主义成分存在。那些精神文明个体创造者的超越性和超前性，永远是一个民族光彩夺目的灵魂和精神楷模的铸造。但不同的群体有不同的精神文明，与社会主义初级阶段相适应，道德亦具有了层次性。大公无私、无私奉献属于共产主义的道德规范和价值取向，具有超越时代的先进性。同时还存在为大多数人实践并奉行的，与社会物质文明发展状况相关联、相适应的价值观念。在精神文明建设中，只有既注重"先进性",又顾及"一般性",才不会使精神文明建设流于空泛,从而削弱了精神文明建设的现实效果。

市场"天生地"与物质实利、金钱相联系,而道德则"本能地"规范着人们在利益与金钱面前的行为取舍。市场经济的特性要求人们竞争、为己、务实、无情,而道德则要求人们在精神和情操上的充实、高超、无私,以及自身的身心和谐与人际关系和谐,两者一个纯属物质,一个纯属精神。但是,市场离开了道德的约束,就会成为弱肉强食的生态竞争场,人们就会迷失创造物质财富的真正目的,人类经济活动也将丧失精神内涵;同时,道德离开了市场,就会成为没有物质附着的空洞而迂腐的说教,只能用来满足精神上的陶醉,用来指导规范人们的社会行为则苍白无力。

[原载《深圳大学学报(人文社会科学版)》1998年第2期,教育部《高等学校文科学报文摘》1998年第5期全文转载]

深圳市高新技术产业发展战略研究

凭借政策优惠和特殊的地理因素,深圳高新技术产业站在一个较高的起点上,走了一条低成本、高速度、高回报率的发展道路。目前深圳高科技产业总体水平和部分领域达到的规模,在欧美等发达国家是几十年奋斗的历史历程,亦是亚洲"四小龙"半个世纪才能得到的结果。截至1996年底,深圳市认定的高新技术企业84家,实现工业总产值148.18亿元,产品销售收入130.61亿元,出口额8.90亿美元,创利税12.42亿元。全市278家高新技术产品企业,开发、生产高新技术产品498种,共投入资金63.13亿元。1995年深圳市高新技术产值达540.5亿元,占全市镇及镇以上工业总产值的51.27%,高出全国水平的39个百分点。计算机及软件产业、通信产业、微电子及其基础元器件三大支柱产业的高新技术产品的产值分别为117.5亿元、56.3亿元和18亿元,分别占全市高新技术产品产值的52%、25%和8%。[①] 但是,近几年来政策的优惠已日渐减弱,而深圳的经济发展也已从高投资、大发展的起步阶段进入了平衡增长时期,所以深圳市的高新技术产业能否根据自身行业发展的特殊规律,把握市场机制,充分利用一切有利因素,保证高新技术产业的良性运作和增长的势头,比较稳定地占领国际市场,其发展战略的构架,具有决策意义。

一、规模经营战略

高新技术产业在我国既是一个先进的产业,又是一个新生的产业,具有科研、生产、销售紧密结合,投资强度高,竞争激烈,技术更新周期短,市场需求变化难测,风险大,必须面向国际市场,参与国际竞争等特征。高新技术产业不同于传统产业的高智力、高技术、高投入、高风险、高效益,它的国际化、集约化(知识密集、技术密集、技工贸一体化)

[①] 数据由《深圳市统计年鉴(1996年)》整理所得。

的特点决定，它必须要走一条生产规模化、企业集团化的发展道路。

所谓的生产规模化，实质是规模经济的一种通俗说法。规模经济又称为生产的规模报酬，是西方经济学中的概念。它是指在厂商的生产中，当投入的各种生产要素以相同比例变化（即生产规模变化）时，影响产出量变化的特征。规模报酬变动有三种趋势：第一，规模报酬递增（厂商的生产规模扩大后，收益增加的幅度大于规模扩大的幅度）；第二，规模报酬不变（厂商的生产规模扩大后，收益增加的幅度与规模扩大的幅度相等）；第三，规模报酬递减（厂商的生产规模扩大后，收益增加的幅度小于规模扩大的幅度）。在理论上，西方经济学家们将规模报酬不变称为适度规模。如果一个厂商的规模报酬是递增的，则说明该厂商的生产规模过小，应扩大规模以取得规模报酬递增的利益，直至规模报酬不变为止。如果一个厂商的规模报酬是递减的，则说明该厂商的生产规模过大，应缩小生产规模以减少规模过大的损失。但是当生产规模扩大时，会使劳动分工与资本设备分工进一步深化，平均生产成本将随着单位时间内产品数量的增加而递减，从而表现为规模收益或报酬递增，这在现实中表现为产品价格的竞争优势和企业竞争能力的增强。日本的电子产品正是以其规模经营所带来的价格竞争优势，占据着世界市场。

深圳由于高新技术产业刚刚兴起，同类企业数量多、规模小或尚未形成规模。如在深圳微电子元器件行业有近200家企业，而其中只有9%的企业达到了规模经营的标准。这就大大影响了深圳在国际市场上的竞争能力。再如，深圳的计算机产业有1500多个生产厂家，同欧美、日本、韩国的计算机产业相比，相对分散，如一盘散沙，各自为战，技术参差不齐，既没形成规模效应，也没组成整体优势。解决这个问题的办法，应该是通过兼并、收购或联合、股份制的形式，建立产业企业集团，形成某一高新技术产业的总体合力和竞争力。

走集团化发展道路，是高新技术产业内在经济规律的要求。一定的生产规模是以一定的投资规模为物质前提的。而高新技术产业在投资上的高数额，非一般企业所能及。即使是融资，实力雄厚的大企业，也比较小企业的金融信誉度要高得多，而且迈向集团化的过程，还可以通过资本的集中，达到资本的积累。当然，对高新技术产业的投资是以项目为导向的，市场前景好的产品，投资的欲望就高。但真正高、尖、大的项目，也只有大企业才有技术实力来承担，因为大企业能优先吸引技术人才。高新技术产业竞争激烈、风险大，只有实力雄厚的企业才能最大限度地承担风险，在竞争中具有角逐的能力。另外，面对世界范围内高新技术产业集团化的趋势，只有建立自己的高新技术产业集团，才能在国际舞台上与同行相匹敌。

市场是高新技术产业化的原动力。所以，只有优先发展市场前景看好的高新技术产品、产业，才能实现从高新技术的开发到商品化、产业化的良性循环。因此，高新技术产业要求具备研究开发能力，科研、中试、生产一条龙，实现研究开发、生产经营和贸易一体化。而这不是分散的小企业所能承担得了的，只有大型的企业集团才能以科研为依托，以项目为龙头，在对引进的高科技进行消化、吸收、开发的基础上，不断增强创新机制，从而把握住国内外市场动向。因此，高新技术产业集团化符合深圳市政府关于"大项目、大企业、大市场"的发展战略。

高新技术产业集团化也是高新技术国际化、高新技术产业跨国化总趋势的要求。

高新技术是全球性的伟业。只有在一个开放的环境中，不断与外界交换技术、交换信息、交换人才，一个国家才能迅速发展。高新技术国际化要求实现世界范围内的开放性的市场、资金、人才、信息、技术和管理的双向流动：一方面，各国彼此吸收国外的人、财、物、信息等科技资源；另一方面，发展高新技术产业和高新技术的跨国公司。高新技术国际交流和国际合作的迅速发展，还必将强有力地推动生产力发展的国际化。高新技术的迅速发展，使生产力的发展规模逐步扩大（包括产品的生产规模、企业的最佳规模），这不仅由国内的市场和资金来决定，而且主要由国际市场和资金来决定。在高新技术国际化推动下的生产力发展国际化，首先要求高新技术企业国际化，只有大的企业才能向海外延伸企业支点，走社会化大生产的道路。日本在高新技术领域，就走了一条企业集团化、集团跨国化的道路。日本的大型企业都十分重视发展跨国集团，将集团的技术核心层设在国内，而将可与国外合作的生产实体设置于海外，用国内的"大脑"，指挥海外的"手脚"，既避免了高新技术流向国外，又实现了高新技术产品的出口创汇。

由于高新技术产业带有国际性，因此其产业化规模不是由国内市场决定的，而是由国际市场的容量决定的。如福建的一家企业科学应用生物技术研究了"851"抗癌药品，得到国际的公认，有很好的市场前景。但

"851"企业规模究竟多大才合适，不是由福建市场决定的，也不是由国内市场而是由世界市场决定的。高新技术产品多销往海外，然而占领国际市场，了解世界行情，使企业向海外扩张和竞争，发展国际贸易，又必须是大的企业集团进行跨国经营才能达到的。另外，高新技术的迅速发展，加速了生产力组织国际化的进程。在高新技术产业化和国际化的过程中，国际组织和跨国公司发挥着越来越重要的作用。实力雄厚的国际组织和跨国公司既是研究开发高新技术和实现高新技术产业化（高新技术生产企业）的基地，又是国际范围内交流高新技术的桥梁。国际上著名的高新技术产业，如IBM、富士—施乐、西门子、日立都是企业集团型的跨国公司。

二、品牌战略

高科技产品无国籍。高科技产品是人类高智能的结晶，是人类征服自然的成果。人们对某一高科技产品的评价以其高技术含量衡定，是以其在同类产品的领先程度来确定的。所以一般来讲，对高新技术产品的接受，是接受其产品的先进性和尖端性，而且这种接受是很少受文化、信仰、习俗差异阻碍的。

虽然高新技术产品无国籍，但产品的品牌是有国籍的。人们往往通过产品的品牌了解一个国家，而一个国家则可以凭借品牌占领国际市场，树立国际形象和信誉，甚至潜移默化地传插着产品以外的东西。比如，并不是人人都去过日本，但日本的索尼、三菱、三洋、日立却踏足全球。人们首先接受的是产品的品牌，继而通过品牌知道并了解日本。人们对品牌的接受，就是对产品的接受，而且这种接受，在品牌效应下伴随着对产品质量的信赖和对生产国经济实力的认同。当一种产品的品牌效应产生后，人们就只认品牌，不问其他。所以，当三菱、索尼、日立把产品的组装生产线移至东南亚时，也并没有影响这些产品在国际市场上的销路。

深圳市的高新技术产品存在着少名牌、无品牌的状况，这对国际市场的开发，以及让国际市场认识中国的高新技术产品乃至产业是十分不利的。所以，深圳市政府在"九五"高新技术产业工作重点中明确指出：培育出一批高新技术的名牌产品，以名牌产品占领国际市场，带动深圳市高新技术产业的国际化。当然，品牌和名牌是两个不同的概念，名牌产品也必须有品牌。如果说名牌是对产品质量的认定，那么品牌对于产品来说好比一个人的名字。对于同一企业的产品来说，名牌是可以变换的，但产品的品牌则是不变的。消费者是凭借品牌来认定产品，从而认识企业的。如日本东芝，无论推出什么名牌，人们首先关注的是其品牌——东芝，而且在品牌效应下，东芝（品牌）即是名牌。

深圳市列入"三个一批"的19个高新技术名牌产品，如微型计算机、彩色显示器、计算机硬盘磁头等，这只说出了产品的具体项目名称，是一个技术——物理的称谓，而不是商品——文化称谓，如若推向市场、面向国际，则必须冠以品牌。

许多产品的品牌都是与企业的名字相联系的，所以在卖产品时，企业也在推销自己，树立自己的形象，甚至在国际市场上宣扬自己的民族和国度。如人们在购买IBM、康柏和爱普生品牌的计算机，自然会联想到美国和日本，提到大众和西门子、三星，人们自然会想到德国、韩国。

企业制造产品、创造品牌，产品昭示品牌，品牌宣扬企业。深圳高新技术产业首先是缺少如IBM、希捷、富士—施乐、唯冠、考那（Conner）那样的名牌企业，所以才无名牌产品和品牌。这是深圳高新技术产品打入国际市场，高新技术国际化，高新科技产业走向跨国经营化的商业—文化障碍。

三、产业资本与金融资本相结合战略

高新技术产业是经济发展的先导产业，它是以世界最新科研成果、最新技术、最新工艺为基础的知识密集型和资本密集型的产业。它是高附加值的产业，有很高的经济效益，但它又是以高投入为前提、以高风险为代价的产业。

西方国家称传统产业为"夕阳产业"，称高新技术产业为"朝阳产业"。世界各国都把发展高新技术及其产业作为迫在眉睫的战略任务，但对于中国这样一个发展中国家来说，发展朝阳产业首先碰到资金短缺的问题。因此，如何突破资金"瓶颈"，是发展高新技术产业遇到的一个难题。

资金是高新技术产业化的基本条件，一般来讲，高新技术产业的资金筹集可采取国家或地方政府投资、银行贷款、发放债券、股票、引进外资等形式。深圳市高新技术产业启动资金表现为以政府的有限的资金投入为导向,以合资为主流,全民、集体、私营多渠道、多层次的资金投入体系。

应该说,高新技术产业由于其领先性、高投入性、高风险性和未来发展的世界潮流性,天生就是一个靠政府扶持和政策导向的产业。因此,政府的"导向资金"意义并不在于数量,而在于带动。1995年深圳市政府投入资金1.86亿元,但带动企业投入科技开发费7.1亿元,银行用于企业的高科技贷款11.5亿元。在企业自筹资金中,国外资金7.44亿元,港澳台资金13.68亿元。深圳市政府每年还拨出5000万元作为科技专项贷款,并实行优惠利率,支持高新技术产业的发展。近三年来,科技专项贷款达到2.5亿元,每年都支持十余个项目,年增值6亿元~8亿元,年增利润1亿元~1.5亿元。[①] 另外,在深圳市政府的运作下,由深圳市投资管理公司、科技局、计划局、经发局等单位联合创办了深圳市高新技术产业投资服务有限公司,为高科技成果商品化初始阶段获取资金作风险担保。企业只要拿专利证书和股权即可通过高新技术产业投资服务担保,获取银行贷款。深圳市高新技术产业投资服务公司自成立以来,共为科兴等企业担保贷款2亿多元,同时对一批企业提供短期资金支持1亿多元。[②]

高新技术产业筹集社会资金,也是一条很好的融资渠道。但是,在高新技术产业初创时期,股本不够雄厚,产品回报尚不显著,产品品牌尚未打响时,要获得股民的信赖和看好是离不开政府的支持的。深圳市政府采取优先安排高新技术企业股票上市的措施,先后使华源、天马微电子、科健、开发科技等第一批高科技企业股票上市,筹集社会资金达2.98亿元。此外,深圳市政府还通过市投资管理公司直接参与投资,追加股本金等注入形式,共投资3.7亿元,先后支持了超大规模集成电路、液晶显示、激光视听等一批新科技项目。

在高新技术产业融资方面,政府直接投入和政府干预、政策引导下的投资无疑是不可缺少的,尤其其导向作用所产生的社会——经济效果,正

---

① 数据由《深圳市统计年鉴(1995年)》整理所得。
② 数据由《深圳市统计年鉴(1995年)》整理所得。

是高新技术产业发展所需要的大背景。但是，随着市场经济的发展和完善，随着金融体制改革的运转机制的市场化，随着高新技术产业的国际化趋势的加剧，产业资本与金融资本相结合发展高新技术产业，将是一条具有潜力的道路。这种产业资本与金融资本的融合，不同于企业通过政府取得银行的贷款，而是指商业银行直接以股东的形式参与高新技术产业的产品开发和生产。1994年，招商银行首次为华为技术股份有限公司提供1500万元的程控交换的买方信贷，这可谓在高新技术产业中产业资本与金融资本相结合的初步尝试，但它依旧是政府干预下的结果。今后发展的方向是，除了某些重点高新技术产业和重点项目需要政府直接投入或导向投资，主要靠政府以政策的倾斜营造良好的融资环境，使产业资本和金融资本在市场规律的作用下两相情愿结合。目前应根据中国国情（现行银行体制的限制）和深圳市自身的特点（发展资金短缺，凭借香港获得方便、畅通融资渠道），借鉴亚洲"四小龙"的经验，吸引海外金融资本参与深圳市高新技术产业的开发、发展。如新加坡采取外汇自由汇兑，允许国外金融机构在新加坡开设分行，并且与许多国家和地区签订了避免双重税收协定和投资保护，鼓励外国金融资本投资高新技术产业；台湾为发展高新技术产业，创建新竹科学园，提供各种优惠条件吸引外资；韩国规定，外国公司引入高新技术，并带来大量资金的项目免除收入税、专利税和财产税。

1994年，美国主要从事高新技术风险投资的世界上最大、最有成效的投资银行之一的汉鼎投资银行与北大未名集团联手投资1.2亿元，买下了科兴公司的全部股权（汉鼎占51%的股份）。这是一种真正意义上的高新技术产业领域里的产业资本与金融资本的结合。人们称此举为"用中国人的智慧、外国人的资金来启动中国的生物工程"。

四、"辐射"战略

所谓"辐射"战略并非发展高新技术产业本身的战略，而是高新技术的发展带动深圳市传统工业改造，以及周边地区和内地经济发展的战略。

"八五"末期，深圳市政府提出了"以高新技术为先导，以先进工业为基础，以第三产业为支柱"的经济发展战略。从理论上讲，高新技术产业是未来主导产业，目前还不能取代大量的传统工业，而且传统产业和中低技术产业的资金积累，还会以利润的形式资助高新技术产业。所以，高新技术产业的发展，在一定时期是要依赖于传统产业的。另外，高新技术的发展又反过来帮助传统产业的技术改造。从技术上讲，高新技术和传统技术是继承和创新的关系。传统产业必须建立在高新技术的基础上才能发展，才能新生，才能不断提高市场竞争能力和生产效率，否则传统产业就可能逐步走向消亡，就会在市场竞争中被淘汰。同时，对传统产业的技术改造，也为高新技术提供了广阔的市场，有力地推进高新技术的发展。高新技术产业同传统产业是相辅相成的，而高新技术的发展和传统工业的技术改造也是相依而进的。

深圳市政府提出"以高新技术产业为先导"的经济发展战略，其中一层重要的含义就是促进深圳市传统工业的升级换代，优化产业结构，使经济增长方式由粗放型转变为集约型。早在1983年，欧洲共同体（European Community，EC）就将高新技术融合于传统工业中，大大提高了其在半导体、家用电器、汽车、船舶、陶瓷等产业的技术水平和竞争能力。此后，日本在钢铁工业体系融合高新技术而形成"日本化"技术，从而使钢铁、造船和汽车工业一同成为日本工业的三大支柱产业。

深圳市高新技术产业在其自身发展的同时，已经开始通过技术、产品、人才的输出，向传统产业辐射、渗透，并带动传统产业升级换代。如飞亚达公司利用高新技术改造手表的生产工艺和设备，使其产品在产量和质量上处于全国前列；深圳中华自行车公司利用碳纤维制成新型自行车架，使自行车的技术附加值提高了十几倍。

深圳还以高新技术改造农业，如动物生长素、阿维菌素、生物农业等项目的开发，工厂化种植和养殖技术的推广。

用高新技术武装第三产业，使深圳进入了信息化、现代化的社会。如不同银行之间结算的信息化；金融、证券、旅游、信息咨询、商贸行业的信息化；全市公共汽车IC卡收费系统，中小学多媒体教育软件的开发和试用；等等。

其实，高新技术产业是一组产业群体，不仅有不少亚部门，更有为数众多的分支部门和配套部门。因此，高新技术产业在客观上会启动一个区域，甚至更广泛地区的经济发展。深圳高新技术产业的发展，带动了珠江三角洲地区经济的发展，并形成了与深圳高新技术产业相互配合、相互促进的一体化格局。以计算机产业为例,深圳共有1500多个生产厂家,主要从事微机、板卡、硬盘、打印机、显示器以及各类计算机应用系统的开发生产。东莞、惠州、珠海等地的企业则主要从事计算机配套产品的生产。据不完全统计,1995年,以深圳为中心的珠三角地区生产各类微机与笔记本计算机约40万台,各类板卡1000万块,显示器800万台,机箱、键盘、开关电源均在1000万件以上。现已初步形成了以深圳为龙头,辐射东莞、惠州等地的全国最大的计算机产业基地。

由于每项高新技术都诞生于多学科的科技成果的综合运用基础之上,各国的科技发展各有所长,各有所短,一个国家仅仅依靠本国的科技基础,难以获得重大的突破。所以高新技术的发展,从一开始就具有国际化的特征。而高新技术与传统产业的融合,又促进了生产力国际化和生产力分工的国际化。以高新技术的发展促进机械行业国际化为例,20世纪70年代到80年代的微电子技术和机电一体化技术改造机械行业,促使传统的机械化成为过去,高度自动化代替传统的机械化。这一过程,经济发达的国家和地区把相当一部分劳动密集和机械密集的产业及其产品向发展中国家和落后地区转移,旨在腾出人力物力开发高新技术产业。日本计划用20年的时间淘汰大约60%的传统产业和产品;美国、英国已经研制出具有21世纪技术水平的汽车、飞机和航空产品,目前正加紧向亚洲和其他地区转移被替代的产业和产品。这个趋势,促使生产的高度专业化协作,即生产力分工不仅表现在一个国家内部,而且越来越向国际范围内发展。

世界上几乎所有国家都或多或少加入了国际分工体系。深圳建设初期,"三来一补"企业的大量涌进,正是包括中国香港地区在内的东南亚"四小龙"产业换代所带来的国际分工格局变化的结果。由于深圳采取了优先发展高新技术产业的政策和以高新技术产业为先导的战略思想,随着高新技术产业的壮大和规模的形成,深圳以香港为桥梁,迅速参与了国际分工体系,在高新技术产业向传统工业辐射、渗透的同时,促进了传统工业的升级换代,使劳动密集型的"三来一补"向周边地区或内地转移,使更多的资源用于技术密集型和资本密集型的产业。深圳的高新技术产业发展,一方面已经并正在使深圳自身的经济结构发生着质的变化,另一方面又以产业转移的方式影响、带动着周围地区和内地经济的发展变化。在把深圳纳入国际分工体系、带入国际经济大循环的同时,也将周围地区、乃至内地也带入了这一外向型经济的辐射圈内。政府应该掌握高新技术产业自身发展规律和其在经济结构变化中所发挥的独特作用，辅之以政策的倾斜，把"以高新技术为先导，以先进工业为基础，以第三产业为支柱"的战略目标，变为脚踏实地的具体实践。

（原载《学术研究》1998年第10期，
人大复印资料《高新技术产业化》1999年第1期全文转载）

消费的成本
——论收入分配对消费的制约

从经济现象看，购买力的下降直接导致库存量的增加；从简单的理论逻辑来说，需求决定供给。但是，任何一个经济现象都不是简单的、直白的因果链条的单一结果，而是作为原因的结果和结果的原因的同时展现。如果将扩大内需的一腔热望仅仅局限在如何把百姓口袋里的钱"说服"出来，那么未免有些浪漫、浮浅了。因为说到底，制约现今中国社会消费的不是观念，而是有效需求能力，而有效需求能力又无疑取决于个人可支配收入的多寡。从这个意义上说，目前经济低迷状态的出现，是分配制度弊端（不均）的必然结果和内在的经济表现，而非单纯的购买欲望之缺乏。消费问题的解决，总是超越消费问题本身。

一

正如金字塔有陡峭的尖顶和无限宽广的底层一样，广大的低收入者，构成了社会消费群体的广阔底层。虽然他们有消费欲望，但无支付能力，高恩格尔系数使他们的消费主要局限于生活必需品上，同时，由于政府转移支出力量的薄弱，社会保障体系的不完善和传统消费心理的作用，又一反常态地使他们的边际消费倾向（marginal propensity to consume，MPC）偏低而边际储蓄倾向①（marginal propensity to save，MPS）相对偏高（从理论上说应该相反），这不仅更加减弱了低收入群体的购买能力，而且加大了投资乘数负面作用的力度，由需求制约的供给曲线也愈加低平，低收入群体的普遍存在是制约消费的重要原因。

社会总需求表现为消费者、企业和政府将要购买的物品和劳务的数量，它是由收入、价格和其他要素决定的。如果撇开政府开支和净出口，则总需求主要包括家庭用于消费和企业用于投资的开支，其中家庭消费既

---

① 边际储蓄倾向指每增加一单位可支配收入，有多少用于储蓄。——作者注

是造成内需不足的主要原因，又是扩大内需的关键。

家庭消费是指家庭用于食物、衣着、医药、住房、汽车等物品与劳务上的开支，它是国民生产总值（Gross National Product，GNP）中最大的一个独立成分，近十几年来它占社会总开支的65%。在经济学上有意义的永远是有效需求。所谓有效需求，即有支付能力的需求，它取决于个人可支配收入的多寡。收入是决定社会消费的中心因素，国民消费支出在相当大的程度上受到个人可支配收入总和的影响。当然，对现实消费真正有意义的并非个人可支配收入的全部，而是其中用于消费购买的部分。西方经济学家通常用边际消费倾向（每增加一单位可支配收入，有多少用于消费）来衡量一国国民的消费能力与水平。

尽管任何两个家庭都不会以完全相同的方式来使用他们的钱，但是，人们依据收入的多寡，把可支配收入分配于食物、衣着和其他主要项目的方式具有可预测的规律性，这就是恩格尔定律。恩格尔定律向人们表明：贫穷的家庭必须把他们的收入主要花费在食物和住房这些生活必需品上。随着收入的增加，用于食物项目上开支的清单会增加，人们吃得更多更好，从便宜的含大量碳水化合物的东西转向较贵的肉类、水果和喜欢吃的蔬菜。当人们收入增长时，食物支出在上升的收入中的比重将下降，而耐用消费品和住房开支的比重将上升。在达到很高收入水平以前，用于衣着、娱乐和汽车开支的增长比例将大于税后收入的增长，而用于奢侈品项目的开支增长要比收入更快。另外，随着收入的上升，储蓄增长得非常快，储蓄将成为所有开支项目中最大的奢侈品。

按照经济学的界定，若把收入群体从高到低进行排队，那么处于所有人群收入最末的20%的人口称为低收入者。在这20%中，最低的10%称为过低收入者，这10%过低收入者中收入最少的5%，则称为贫困人口。除了用以上排队方法界定低收入，国际上比较通用的方法就是恩格尔系数法：通过分析食物支出在生活费支出中的比重把家庭分为富裕、小康、温饱、相对贫困和绝对贫困。恩格尔系数在50%～60%称为相对贫困，而60%以上则为绝对贫困。据1996年的统计数字，我国有1200万城镇贫困人口，5800万农村贫困人口。而城镇低收入群体则主要由年收入在5000元以下的贫困家庭和年收入在5000～10000元的温饱型家庭的近一半组成。近几年来，由于经济体制和社会结构的转型，在低收入人群中又独具中国特色地加进了日益膨胀的国有、集体企业失业、下岗群体和离退休人员。他们合计占城镇贫困家庭的 86.9%①。对于构成消费金字塔广阔底座的低收入人群来说，食物和衣着的消费支出占到全部消费支出的 50% 以上，恩格尔系统数维持在 60% 左右，高于全国平均值近 12 个百分点②。低收入阶层把原本不多的可支配收入主要用于维持生存的基本需要上。他们的节俭既不是为了昭示美德，也不是欲望已得到满足，而是收入低下的不得已的行为。按着恩格尔定律，随着可支配收入的增加，最初人们将把更多的钱用于提高生活的质量和档次上，从而导致边际消费倾向上升。然而，那些低收入的消费者群却在增加或不增加可支配收入的情况下，为了购房，为了支付子女的教育费用，为了在意外的情况下能支付日益昂贵的医疗费用，为了防止不幸和增加生存的安全感，甚至为了置办一件耐用消费品，不得不牺牲眼前的消费和享用而艰难地提高着边际储蓄倾向，从而使边际消费倾向下降。同时，在边际储蓄倾向上升和边际消费倾向下降的共同作用下又使消费支出的绝对量在一定时期呈减少的趋势。

低收入群体的消费主要集中在生活必需品方面。而生活必需品，又是缺乏需求价格弹性的（价格上升需求量不会明量减少，价格下降需求亦不会显著上升）。所以，近十几年来生活必需品价格的上涨，对他们来说是无法逃避的灾难。这又在并未提高生活品质的情况下，提高了恩格尔系数，使原本不多的收入穷于应付生存。

对于低收入消费群体来说，他们需求的收入弹性小于 1。这意味着有限度增加的收入主要还不是在生活必需品和奢侈品间进行分配，而是适当增加生活必要支出后，尽量用于储蓄（收入弹性小于 1）。因此，在需求的收入弹性系数总体小于 1 的情况下，增加的收入对需求的拉动是极其微弱的。

生活必需品是社会总需求中相对稳定的部分。尽管生活必需品的数量、范围有日渐扩展的趋势，但是在一定时期内它又是确定的，用于它的支出也是有限的。厂家的降价行为的确能吸引低收入的消费者，但他们并非富有的购物狂，而是善于选择的节俭的消费者。耐用消费品对于他们来说，通常是减少目前消费的结果，而且他们要求的档次并不很高，只求拥有；更新的周期又很长，但求能用，并不追赶潮流。从需要讲，他们渴望

---

① 参见杨宜勇等《公平与效率——当代中国的收入分配问题》，今日中国出版社 1997 年版。
② 参见杨宜勇等《公平与效率——当代中国的收入分配问题》，今日中国出版社 1997 年版。

消费信贷，但实际收入状况使他们由于根本无法支付几乎等于月收入甚至高于月收入的"月供"，而"望洋兴叹"。对于他们来说，缺乏的绝不是消费意愿，而是作为消费资本的钱——有效需求能力。

我们知道，需求对社会经济的拉动是通过这样一个逻辑链条来实现的：需求拉动供给，产品供给的大幅度增加带来了社会对资金的需求。或为了满足日益增长的需求而扩大生产规模，或已寻找到新的需求增长点，厂商开始投资。对于全社会来讲，一笔新增加的投资会带来国民收入大于这笔投资数倍的增长，这就是投资的乘数效应。如果投资乘数为2，那么一笔新增加的1000万元投资，将会使国民收入增加2000万元。但是，投资乘数效应又是双向的，一笔减少的投资，也同样会使国民收入减少若干倍。另外，加速原理还告诉我们：资本存量的增加，即净投资，只有在产出增长时才会出现。繁荣时期的结束并不完全出于销售量的下降，它还有可能是销售量停留在高水平。为使投资保持不变，销售额必须以相同的速度持续增长。因为在加速原理作用下，产出的变化可能扩大为投资的更大变化。正是乘数与加速原理相互作用，引起社会经济周期的出现：投资的增加引起产量的更大增加，产量的更大增加又引起投资的更大增加，于是经济出现繁荣；然而当产量达到一定水平后，由于社会需求与资源的限制产量无法再增加，在加速原理的作用下，产量的停滞或下降带来投资的减少，而投资的减少又会由于乘数的作用使产量更加减少，从而使国民收入继续减少，二者的相互作用共同把经济推落萧条。当然，下一经济周期的复苏，必定从产量回升带动投资的增加，从而导致产量更大幅度的增加开始。其实，经济学教给我们的往往是常识：有效需求是经济得以持续发展的拉动力。低收入群体的普遍存在，在制约社会整体消费规模的同时，大大削弱了总需求对经济的拉动力。他们是社会消费的主体成分，但绝非主力。

二

伴随着"允许一部分人先富起来"的政策脱颖而出的高收入群体，是现今中国社会人数不多但实力雄厚、能量惊人的消费群体。是他们引导着消费的潮流，提高着消费的整体档次，推动着饮食文化消费的迅猛增长，拓展着消费的新领域，并率先把汽车等高档耐用消费品带进了中国人的生活必需品的行列。他们不仅是国内市场高档消费品的消费主力，而且是进口消费品的购买主体；他们以消费的数量，尤其以消费的质量、品位、档次、时尚影响着社会的消费理念和方向。过去，他们曾经以较高的边际消费倾向示范社会，推动了经济的发展；如今，他们又以较高的边际储蓄倾向使处于低迷的消费品需求市场雪上加霜，而且随着消费市场的萎缩，他们的消费重心从生活消费转移到了资本消费上。然而个人这种理性、聪明的行为，对社会则是消费品市场需求锐减的经济代价。对于高收入群体来说，缺少的绝不是支付能力，而是消费的意愿。

1995年，当中国人均创造国民生产总值仅479元，被联合国及国际金融组织列为低收入国家，并排名第33位时，收入分配的差距却已拉开。1995年，中国最贫困的20%家庭占全部收入的4.07%，而最富有的20%家庭占全部收入的50.20%，这意味着20%富有阶层的收入已超过60%中等收入者的总和。这个差距已超过了同时期的美国。据美国《商业周刊》1995年的报道，最穷的20%家庭占全部收入的4.4%，而最富有的20%家庭占全部收入的44.6%①。如果以银行存款大体表示中国人财富分配状况，那么中国的贫富差距与美国相比亦毫不逊色。据美国官方1995年的统计，占全美1%的富人拥有全部银行存款40%的财富。而在当今的中国，有100万人左右的个人存款在100万元以上，以1995年末全国城乡存款总额3万亿元计算，仅占全国千分之一的这部分人存款却占全国居民存款总额的三分之一②。据估计，目前全国已有3000多万人进入富有阶层，他们虽不到人口的3%，但私人存款却占全国居民储蓄总额的40%。国际上通常用"基尼系数"来衡量居民收入差异程度。基尼系数在0.3以下为平均状态，在0.3～0.4之间为合理状态，而0.4以上则属于收入差距过大，如果达到0.6，即暴发户和赤贫阶层同时出现，那么社会动乱随时可能发生，所以0.6被定为警戒线。西方发达国家的基尼系数一般都在0.3～0.4之间。据世界银行的测算，改革开放前的1978年，由于平均主义、"大锅饭"的盛行，我国城镇居民个人收入的基尼系数是0.15，这个指针在当时几乎是世界最低的。而1995年按家庭收入分组计算的基

---

① 参见《中国市场经济报》1995年4月29日。
② 参见杨宜勇等《公平与效率——当代中国的收入分配问题》，今日中国出版社1997年版。

尼系数为 0.445，已超过发达国家的一般水平。① 基尼系数迅速变化表明，在短短的十多年间，中国已从一个平均主义盛行的国家，变成一个贫富差距过大的国家。

在衡量一个人的经济地位时，最经常使用的两个尺度是收入和财富。收入是指一定时期（通常一年）内赚得的或取得的货币总量；财富是一个家庭在一定时点上所占有的有形和金融的资产存量。劳动和财富是收入的两个重要来源，在前者的范畴内起作用的是能力、职业和教育，而后者则主要是继承、风险和运气等因素。

中国似乎是一切常规的例外。首先，知识和学历在工资收入中本应带来的附加值是不确定的，尤其在改革初期。1994 年有人调查统计，中国 30 位亿万富翁中有 70% 出身农民，而同样占 70% 的只有小学文化程度。② 与知识和学历相比，胆量、运气、投机钻营的能力以及与旧体制千丝万缕的联系在收入上更具有意义和效益。一方面，当时还不规范的市场运作使那些有职业素养的商人"秀才碰了兵"，有劲使不上，"江湖大盗"却如鱼得水；另一方面，在体制转轨的初期，体制内的有知识、有专业、有学历的人不愿冒风险，而体制外"下海"无保障、不"下海"亦无保障者则戏剧般地成为中国首先富裕的人。由历史背景决定，他们中低文化素质的农民和其他从业者占多数。

机会的不平等导致收入分配法则的畸形。改革初期，"机会"不是平等地面对市场上的所有竞争者，而是"本能"地或者说"物以类聚"地赐给了与旧体制联系紧密的人和善于投机钻营者，从而成为一部分人的"专利"。投资的"风险"，更多地表现为政治投机的代价；计划经济向市场经济转轨的空当和原体制暴露出来的弊端，都变成为发财的机遇。腐败伴随着某些人的财富一同增长，发"腐败"财成为部分人致富的快捷方式。有人比较准确地概括了体制转型为中国的暴发户提供的四次发财机遇：第一次机遇，价格双轨制。据国务院发展研究中心人员 1991 年的测算，仅价格双轨制形成的物资、资金和外汇的价格落差每年就高达 4000 亿元左右，这笔巨款的 40% 落入各种"寻租者"手中，假定其中 20% 落入以权谋私者手中，就有 320 亿元之巨。第二次机遇，利率差价。在通货

---

① 参见《中国市场经济报》1995 年 7 月 26 日。
② 转引自贺雄飞主编《儒商时代》，远方出版社 1996 年版。

膨胀明显高于银行利率的年份，企业很少有用真正的银行挂牌利率贷出款的。贷方只有用高于银行的挂牌利率才能得到贷款。于是一些与金融机构有密切关系的官员、国家干部开始吃银行利息与贷款利息的差额。1996年国家规定的一年期贷款利率为10%，而许多单位和个人在计划外得到的贷款要支付25%的利率，利率差达15%。假设一年内体制外循环贷款的规模为全部金融机构贷款规模的20%，则利率差可达2000亿元左右，相当于当年GNP的3.5%左右。第三次机遇，房地产批租。改革初期由于各级官员在决定批不批、批给谁、批什么价等问题上既有决定权又无统一的标准，于是有些人通过各种关系，以较低的价格获得土地批租权。一旦时机成熟，再以更高的价格转租给他人，从中获取高额利润。1994年排出的30位亿万富翁中有近一半的人是从事房地产起家的。第四次机遇，炒股票。股票刚刚发行时，由于股份制改革尚处于试验阶段，企业股票上市需要严格的审批，供求极不平衡。于是一些人利用自己与股份公司的各种关系，特别是一些投机人士，利用各种手段，无偿或低价获得大量的原始股，转眼之间成了暴富者；也有一些人或钻政策的空子或凭借权力以非法的手段一夜暴富。社会所支付的代价，成为个别人发财千载难逢的历史机遇，这是制度的缺陷；由此带来的社会道德代价的巨大支付，又无疑提高了改革的成本。

另外，机会不均等还表现在不同所有制的从业人员在改革中所处的"天然"位置的不同。由于这种差异并非个人能力、文化水平、专业技术等因素所致，而是作为四十年计划经济代价的继续支付。

个体的感受是对制度的最初批判，由于导致人们机会不均等的历史和制度因素的客观存在，因此，我们绝不能把今天分配领域中呼唤平等的声音，简单地视为平均主义文化传统的再现。

最后，财产及财产收入突出地表现为暴富的结果。来自财产的收入在二十年前的中国简直是不可能的事，而且由所有制特点决定，属于个人的有形资产的存量也是极其微小的。因此，改革以来，金融资产表现为个人财富最初的主要的形式。今天的中国没有形成遗产继承的富贵世家，有的只有一夜暴富的新贵。在许多情况下，他们所创造的价值与所得到的收益不成比例，天文数字的收入不是对承担风险的回报与补偿，而是对机会的奖赏。他们中的许多人几乎没有漫长而艰辛的个人资产的创造与积累的过程，一切显得快而又容易，投机的能力等同于资本的生产力。

财富收入的不平等源于财产所有权的不平等。这虽不公平，但却合法。然而有一部分人凭借权力或利用历史的"失误"对本不属于自己的房屋等固定资产进行租赁并获取个人收入，这并不公平，更不合理。

　　正如人们对不平等的感觉在很大程度上决定了采取步骤来减少不平等的政治态度一样。人们获得财富的途径和难易程度同样在很大程度上决定了人们的消费方式和理念。各种途径的暴富，是改革初期中国社会分部富裕阶层形成的特点。暴发户心态和行为，使他们钱来得容易花得也大方，他们中的许多人，在富裕之先曾经贫困，甚至连"大锅饭"的好处也不曾捞到。一下子有了许多钱，无论在现实物质需要上还是心理需求上都在如饥似渴地进行着"补偿消费"；许多暴富者或许为了排遣攒钱的紧张心情，或许为了解释被姓"资"姓"社"的阶级斗争原则和空泛虚无的道德教育压抑了多年的欲望，他们又阔绰地进行着"宣泄式消费"；另外，他们中的许多人在"富"之前并没有"贵"，而富且贵又是富裕后的人的正常渴望。因此，免不了以物质上的富有来弥补精神上的贫乏，一切"炫耀式消费"都成为他们保住已有身份的必要投资。所以我们看到，在前十几年，这部分富有的高收入阶层的边际消费倾向是极高的，以致在某些时候边际储蓄倾向为负（动用储蓄消费）。

　　收入状况决定着人们的消费结构和水平。高收入迅速改变着他们的消费理念、结构和重心，从而影响着社会总需求。收入状况决定着人们的消费结构和水平。当低收入群为温饱而忙碌时，高收入阶层正脚踏实地提高着生活质量；当低收入群扩大生活必需品的数量时，高收入阶层已在提升着生活必需品的档次；当低收入群选择物美价廉的国货时，高收入阶层已徜徉在进口消费品市场上。当高收入阶层曾经以极高的边际消费倾向展示自己的实力，从而强有力地拉动社会总需求时，低收入群只是低档消费品的有限购买者；当高收入阶层今天又以较高的储蓄倾向代替较高的边际消费倾向，从而改变消费重心进行资本消费时，低收入群依旧是缺乏生力的生活必需品的购买者。在政府转移支出薄弱的条件下，低收入人群的普遍存在，几乎成了制约社会总需求稳定的变量。所以，当占全国家庭总数20%，却拥有全部家庭收入50%以上的高收入者进入成熟、理性消费阶段时，由收入不均带来的消费结构变化的距离是遥远的，这加剧了商品需求市场的动荡与萎缩，形成了社会总需求结构上的断档。即当普遍存在的低收入人群还依旧处在需求量相对稳定，需求的价格弹性与收入弹性均较低的生活必需品消费层面上时，高收入阶层或由于欲望已得到满足，高档耐用消费正处于使用的回报期；或由于富裕之初的暴发心态已得到矫正，消费行为因趋成熟稳重；或由于以公款的方式进行私人消费正逐渐受到制度和法律的制约，生活必需品（包括高档耐用消费品）的需求已大幅度减少。因此，需求收入弹性较高的消费品，也就是与收入多寡密切相连的，旨在提高并反映人们生活状况的消费品和高档耐用消费品市场因无主体补充而出现萎缩——有钱的人和没有钱的人都不花钱。但前者缺少的是消费意愿，而后者缺少的则是支付能力。换句话说，前者作为储蓄增加的，正是后者用于有效需求所不足的。

富人比穷人有更多的储蓄，不但在绝对量上是这样，在相对量上也是如此。储蓄永远是一切开支中最大的奢侈品。社会总需求包括消费和投资两个方面，储蓄是可以转化为投资需求的，因此简单地说，富人减少消费而增加储蓄并不影响社会总需求的规模。但在这里，关键的是有多少储蓄能够现实地转化为投资。只有在储蓄总量与投资总量相等时，社会总需求和总供给才能相等。在凯恩斯的固定投资模型中，储蓄曲线的上移（储蓄增加）会降低 GNP 的均衡水平。因为，如果人们只消费他们收入中的一个较小的部分，如果厂商不愿购买更多的投资品，销售量将下降，从而生产必然很快被削减，削减到国民产出的减少使人们感到如此贫困，以至于人们将不再试图储蓄大于厂商所投资的数量，新的意愿储蓄再度与投资量相等为止。在边际储蓄倾向为 1/3 时，投资乘数为 3（投资乘数 = 1/MPS），这意味着储蓄曲线每上升 1 元，将减少 3 元的国民收入。相反，储蓄曲线每下降 1 元，消费曲线将上升 1 元，在乘数效应下国民收入也将增加 3 元。在失业大量存在的情况下，任何理由的储蓄增加都会降低消费曲线，减少社会需求总量，从而减少国民收入。事实告诉我们，对个人有利的事，不一定因而就对全社会有益。个人的精明可以是社会愚笨。

三

我国农村是一个广大的、有潜力但目前尚无实力的消费市场。农民的消费水平总体还处于数量增长大于质量提升的温饱型结构状态。占全国人口 75% 的 8 亿农民，从数量上看是中国最庞大的消费群体。但改革对于物质起点较低的绝大多数中国农民来说，生活状况的改善只是从穷到不太穷，从坏到较为不坏，普遍的富足还远未到来。对于物质生活水平普遍很低的农民，任何收入的提高都会本能地撩拨起他们的需求欲望。所以，他们的边际消费倾向和实际消费倾向都很高，工业品需求极富有弹性。另外，绝大多数农民手中的钱并没有按着收入增长的速度成比例地变为现实购买力，反而以比收入增加更快的速度凝固为储蓄，形成结余购买力。加之，在农村以生活必需品为主体的生存型消费模式占主导地位，因此农村市场整体购买水平是低下的。农村结余购买力，不可一厢情愿地视为购买潜力。其中固然有为预期购买耐用消费品而积累的成分，但更多的是带有未来性和个人保障意义的"风险储备"。如果没有良好的增产增收的心理预期以及收入的实际增长，那么"风险储备"是不可能顺利转变为预期或潜在购买力的。"二元经济结构"中的城乡差别是历史积淀的结果，因此，消除它也必然是一个过程。在广大农民的生产状况、生活水平、收入结构以及农业科技含量均未真正改善和提高的今天，指望农村市场来解内需不足的燃眉之急，恐怕有点力不从心。

从中国社会的改革历程看，农民是最早获得富裕机遇的人，而且农民兄弟的钱包也的确鼓了起来。但是，中国的农民是在一个相当低的起点上开始实现富裕梦的。而富裕对大多数农民而言，最现实的含义就是实现温饱。中国贫困人口的80%在农村，5800万农村贫困人口与1200万城镇贫困人口一样，已成为制约消费市场的几乎不变的存量。同时，城乡差别历史积淀的结果，使占全国人口75%的8亿农民的普遍生活水平，远远落后于城镇，城乡之间收入差别的边界"不是海滩，而是峭壁"[①]。20世纪90年代以来，农村居民的恩格尔系数为0.55～0.56之间，1997年农村居民的恩格尔系数为0.55，仅相当于城镇居民80年代初的水平。这说明农村居民整体消费水平比城镇至少落后了15年，而按恩格尔系数划分，广大农村居民普遍还处在贫困状态。生活消费仍未摆脱以必需品为主的生存型消费模式。从整体上说，我国的农村是一个广大的蕴含了强烈的需求欲望，但却极其缺乏支付能力的低消费水平的市场。

改革把中国8亿农村居民从自给自足为主导的自然经济的消费环境带进了商品经济的消费领域。他们虽具有强烈的购买欲望，但欲望远远大于

---

① 参见W. A. 刘易斯1954年在《劳动无限供给下的经济发展》提出的"双元结构发展模式说"，见金哲等编著《新学科辞海》，四川人民出版社1994年版，第940页。

支付能力。与旧体制相比，迅速增长的收入，对大多数人来说只是满足温饱，而不是变成富裕。不仅支付能力无法支持日益增长的购买欲望的实现，而且由于农民几乎无医疗、养老等社会保障的关怀，加之"备战备荒"的传统文化心理，增加的收入没有按着理论的预期顺理成章地转为现实购买力，而是凝固为带有预防和积累意义的结余购买力。1997年平均每个农村居民的购买力2948元，按1997年86538万乡村人口计算，可以形成2.55万亿元的购买力，已形成有效需求的为1.4万亿元，占购买力总额的55%，结余购买力达到1.15万亿元。农村居民的结余购买力一般表现为手存现金和银行储蓄两种形式。由于农民的储蓄具有长期性和未来性目的，短期内将储蓄转化为现实购买力是很难的。1997年末农民人均结余购买力1534元，手存现金达810元，占61%。尽管农村居民的结余购买力并非欲望满足后的结果，但凭借动员和说服是无法将其变成有效需求能力的。使结余购买力得以释放的唯一因素，就是收入的大幅度提高。因为只有农民收入持续提高，才能稳定增收的心理预期，从而刺激即期消费的增长。

虽然农村市场空间很大，但是，从购买力的分布和农民的消费行为分析，真正既有消费欲望又有购买能力的，即能形成有效需求的仍是少数，绝大部分农村居民购买能力较低，难以形成对市场的旺盛需求。1997年农民人均纯收入达到2090元，从纯收入的分布看，2000元以下的低收入组人口比重占58%，可以估计有60%左右的农村人口的收入水平低于平均水平。这一大部分人口仅拥有全部2.55万亿元购买力的34.6%，其手存现金和银行存款所占比重分别只有33.6%和20.5%。虽然边际消费倾向和实际消费倾向都较强，工业品需求富有弹性，但由于购买力水平偏低，所形成的对工业品的有效需求只相当于全部工业品有效需求的37.9%，购买潜力相当有限。其中，1000元以下组的居民生活尚处在贫困中，对各类消费品的需求强烈，其边际消费倾向、实际消费倾向、购买力弹性均比较强，但购买力水平极低，无法形成有效需求，更谈不上挖掘购买潜力。1000～2000元组人口比重高达41.2%，其整体生活已步入温饱阶段，处在这一阶段农村居民消费仍以必需品为主，边际消费倾向较高，购买力弹性大于1，消费欲望强烈，对各类消费品的消费需求呈数量扩张，市场空间大，但购买力比较有限，有效需求明显不足。

2000～3000元中等收入水平组的人口比重为25%，购买力比重为

27%。其手存现金比重占28.4%，银行存款占26.2%，均超过人口比重，表现出一定的购买能力。人均手存现金951元，户均有上千元的购买能力。但是，这部分农民的整体生活水平正由温饱向小康过渡，基本生活消费品已有保障，对消费品的需求已由数量增长型扩张过渡到质量提高阶段，而要实现消费结构的升级尚需积聚一定时期的能量。由于这部分居民的收入仍主要来源于第一产业，在目前收入预期不高的情况下，即期消费自然受到一定程度的抑制，其边际消费和实际消费倾向以及购买力弹性都表现得比较低。

人均收入在3000元以上的高收入组，其整体生活水平已步入小康。17.7%的人口拥有38.2%的购买力和51.7%的结余购买力，其手存现金和银行存款分别达到37.8%和53.5%。人均结余3317元，其中手存现金1736元，具有购置高档耐用消费品和大中型农业机构的能力。该组农民购买能力最强，购买力潜力很大。其消费结构进一步优化，恩格尔系数下降到46.7%，与城镇居民基本一致。生活消费的商品化程度和质量均较高。随着一般用品的普及，对电冰箱、摩托车、彩电、录像机、照相机、空调机等较高档耐用消费品的需求日趋旺盛。近几年，农村高档耐用消费品需求呈旺盛增长之势，主要是由这一收入阶层拉动的。该组农民1997年人均购买高档耐用消费品达139.2元，比2000～3000元组高近2倍；人均征税费用支出1186.3元，是2000～3000元组的1.7倍。这一阶层消费结构的升级愿望强烈，既有较高的购买力弹性，也具有较强的购买能力和购买潜力，但这部分农民毕竟只是少数，在整个农村市场中所占份额有限。

农村内部收入差距的悬殊，好比使金字塔的顶峰高于珠穆朗玛峰，而绝大多数人则位于地平面几英尺之内。以年人均纯收入在平均水平2000元以下的农户为主体的农村消费市场，毫无疑问地会由于购买主体群的低收入、低购买力，从数量和质量上拉低消费水平的平均值。因此，只有提高占全部农村人口60%以上的中低收入阶层的收入水平，才有可能现实地扩大有效需求。但这是一个历史的过程。

作为"二元经济"特征的城乡间差距的存在，使城乡居民无论在平均收入水平、消费倾向、生活习惯，还是文化心理、生活背景方面均有很大的差异。因此，城市与农村两个市场在相当程度上不具有互补性和承接性，也很难形成此消彼长的局面。

目前，城镇居民消费正进入一个新的升级准备阶段和消费结构的转型时期。这次消费升级的指向是以住宅、汽车等为代表的更高档次的耐用消费品，所以积聚"能量"的时间长。而与此同时，随着改革的深入，原有的福利制度逐步过渡到社会保障制度，城市居民的购买力将越来越多地分流到子女教育、医疗保健和养老保险等方面，因此，城镇居民即期消费倾向减弱，投资和储蓄倾向提高。而农村居民整体上购买力比较弱，消费模式仍未摆脱以必需品为主的生存型消费模式，还要进行"风险储备"；虽然消费倾向明显，但由于购买力的不足而形成"不是有钱不想买，而是想买又买不起"的尴尬状况。城乡居民几乎处于消费层次的两端，而宽阔的中间地带由于收入的桎梏农村居民还没有普遍迈进，因此更不可能用有效需求去填补城镇居民"让出来"的消费"空白"。由平均收入水平差距决定的城乡消费的断档，加剧了经济的萎缩。另外，目前农村消费环境比城市要落后得多，水、电、交通、通信等基础设施差。因此，城乡居民对商品种类和性能的要求不一样，城市滞销的商品在农村也不一定有市场；城市热销的商品，到农村也不一定热销得起来。同时，农民既要考虑生活消费，又要考虑生产投资，因此，农村市场既是消费品市场又是生产资料市场。农民为了生存必须把一定比例的收入用于购买生产资料，这就使农村居民不同于城镇居民，原本不多的收入用于消费市场的数量必须有一定比例的减少。所以，除非收入增长的速度大于收入中用于生产资料消费的比例，即使能够吸纳城市居民由消费的升级而"淘汰"的消费品，农村农民能力也是有限的。

另外，与城乡收入差距同时存在的地区间经济差距，也无法避免地成为拉低社会总需求曲线的重要因素。富裕与贫穷共存，低收入与高收入同生，曾经旺盛的市场背靠着落后与贫困，并把它远远地抛向西北部；如今低迷的市场面对无支付能力启动的充满欲望的消费群而求助无门。

现今中国的需求市场是由收入不均和上述两种差距导致的极不平衡的市场。它既没有普遍而持续的收入提高和城乡区域间经济差距的迅速缩小为基础，更没有较为广泛的收入心理预期乐观，并且具有一定购买潜力的消费者群来支撑。所以，随着改革初期，由于收入骤然增加而释放出来的被压抑了几十年的购买欲望得到基本满足，从整体上说，需求的冲动已大大小于"释放"时所形成的购买能量而趋于平稳，并且与收入增长普遍缓慢相一致地表现为消费规模的停滞或缩小。少数高收入者在追赶财富和金钱的征途上,把广大的低收入者和中等收入者远远地抛在了身后。高低收入间无法填平的沟壑,造成消费的断档和缺乏潜力;广大的中低收入消费群体的存在,使相对保守的生存型消费成为主流消费方式;而消费信贷又不可能普遍适合于任何收入阶层。需求永远是收入的函数。没有收入普遍、持续的提高,就不会有需求市场的繁荣。当然,这样做会冒着通货膨胀的风险。但是,正如不打破鸡蛋就不能做蛋糕一样,某些时候,社会为自身发展所支付的代价,可谓为了前进的丧失。

(原载《学习与探索》1999年第6期,
人大复印资料《社会主义经济理论与实践》2000年第3期全文转载)

需求与供给之间的选择
——供给学派对扩大"内需"的启示

自凯恩斯成功地解释、缓解了战后资本主义经济危机以来,以需求调节为重心的凯恩斯主义成为各国解决失业和通货膨胀的主要理论依据,而有效需求不足也成了解释经济危机成因的重要因素。然而20世纪80年代供给学派在美国的成功,今天以需求调节为目标的扩大内需的政策在中国收效不佳,均启发人们去探寻解决经济问题的新的理论途径,并重新考虑供给与需求作为市场经济中相互作用的变量在缓解、消除经济危机过程中的因果序列,是以有效需求来扩张经济,还是以"供给革命"来推动需求?在供给与需求的选择中,供给学派为我们提供了不同于凯恩斯主义的政策选择。

一

供给学派一反凯恩斯把资本主义的问题归结为有效需求不足的思路,认为在经济的供给和需求两大方面上,供给是主要的。美国经济存在的问题就在于供给不足。而供给不足的形成又是凯恩斯人为刺激需求的结果。

为了解决凯恩斯政策所造成的滞胀问题,摆脱滞胀并存的尴尬,供给学派提出重新肯定萨伊定律,不是"需求创造供给",而是"供给创造需求"。主张在市场的供求关系中,把供给放在首位,减少政府的干预,强调市场机制的作用。吉尔德在其著作《财富与贫困》中指出:在凯恩斯理论的影响下,需求成了经济中首要的事,而供给反而成为派生的东西。这等于说:"你来取,人家就会给你。"因果关系被颠倒了。而资本主义的道德观念应当是:"将欲取之,必先予之。"为了需求就必须供应。萨伊定律之所以重要,就是它始终把注意力集中在供应即生产方面。这是因为,在社会的经济活动中,首先是生产要素的投入,然后才有产出;有出售这一产品的投入,才有购买其他产品的需求。需求的量是由供给的量决定的,二者的总量总是相等的。根据这一理论,供给学派指责凯恩斯理论的前提假设错误了，它违背了西方经济学中的稀缺性原理，忽视了价格机制的调节作用。凯恩斯关于经常存在着闲置不用的资源和设备的假设充其量也只是适用于萧条时期，而作为普遍性显然是不能成立的。如果存在闲置不用的资源和设备，那么一定是由于价格太高，而不是缺乏用途。只要价格起调节作用，闲置问题就能得到解决。如果出现商品过剩的话，那必定是不能适销对路的劣等货。而那些一心注重需求的企业很少创造新产品，是因为它们无法了解市场对尚未被人们所熟悉的新产品的需求，只能继续生产陈旧的产品。因此，扩大需求的政策只能腐蚀资本主义的创造性力量。

供给学派认为，为了加强供给，就必须充分依靠市场机制，美国多次发生的经济危机不是由于生产过剩所引起的，而是由于国家对经济活动的任意干预，使市场机制作用遭到破坏。供给学派认为，面向需求的政策使政府过多地注意公众的意见，设法消除社会上的贫困，改变各阶层收入悬殊的现象，以提高低收入者的需求水平，为此，政府采取了一系列干预措施，如扩大社会福利计划，向高收入者大量征税，等等。然而，这种做法却事与愿违地阻碍了生产，结果不是增加而是减少了需求。因为，这等于把一个人的钱拿过来给另一个人。这种财富转移从而损益相抵的游戏，不可能对总需求产生很大影响，而且政府对经济干预越多，市场机制的反作用就越大，最终导致恶性循环，在不断引起经济衰退的同时，出现剧烈通货膨胀和经济停滞的局面。因此，他们鼓吹减少政府干预，让市场机制重新发挥调节作用。

供给学派不同意大多数经济学家对当时美国经济状况的分析，他们认为美国经济中的头号问题不是通货膨胀，而是生产率的下降。提高劳动生产率是解决通货膨胀的唯一办法。供给学派认为一个社会内从事经济活动的基本单位——个人、家庭、企业的积极性和创造性越大，经济的发展就越迅速、繁荣，这种经济制度也就越有生命力；反之，这个社会就趋于衰落甚至灭亡。美国生产率衰落的症结就在于国家对经济的过多和不适当的干预，挫伤了储蓄、投资和人们工作的积极性。因此，当务之急就是要对这种积极性重新给予刺激。吉尔德甚至充满哲学韵味地指出，世界上的财富是"人民的精神和独创性"，而不是"有形的资源"。只要有适当的刺激和必要的资金，对企业家来说，世界就有无数机会可以利用。日本、中国香港地区等并没有很多资源，经济却获得飞快发展；沙特阿拉伯资源丰富,却仍然是不发达国家。因此,关键是适当地刺激,政府要通过税收制度、规章条例、公共开支和货币措施等,以改变报酬的方式使人们喜欢工作胜过闲暇,乐意投资胜于消费,使生产源泉胜过财富的洼坑,并使纳税活动胜于不纳税活动,这样政府就能直接而有力地促进真正的需求和收入的扩大。这就是供给学派的使命。①

减税是供给学派政策主张的核心和基本环节。他们认为减税是促使供给增加的基本手段,对社会经济发展将产生积极作用:第一,降低税率可以促进个人和企业增加储蓄和投资,并促使个人少休闲、多劳动;第二,供给学派认为减税在一定程度上可以促使政府收入增加;第三,减税可以抑制通货膨胀;第四,减税可以减少逃税的弊端。

二

供给学派成功地把萨伊从历史沉积搬到现实的政策舞台上,把人们的注意力从需求引导向供给。供给学派理论的意义或许并不完全在于它所提出的政策本身,而在于从供给出发解决滞胀问题的思维方式。供给学派毕竟给了我们不同于凯恩斯主义的政策选择,它的理论和政策对我们分析中国经济现状、解决内需不足的矛盾将会有所裨益。

(一) 凯恩斯理论未必能适合当下的中国经济

目前中国并不存在典型的凯恩斯危机,制约经济的不仅是有效需求不足,更存在有效供给不良的问题,而且由于历史和现实的原因,有效供给不良正不容忽视地日益凸显出来。因此,凯恩斯主义的处方未必能完全医治中国经济之病症。

第一,在凯恩斯理论中,经济危机总是伴随着经济的严重衰退而存在,但中国社会的相对生产过剩却与经济的持续增长相伴而行。近几年来,我国的经济一直以8%以上的增长率持续发展。与此同时,中国是在较低的人均国民生产总值基准上发生的相对生产过剩。根据国际经验钱纳里教授论证,人均GDP达到1000美元之后,一国经济才步入相对加速增长时期,大约在人均GDP超过2100美元的加速时期结束后,才形成相对

---

① 参见 [美] 吉尔德《财富与贫困》,隼玉坤译,上海译文出版社1985年版,第43–70页。

生产过剩。中国在人均 GDP 不足 700 美元时，便迈入了经济的饱和阶段。按平均汇率计算，1997 年我国人均 GDP 仅 733 美元，相当于世界人均 GDP 的 16% 左右，相当于高收入国家人均 GDP 的 3% 左右。[①] 较低的人均 GDP 水平说明，生产的商品量并不多。如果所生产的商品适销对路，居民总体上基本具有相应的购买能力，那么这一数量的商品是能够消费掉的，从理论上说，相对生产过剩也不应该发生。

第二，按照凯恩斯的理论，居民收入的增长会带来消费和储蓄绝对量的共同增加，只是在边际消费倾向递减规律作用下，用于增加消费的部分所占的比例随着收入增加而日趋减少，而边际储蓄倾向则具有递增的趋势。但中国却出现了非凯恩斯现象：随着居民收入水平的提高不仅边际消费倾向递减，而且非常低，1993 年和 1994 年分别为 5.23% 和 15.72%，1995 年到 1997 年边际消费倾向为负，不仅增加的收入用来储蓄，而且原有的收入中也增加了储蓄量，使当年的储蓄量大于收入增量，出现了双储双增的现象，即银行储蓄和商品仓储都增加。双储双增现象的并存说明，启动中国经济关键并不是有效需求能力（巨大的储蓄余额足以证明）；而是有无需求的愿望以及保证有效需求得以实现的"供给革命"的完成。

第三，在凯恩斯那里，失业是上一周期经济过度繁荣的结果，是供给大于需求所引发的生产紧缩之必然，是经济由上升走向下降的标志。目前中国所面临的失业，主要是由体制转型引发的。庞大的失业大军不是被市场的供求因素淘汰出来的，而是被体制优化、转型过程所排挤出来的。因此，相对于从前短缺的计划经济而言，它不像典型的危机那样表现为走出繁荣的信号，而是走向繁荣与发展的结果或必然代价。所以，面对巨大的转型期失业，单纯地扩大内需不免犹如无米之炊。

（二）当下中国经济有效供给不良的突出表现

有效供给不良作为原有体制的弊端和后遗症，作为市场经济不健全的产物，制约着有效需求的实现。从社会经济的总体上看，有效需求不足更多地作为经济现象而存在，有效供给不良则更多地作为解决问题的根本而存在。有人在分析现阶段中国经济相对过剩的原因指出：①商品不适销对

[①] 参见《经济消息导报》，1999 年 2 月 12 日。

路；②重复生产，结构趋同，造成供给大于需求；③伪劣假冒，造成表面的生产过剩；④外国商品涌入国内市场，排挤国内产品形成的过剩，构成了相对过剩的主要原因。其中前三点是供给自身的问题，不可能通过扩大内需来解决，最后一点也与供给相关，有些技术含量高的商品由于国内不能生产，或品质较差，不得不依靠进口。① 目前我国有效供给不良突出表现在以下四方面。

第一，价格过高形成的无效供给。以房地产市场为例，据有关部门统计，目前我国尚有住房困难户400万户，需要2亿平方米左右的住房面积。但是，由于房地产商只顾把地价房价抬得很高，忘记了市场经济的起码常识——需求者对价格的反应，所以出现了一方面人人都想购买，但另一方面大量新建商品房空置的尴尬局面。

第二，重复建设形成的无效供给。因为过去几十年的计划经济没有市场竞争压力，固定资产更新周期长，所以设备陈旧、技术落后、产品单调，实行市场经济后客观上必须加快更新，而主观上却又缺乏市场经济的经验和责任心，盲目受价值规律自发作用的驱使，重复建设的现象相当普遍。譬如，重复引进生产线；各地计划的支柱产业、增长点基本雷同；产品生产趋同，市场上什么产品时尚好销，就万家仿制充斥市场，使供给超过正常需求量。

第三，产品简单增量再生产形成的无效供给。以家电产品最明显。如洗衣机、热水器、抽油烟机、冰箱等，从20世纪80年代到90年代，只有新旧大小之别，性能质量方面基本保持原样，没有多少提高。这类产品通常一次性购买，多年使用，在没有更好的新产品对需求的刺激和诱发时，一向都是用旧了不能再修理了才会购买新的。产品更新换代周期长也是迫使我国居民沿袭节俭习惯的重要原因。

第四，品质伪劣形成的无效供给。多少年来，不法厂商或侵权或偷工减料制造的假冒伪劣名牌产品和常用产品充斥市场，坑害消费者。在"假作真时真亦假"的市场环境之中，供给者的过失行为，必然遏制有效需求的实现。此外，许多商品还因技术不过关、品质差而影响销量。

由于上述无效供给的存在，形成了相应的有效需求不足。如果说有效供给具有乘数效应，那么无效供给亦具有乘数效应，只是前者为正，后者

---

① 参见陈光焱《生产过剩和需求不足的质疑与求解》，载《经济学动态》1999年第11期。

为负。无效供给所产生的负乘数效应，是导致内需不旺的重要原因。所以，面对无效供给的矛盾，扩大内需就要扩大有效供给，提高供给的品位和质量，保证有效需求的实现，使潜在的购买力在一定程度上转变为现实的购买力。从这个意义上说，消除形成无效供给的原因，既是扩大有效供给，同时也是扩大有效需求的直接途径。

（三）供给学派理论为解决中国经济问题所借鉴

尽管由有效供给不足引发的有效需求不足在一定程度上构成了中国经济问题的主要方面，但不能否认有效需求本身作为经济增长的重要因素对社会经济的拉动作用。从这个意义上说，制约中国经济的既有有效需求不足问题，又有有效供给不良问题。然而就解决问题的切入点来看，是以凯恩斯理论为指导，还是以供给学派的政策为参考，这一供给与需求之间的选择取决于人们对经济局势的评估、判断的角度及理论倾向。本人以为，供给学派的理论对解决中国经济问题具有较高的借鉴价值。

第一，从中国社会的现状来看，社会庞大的低收入群体，构成了有效需求不足的现实。但如果采取凯恩斯扩大社会福利支出以增加低收入者阶层需求水平的方法，一方面由于总体经济发展水平低，转移支出十分有限，面对庞大的失业大军不免杯水车薪；另一方面，如果不从根本上发展生产，则转移支出除了具有社会伦理意义，就如供给学派所指出的那样，等于把一个人的钱拿过来给另一个人，这种财富转移从而损益相抵的游戏，不可能从根本上对总需求产生很大的影响。扩大内需主要是扩大资本品的内需，为此就要增加生产投资。先增加生产投资，再带动资本品需求，进而带动居民消费品需求，这是当前我国扩大内需具有可行性的政策序列。如是，扩大有效需求问题又归结于发展生产从而增加、调整供给的问题。

第二，以降低利率的方法刺激有效需求，从而刺激资本需求的增加是凯恩斯理论的思路。但连续五年市场疲软的影响，厂商对追加中长期投资缺乏信心，致使政府的几次降低利率既没有把百姓的钱从银行中"挤"出来，也没有达到预想的刺激投资增长的效果。供给学派关于以改变报酬的方式提高劳动生产率，刺激个人和企业的积极性和创造性，把"人民的精神和独创性"看作财富的思想具有现实意义。

需求有两种，即先发需求和后发需求；供给也有两种，即先发供给和后发供给。先发需求和后发供给相对应,先发供给和后发需求相对应。有些传统的基本生活必需品在自然经济中就存在,在市场经济中只是把原来的社会需求转变为市场需求而已,于是就有这些产品的供给,这就是先发需求后发供给。有些新产品,消费者原先并不知道,看广告宣传介绍和试用后很满意,才激起消费欲,形成广泛的社会需求,这就是先发供给后发需求。如果政府以政策激发人们的创造力和创新精神,供给必将会创造自己的需求。

另外,在国家基本上不再干预企业的具体经营管理事务之后,中央和地方政府应最大可能地筹措资金,多种形式地兴办一些大型公共工程,如修建水利工程、高速公路、铁路、城市交通设施等,吸纳大量劳动力就业,并带动相关产业和企业的发展。只有先优化和扩大供给,才能再扩大需求。

凯恩斯的"需求管理"侧重刺激市场或调节市场,有着"大政府"倾向;而"供给管理"则侧重刺激生产的增长,有着"小政府"倾向。前者通过市场的作用,进而影响微观经济活动,促进经济增长,但有推动物价上涨的危险;后者直接作用于微观企业,激发它们的发展热情,促进生产和供给增长,增加就业岗位和平抑物价,因而对缓解乃至解决现今中国社会的经济问题有着不可低估的作用和意义。

第三,普遍降低税率是供给学派刺激生产、增加供给的基本手段。凯恩斯和供给学派都主张减税,但供给学派的减税不是凯恩斯式的依据不同经济风向交替使用增税和减税手段的暂时减税,而是大规模的持久减税。然而在个人所得税问题上,在我国不是简单的税率问题,而是普遍收入水平以及历史、文化、心理等诸因素共同作用的综合问题。我国目前实行的是累进税制,所以边际税率必然随收入的提高而递增。但是在现阶段单纯地降低所得税的边际税率,不仅对国家不利,而且会带来更严峻的社会问题——贫富不均现象的加剧。降低边际税率,对收入高的人来说是好事。因为收入越高得到的实惠越大,即每多挣1元钱,税后收入就会递增,而不是累进税制下的递减。但是,这种单纯降低边际税率的美好的政策愿望,更适宜于一个平和、稳健、经济比较发达且贫富差距并不悬殊的国度,在那里,由于大多数人能够享受这一政策的好处,因此能比较顺利地达到政策所期望的普遍提高供给的目的,而不会招致多数人的不满和怨恨。对于一个贫富差距悬殊的国家,降低边际税率所带来的供给效应对经济增长的积极影响，完全有可能被由此带来的社会震荡所抵消。当然不能否认，由于普遍富裕在中国还没有到来，累进所得税比较固定地落在一部分先富起来的人身上；而且当税率是累进时，随着收入的提高，税后收入就是累退的，所以，高收入的人无疑在一定时期要为社会承担更多的义务和责任，社会也似乎在"劫富济贫"。然而，这又是必要的，从公平意义上说也是合理的。

供给不会独立于需求而存在，需求亦不会抛开供给而独自发挥作用。任何调节需求的政策都不可能不牵动供给的"神经"，而任何促进或限制供给的措施也都不可能不触动需求的"脉搏"。因此，无论凯恩斯，还是供给学派的理论都只能是解决特定时期特定经济问题的权宜之计，如果把它们当作永恒的定律来使用，那么由于供给与需求的相反，一者的长期扩张或收缩必带来另一者未来的由隐蔽到显形的收缩或扩张；由于供给与需求的相连，经济又会在供给与需求的相互作用下共同走向政策性偏颇。

（原载《学习与探索》2000 年第 3 期）

产权虚置的历史追踪

产权关系是一个历史的范畴,它的形成亦是一个历史的过程。因此,产权关系的变革必然要受到经济、文化、政治等因素的影响和约束。

所谓产权虚置,是指相对终极所有权而言的。在中国社会造成产权模糊虚置的原因,除了某些政治因素和长期理论上的误区,还应追溯到国家所有概念的形成及其特点的历史成因上。

土地是国有资产的最初、最原始的形态。而土地国有制,又是出现最早的国家所有制的形态。土地在人类社会发生以前就已经存在了。当人类群体地定居在土地上,并集体耕作平均分配时,便朴素天真地把土地看作集体的财产,产生了土地属于公社、氏族的观念。国家产生后,虽然发生了阶级分化,私有财产、私有土地亦随之出现,但土地属于集体、属于国家的观念依然存在。随着国家的出现,便产生了国王,而国王又被认为是国家的代表与象征,所谓的"王有"实质上就是国家所有,于是土地王有与土地国有的概念又自然合并为一了。《诗经·小雅》中就有:"普天之下,莫非王土"的记载,这恐怕是中国历史上最早的关于土地国有的观念。

然而,土地国有虽然体现为一种权力,但很难说是一种财产权。首先,尽管有"普天之下,莫非王土"的观念,但土地私有还是普遍存在的。在西周领主土地所有制的情形下,所谓的"莫非王土"是上由天子下至于士,层层领有土地的土地占有的等级制;从秦汉至唐,对一般民众有名田、占田、均田等制,看起来是把国家控制的土地分给人民耕种,但大量的地主、官僚以及一般民众的私田也同时存在,私田的田主对其土地享有充分的占用、使用及处分等权。自汉代起,土地买卖就已得到法律的认可。宋代以后,田制不立,土地私有权得到了更进一步的发展。明清时江南一带,由于流行租佃制,佃户势力上升,曾一度出现"一田两主"的情形。上述事实说明,在"普天之下,莫非王土"的观念下,土地私有实际上普遍存在着。然而,大量私人占有土地这一事实并没有改变"普天之下,莫非王土"这一观念。在这里,土地国有具有了主权的意味。所谓的"莫非王土"并不是指国内全部耕地归国家（国王）所有，而是说，这块疆土是国有的（王有的），是刘姓江山，赵氏山河，它标志着国家的统一和领土的完整。这样，土地国有概念形成之初，财产权的内涵与主权的含义就混同了，从而财产权与行政管理权亦混同起来。事实上，"莫非王土"也常常被使用在主权意义上。历代统治者和思想家，不仅把国有土地的流散与失落看作国有资产的丧失，而且更看作王权势力的削弱和国家衰亡的标志。中国历史上的所谓国库殷实丰厚的太平盛世，几乎都是国家统一、版图完整、王权强大的朝代，如汉、唐、元、明、清。

"莫非王土"的土地国有观念，还具有浓厚的政治上的统治权的意味。它表明，国王作为封建国家的最高地主，对他所拥有的这块领土上的臣民具有至高无上的统治和役使权力。即"普天之下"可以不是"莫非王土"，但"率土之滨"一定要是"莫非王臣"。无论公田还是私田上的臣民都必须纳税服役，国家有权限制私人占有土地的数量，以及对私人土地具有绝对的收回权和没收权。这一切都不能只说是财产权的行使，而更重要的还是统治权的行使。

租税合一，是中国封建社会的一个特点。所谓的租税合一，即租税不分。我们知道，国税是国家为施行统治而和臣民发生的关系，而地租则是土地所有者的所有权的经济实现。租税合一，恰恰说明了中国社会土地国家所有这一概念形成伊始，统治权与财产权就是含混不分的。

中国古代社会的土地国家所有制不是一种纯粹所有制形式，它并不完全回答土地财产归谁所有的问题，相应地它也不是一种纯粹财产权利，不能完全拿财产权利的条件去理解它，它更多、更主要的是附着在土地财产上的政治附属物。在这里，主权与所有权，行政管理权与财产权，统治权与所有权均含混不清、混淆合一。土地国家所有与其说是一个经济概念，不如说是一个政治概念更为贴切。

应该承认，"国家所有"从来就不是单纯的经济概念，而是政治权力的经济体现，然而土地国有概念的政治化，使"国有"概念在中国从形成之初就蒙上了一层沉重的政治色彩。国家所有意在统一，而不在所有；意在统治，而不在经营。渐渐地，人们不再把国家所有作为一种经济概念看待，而是作为一种政治概念来理解、接受，无限地扩大了它的政治内涵和意识形态的作用，忽视并淡忘了它的经济内涵和法权意义，结果原本由所有制派生出来的管理权、统治权、收益权，远远大于并湮没了所有权本身。

新中国成立以来，国家所有一直被等同于公有制，并被视为公有制的最高、最完善的形式。在当时的经济辞典中是这样注释的：社会主义全民所有制，是社会主义国家里全体人民共同占有生产资料的一种公有制形式，全民所有制的范围，包括矿藏、水流和属于全民所有的工厂、农场、交通运输事业，银行、商业企业等全民财产。它是无产阶级夺取政权之后，通过"剥夺剥夺者"建立起来的。社会主义全民所有制采取社会主义国家所有制形式。以社会主义全民所有制为基础的社会主义国有经济，是无产阶级政权的主要经济基础①。

可以说，社会主义公有制的概念，对于中国人来说是作为政治意义上的经济判断标准（姓资姓社）"输入"进来的，它首先被看作无产阶级战胜资产阶级的政治成果，它在人们心中同共产主义信念一样神圣不可动摇。人们不仅习惯了将"公有"和"私有"与政治制度联系在一起，并将坚持公有还是坚持私有看作谁战胜谁的问题，而且公有概念被政治化了：公有即无产阶级、社会主义，私有即资产阶级、资本主义。私有受到了空前的歧视，人们像祖先们惧怕土地私有的蔓延会导致大一统的封建王朝覆灭一样，唯恐私有经济的发展会给社会主义国家带来灭顶之灾。由于无产阶级与资产阶级的势不两立，公有与私有又被此消彼长地对立了起来。社会主义国家的政治目标就是限制商品经济和追求国有成分的绝对提高。

社会主义公有制具有两种形式：全民所有和集体所有，而全民所有又是以国家所有的形式表现出来的。国家所有被视为社会主义公有制的典范形式，人们似乎在观念上把国有等同于公有，等同于全民所有。西方经济学家登姆塞茨认为：共有制是指一种由共同体的所有成员实施的权利。在土地上耕作和狩猎的权利常常是共同拥有的，在人行道上行走的权利是共有的，共有制意味着共同体否定了国家或单个的市民干扰共同体内的任何人行使共有权利的权利。私有则意味着共同体承认所有者有权排除其他人行使所有者的私有权。国有制则意味着只要国家是按照可接受的政治秩序

---

① 许涤新主编：《政治经济学辞典》下，人民出版社1981年版，第79—80页。

来决定谁不能使用国有资产，它就能排除任何人使用这一权利①。国家所有的真正内涵由统治者集团所有。全民所有可以表现为国家所有的形式，但国家所有并不等于全民所有；表现为国家所有形式的全民所有，也不是真正意义上的国有，而是全民所有制所采取的国家所有的形式。国家可以，而且理所应当地管理"公共物品"，但国家所有绝不能一般地等同于共有。如果说全民所有采取国家所有的形式是中国历史的必然选择，那么把这种情形下的全民所有视为国有，而不是把"国有"看作全民所有的表现形式，并且一味追求生产资料所有制的"一大二公"，除了对马克思主义所有制理论的教条、片面的理解和极左思想的影响，不能不追溯国有概念形成之初就蕴含的"统一""完整"的政治寓意。刚刚摆脱几千年封建制度的纯朴的中国人民，是以"普天之下，莫非王土"的小农心态和情感来理解全民所有制的国家所有形式的。因此，全民所有带给人们更多的不是作为公民对全国范围内的财产拥有所有权的观念，而是作为公民对国家财产拥有使用权。所谓当家作主更主要的是政治意义上的"翻身"概念，而不是管理社会经济的自主权力。而作为全民所有制的国家所有形式，如同封建社会土地国家所有意在统一，不在所有；意在统治，不在经营一样，更重要的意义在于对国家性质的确定和保证。

对生产资料所有制的研究，应该分动态与静态两方面。由于生产本身是一个过程，因此从生产过程的角度（动态）来看，所有制包括生产过程中结下的人与自然的关系、人与物的关系、人与人的关系。如果从静态的角度来考察所有制，就要回答或确定生产资料归谁所有的问题，这就是一个法律问题。新中国成立以后，人们是以小农经济的思维方式，把以国有形式表现出来的社会主义公有制，作为约定俗成的东西接受下来的。一方面，全民所有意味着每一个公民都是所有者；而同时，由于财产属于"全民"所有，而单个的公民只是"全民"中的一员，又不可能是全民财产的所有者。"全民"完全是极其抽象的政治术语，而不是明确的法律概念。另一方面，在全民所有制中，所有制关系、人与物的关系不是以法律形式来规定的，而是靠政治思想工作和道德因素的力量，呼唤人们的主人

---

① H. 登姆塞茨：《关于产权的理论》，见［美］R. 科斯、［美］A. 阿尔钦、［美］D. 诺斯等《财产权利与制度变迁：产权学派与新制度学派译文集》，刘守英等译，上海三联书店、上海人民出版社1994年版，第179－199页。

翁意识和责任感。全民所有制下的每一个人，都是以自然人的身份使用着国家财产，而国有企业不过是政治机构的附属物。

另外，国家所有概念下的国家，是一个虚的国家。以全民利益身份出现的国家所有权主体，是一种虚化的国家主权者。非人格化的"国家"与非人格化的"全民"一样模糊了所有权关系，终极所有权变得极度抽象。国家所有如同土地"莫非王土"一样主要成为一种权力的象征。同时，由于国家的力量体现在不同的行政部门和一层层的干部手里，比如，计划部门控制着投资权、财税部门掌握着收益权、企业主管部门掌握着经营者的任命权和资产的处置权，因此，如果说存在着所有权，那么完整的所有权也被官僚机构"肢解"了，即分别掌握在各行政部门的官员手里。所谓的经营者对所有者负责，到头来实质上是企业的干部对有实权的上级负责，对政治负责。如果说全民所有"抽象"掉了具体的所有权，那么国家所有则"虚化"了所有权。由于国家所有概念的政治化，长期以来"国家所有"在政治上、意识形态上并不虚置，而是在所有权上，即在经济意义上，从而在法律意义上模糊虚置的。

如果说现代产权制度是建立现代企业制度的基石，那么对国家所有概念的再认识和明晰产权则是建立现代企业制度的前提。没有观念的革命，就不会有变革的实践。

（原载《学术月刊》2000年第3期）

对中国加入 WTO 的制度效益分析

"入世"(加入世界贸易组织)使中国社会真正走向开放。它不仅会改变中国人的生活方式,也会改变中国人的思维方式;它不仅必将带来经济的发展以及经济体制的改革,也毋庸置疑地带来更加民主的环境和为保障、促进社会经济发展而自然推进的政治体制的改革。它对中国社会政治经济的影响,将随着时间的延续而逐渐显现出来。

对于任何国家来说,加入 WTO(世界贸易组织)都不仅仅是进入了一个能够带来许多好处和便利的国际贸易组织,更重要的是接受了一个相互约束体现国际间贸易秩序和规则的制度框架。在这个框架中,所有成员国的自身利益和社会福利的提升,都必然表现为 WTO 作为一种制度安排所带来的效益,而中国"入世"的意义也正是在这里。

一、WTO 的制度经济学诠释

WTO 是一个国际组织,它负责管理其成员达成的多边贸易协议,特别是《关税和贸易总协定》(General Agreement on Tariffs and Trade, GATT)、《服务和贸易总协定》(General Agreement on Trade in Service, GATS)和《与贸易有关的知识产权协议》(Agreement on Trade-Related Aspects of Intellectual Property Rights, TRIPs)。WTO 的核心是 WTO 协议。这些协议是世界大多数贸易国通过谈判签署的,并经过签约国最高权力机构的认可。因此,WTO 协议的本质是一种契约,它不仅具有法律效应,而且为国际商业活动提供基本的法律规则。WTO 协议的功能是约束各国政府将其贸易政策限制在议定的范围内。同时,虽然协议是由政府通过谈判签署的,但其目的是帮助产品制造者,服务提供者和进出口商进行商业活动。

如果从制度经济学的研究出发,WTO 可谓一种制度安排。因为 WTO 包含并充分体现了制度的内涵与功能。

第一,制度作为一种规则,它使人的行为变得更可预见,从而使彼此之间的信任成为可能。从常识出发，如果在一些问题上形不成某种共识，一个人就不可能与另一个人相互交往。因此，现代制度经济学家柯武刚和史漫飞说："人类的相互交往，包括经济生活中的相互交往，都依赖于某种信任，而信任则以一种秩序为基础。而要维持这种秩序，就要依靠各种禁止不可预见行为和机会主义行为的规则。我们称这些规则为制度。"①同时，柯武刚还认为：制度不仅可以协调人们的各种行动，建立起信任，还能减少人们在知识搜寻上的消耗。因此，即使受规则约束的行为并非百分之百地确定，人们仍会觉得它比混乱更恰当，更合理②。

WTO 本身就是一个规则的化身和体现，它使国与国之间的贸易往来变得更有预见性和确定性。因为在 WTO 的规则框架中，不仅交易双方的行为是被确定的，而且违规行为的后果也是确定的。同时，若没有共同遵守的规则作保证，则很难想象具有不同文化理念的各国能相互信赖。

英国经济学家霍克曼说："在理解 WTO 的作用时，有两点非常有帮助。首先是把这个机构看作一种行为准则；其次是把它看作一个市场。"③霍克曼又说："WTO 作为贸易政策的行为守则，包含一整套规范其成员贸易政策的具体法律义务。WTO 的原则和规定缩小了政府使用具体贸易政策的自由度。这些原则和规定也影响了在各成员国内政治舞台上寻求保护主义利益集团与支持市场开放的集团的力量均衡。……这种体制可以使很多国家（无论是发达国家还是发展中国家）的政治市场失灵得到纠正，至少是部分地纠正。这增加了为安抚国内利益集团而制定低效率贸易政策的成本和可见度。"④

第二，正如货币有助于节约协调成本一样，制度减少着协调人类活动的成本。制度作为一种规则，它抑制着人际交往中可能出现的任意行为和机会主义行为。而且制度为一个共同体所共有，所以它常常隐含于组织结

---

① ［德］柯武刚、［德］史漫飞：《制度经济学：社会秩序与公共政策》，韩朝华译，商务印书馆 2000 年版，第 113 页。

② ［德］柯武刚、［德］史漫飞：《制度经济学：社会秩序与公共政策》，韩朝华译，商务印书馆 2000 年版，第 14 页。

③ ［英］伯纳德·霍克曼、［英］迈克尔·考斯泰克：《世界贸易体制的政治经济学——从关贸总协定到世界贸易组织》，刘平等译，法律出版社 1998 年版，第 14 页。

④ ［英］伯纳德·霍克曼、［英］迈克尔·考斯泰克：《世界贸易体制的政治经济学——从关贸总协定到世界贸易组织》，刘平等译，法律出版社 1998 年版，第 16–17 页。

构之中。①

WTO是主权国家之间的多边合作，而多边合作往往又是在相关机构和体制的建立过程中得以发生并实现的。因为国际舞台上不存在中央集权，所以这种多边合作的体制就表现为一系列明示或暗示的原则、标准、规则和决策程序。行为者将围绕着它们在国际关系的特定领域中共事。WTO中的许多原则暗示着义务，尽管这些义务并不是通过统治集团的法律制度来强制执行的。另外，虽然体制的建立出于自身的利益，但同时也反映了成员间在不同时期基于利益而进行的合作模式。所以说，WTO既是组织又是规则，它对成员间具有典型的制度约束效应。

WTO的宗旨是消减贸易壁垒，实现贸易自由化。因此，WTO各成员国总要进行或旷日持久，或艰苦卓绝的贸易谈判，从而达成行为规范，互相给予对方自由化的承诺。正是这些共同认可和遵循的行为规范和原则的缔结，节约了国际贸易的协调成本，抑制了国际贸易往来中的任意行为，从而提高了各成员国的效率和社会福利。排除其他因素，关税是商品在国际间流动的成本。在不存在国与国之间自由化承诺的情况下，关税作为主权在国际贸易领域最高体现，将会被所有国家用来保护自己并约束他人。在这里可能会存在两种情况：或者进行贸易的两国相互示好，减低关税，从而使国际贸易的协调成本也由此下降；或者进行贸易的两国相互制裁，以较高的关税限抑对方，从而提高国际贸易的协调成本，甚至使两国的贸易无法继续下去。而在没有国际多边协作的情况下，后一情景又是常见的。然而，在WTO的框架中，不仅市场准入原则促进了各成员国开放的贸易体制的形成，而且与之相配合的减让约束，即一旦降税被列在减让表上，这些减让就受到约束，减让国不能把关税提高到约束水平之上；同时，关税承诺一旦被约束，就不能再使用对关税减让具有废弃或损害作用的非关税措施，这些都会降低国际贸易的运作与周转成本（取消数量限制也具有同样的效用），并提高合作国的福利。

国际贸易为各国提供了按各自比较优势进行工业化生产的机会。按比较优势理论的逻辑，贸易的中心概念是机会成本，即生产（消费）某种商品是以不生产（消费）另一种商品为代价的。机会成本的概念说明了

---

① 参见［德］柯武刚、［德］史漫飞《制度经济学：社会秩序与公共政策》，韩朝华译，商务印书馆2000年版，第4－13页。

一个重要的经济学定理：在资源稀缺的世界里，专业化下的贸易是有利可图的。也就是说，一群人或一组国家在其具有比较优势的商品和服务上进行产业化生产，并可以与其他人或国家进行自由交换，那么他们在整个世界的综合生产和消费将会增加。在过去的80多年中，消费水平（实际收入）增长了近4倍，在很大程度上是依赖于专业化和自由贸易。因为按照比较优势进行专业化生产，可以使生产达到最大化。应该说，作为WTO宗旨的贸易自由化，一方面，帮助各国有效地利用资源（生产能力），使资源的配置趋向各国具有比较优势的活动；另一方面，由于更高效的生产增加收入，人们可以从其他国家购买更多的商品和服务，各国的消费也增加了，从而整体福利水平得到了提升。

第三，制度往往是要依靠某种惩罚才能得以实现的。因为只有惩罚，才能使个体的行为变得较为可预见。带有惩罚的规则创立起一定程度的秩序，将人类行为导入合乎理性的预期的轨道。因此，制度框架能增加逃避义务的风险，增强互利合作的习惯，达到抑制本能性机会主义的目的①。

非歧视原则、互惠原则、市场准入原则和公平竞争原则，是WTO中最重要的四项原则。不仅所有WTO成员都必须遵守上述四项原则，而且一切违背上述原则的行为也会在WTO的制度框架内受到相对应的惩罚或制裁。如公平竞争原则的理念是，竞争一般应当以"平等的赛场"为基础。因此，政府的出口补贴是被禁止的，否则进口国有权力采取反补贴措施。同时，出口商品的倾销，即低于本国市场的价格销售到国外市场的行为，如果损害了进口国竞争部门的利益，则也会被进口国政府课以反倾销税来抵消。

公平竞争原则常常会直接与市场准入发生冲突，因为各国政府获取公平的手段往往是一种贸易壁垒，如上述对补贴进口的反补贴措施和反倾销选择。然而，这样的贸易壁垒却是完全合法并且也是被允许采用的。因为，它是以惩罚的方式来保证制度效率的真正体现。也只有在这样一个规则与惩罚相对应的制度架构中，国际间的经济交往才可能被"导入合乎理性的预期的轨道"。

如果说制度的重要功能之一是克服"搭便车"（free-riding）的道德危

---

① 参见［德］柯武刚、［德］史漫飞《制度经济学：社会秩序与公共政策》，韩朝华译，商务印书馆2000年版，第5页。

机,那么互惠原则正是制度这一功能的体现。

WTO管理协议是以权利与义务平衡为基础的。这种平衡是通过互惠的市场准入承诺的交换而取得的。互惠原则是多边贸易谈判,也就是建立行为准则过程中的一项基本要素,它的制定是为了缩小因最惠国（most favoured nation,MFN）原则而引起的免费搭车的范围。通过要求互惠,WTO成员各方可以把免费搭车的现象减少到最少。在双边谈判中,通过适当选择某些商品的减让避免"搭便车";在"一刀切"形式的多边谈判中,通过适当选择某些商品不受自由化豁免来避免"搭便车"。

互惠原则同样适用于一方要求加入组织的谈判进程中,由于新成员可以享有所有以前达成的市场准入的优惠,原来的成员就会一致要求新成员交纳入门费。在实践中这就意味着一个国家在加入WTO后,其贸易体制不仅要符合GATT、GATS和TRIPs的规定,还要开放市场。如1990年突尼斯加入GATT的门票是:同意将900项关税约束在17%～53%的水平,还承诺取消一系列商品的进口许可证和其他数量限制措施。

第四,美国现代制度经济学家舒尔茨把制度视为"具有经济价值的服务的供给者"①。兰斯·E. 戴维斯（Lance E. Davis）和道格拉斯·C. 诺斯（Douglass C. North）②更进一步认为:制度的确定及变迁,在于存在着身处制度之外,或原制度框架中无法收获的潜在利益。制度在使外部负效应内化行为主体的成本的同时,也使外部正效应内化为制度缔结者和接受者们的收益。这正如每一个家居所有者的财产价值的实现,不仅反映在其住宅、维修和决策的改进上,而且还反映在其邻居的这些方面上。事实上,这些"邻里"效应正是共同体改进的车道。所以,新制度安排将会增加社会的总净收益③。

WTO的最基本的哲学理念就是开放市场、非歧视及国际贸易的全球竞争是有益于全世界各国福利的。GATT和WTO的理论基础可上溯到20

---

① T. W. 舒尔茨:《制度与人的经济价值的不断提高》,见［美］R. 科斯、［美］A. 阿尔钦、［美］D. 诺斯等:《财产权利与制度变迁:产权学派与新制度学派译文集》,刘守英等译,上海三联书店、上海人民出版社1994年版,第257页。

② 道格拉斯·C. 诺斯（Douglass C. North）（又译为"诺思"）,本书统一写作"诺斯"。

③ 参见 L. 戴维斯、D. 诺斯《制度变迁的理论:概念与原因》,见［美］R. 科斯、［美］A. 阿尔钦、［美］D. 诺斯等《财产权利与制度变迁:产权学派与新制度学派译文集》,刘守英等译,上海三联书店、上海人民出版社1994年版,第266-290页。

世纪30年代，当时许多国家奉行"以邻为壑"的政策，包括竞争性的货币贬值和实施歧视性的高贸易壁垒。而且这种短视的、非合作的行为被普遍认为是导致第二次世界大战的低劣的政策。

有学者说GATT和WTO的创立与成功，是在历史上曾经以重商主义为准则的领域开展国际合作的范例①。重商主义的基础是保持最大的出口和最小的进口以积累外汇储备（金银）。重商主义为民族主义所驱使，认为贸易数字就意味着政治上的强有力，所以政策上趋向于支持促进直接的进口和通过关税、税收配额、禁运和国家垄断来限制进口。尽管古典经济学家创始人亚当·斯密与其体系的完成者大卫·李嘉图都曾尖锐地指出重商主义是愚蠢的，但有政府（英国是例外）相信从国家整体福利来说，自由贸易是一项更好的政策。直至19世纪后半期，欧洲的许多国家才开始进行双边贸易谈判。19世纪人类商业历史上辉煌的里程碑就是1860年的科布登－谢瓦利埃条约，它使英国和法国之间，以致整个欧洲开始贸易自由化了。1862年到1867年间，法国几乎与所有主要的欧洲国家（除俄国外）及美国缔结了广泛的商务条约。因为这些条约都包含最惠国待遇条款，所以每当有关国家相互谈判并与法国达成协议后，所授予的贸易减让就成为给予所有国家的了。到了19世纪60年代，法国成为一个举足轻重的贸易协议网络的中心，这个网络在整个欧洲大幅度降低了贸易保护主义的壁垒。

由于全球贸易的增长大大快于全球产出的增长，19世纪后半期世界经济显著地呈现一体化的趋势。然而，第一次世界大战后，各国又回到了贸易保护主义，始作俑者便是美国。1929年，美国经济在证券市场大崩溃后从衰退走向萧条，美国国会采用了《斯穆特－赫利关税法案》，平均关税从38%上升到52%。这导致了美国的贸易伙伴实施报复性贸易限制，并开始了几轮的竞争性货币贬值。于是多米诺现象发生了：由于贸易流向转向相对不受保护的市场，迫使价格降低，使贸易保护主义压力增加，从而导致了更高的贸易壁垒。也正是20世纪30年代的贸易战和"以邻为壑"政策的负面影响，激发了美国在贸易领域国际合作的意愿，并促使其为支持多边贸易自由化（GATT）而努力。

---

① 参见［英］伯纳德·霍克曼、［英］迈克尔·考斯泰克《世界贸易体制的政治经济学——从关贸总协定到世界贸易组织》，刘平等译，法律出版社1998年版，第10－21页。

可以说，WTO 正是通过自身的规则和原则建立了国际贸易的管理框架和一整套纪律，为国际间的贸易往来营造了良好的环境。1995 年，在 GATT 和 WTO 框架内的全球货物、服务和知识产权的贸易额达 5 万亿美元，其中仅服务和知识产权的贸易额就超过了 1 万亿美元。WTO 以贸易自由化的原则和互利互惠的理念，使每一个缔约方成员国都能获得该制度框架外所无法收获的好处。

二、中国入世的制度效益分析

如果把 WTO 看作一种制度安排，那么中国在这方面的制度供给是短缺的。换一句话说，接受 WTO 制度约束的预期收益将大于维护现行制度框架的净收益；或者说，维持现行对外贸易制度的净收益小于接受 WTO 制度安排的预期收益。中国入世的成本是开放市场及部分竞争性行业在开放中受到冲击，甚至会破产。而从表面上看，中国入世的收益是降低关税给消费者带来价格上的实惠和消费选择的多样性及生活品质的提高；从深层次来看，则是促进经济体制改革的深化，政治体制改革的势在必行与政府职能的科学化、现代化、规范化，以及在上述进程中国民观念的转变、国际化意识的培养及政府与企业遵守国际规则和惯例的行为方式的形成。因为没有市场的真正开放，就不会引发或带动中国社会深层次的制度变革与创新，因此从这个意义上说中国加入 WTO 的成本同时也就是收益。

尽管从长远看，WTO 给中国社会带来的制度效应必定大于"加入"的成本，但是短期内似乎成本会高于收益。同时，由于中国社会经济发展的特定状况，WTO 的制度效益在不同经济主体、不同行业及不同阶层和地区必然又显示出巨大的不均衡。

（一）在生产者和消费者之间，加入 WTO 更有利于消费者

由于关税构成进口商品的价格，并由消费者来承担。所以，加入 WTO 就意味着降低关税，而降低关税则意味着进口商品的价格将会更便宜；而进口商品的价格更便宜，就意味着消费者不仅购买进口商品的支出减少，而且同样的支出将能够消费更多数量的进口商品，从而福利感增加。如此看来，加入 WTO 的确会给中国的消费者带来许多实惠和利益。

另外，降低关税实质是政府对国内相关产业的保护的降低。因为，随

着关税的减让,将会有更多的外国产品进入中国市场。对于国内生产技术和工艺水平相对落后的行业,消费者的选择偏好将更加偏向于进口的同类商品,从而使国内生产者既面临进口商品大量涌入对其产品价格、产量的冲击,又面临进口同类产品在技术含量、质量和花色等多方面的挑战。所以,相对于消费者而言,加入 WTO 给中国的生产者带来的是机遇还是冲击,在相当大程度上取决于行业的性质和自身经营方式及其理念的改变与完善。即使是存在好处,也是潜在的,不会马上就显现出来。

关税是对进口物品所征收入税收。即使在倡导自由贸易时代,关税也是国家主权的表现。关税构成了一个国家财政收入的重要来源,也是一国用来抵制外国商品进入本国市场的一种有力的武器。所以,无论是从量税还是从价税其效果都表现为进口商品市场价格的提高和进口数量的减少,国内商品产量的增加。(如图 1 所示)

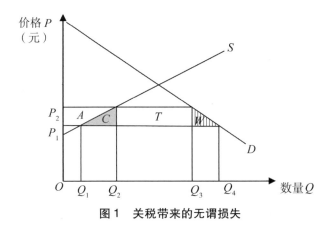

图 1　关税带来的无谓损失

P_1 为无关税时国内某商品的市场价格。在这个价格水平上,国内生产者所能提供的产量是 OQ_1,需求大于供给的短缺缺口,即 Q_1Q_4,则要由进口商品来填补。

征收关税以后,国内市场价格从 P_1 上升到 P_2。价格的提高使国内那些原来因生产成本高价格低,从而不能弥补生产消耗而亏损的企业可以继续生产,国内生产者的产量因此从原来的 OQ_1 扩大到 OQ_2,增加了 Q_1Q_2 的数量。由于国内供给量增加,用以填补国内短缺的进口数量必然相应地缩减,从原来的 Q_1Q_4 减少到 Q_2Q_3 加 Q_3Q_4 数量。而且由于征税,国内消费

减少了 Q_3Q_4，商品的价格则上升了 P_1P_2 元。

另外，在没有征税前，需求曲线 D 以下，价格线 P_1 以上的部分皆为消费者剩余（指消费者从商品的消费中得到的效用，大于其实际支付的货币效用的部分）。征税之后，消费者将损失 A、C、T、W 这四块消费者剩余。其中 A 为国内生产者所得的净利润，因为当产量由 OQ_1 增加到 OQ_2 时，该区域高于同时是厂商边际成本的供给曲线为曲线 S 以上，价格线 P_1 与 P_2 之间的区间；C 区域在供给曲线 S 的下方，所以是厂商因扩大产量而增加的成本部分；T 为国家财政收入，因为 Q_2Q_3 代表征税后进口商品的数量，T 就是由关税而来的政府收入；W 区域在经济学上被称为无谓的损失，因为无论消费者、生产者还是政府都得不到这块剩余。

从上述分析可知，如果降低关税，就可以增加消费者剩余，而增加消费者剩余，就意味着社会净福利的提高。如果完全取消关税，为厂商所得的，构成无关税状态下消费者剩余的净利润 A，为政府所得的由关税而来的财政收入 T；任何人在存在关税情况下人都无法获得到的无谓损失 W，将统统归消费者所有。这不仅使消费剩余最大化，而且比较之有关税的情景，社会将多得到 W 这块被关税的存在所损失掉的福利。

当然，国内生产者的艰难也是可想而知的。如图 1 所示：如果取消关税，国内生产者不仅要减少 Q_1Q_2 的产量和由此带来的收益，而且更重要的是将失去由政府保护政策形成的净利润 A。实质上，没有了 A 就不可能有 Q_1Q_2 的增量，因为 Q_1Q_2 无疑是关税保护的结果。

从实际数字来看，加入 WTO 给消费者带来的好处与实惠也是显而易见。

加入 WTO 以前的相当长时期里，进口牛肉的关税为 45%，柑橘的关税为 14%，苹果的关税为 30%，而葡萄酒的关税则高达 65%。当上述关税大幅削减后，中国消费者餐桌上将会有更多种类的，甚至在价格方面绝不会高于国内同类产品的物美价廉的国外农副产品，中国人的生活及生活品质将由此得到改善和提高。

加入 WTO 后的 5 年里，中国汽车的进口关税将从 80%～100% 降低到 25%。尽管汽车关税的减让是逐渐完成的，但给消费者带来的实惠也是巨大的。

长期以来，中国轿车生产的成本一直居高不下，同类轿车的价格是国际市场的 2～3 倍。桑塔纳轿车在国际市场上的售价不足 6000 美元，而在国内生产的售价则为11万元人民币，以当前汇率来算，价格差高达3万多元人民币。当然，加入WTO后，中国可援引WTO中的对发展中国家的优惠原则以及例外条款来保护汽车制造业。但无论如何，面对越来越大开眼界的消费者的最优消费行为选择，中国的汽车制造商们的日子也会越来越不好过。

按照世界贸易组织的规定，加入WTO后中国将逐步开放航空市场。可以说向外国航空公司开放更多的航线，将使中国的航空业成为加入WTO后竞争异常激烈的行业之一。

（二）加入WTO后，传统出口行业受到的冲击小于其他行业

对于以纺织品为代表的传统出口行业来说，加入WTO后，受到的冲击将小于其他行业。纺织品、服装鞋帽等产品是我国的传统出口商品，约占每年对外出口总量的20%以上。加入WTO后，由于出口配额的取消和受到非歧视性原则、最惠国待遇及国民待遇等原则的一视同仁的保护，对中国产品的歧视也必将减弱，出口量将大增。

2005年以后，我国纺织品的出口将获得比现在高出10%的国际市场份额，预计纺织行业出口将增加50多亿美元。

纺织品、服装鞋帽制造业均属于劳动密集型产业，它们在开放后市场上所占有的优势地位，可以用"比较优势理论"和"剩余出路论"来解释。

英国古典经济学家大卫·李嘉图认为：每个国家在某些产品生产上都具有相对优势，即相对劳动生产率较高，而相对成本较低。如果每个国家都生产并出口那些相对成本较低的商品，同时从别的国家进口那些在国内生产相对成本较高的商品，那么自由贸易对于任何国家，无论它是先进国家还是落后国家，都是有益的。瑞典经济学家俄林也说："贸易的直接原因总是：货物从外面用钱买进比在家里生产更加便宜。"[①] 同时，俄林与其老师赫克歇尔一起，又提出了要素禀赋论，进一步解释并说明了比较优势理论。俄林指出：只要国家之间各种商品的相对价格不等，贸易对各国都是有利的。那么相对价格的差异又是由什么引起的呢？俄林认为是由要素价格引起来的。生产要素的价格高，则生产成本就高，从而商品的价格

---

① ［瑞典］贝蒂尔·俄林：《区际贸易与国际贸易》，商务印书馆1986年版，第10页。

就高；反之，生产要素的价格低，则生产成本也低，从而商品价格也低。

那么，生产要素相对价格的高低又是由什么原因引起来的呢？俄林指出，它们是由生产要素的相对稀缺性引起的。也就是说，是由生产要素禀赋状况决定的。假设有两个国家，A国劳动力资源较为丰富，而资本较为稀缺，因此劳动价格较低而资本价格较高。在这种情况下，A国生产那些劳动密集型的产品较为便宜，生产资本密集型产品则较为昂贵。而B国的资源禀赋刚好相反，劳动力较为稀缺而资本较为丰富，从而劳动价格较高而资本的价格较低。于是，B国生产劳动密集型产品较为昂贵，生产资本密集型的产品较为便宜。如果两国进行贸易，汇率一旦被确定，产品的价格和成本就可以直接进行比较。A国利用丰富的劳动力资源专门生产劳动密集型产品向B国出口，而B国利用丰富的资本要素专门生产资本密集型的产品向A国出口。结果，两国都充分有效地利用了本国的资源优势，通过贸易使国民产品和社会福利达到最大。①

其实，更能说明中国劳动密集型产业出口优势的，还是缅甸发展经济学家明特的剩余出路（went for surplus）理论。

如果说，比较优势理论实质上是一种资源配置理论，它讨论的是在资源已被充分利用的前提下，现有资源在国际范围内配置如何提高一国的产出和福利。剩余出路则考察在资源尚未被充分利用的情况下，如何利用这些闲置资源来增加一国的产出和福利。剩余出口的基本思路是：具有闲置资源的国家，通过贸易可以为国内没有需求的剩余生产能力提供一个更广阔的市场和出路，从而能增加一国的收入和享受。由于发展中国家一般存在着未被利用的资源、闲置的土地和劳动力，因此明特认为剩余出口是发展中国家国际贸易理论基础。

在一国的技术既定且充分就业的情况下，出口生产的增加只能以减少国内生产为代价。而当一国拥有某种剩余生产能力时，贸易的作用就不是重新配置既定的资源，而是为剩余资源的产品提供新的有效需求。由于在没有贸易的情况下，这些资源是闲置的。因此，出口的增加无须减少国内生产。如图2所示，横轴表示初级产品，纵轴表示工业制成品。假设一个封闭的国家因市场需求有限而存在严重的资源利用不足，生产处在生产可能性线 PP' 之内，如 A 点所示，生产的产品组合是 OM_1 工业品和 OX_1 农产

---

① 参见［瑞典］贝蒂尔·俄林《区际贸易与国际贸易》，商务印书馆1986年版，第24页。

品。当该国参与国际贸易时，它就可以为国际市场生产。假定国际市场贸易条件，即农产品对工业品的相对价格为 $\frac{P_x}{P_m}$，即生产可能性边界切线 CB 的斜率（B 为切点）。于是，该国就可以把农业生产从 OX_1 增加到 OX_2，增加的 X_1X_2 (AB) 用于出口，换回 M_1M_2 (AC) 的制成品。结果，通过对外贸易，该国未被利用的劳动或土地找到了出路，在生产上增加了 AB 数量的农产品；在消费上，增加了 AC 数量的工业品，在不减少国内生产和消费的情况下，该国的总福利增加了。

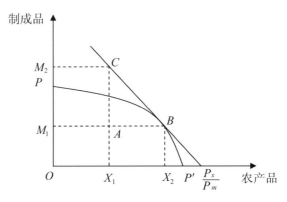

图2　生产可能性曲线与比较优势

从比较优势和要素禀赋理论出发，我国纺织品和服装鞋帽体现了由要素禀赋的原因所引发的比较优势。劳动力的充裕，使劳动力的价格比发达国家，尤其劳动力供给不足的国家要低得多，而且相对于发达国家较低的人均收入，又保证了较低的劳动力的价格能在相当时期内得以维持。劳动力价格低，就意味着商品的成本低；而商品的成本低，就意味着商品的价格低。因此，作为主要生产要素的劳动力价格的低廉，与相关原材料价格低廉相结合，使中国的纺织品和服装鞋帽产品的价格在国际贸易中始终处于相对优势地位。

另外，由于中国存在着大量在较低的工资水平下就能启动的闲置的劳动力，因此加入 WTO 后，随着有关国家对中国纺织品配额限制的取消，该行业产量的扩大既不会减少国内的供给，又不会大幅度提高劳动力的价格，只会使社会的生产更接近体现资源配置与使用效率的生产可能性线，从而创造出更多的就业机会和产值，提高社会总福利水平。

从总体上看，加入 WTO 后，越能充分体现中国要素禀赋的企业，其相对优势在国际贸易中越能显示出来，从而生产和发展的空间也就大。相反，某些高科技含量的现代部门，所受到的冲击或许比传统部门更大，如 IT 业。尽管 IT 业是充分体现经济一体化和知识经济特色的现代产业。但是，一旦开放市场，消费者更愿意使用成熟的，具有较宽覆盖面的网络；更相信实力雄厚、信誉稳定品资深厚的公司。而中国的 IT 业起步较晚，成熟程度与信誉积累都不及国外已具规模的企业，所以，破产的威胁也是存在的。

（三）长期来看，加入 WTO 可以为老百姓、整个国家都带来收益

加入 WTO 后，给老百姓带来的好处是会迅速呈现的，而对整个国家所带来的好处则是要经过一段经济运行机制的调整，以及对国际惯例的适应，方能够逐渐显示出来的。因此，从短期来说，国民个体得到的利益会大于国家；但从长远来看，国家将从真正的开放中收获巨大的利益。国与民同富，从而中国的经济将更加繁荣。

首先，大量物美价廉的外国商品的涌入，会提高原本就在上升的边际进口倾向。进口作为社会总供给因素，代表着一国收入的"漏出"，在边际进口倾向的作用下，这种"漏出"以乘数效应使国民收入成倍的减少。同时，在出口相对不变或下降的情况下，作为社会总需求要素的净出口的减少，会使需求对社会经济的拉动作用，通过外汇结算传导到进口国去。在边际进口倾向的上升和乘数作用变小的共同作用下，国民收入的增长将受到不同程度的制约。

改革开放 20 多年来，中国的个人可支配收入有了较大幅度的提高。根据消费与收入正相关关系，随着收入的增加，人们的消费支出也必然会增加。这种消费支出的增加，表现为边际消费倾向（marginal propensity to consume，MPC）的提高，而边际消费倾向的提高，又会使社会的乘数效应增大，从而带来国民收入倍数的增长。比如，当 $MPC=0.8$ 时，即每增加 1 元钱有 0.8 元用于消费时，乘数 $K = \dfrac{1}{1-MPC} = \dfrac{1}{1-0.8} = 5$。这就意味着每增加 1 元钱的消费支出，会带来国民收入 5 元钱的增长。由于中国社会正处在个人收入迅速增长时期，因此边际消费倾向也相应地比

较高。

不仅消费支出的增长与国民收入是正方向变化的相关，而且进口，或者说消费者对外国商品的购买欲望及购买数量也与个人收入成正比变化。所以当人们收入增加时，边际进口倾向也会提升。

边际进口倾向（$\frac{\Delta M}{\Delta Y}$）是指每增加1元钱收入，有多少钱用于对进口商品的购买。如果边际进口倾向 m = 0.2，它表示收入每增加100元，进口将增加20元。

由于进口是对国外产品的需求，它对本国来说是一种收入的漏出，对进口国来说是一种国民收入的注入，因此它会降低本国的乘数效应，并以出口乘数的方式提高进口国的乘数效应。如上所述，在 MPC = 0.8 的情况下，一国的乘数是5。当存在进口因素时，假定边际进口倾向 m = 0.2，这时的乘数就是 $K = \frac{1}{1 - MPC + m} = \frac{1}{1 - 0.8 + 0.2} = 2.5$，而不是5了。这就是说，投资或者消费支出每增加1元钱，国民收入将增加2.5元，而不是不存在进口情景下的5元。当一个国家处在个人收入迅速增加，边际消费倾向上升时期，如现阶段的中国，上升的边际消费倾向将部分转化为上升的边际进口倾向，所以使消费需求对国民经济的拉动，转变为本国消费需求对他国国民经济的拉动，从理论上使国内总需求减少。总需求绝对量的减少和同时发生的乘数效应的减少，将共同导致国民收入的倍数下降。

尽管出口构成社会总需求中的重要因素，并且出口乘数，即 $\frac{\Delta X}{\Delta Y}$ 同样会以乘数效应使国民收入倍数增加。但是，真正构成总需求因素并拉动社会经济的是净出口，即出口与进口之差。所以，中国加入WTO后，在进口商品价格低廉和边际进口倾向提高的双重作用下，有可能使净出口减少。净出口减少虽然不会改变乘数，但可以减少国民收入。因为净出口对国民收入的贡献可以通过乘数与净出口增量之积表达，即净出口对国民收入的贡献 = 乘数 × 净出口增量。

其次，在WTO相关原则制约下，政府必须取消"出口补贴"。这样，原来受保护的企业有相当一部分很难独立在国际竞争中站住脚，从这个意义上说，出口额的下降也将是必然的趋势。

出口补贴是指一国政府为了保护和支持国内生产者在自由贸易中的生存与发展，在一定时期给予国内生产者以一定补助的做法。出口补贴能使国内生产者在相对有利的条件下，与外国进口商品进行竞争，其作用机制如图3所示。

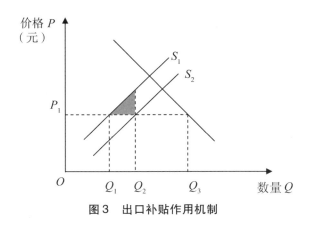

图3　出口补贴作用机制

S_1为原来的供应曲线，S_2则为政府对国内生产者提供补贴后形成的新的供给曲线。因为政府补贴实际上降低了国内企业的生产成本，从而使同时是厂商边际成本曲线的供应曲线向下移动，其移动的幅度为政府对单位商品补贴的数额。这就意味着在原来的价格P_1上，国内生产者提供的商品由原来的OQ_1增加到了OQ_2，净增加了Q_1Q_2的产量；原来求大于供的缺口是由进口Q_1Q_3来填补的，现在则因为国内生产者扩大了产出，使进口量从Q_1Q_3下降到Q_2Q_3，净减少了Q_1Q_2的数量。国家对国内生产者净增产出的补贴金额，就是图中阴影部分的面积。

但是，在WTO机制中，为了保证成员国之间贸易的公平竞争，进口国一经确定进口商品是得到补贴的，并对国内产业造成实质性损害时，是可以动用反补贴税（countervailing duties，CVD）或反补贴措施的。这样，那些过去或多或少通过各种方式和渠道享受政府补贴的企业，就面临着"自己走路"的考验。这不仅对习惯靠政府的中国企业来说意味着观念的转变，而且对充满"父爱情结"的中国政府来说更是观念的转变。

最后，在以往的国际贸易中，为获得市场份额，大多数厂商会不惜以低于成本的价格倾销产品。但是加入WTO后，低于成本价格销售不仅会受到所在国反倾销法制裁，而且也违反WTO协议及有关条款。因此，低成本价销售策略将行不通。

　　加入 WTO 后，中国将随贸易逆差和失业率的上升而承受"痛苦"。但是，"痛苦"时间的长短、"痛苦"程度的深浅，完全取决于中国社会政治经济体制改革的步伐及经济发展的实力。

　　从战略意义和长远观点来看，一切"痛苦"的承受和眼前利益的损失都是为了前进的丧失。正如没有痛苦就不会有生命的诞生一样，没有这痛苦的一步，也就不会有中国成为世界经济大国的机会与可能。

（原载《学习与探索》2002 年第 4 期）

小康社会的制度约束
——兼论制度转型的目标特征

全面建设小康社会对亿万中国人民来说，既是一个宏伟的政治目标，又是深远的经济目标。这一目标的实现不仅深深依赖于经济的整体发展和增长速度的持续提升，而且更加依赖于保障社会正常运作的良好的制度框架的确立和制度的完善。因为对于任何社会而言，制度的稀缺如同其他经济资源的稀缺一样，都将成为社会发展的瓶颈。

一、小康社会的基本特征

党的十六大报告中提出的小康社会，是一个具有阶段性和时代性的政治—经济目标。"小康"一词对中国人来说并不陌生，早在两千多年前，《礼记·礼运》中就记载了先秦儒家的大同和小康思想。但是，党的十六大提出的小康社会与儒家的小康内涵是有区别的。因为，尽管从富裕、衣食无忧这一点上来看两者是一致的，但今天的小康社会绝不是一个小农的概念，而是一个现代化的概念，或者说相对于中国历史上的小康人家，小康社会是一个更加宽广、更加文明、更加殷实、更加开明的理念。我认为，党的十六大提出的小康社会的目标理念，是马克思主义关于社会主义乃至共产主义的思想、理论与中国传统文化表述的理性的结合。它以中国人民能够认同并接受的语言表述，把理想变为正在实现中的现实，把最终目标变为脚踏实地的行动，把境界变为实现境界的过程，把美好变为创造美好的活动。在全面建设小康社会的现实目标下，一切虚无主义和单纯的精神世界的极乐，都将被踏实、务实和回报所替代。

同时，小康社会又是一个极具包容性的概念。它减少了"阶级""主义"的"钢性"，增加了文明、富裕、富强的共性。小康社会作为社会主义制度的伟大胜利（党的十六大报告语），它显然具有"质"的规定性。但小康社会实践的过程又无疑是一个富强、民主、文明的社会建设的过程，然而这一切又是人类文明所共有的。当然，这种共性并不是对小康社会的"质"的规定性的否定，而恰恰是对其"质"的规定性的最好、最恰当、同时也是最具有说明力的诠释。小康社会的理念，反映了我们党的成熟和对马克思主义理论精髓的深刻理解。它表明中国人再不会以目标作为束缚目标实现的手段（如传统体制下，由于错误地将公有和计划经济看作是社会主义独有的，而将私有制和市场看作是资本主义所独有的，从而束缚了实现目标的手段或途径），而是将美好的社会既作为目标又作为实现目标的过程展现给亿万人民。党的十六大确立的全面建设小康社会的目标也意味着，无休止的阶级斗争和"灵魂深处爆发革命"在中国已成为过去，富庶文明社会的实现不是单凭意识形态领域里的革命就能实现的，经济的发展才是理想建筑的基础。这正如"物质力量只能用物质力量来摧毁"。①

小康社会是三个文明的统一，即物质文明、精神文明和政治文明的统一。没有物质文明谈不上小康；只有物质文明不是真正的小康社会；没有政治文明那是封建的小康人家。政治文明以制度文明的方式不仅成为连接物质文明和精神文明的桥梁与纽带，而且更是上述两个文明的保证。

在谈到共产主义理想远景与人的自身解放和自由问题时，恩格斯曾说："人们周围的，至今统治着人们的生活条件，现在受人们的支配和控制，人们第一次成为自然界的自觉的和真正的主人，因为他们已经成为自身的社会结合的主人了。人们自己的社会行动的规律，这些一直作为异己的、支配着人们的自然规律而同人们相对立的规律，那时就将被人们熟练地运用，因而将听从人们的支配。人们自身的社会结合一直是作为自然界和历史强加于他们的东西而同他们相对立的，现在则变成了他们自己的自由行动了。至今一直统治着历史的客观的异己力量，现在处于人们自己的控制之下了。只是从这时起，人们才完全自觉地自己创造自己的历史；只是从这时起，由人们使之起作用的社会原因才大部分并且越来越多地达到他们所预期的结果。这是人类从必然王国进入自由王国的飞跃。"② 马克思、恩格斯告诉我们：共产主义社会是这样的社会，即那时的人由于对自

---

① ［德］马克思：《〈黑格尔法哲学批判〉导言》，见《马克思恩格斯选集》第1卷，人民出版社1972年版，第9页。

② ［德］马克思、［德］恩格斯著，中共中央马克思恩格斯列宁斯大林著作编译局编译：《马克思恩格斯选集》第3卷，人民出版社1995年版，第633－634页。

然力和社会关系的发展规律有了正确的认识，并能支配它们为人类自觉的目的服务，从而人类终于从自然力和社会关系中获得解放和自由，完成向"自由王国"的飞跃。马克思、恩格斯关于自由王国的论述起码包涵了以下三个基本特征。

（1）使人类真正获得自由和解放的王国必然是一个高度物质文明的社会。因为，从根本上说，"物质生活的生产方式制约着整个社会生活、政治生活和精神生活的过程"①。

（2）物质文明不仅是精神文明乃至政治文明的基础，而且它还可以提供物质支撑的方式创造精神文明或者使精神文明的产生成为可能。马克思说过："饥饿总是饥饿，但是用刀叉吃熟肉来解除的饥饿不同于用手、指甲和牙齿啃生肉来解除的饥饿。因此，不仅在消费的对象而且在消费的方式，不仅客体方面，而且主体方面，都是生产所生产的。所以，生产创造消费者。"②

（3）政治文明以及作为政治文明体现的制度文明既是物质文明与精神文明高度发达的结果，又是物质文明与精神文明相统一的中介。恩格斯在评价闵采尔的早期空想社会主义思想时曾指出："他所幻想的社会变革，在当时的物质条件中过于缺乏基础，甚至这些物质条件正在准备着的一种社会制度和他所梦想的社会制度是刚刚相反的。"③

尽管中国人民正在为之奋斗的小康社会并不能完全等同于马克思所憧憬的共产主义社会，但对于一直忠实地探索着实现社会主义道路的中国人来说，今天所提出的"作为社会主义制度伟大胜利"的小康社会的内涵，必然与马克思的论述存有内在的质的联系。

我以为，政治文明是小康社会最根本的特征。尽管没有高度的物质文明就不可能奢谈政治文明，但物质上的富有并不会必然带来人的精神上的自由和解放，如果没有政治文明和与政治文明紧密相关的制度文明的支撑和保障，就不是富庶、民主、文明的现代小康社会，而只能是缺少民主和

---

① ［德］马克思、［德］恩格斯著，中共中央马克思恩格斯列宁斯大林著作编译局编译：《马克思恩格斯选集》第2卷，人民出版社1972年版，第32页。
② ［德］马克思、［德］恩格斯著，中共中央马克思恩格斯列宁斯大林著作编译局编译：《马克思恩格斯选集》第2卷，人民出版社1972年版，第95页。
③ ［德］马克思、［德］恩格斯著，中共中央马克思恩格斯列宁斯大林著作编译局编译：《马克思恩格斯全集》第7卷，人民出版社1972年版，第470页。

人的尊严的封建的小康人家（如中国历史上的"贞观之治"和"文景之治"）；政治文明是文明社会的关键，因为它可以不断地缔造着更高的物质文明和精神文明；政治文明常常以制度的方式营造着民主有序的社会环境，并保障着社会的物质文明的创造（如由计划经济向市场经济的转型），精神文明的实现（如对寻租行为的法律制裁）以及健康的社会风气的形成（如人民代表大会制度）。

二、制度转型的目标特征

由于小康社会是在中国社会制度转型时期（由计划经济向市场经济转型）提出来的一个政治—经济目标，因此，制度转型所具有的目标特征预示着全面建设小康社会所要解决的体制性问题，而转型时期的长短，则决定了全面实现小康的速度。

一般意义而言，制度转型意味着一种国家或政体被转变为另一种国家或政体，同时，这一概念还可以被理解为一种制度变革，即从以生产资源集体所有制和党政机关控制生产资源的运用为主的社会制度框架，转变为以私人所有制以及按个人和私人团体的分散决策运用资源为主的制度框架。

其实，上述对制度转型不同的诠释，实质上涉及对制度变迁的不同理论框架的分析，即马克思的生产力—生产关系框架和制度经济学派的交易费用框架。按着马克思所构建的社会制度框架，遵循历史唯物主义的演进逻辑，任何社会的制度转型即制度的质的变迁，它不仅仅是意味着一种国家或政体被转变为另一种国家或政体，而且还是在生产力与生产关系的相互作用下的、一个阶级推翻另一个阶级的暴力的过程。马克思是这样描述这种制度改变的："人们在自己生活的社会生产中发生一定的、必然的、不以他们的意志为转移的关系，即同他们的物质生产力的一定发展阶段相适合的生产关系。这些生产关系的总和构成社会的经济结构，即有法律的和政治的上层建筑竖立其上并有一定的社会意识形态与之相适应的现实基础。物质生活的生产方式制约着整个社会生活、政治生活和精神生活的过程。不是人们的意识决定人们的存在，相反，是人们的社会存在决定人们的意识。社会的物质生产力发展到一定阶段，便同它们一直在其中运动的现存生产关系或财产关系（这只是生产关系的法律用语）发生矛盾。于是这些关系便由生产力的发展形式变成生产力的桎梏。那时社会革命的时代就到来了。随着经济基础的变更,全部庞大的上层建筑也或慢或快地发生变革。"①

对制度的交易费用框架的分析,通常将制度的转型看作是一种成本—收益比较中的选择,它更适合用以说明今天中国社会的制度转型,因此,本文将主要在这一框架和概念中论证制度转型的目标特征。

现阶段中国社会的制度转型从理论上说,至少有以下四方面的明确的目标特征。

(1) 纠正传统体制下的错误的意识形态,从理论、理念和价值判定标准上重新认识并评价私有、自由和权利等概念。使"个人必须掌握其在民事、经济和政治上的自由权,这包括自由出售自己劳动力和技能的权利、拥有财产的权利、结社的权利、寻找信息的权利、发表言论的权利和迁徙的权利。自由契约和财产所有权的恢复意味着社会也必须使人们对物质和精神福祉的责任私人化"②。然而这一切在计划经济时期的中国几乎是绝对公有的。政府不仅是社会财产的所有者(事实上,全民所有无论如何不可能是国家所有的最高表现形式。因为国家所有是统治者集团所有,而且,并不会因为这个国家代表了全国大多数人民的利益而改变),也是社会公共物品和私人物品的供给者。国家不仅以计划指导着生产资料的生产和分配,而且也同样以计划指导着生活资料的生产与分配。在这一时期人们的福利和福祉的高低以及精神生活的愉快和幸福感都不可能由个人的能力所决定,而是由父母的出身户口所在地、工作单位的所有制性质来决定的。

(2) 彻底改变传统体制下的社会生产组织模式,建设有效率的社会利益权衡机制。在传统体制下,全国的生产组织都不得不服从中央计划机制的指令,现在必须转变为自主的和自负其责的经济实体。所有者和经营者都必须重新学会如何自负盈亏,必须学会在严格预算约束下进行决策。因此,企业必须转变成独立的法人,不仅有缔约的自由,还包括对所签契

---

① [德] 马克思、[德] 恩格斯著,中共中央马克思恩格斯列宁斯大林著作编译局编译:《马克思恩格斯选集》第2卷,人民出版社1972年版,第32—33页。
② [德] 柯武刚、[德] 史漫飞:《制度经济学:社会秩序与公共政策》,韩朝华译,商务印书馆2000年版,第523页。

约充分负责。然而这既要求有公司法和商法的支持，又要求有行政机构、司法机构辅助，同时还必须要培训相对于官僚显得十分稀缺的法官和商业律师。在这一制度转型中，中国不仅要解决众多的国有企业的所有权问题和经营问题，尤其还要解决在原体制中似乎作为福利安排，而现有体制无法接纳的大量的失业问题。同时，那些"职业革命家"也面临着在"生产领域"中失业的问题。因为他们既不可能继续"外行领导内行"，也不可能以专职的革命家来继续"抓革命促生产"。

（3）必须从根本上反思政府的作用。政府存在的根据不是国家的宏伟或假想的"历史铁律"，而是为委托人——公民——服务，在转型时期就要在理论上承认这样的一个理念：政府是受规则约束的、宪政的和有限权力的政府，并在实践中巩固这一观念。同时，也是最重要的是，需要有强有力的制度控制和可稽查性机制来抑制根深蒂固的代理人机会主义。法治必须适用于所有的政府主体，"只要这个社会的意识形态还认为政府机构不必为自己的账单付款，可以并应该凌驾于法治之上，上述对政府的本质要求就会遭到侵犯"①。事实上，政府的公仆性是一种自下而上的需要，而非自上而下的宣传。因此，对政府职能的转变，尤其是对政府职能、地位的认识，在中国的制度转型中是一个关键性的课题。

当然，制度转型对政府的保护性职能要求，绝不可能低于传统体制。比如，较老的社会成员在其工作期间为集体的经济努力做出了巨大的贡献，他们在"优先发展重工业"的战略目标下，不仅剩余劳动被用于扩大再生产，而且必要劳动的一部分也被"征用"于社会扩大再生产。因而现在他们在获得养老支持和其他基本服务上要依靠政府，他们的资历和曾经的付出使他们有权对社会化资本存量提出某些财产要求。因此还必须建立一个最低社会保障体系来确保那一部分人起码的结果平等。这是一种对社会稳定的投资，即使它会与形式公正、自由和激励机制有冲突，也是能够被社会大多数人所接受的。所以，中国的制度转型的社会负担是相当大的。一批在计划体制中曾无私奉献的一代，由于其自然规律已面临人生收入的低谷。而传统体制又曾将他们个人的必要劳动转化为社会发展的积累资金，他们一直在低工资和普遍的、质量较差的社会福利中生活。他们

---

① ［德］柯武刚、［德］史漫飞：《制度经济学：社会秩序与公共政策》，韩朝华译，商务印书馆2000年版，第524页。

对社会的贡献是无法用他们个人在传统体制下所得到的实际收入来衡量的。因此，这批人作为中国社会改革的历史代价，政府必须考虑到他们的生存和福利。另外，那些从传统的计划经济体制下的国有企业中淘汰出来的非自愿失业者，以道德的范畴触动着政府的良心。他们是改革的牺牲品，而有些人却在改革中受惠。他们过去由所有制（公有）带来的优越，却意想不到地成为今天生活的尴尬。他们构成了中国社会制度转型的成本，并且代价高昂。

（4）完成中国共产党由革命的党向执政的党的转变。在中国自上而下的制度转型过程中，首先要学习的就是政府。如果从中国共产党的法定执政党的角度来说，首先要学习的是政党。政府不仅必须学会依法办事，并且还要学会接受监督。因此，在中国社会的制度转型中，政府面临着要改变传统体制中政府的真理形象和天然的权势优越感，改变传统体制下政府不受监督或自我监督的无序和无效状态，使政府本身也会面临被弹劾的可能。另外，原先由政府拥有的企业都必须脱离合为一体的政府部门，能够按严格的预算约束追究责任，即所谓的政企分开。

正如柯武刚和史漫飞教授所说，前共产主义国家的政府领导人在想要实行私有化时会面临一个知识问题：没有人知道政府拥有什么以及这些东西有多少价值。所以，取得商业成功所需的条件在制度转型的国家中是会被逐渐地创造出来的。① 其实，其他共产主义国家制度转型期所面临的问题，中国也存在。上述所谓的私有化过程中的知识问题，也正是中国国有企业改制中的资产流失问题。严重的资产流失，使国家为制度转型支付费用，而有些人或集团则中饱私囊。尽管我们不能说所有的制度安排都是有效的，但所有的制度安排都是要支付成本的，问题只是由谁来支付成本而已。如果支付成本的人不能收益，或者社会支付成本而部分人收益，这种制度安排从理论上讲是不合算的。但是，在国有资产流失问题上，可以凭借制度安排上的相关性和相互制约性来控制资产流失的数量。因为，尽管国企改制过程政府支付是沉重的，但这是整体制度转型不可逾越的一个环节。

应该说，巩固要素市场和产品市场的制度不一定非要通过集体行动才

---

① ［德］柯武刚、［德］史漫飞：《制度经济学：社会秩序与公共政策》，韩朝华译，商务印书馆2000年版，第498–521页。

能建立。因为，研究一般西方政府的实际轨迹，人们会发现支撑市场经济的各项制度大多是长期深化过程的结果，人们可能会对用集体行动建立资本主义提出怀疑。因为它们大多数是个人行为的结果，而非集体行动，如西方发达国家市场经济的形成。但是，对于一个正处于发展之中的市场经济来讲，一个保护性政府可以在培育和支持内在制度上做出巨大贡献。在制度转型过程中高得不成比例的信息成本和交易成本方面，政府能大有作为。因为目标清晰、连贯和有限的集体行动可以提供一些使新规则得以定型的固定基点。在全系统体制转换的极端情况下，尤其如此。当然，集体行动在过去的半个多世纪里，一直是以计划经济为特征的社会主义国家的行动模式。从"三反五反"到"大跃进"；从"大炼钢"到"文化大革命"，几乎所有的社会活动都是集体行动。集体行动的最大好处是节约制度安排的成本，但这并不意味着节约意识形态的成本。在传统体制下，制度安排的成本由意识形态的高度统一、一致而大大减少，然而意识形态的营建和维持成本，一方面却因意识形态与知识教育的结合，而知识教育的公共物品化而提高；另一方面又因意识形态教育和维护队伍的庞大和专业化而增大。

三、小康社会的制度约束

如果说制度转型的目标决定了社会前进的方向，那么制度转型的步伐和速度则决定了中国社会走向全面小康的时间表。因此，一切阻碍制度转型的因素，都构成了实现小康社会的制度约束。

从根本上说，制度转型缓慢既适合传统文化教育下的中国人的行为模式，又是一代又一代地遵循着这一思维模式的中国人的内心写照。在惯性思维方式下，人们对行为的最终的判断标准不是对不对，也不是效率问题，而是与从前的是否一样。"路径依赖"把依赖路径的人牢牢地束缚在旧制度框架中。可以说，制度转型期所面临的困难和阻力，一方面加强了人们"路径依赖"心态，另一方面构成了实现小康社会的制度约束。

首先，制度转型是一个资源重组的过程，同时也是一个权力、利益在不同阶层中重新分配的过程。由于权力能够带来利益，而放弃权力就意味着失去利益，所以既得利益集团的存在成为制度转型的重要障碍。

制度转型的首要任务就是要部分地缩减在传统体制下运用巨大权力的

而不断膨胀的庞大的官僚组织。这不仅可以削减政府加给私有经济的成本，而且可以克服有组织的既得利益集团的抵抗，因为既得利益集团的切身利益就在于使传统体制下那些无所不在的干预能够延续下去，从而能继续在权力与货币的交换中获取好处。然而，制度转型的一个主要目标则是要确定最小政府的各项任务，以及如何实施这些任务。比如，如何设计有效的、基础广泛的税种来为这些任务筹集资金。

事实上，制度转型对习惯于传统体制而显得缺乏经验的行政官员要求极高。制度转型的艰巨性决定了政府必须专注于普遍适用性的基本规则和精兵简政。因为，精简人们所必须从事的协调工作和信息收集活动，是获得成功的基本前提。这一切意味着，政府要放弃具体的干预和再分配政策。只有那样，产权和有效市场才会出现，新秩序才会自发地被越来越多的人所认识。因此，来自既得利益集团的任何阻碍，几乎是所有制度变迁都必须考虑到的成本。正如柯武刚、史漫飞教授所指出的："处于制度转型时期的社会主义国家，在向市场经济迈进时常常伴有前政权下拥有权势的有组织集团的，或既得利益集团的大规模寻租活动，即行贿受贿和腐败行为。在新的、不稳定的民主环境中，一切新制度的实施绝非易事。改革是艰难的，制度的转型也同样是艰难的，有时利益之争会是殊死搏斗，因为政治权力会使一切都变得血淋淋。"①

其次，制度转型难免在预期上造成一种巨大的中断。因为制度转型一方面使那些与市场机制相比无效的然而又是人们所熟悉的调节手段失灵，而另一方面，新制度体系的实施又不可能一蹴而就。可以在这一"巨大的中断"中存活的是有适应能力和自我组织能力的"影子经济"。因此，黑市交易和非正式交易构成了制度转型时期社会经济的一个组成部分。而且，影子经济还展现出某些令人厌恶，有时甚至是罪恶的特征。这一切不仅降低了正在实施的新的制度本身的说服力，而且还多少勾起了人们对旧体制中某些早已习惯并熟悉的做法的深深留恋和对改革的怀疑。只要内在制度软弱无力，法治又无政府的有效支持，影子经济就会存在。但是，既然规则发生了改变且具有不确定性，黑市就很可能变得更具竞争性，并逐渐地变成"白市"。然而，"白市"则是企业家和产权运用的训练基地。

① ［德］柯武刚、［德］史漫飞：《制度经济学：社会秩序与公共政策》，韩朝华译，商务印书馆2000年版，第527－532页。

非法经营者们也有可能会发现"休战"的好处,不再运用非正常手段,开始在交易中执行适当的制度。

再次,制度转型必然要付出实际的代价,产业和就业方面的损失也是不可避免的。然而,代价和损失加重了人们改革的心理负担,有时又使改革措施的实施显得投鼠忌器。

随着市场机制的引入,世界市场价格的采用和消费者偏好的改变,以前在计划经济下形成的许多技能和存量资本的价值会被无情地贬值。实际上,在按世界市场价格来计算投入和产出后人们会发现,生产者以前被迫从事的是价值破坏而不是价值增殖。如在"深挖洞,广积粮"口号下,十亿人挖出来的数不清的战壕和地下防空洞;在农业学大寨"最高指示"引导下的漫山遍野的以损坏树林为代价的梯田;在集体主义精神和共产主义风格感染下的农村的各种无效的沟渠;等等。

另外,在制度转型中,对特权的废除,对计划体制下的低水准的社会公共保障的削减,这一切都会被早已习惯了它的人们所立刻感觉到。然而,要感受到新的制度在这方面的好处却要假以时日。这类好处都分布得既广且散。因此,制度效益的"时滞性"使人们不可能将获益简单而直白地与各项具体改革措施联系起来。这无形中加大了制度转型的代价和损失。长期生活在计划经济体制下的人,不易理解承担风险和自负其责不过是自由的另一个方面,而在这些方面的有形保障是与自由相冲突的。这正如中国人,尤其是中国农民,总企盼一个好官一样,他们没有感到自己做主的自由,而只是感到有人有人替自己做主的幸福与安全感。从这个意义上说,转型问题从根本上来讲都可以被视为一个重大的知识问题。

最后,制度转型难免陷入迷惘。在这种情境中,人们容易忽略这样一个事实:已知安全感的代价是奴役、恐惧、无消费选择的低生活水平以及不断恶化的自然环境,却又无限怀念传统体制下的安稳。当制度无助于人们的感知时,当企业家难以看到通向繁荣的道路时,这种状况又会增加人们的认知负担。如中国社会制度转型中的一系列意识形态的波折,使改革进程中的任何反复都会使人们更加难以认清形成中的秩序。它会因方向不明和经济负担而产生大量的成本。因此,所有转型经济都在不同程度上出现了生活水平下降的记录。政府难免错误地指导经济,或没能为市场制度提供起码的制度支持,从而增加了混乱,如听任通货膨胀失控等。由于价格放开了,个人和潜在的生产者常常弄不清,眼前的价格上涨到底是预示着稀缺性和一次生产机会，还是难以预测的全面通货膨胀的一部分。因此，在转型期的混乱中，有人渴望恢复或怀念熟悉的旧秩序是可以理解的。

由于人们所持有的道德观念的不同，即是商业型的道德观，还是传统的道德观，因此对制度转型的评价也不同。传统体制下中国人所遵循的道德观具有直接的大众号召力。忠诚、服从、共享和权威是这一价值观所推崇的原则。相反，商业世界的品格——不是共享，而是积累、竞争、质疑权威等——只有经过长期而有规律的实践才能逐渐生根。它们包含着难以被清晰表达出来的，要靠实践才能获得的东西。因此毫不奇怪，自由、开放社会的内在制度并不会自然而然地形成，需要时间和不断的实践，才能形成确保市场经济系统有效运行的内在制度和商业伦理。这种内在制度和商业伦理既不是靠否定从前的圣人道德观就能建立的，也不是市场经济一两年内就能培育出来的。

马克思说："一个社会即使探索到了自身运动的自然规律，它还是既不能跳过也不能用法令取消自然的发展阶段。但是它能缩短和减轻分娩的痛苦。"由于制度转型是一个过程，所以小康社会是一个历程。制度转型过程中所面临的障碍和阻力把问题摆到了人们面前，然而，"问题和解决问题的手段同时产生"。

（原载《马克思主义与现实》2003 年第 3 期）

对《孙子兵法》的博弈论分析

《孙子兵法》是一部以战争为研究对象,包括对策智慧、对策原则、对策类型、对策方法在内的系统而完整的对策及策略全书。从战争的特质看,它必定存在着相互对立的两方。而从"对策"的产生和功能看,它是一个单方的战略方针和策略的决定问题,更是作战双方相互制约、相互作用的一种策略选择问题。因此,《孙子兵法》作为一部对策及策略全书,不仅具有"博弈"的某些基本特征,还构成了单方完全信息下的零和动态博弈模型。

如果从博弈的思维方式出发,《孙子兵法》是以"智"为基础,以"计"为核心,以"谋"为最高境界(最优化),在"计"与"谋"的应用中来完成单人博弈的最优化过程。所谓"计"可以理解为"对策",它包括了各种不同环境和条件下的"对策"选择。所谓"谋"可以理解为一种最优化的境界或状态,它既是"计"的结果,又是高于"计"的选择,是最高的,也是最完美的战略目标和战争境界。作为"对策"的"计",不仅是客观条件与环境的产物,还蕴涵着《孙子兵法》中"变"与"奇"的全部真谛。

一、"智"与信息不对称

博弈是指一些个人、队组或其他组织,面对一定的环境条件,在一定的规则下,同时或先后,一次或多次,从各自允许选择的行为或策略中进行选择并加以实施,从中各自取得相应结果的过程。[①]

所谓单人博弈,是指只有一个博弈方的博弈。由于在只有一个博弈方的单人博弈中,不存在其他博弈方对博弈中的唯一的博弈方的决策和行为的反应和反作用,因此,相对于人数较多的博弈而言,单人博弈要简单得多。严格地讲,单人博弈已经退化为一般的最优化问题了,即个体最优化

---

① 谢识予:《经济博弈论》,复旦大学出版社1997年版。

的问题。对于这类博弈，博弈方拥有的信息越多，即对决策的环境条件了解得越多，决策的正确性就越高，得益自然也就越好。这是单人博弈区别于两人或多人博弈的根本特性之一。

在博弈中，关于各博弈方环境、条件的信息不仅是决策的依据，还影响着博弈的结果。尽管我们并不能武断地说缺乏信息就不能决策，甚至也不能绝对地说，拥有较多的信息就必定会得到较多的利益，但至少信息方面的差异，必然会造成决策行为的差异和博弈结果的不同。

博弈中，最重要的信息之一就是关于得益的信息。在许多博弈中，每个博弈方除了对自己的得益情况完全清楚，对其他博弈方在各种结果下的相应得益也都完全清楚，如"囚犯的两难"中的甲、乙双方。但是，并不是所有博弈中的各博弈方都如"囚犯两难"博弈那样，都拥有关于得益，或了解得益所需要的全部信息，最典型的例子就是投标、拍卖活动中所构成的博弈。因此，在博弈论中，通常把各博弈方都完全了解所有博弈方各种情况下得益的博弈，称为"具有完全信息的博弈"，而将在博弈中至少存在部分博弈方不完全了解其他博弈方得益情况的博弈，则被称为"具有不完全信息的博弈"。①

之所以将《孙子兵法》定义为完全信息的博弈模型，是因为在《孙子兵法》中，依据战争的规律，凭借对战争的经验和准确的判断力，已清楚地说明了各种对策下的敌我双方，或者说各博弈方的得益情况。换句话说，《孙子兵法》告诉我们的是不同得益对策的掌握与使用，而非在博弈中去寻找得益对策出现的机会和可能。

信息是决策的前提，不仅不同的信息及不同的信息拥有量影响决策的结果，而且信息完全与否及完美与否也影响决策的选择。尤其在单人博弈的模型中，信息就是决策。因为在一个单人博弈的框架中，信息越多，即对决策的环境了解越多越充分，决策的正确性就越高（"计"的针对性就越强），得益也就越好（"计"的效果就越好）。因此，信息的数量和准确性，就成了"决策"（"计"）的关键。尽管《孙子兵法》中并没有信息的字样，但是信息对称是"知己知彼"的重要内涵。"知己知彼，百战不殆"的含义就是：对自己和他方的信息掌握，是取得战争胜利的保障。尽管"知己知彼"并不必然带来"百战不殆"的结果，但是不"知己知

---

① 王则柯：《博弈论平话》，中国经济出版社1998年版。

彼"却必败无疑。因此，在任何情况下，信息和对信息的把握是取得战争胜利的前提和保障。

然而，获取信息是需要支付成本的，在经济学中，人们把这种成本的支付称为交易费用，它通常是以价值的形态表现出来的。但在《孙子兵法》中，包含准确判断力和丰富经验的"智"，就成为获得信息，从而克服信息不对称，甚至制造信息不对称的无形成本。因此，我们不妨把兵法中的"多算胜，少算不胜"中的"算"理解为"智"或"智慧判断"。即多动用智慧以获取更多的信息，是取得战争胜利的保障（"多算胜"）。而信息缺乏或不对称，从而无法正确地制定、选择对策，则是战争失败的根本原因（"少算不胜"）。

（一）宏观信息获得与"开战"决策

战争既是国与国之间的军事实力的较量，也是国与国之间的经济实力的较量，所以开战前就要先了解一国的政治、经济和社会等信息，并据这些信息来分析、判断取得战争胜利的可能性，从而决策战还是不战。如《计》篇所云："故经之以五事，校之以计而索其情：一曰道，二曰天，三曰地，四曰将，五曰法。"在充分掌握了上述五方面的信息之后，再比较"主孰有道？将孰有能？天地孰得？法令孰行？兵众孰强？士卒孰强？赏罚孰明？"。如果没有对"道""天""地""将""法"的信息把握，就不可能有关于"孰有道""孰有能""孰行""孰强""孰明"的正确的比较判断。因此孙子说："凡此五者，将莫不闻。知之者胜，不知者不胜。"（《孙子兵法·始计》）

同时，要想做到"先不可胜，以待敌之可胜"，"自保而全胜"，还要掌握敌我双方的有关"度""量""数""称""胜"等方面的信息。因为"地生度，度生量，量省数，数生称，称生胜"，所以开战之前要首先把握敌我双方的"度"（地域幅员）、"量"（由物质资源的丰瘠不同而不同的产量）、"称"（由经济实力决定的军事实力）等信息，并在此基础上确定作战及用兵的基本原则，然后才能取得战争的胜利。如孙子所说：善于打仗的人打了胜仗，既不显露出智慧的名声，也不表现为勇武的战功。他们取得胜利，是不会有差错的。其所以不会有差错，是由于他们的作战措施建立在必胜的基础上，能战胜那些已经处于失败地位的敌人。善于打仗的人，总是确保自己立于不败之地，同时不放过任何击败敌人的机会。所以，胜利的军队总是先创造获胜的条件，而后才寻求同敌作战；而失败的军队，却总是先同敌人交战，而后企求侥幸取胜。其中，所谓必胜的基础和使自己立于不败之地的一个重要的原因，就是对信息的准确把握和使用。

（二）对敌方信息的把握与作战对策的选择

在战争中对敌情的判断，更离不开各种相关信息的把握。孙子认为刚与敌军接触时，主要通过表面的观察来获取信息。这就是"敌近而静者，恃其险也；远而挑战者，欲人之进也；其所居易者，利也"。同时，还可以通过自然现象来获取信息："众树动者，来也；众草多障者，疑也；鸟起者，伏也；兽骇者，覆也。"另外，敌军的言论和行为，也是获取敌军调动情况的重要的信息来源。如"尘高而锐者，车来也；卑而广者，徒来也；散而条达者，樵采也；少而往来这，营军也。辞卑而益备者，进也；辞强而进驱者，退也；轻车先出居其侧者，陈也；无约而请和者，谋也；奔走而陈兵车者，期也；半进而半退着者，诱也。杖而立者，饥也；汲而先饮者，渴也；见利而不进者，劳也。鸟集者，虚也；夜呼者，恐也；军扰者，将不重也；旌旗动者，乱也；吏怒者，倦也；粟马肉食，军无悬甀，不返其舍者，穷寇也。谆谆翕翕，徐与人言者，失众业；数赏者，窘也；数罚者，困也；先暴而后畏其众者，不精之至也；来委谢者，欲休息也。兵怒而相迎，久而不合，又不相去，必谨察之"（《孙子兵法·行军》）。这种从敌军的行为和行为方式的信息判断来确定我方的对策的思想，很类似战争心理学的分析。

（三）军事地理信息的对称与作战方案的制定

实施具体的作战方案，也同样离不开信息的收集和判断。因为不同的信息产生不同的对策（作战方案），而不同的对策（作战方案）只有在与之相适应的，特定的条件和环境下才可以说是最佳的对策。

在谈到地形与作战对策之间的关系时，孙子认为，地形是用兵打仗的辅助条件，正确判断敌情，积极掌握主动，考察地形险恶，计算道路远近，这些都是贤能的将领必须掌握的方法。即"夫地形者，兵之助也。料敌制胜，计险恶远近，上将之道也"。孙子把地形规为六类："通""挂""支""隘""险""远"。他们与作战的关系是："我可以往，彼可以来，曰通；通形者，先居高阳、利粮道，以战则利。可以往，又可以返，曰挂；挂形者，敌无备，出而胜之；敌若有备，出而不胜，难以返，不利。我出而不利，彼出而不利，曰支；支形者，敌虽利我，我无出也；引而去之，令敌军出而击之，利。隘形者，我先居之，必要之以待敌；若敌先居之，盈而勿从，不盈而从之。险形者，我先居之，必居高阳以待敌；若敌先居之，引而去之，勿从也。远形者，势均，难以挑战，战而不利。"(《孙子兵法·地形》）因此，要选择正确的作战方案（对策），就必须先获取关于地形的准确信息，而且不仅要掌握自己所面临的地形状况的信息，还要清楚地了解敌军有可能所处的地形的信息。因为，"知吾卒之可以击，而不知敌之不可以击，而不知敌之不可以击，胜之半也；知敌之可击，而不知吾卒不可以击，胜之半也；知敌之可以击，知吾卒之可以击，而不知地形之不可以战，胜之半也。故知兵者，动而不迷，举而不穷。故曰：知己知彼，胜乃不殆；知天知地，胜乃不穷"。可见，克服信息不对称，是取得战争胜利的保障。

同时，不仅地形不同作战的方案（对策）不同，而且不同的作战地区（军事地理位置）也有不同的作战原则，于是，对有关作战地区的信息的获取，也就成为正确使用作战原则的前提。即"散地则无战，轻地而无止，争地则无攻，交地则无绝，衢地而合交，重地则掠，圮地则行，围地则谋，死地则战"。(《孙子兵法·九地》）

在讲述"火攻"作战方法的使用时，孙子提出"发火有时""起火有日""非危不战"的原则。所谓的"有时""有日"都是指信息对称下的，或者说完美信息下的实施火攻的客观条件。实施火攻时首先要获取准确的天气和天文信息。气候干燥适宜火攻，月亮行经"箕""壁""翼""轸"四星宿时，适宜火攻。因为大凡月亮经过上述四星宿时，就是起风的日子。把握"天时"，利用"地利"，掌握"人和"都离不开对相关信息的了解与获得。

（四）"智"与信息不对称

《孙子兵法》不仅用大量的文字谈到智慧与信息的获得、把握及对策的选择之间的关系，而且同样以相当的文字阐述了智慧在制造信息不对称及影响敌人对策选择中的神奇作用。以"智"来制造信息不对称，可谓"兵者，诡道也"体现，可谓"兵不厌诈"之"诈"的几乎全部内涵。

甚至可以说，制造虚的信息就是"诡道"，而虚假的信息本身，即是"诈"的重要内容。

孙子云："兵者，诡道也。故能而示之不能，用而示之不用，近而示之远，远而示之近。"即用兵是一种诡诈之术，能打，却装作不能打；要打，却装作不想打；明明要向近处进攻，却装作要打远处；即将进攻远处，却装作要攻近处。可见，以"智"制造信息错觉，就是"诡道"。

《孙子兵法》的《兵势》篇还从反证的角度论证了"诡道"之妙："乱生于治，怯生于勇，弱生于强，治乱，数也；勇怯，势也；强弱，形也。故善动敌者，形之，敌必从之。"这段话是说，向敌人诈示混乱，是由于己方组织编制的严整，向敌诈示怯懦，是由于己方具备了勇敢的素质；向敌方诈示弱小，是由于己方已拥有强大兵力。严整或者混乱，是由组织编制的好坏所决定的。勇敢或怯懦，是由作战的态势的优劣所决定的。强大或弱小是由双方实力大小的对比所显现的。所以善于调动敌人，伪装假象迷惑敌人，敌人便会听从调动。这里的所谓的"敌必从之"，就是使敌人在信息不对称的情形下，按照我方提供的虚假的或错误的信息来决策。

孙子以"智"为基础，以信息不对称为"诡道"，以扰乱敌方战略决策为目的的战略思想，在《孙子兵法》第十三篇《用间》中，得到了最完美的展现，达到了出神入化的境地。间谍的一个很重要的功能就是刺探信息和散布信息。刺探信息是想获取有助于我方决策的准确信息，完成这一任务的就是《间谍》篇中所说的"因间""内间""反间""生间"；而散布信息就要想迷惑敌方，使敌方无法做出正确的对策选择，完成这一任务的就是《间谍》篇中的"死间"。"死间"的职责就是故意制造散布假情报（信息），通过我方间谍将虚假情报传给敌间，诱敌上当受骗，一旦情报败露，我间则难免一死。

在谈到间谍的意义时，孙子说："明君贤将，所以动而胜人，成功出于众者，先知也。先知者不可取于鬼神，不可象于事，不可验与度，必取于人。知敌之情者也。"就是说，英明的君主和贤良的将师，他们之所以一出兵就能战胜敌人，其功业超越普通人，就在于他们能够预先掌握敌情（获取信息）。要事先了解敌情（获得敌方的信息），不可用求神问鬼的方式来获取；更不可以拿相似的事情作类比推测来得到；不可用日月星辰运行的位置去作验证。一定要取之于人（用间），从那些熟悉敌情的人口中去获取情报信息。在谈到间谍的作用时,孙武是这样描述的:"故用间有五:有因间、有内奸、有反奸、有死间、有生间。五间俱起,莫知其道,是谓神纪,人君之宝也。"即,如果五种间谍同时使用起来,将会使敌人无从捉摸我用间的规律,这正是使用间谍的神秘莫测的方法,也是国君克敌制胜的法宝。孙子还强调没有智慧就做不了间谍,也无法把握和判断信息,这正如"谣言始于智者,谣言止于智者"。制造信息不对称和判断信息的准确性同样需要智慧。即"非微妙不能得间之实"。以智慧和智慧判断来获取信息,既是获取信息的最朴素的方法,同时又是最高深莫测的方法。然而孙子之"妙"还远非如此,更在于对信息的认识,和信息与战争取得胜利之间的因果联系的分析。

可以说,兵法中以"智"制造信息不对称的思想,不仅具有一种哲学的思辨之美感,而且与道家的"大成若缺,大盈若冲,大直若屈,大巧若拙,大辩若讷""曲则全,枉则直,洼则盈,敝则新,少则得,多则惑"等思想有着神似之奇妙。所以,《孙子兵法》虽不像《论语》那样,在两千多年的历史进程中成为中国传统文化乃至意识形态的"蓝本",但蕴含"儒"(家)、"道"(家),张扬"名"(家)、"法"(家),既闪耀着哲学思辨的火花,渗透着老庄智慧的美感,又展示了兵家机敏从容的境界和中华民族人文睿智的无限感染力。

二、"计"与动态博弈中的"策略"和"行为"

"计"是智慧的精髓,力量的源泉,也是《孙子兵法》的核心。如果在完全信息的零和博弈的框架中研究《孙子兵法》中的"计","计"也就无疑具有了"对策"的含义。完全信息假设意味着孙子在其关于战争的分析中,完全了解敌我双方(各博弈方)在不同条件和情况下的胜与败(各种情况下的得益)的对策选择,因此,如何"得益",即如何取得战争的胜利,就是对策("计")选择的目标。

在博弈论中,把所有博弈方同时或可看作同时选择策略的博弈,称为"静态博弈"。而将各博弈方依次或先后进行对策选择的情形,称为"动态博弈"。《孙子兵法》只是在理论分析上构成了动态博弈,而非现实生活中的动态博弈。之所以这样说是因为《孙子兵法》是一个典型的单人博弈模型,不存在另一博弈方,因而也就不存在博弈中的次序问题,即不存在同时决策或是先后决策的问题,从而也就无所谓"动态"之说了。然而在《孙子兵法》的对策选择中又的确有一个敌方(博弈方)的对策选择,而且我方(博弈方)的对策,又往往表现为对方决策后的结果。因此在理论分析上,《孙子兵法》的确构成了动态博弈模式。

动态博弈中的"策略"的意义与静态博弈中存在着差别。在静态博弈中,因为每个博弈方都只有一次选择、行为的机会,因此,策略就是这个唯一的选择或行为,策略与选择、行为都是等价的。但是在动态博弈中,由于博弈方可能有多次选择、行为,且后选择、行为的博弈方在轮到选择、行为时会面临不同的情况,因此博弈方的决策内容就不是一个简单的单一选择,而应该是在每次轮到选择、行为时,面临各种情况如何选择、行为的"完整的计划",因而动态博弈中各博弈方的"策略"就是指这种计划,策略与选择、行为之间不能简单地等同。①

通常在动态博弈中,一个博弈方的一次行为称为一个"阶段"。由于每个博弈方在动态博弈中可能不止一次行动,因此每个博弈方在一个动态博弈中就可能有数个甚至许多个博弈阶段,这正如一场战争要有许多场战役一样。由于人们所关心的博弈结果并不是取决于博弈方某一个阶段的行为,而是取决于整个博弈过程中的行为,因此对动态博弈分析有意义的是,各博弈方在这些动态博弈中决策的全部内容,即各博弈方在每次轮到行为时,针对每种可能的情况如何选择的完整的行动计划,这种行动计划,就是博弈的"策略"。在静态博弈中,"策略"和"行为"之间是没有区别的,因为一个"策略"就是一种"行为"。而在动态博弈中,一般"策略"与"行动"之间不再等价或相等了。如《三国演义》中,诸葛亮给刘备的三个锦囊,甚至还要加上让刘备过江招亲等全部之和,才能构成诸葛孔明与周瑜"博弈"采用的策略。从上述分析中,我们似乎可以得出这样的结论:"计"总是具体的,通常会是一事一计,这种对"计"的解释,也正是在单人博弈中"计"作为"对策"的含义。但是,在动态博弈中,作为"对策"的"计"则表现为博弈全过程中的每一阶段中的具体行动。如果说"对策"是具体的,那么"策略"则可以是原则的,在动态博弈中它既包括了许多具体的对策和行动,即是一个完整的计划体

---

① 参见[美]罗杰·B. 迈尔森《博弈论——矛盾冲突分析》,于寅、费剑平译,中国经济出版社2001年版。

系，同时又通过这些对策和行动来实现自己。因此，本文中所谈的"计"，既代表单人博弈中的"对策"，又代表动态博弈中的"策略"。作为"策略"的"计"它是"母计"，而作为"对策"的"计"它是"子计"，一个"母计"下会有许多"子计"，"子计"不仅表现为实现"母计"的每一次行动，而且反映并实现着"母计"的目标。即"母权子"。

《孙子兵法》十三篇作为一部军事百科，蕴含着许多战争策略思想。如"上兵伐谋""兵贵胜，而不贵久""择人而任势""避实而击虚""以迂为直"等。这些战争策略都从不同的侧面体现着"速""奇""神"的战术原则。如果说"速""奇""神"是贯穿始终的战术原则，那么作为"母计"的"上兵伐谋""兵贵胜，而不贵久""择人而任势""避实而击虚""以迂为直"则是从不同侧面体现战术原则的策略，而为完成策略，实现策略目标的一切具体行动就是"子计"。

（一）"择人而任势"

"择人而任势"的战争策略告诉人们，大凡取得战争的胜利，就要把握"势"。"势"是事物发展的趋势，也是事物发展的内在动力。把握这种"势"，将有利于推动事物的发展，这就是"任势"。"势"也是可以创造出来的。只有先造成一种猛不可挡、压倒敌人的有力态势，士兵才会勇猛无比，军队的战斗力才可以得到最充分的发挥。要想正确地运用"势"，最主要的是"择人"，即选用能够造势的人。所以孙子说："故善战者，求之于势，不责于人，故能择人而任势。任势者，其战人也，如转木石。木石之性，安则静，危则栋，方则止，圆则行。故善战人之势，如转圆石于千仞之山者，势也。"（《孙子兵法·兵势》）当战争策略（"母计"）确定之后，如何实施策略目标，在气势上压倒敌人，从而不战而先胜，就是具体的"对策"（"子计"）的事。孙子认为，为达到"任势"的目的就要"示形""动敌"，就要发挥"奇正"的作用。毕竟"战势不过奇正""凡战者，以正合，以奇胜"。在这里的"示形""动敌"和"奇正"既是实现"择人任势"的"子计"，又表现为过程中的"行动"。

所谓的"示形"就是在战争前和战争的过程中要始终在队形队列方面给敌军造成一种势不可挡的态势。这种态势要如激流冲石，鸷鸟捕雀，张满的弓弩一般。

所谓的"动敌"，就是能够调动敌人而不被敌军所左右，从而创造我方在战争中的主动的态势。具体说就是：以伪装假象迷惑敌人，敌人便会听从调动；用好处引诱敌人，敌人便会前来争夺。总之，要用利益引诱敌人上当，在预备重兵伺机打击他。

所谓"奇正"，是指事物发展过程中矛盾着的两个方面的相互转化。即"奇正之变，不可胜穷也。"以"奇正"来"任势"就是要创造出变幻莫测的态势，把敌人把捏于掌中，从而达到"动敌"（牵着敌人的鼻子走）、"示形"（在气势上压倒敌人）的目的。孙子认为，"凡战者，以正合，以奇胜。故善出奇者，无穷如天地，不竭如江河。"（《孙子兵法·兵势》）

（二）"避实而就虚"

"避实就虚"是一种典型的博弈思维对阵。凡事物总存在强弱两方面，同时弱者有强的一面，强者有弱的一方面，如果以弱对强，弱者必败，如果以弱者之强对强者之弱，情况就会大为改观（田忌赛马博弈）。"避实击虚"，就是要学会把握事物强弱之辩证关系，以己之强（实）击敌之弱（虚）。因此，"避实击虚"的关键是"因敌而制胜"。因为"兵形象水，水之形，避高而趋下；兵之形，避实而击虚。水因地而制流，兵因敌而制胜。故兵无常势，水无常形；能因敌变化而取胜者，谓之神。故时无常位，日有长短，月有死生。"（《孙子兵法·虚实》）要做到"避实击虚"，还要有以下的具体对策（子计）的选择。

第一，要学会制造敌方的"虚"，只有敌方有"虚"，我方才有可击之处，"避实击虚"的策略目标才能成为现实，此乃"兵不厌诈"的体现。具体做法是：敌人休整好，就要设法使他疲劳（"敌佚能劳之"）；敌人粮食充足，就设法使他饥饿（"饱能饥之"）；敌人驻扎实稳，就设法使他移动（"安能动之"）。

第二，充分了解敌方虚弱之处，从而"因敌而制胜"。具体地说就是：要出击敌人无法自救的地方，要奔袭敌人未曾预料之处。行军于敌人不设防的地区，进攻敌人不曾防御的地点，把握敌人无法攻取的地方。于是，是进入了"兵无常势，水无常形"的境界。

第三，要注意信息的收集和制造信息的不对称，从而制造出敌"虚"我"实"的态势。要做到这一点，首先就要做到"故形人而我无形，则我专而敌分；我专为一，敌为分十，是以十攻其一也，则我众而敌寡；能以众击寡者，则吾之所与战者约矣。吾所与战之地不可知，不可知，则敌所备者多；敌所备者多，则吾所与战者寡矣。……寡者，备人者也；众者，使人备己者也。"（《孙子兵法·虚实》）。信息不仅可以使战争的胜负变得可以预测（"胜可为也"），而且还能够使敌人无从与我方较量（"敌虽众，可使无斗"）。

（三）"以迂为直"

"以迂为直"作为战争"策略"，它的目的是要"趋利避害""避其锐气，击其惰归"。敌我双方交战，首先要争夺或创造制胜的条件。而要获取制胜的条件，就要善于把迂回的弯路变为直路（以迂为直），把不利转化为有利（以患为利）。同时，还要使敌人的近直之利，变为迂远之患，并用小利引诱敌人。这样就能做到比敌人后出动，而又先抵达必争的战略要地了。孙子说，掌握了这些，也就掌握了以迂为直的方法了。即"知此迂直之计也"。

第一，"以迂为直"就是要人们学会"趋利避害"。因此，要以是否对自己有利的原则来决定是否开战，要先权衡利害后而相机行动。这就是《军争》篇中所说的：不了解诸侯列国战略意图，不能与其结交；不熟悉山村、险阻、沼泽的地形，不能行军；不利用向导，便不能得到地利。所以用兵打仗必须依靠诡诈多变来取得成功，依据是否有利来决定自己的行动，按照分散或集中兵力的方式来变换战术。一切都要先权衡利害关系，然后相机行动（"悬权而动"）。

第二，"以迂为直"必须要"避其锐气"而"击其惰归"。《孙子兵法》中所说的"避其锐气"带有制造态势，从而削弱敌军锐气的含义。孙子说：对于敌人的军队，可以使其士气低落；对于敌军的将帅，可以使其决心动摇。善于用兵的人，总是先避开敌人初来时的锐气，进而等到敌人士气懈怠衰竭时再去打击它，这是掌握、运用军队士气的对策；用自己的严整有序来对付敌人的混乱，用自己的镇静来对付敌人的轻躁，这是掌握将帅心理的对策；用自己部队的安逸来对付疲于奔命的敌人，用自己部队的粮饷充足来对付饥饿不堪的敌人，这是把握战斗力的秘诀。不要去袭击旗帜整齐的敌人，不要去进攻陈容雄壮的敌人，这是掌握灵活机变的原则。

第三，要达到"以迂为直"的境界，还要学会以"迂"当"直"的用兵之法，即不同情形下的用兵对策：敌人占领山地，就不要其抑攻（"高陵勿向"）；敌人背靠高地，就不要正面迎击（"背上勿逆"）；敌人假装撤退，就不要跟踪追击（"佯北勿从"）；敌人的精锐不要去攻击（"锐卒勿攻"）；敌人的诱兵不要加以理睬（"饵兵勿食"）；对退回本国途中的敌军不要正面遭遇（"归师勿遏"）；包围敌人是要留出口（"围师必阙"）；对陷入绝境的敌人不要过分逼迫（"穷寇勿迫"）。事实上，当掌握了以退为进、以守为攻、以逸待劳的方法时，也就自然进入了"以迂为直"的境界了。

综观《孙子兵法》十三篇，是一个策略（"母计"）与对策（"子计"）的统一体。策略（"母计"）置于对策（"子计"）之上，对策（"子计"）寓于策略（"母计"）之中，以策略（"母计"）决定对策（"子计"），以对策（"子计"）实现策略（"母计"），从而以行动（构成具体行动的"子计"）来完成战争策略（"母计"）的目标。

三、"谋"与单人博弈中的最优化的实现

如果从战争必须要有敌我双方的角度看，把《孙子兵法》看作单人博弈似乎有点不合逻辑。但是，《孙子兵法》它是一部舍事而言理、论战而非实际作战的教科书。因此，《孙子兵法》说到底是孙子本人作为一个战略家、军事家和谋略家，凭借自身深厚的人文睿智、在军事方面的天分、丰富的战争经验和敏锐的观察力与判断力，告诉人们如何在那些已知的和可以预见到的环境与条件下用兵用计，从而达到在"慎战"中"全胜"的最佳的战争境界。所以，在《孙子兵法》十三篇中，单人博弈的最优化问题，表现为围绕打胜仗的一系列最佳政策、策略、战术、途径、作战方式和方法的选择。

同时，本文又是在零和博弈的框架中研究《孙子兵法》。将《孙子兵法》看作零和博弈的理由，是基于对战争的一般的价值判断。零和博弈的定义，是从各博弈方策略选择的结果出发而厘定的。当一方的收益必定是另一方的损失时，各博弈方无论如何决策，最终的社会总得益，即各博弈方得益结果之和为零时，博弈就进入了零和博弈的状态。而战争的结果，尤其是传统的古老的战争形式，正是具备了零和博弈的这种特征。尽管人类在进入文明的漫长历程中不断经历战争，尽管战争本身有胜利方和

战败方之分，但从人类文明的视角看，战争毕竟是对人类文明和生命的践踏，也是社会资源的损失与浪费。因此，战败的不仅仅是战败方，还是人类自己。从社会效用和福利的角度来讲，战争是没有赢家的，哪怕是正义的战争，因为战争本身的正义性，并不代表社会财富和福利的正相关性增长。可以说，《孙子兵法》中的"慎战"思想和"不战而屈人之兵"的境界正是企图改变或避免零和博弈的一种智慧的策略选择。

"上兵伐谋"是《孙子兵法》中所描述的最佳的战争状态，也是一系列战争对策选择中的最好的策略选择。因此，它具有选择中的最优化的含义。"上兵伐谋"与其说是一种战争策略，不如说是一种战争境界，它源于孙子对战争的认识和正确的战争观，也是孙子"知武而非好"的军事文化智慧的体现。

（一）"慎战"——避免零和博弈的战争观

相对于战争，和平是最佳的选择；相对于好战，"慎战"是最佳的选择；相对于旷日持久之战，速战是最佳的选择。因此，孙子关于"慎战""速战"的战争观，是在一定条件下（战争是无法避免的）的最佳的战争观，它是"上兵伐谋"的思想背景。孙子清楚地知道，尽管战争是不可避免的，但是战争会消耗社会资源，所以要"慎战"，而一旦不得不开战，也要"速战"。因此，《孙子兵法》开宗明义："兵者，国之大事，死生之地，存亡之道，不可不察也。"同时，孙子也看到战争对人力、物力、财力的依赖："凡用兵之法，驰车千驷，革车千乘，带甲十万，千里馈粮，则内外之费，宾客之用，胶漆之材，车甲之奉，日费千金，然后十万之师举矣。"（《孙子兵法·作战》）要在如此大量动用、消耗社会资源的战争中取胜，就要速胜。因为旷日持久的战争，会使军队疲惫，锐气受挫，"屈力殚殆"，而"速战"则可以一方面减少因战争多带来的巨大耗费，又可以解决补给困难的问题。所以不完全了解用兵的弊端，就无法真正理解用兵的益处。为了保证战争的胜利，还要具有"因粮于敌"和"胜敌而益强"的智慧。孙子认为，明智的将军总是务求在敌国解决粮草的供给问题，这既可以解决我方的给养，又可造成敌方的穷尽，还在一定程度上加速了战争的进程。优待俘虏兵保障其供给，混合编入自己的战车行列，就可以愈是战胜敌人，自己也就愈强大。

（二）"不战而屈人之兵"——"上兵伐谋"的具体体现

从用兵的策略来讲，"上兵伐谋"可谓上策中的上策，即最佳的策略选择；从战争的一般原则来说，"不战而屈人之兵"可谓高明中的高明，即最佳结果；同时，作为最佳选择之最佳结果——"不战而屈人之兵"又充分彰显了孙子"慎战"的境界。

通常通往"最佳"的选择原则是："两害相权取其轻，两利相权取其重。"然而战争的"利""害"选择既不是简单的多寡问题，也不是单纯的数量问题，而是战争观和战争理念的问题。因此在前面的论述中我曾说，"慎战"和"速战"是"上兵伐谋"的思想背景。这个思想背景就是战争观和战争的理念。

孙子说，一般的战争指导法则是，使敌人举国降服为上策，而击破敌国就略逊一筹；使敌人全军完整地降服为上策，而击溃敌人的军队就略逊一筹；使敌人全旅完整地降服为上策；而打垮敌人的旅就略逊一筹；使敌人全卒完整地降服是上策，而用武力打垮它就次一等；使敌人全伍降服是上策，用武力击溃它就次一等。因此，百战百胜，并不是高明中高明的；不经交战而能使敌人屈服，这才是最高明的。可以说，在上述"次优"和"最优"的选择中，"不战而屈人之兵"是用兵的最佳选择和最优状态。同时，孙子把用兵的策略分为四个等级，即最优（上策）、次优（其次）、再次优（再次）和最差（下策）。并指出："上兵伐谋，其次伐交，其次伐兵，其下攻城。""故善用兵者，屈人之兵而非战也，拔人之城而非攻也，毁人之国而非久也，必以全争于天下，故兵不顿而利可全，此谋攻之法也。"

如果说"上兵伐谋"是孙子"慎战"思想的体现，那么全胜则是"上兵伐谋"的结果。当然，正如"慎战"并非不战一样，"上兵伐谋"也非不战，而是讲究如何去战，即如何以最小的社会资源消耗，去获取战争的胜利。当智慧和由智慧而生的智谋统领、驾驭战争的全过程时，当战争过程中的对策选择总是沿着最优的路线进行时，也就进入了"上兵伐谋"的境界。只有"伐谋"，即用智慧、头脑而非单纯用肉身去打伐的兵，才是"上兵"，即最优秀、最有战斗力的军队。因此，"上兵伐谋"具有以最佳的方式达到最佳的结果的，古典经济学中的理性的"经济人"的最优化行为的特质。

(三)"知胜有五"——实现最优化的条件

尽管从理论上说无论次优、再次优、甚至下策都是一种选择,但相对于最优而言,毕竟是次优的。当然,选择是要受当时的条件、环境制约的,当条件、环境发生变化时,选择也会发生变化,同时次优的选择在特定的情况下,可能成为最优的选择。换句话说,在选择的全过程中,选择链条中的最优,在条件发生变化后,未必依然是最优;而选择链条中的次优,在条件发生变化后,可能成为最优。既然条件和环境影响人们的选择行为和对策的相对最优化,那么创造有利于最有选择的条件和环境(这很类似孙子所说的"势"),把握最佳决策的机会("任势"),就成为决策最优化的保证。所以,孙子提出了能把握胜利的五种情况和国君危害元帅军事行动的三种情形。

所谓把握胜利的五种情况,可以理解为实现全胜的五项保障。而"全胜"也正是"上兵伐谋"的结果("以全争于天下,兵不顿而利可全,此谋攻法也。"),因此,也可以把实现"全胜"的五项保障看成是实现最优化的五项保障。这就是《谋攻》篇所说的:"故知胜有五:知可以战与不可以战者胜;识众寡之用者胜;上下同欲者胜;以虞待不虞者胜;将能而君不御者胜。此五者,知胜之道也。"(《孙子兵法·谋攻》)知道可以打或不可以打者,能够胜利;了解多兵和少兵的不同用法者,能够胜利;全军上下意愿一致者,能够胜利;自己有准备来对付无准备的敌手者,能够胜利;将帅有才能而国君不加掣肘的,能够胜利。

所谓国君危害军事行动的三种情况,可以理解为无法实现最优选择的情形。具体地说就是:"故君之所以患于军者三:不知军知不可以进而谓之进,不知军之不可以退而谓之退,是谓縻军。不知三军之事,而同三军之政,则军士惑矣。不知三军之权而同三军之任,则军士疑矣。三军既惑且疑,则诸侯之难至矣,是谓乱军引胜。"(《孙子兵法·谋攻》)不了解军队不能前进而硬使军队前进,不了解军队不能后退而硬使军队后退的束缚军队的行为;不了解军队的内部事务,而去干预军队行政的迷惑将士的行为;不懂军事上的权宜机变,而去干涉军队指标的使将士疑虑的行为。这三种国君的行为将会自乱其军徒失胜机。

结 束 语

中国古代军事文化以尚智贵谋,慎战节武为特征。这种建筑在战争反思基础上的军事文化,脱离了厮杀的原始,达到了"知兵非好战"的境界,从而具有哲学智慧的美感。同时,这一文化价值取向,也使得统一战争的谋划者,在构筑其战略方针时,牢牢把握了"经武之略,在于贵谋"的原则,力争"不战而屈人之兵",以达到"慎战"中谋取"全胜"的目的。

另外,对《孙子兵法》及孙子战争观的理解,绝不能脱离中国社会特有的政治—文化理念。在这个理念下我们可以得出这样两个结论:其一,中国历史上的战争,尤其是春秋战国时期的战争,很少有正义与非正义、侵略与反侵略之分。大凡战争总是与"统一"联系在一起。如果一定要分,那么"统一"的战争即是正义的,而"分裂"的战争就是非正义的。甚至可以说,战争本身的正义与否,与战争发动者的个人品格的关系也不是直接相关的。即一个具有个人品格魅力的人,如果发动的是"分裂"战争,那也是千古罪人。其二,《孙子兵法》是兵书又超越兵书。所谓是兵书是指它的确是教人怎样打仗,所谓超越兵书是说它早已远迈作战和战略战术本身,深含治国理财之道,甚至可以说是以兵谋战略体现出来的治国谋略和统治术。

(原载《中国军事科学》2004 年第 6 期)

三大都市经济圈制度竞争力的比较研究

自法国学者戈特曼1957年提出"大都市经济圈"的概念以来，大都市经济已成为衡量一个国家或地区社会经济发展的重要标志。在我国，近几年逐渐形成了京津唐、长三角和珠三角三个最大的都市圈，而且其目前的发展势态和区域间竞争力的走向已经受到学者、官员和实业家们的深切关注。有的学者甚至说，京津唐、长三角、珠三角像三驾马车带动着中国社会的经济。

全球经济一体化的理论和实践表明，大都市在区域乃至国际经济竞争和合作中具有越来越显著的不可替代的作用。大都市不仅是物资资源、金融资本、人力资源的集散地，具有资源配置的先天地理、地域、政治、文化优势，而且通常也是政治资源或者说体制资源拥有量较大的地方。作为政治资源的体制制度，它一方面同其他物质资源一样具有稀缺的性质；另一方面它既能为社会带来财富和效益，又可能增加社会发展的成本并带来低效率。本文正是在这个意义上，把体制资源作为影响经济增长的内生变量加以研究。

一、关于制度竞争力的理论诠释

所谓的制度竞争力，是一种政治资源的竞争力。由于制度通常是由人制定的，而且是在经济生活中不可或缺的许多正式的制度安排，如产权、合同、社会保障、安全等都是由政府制定的。[①] 所以，制度竞争力又是政府管理能力和水平的竞争。然而，制度的竞争力并不能简单地通过甲制度与乙制度的制度本身的比较来说明，而要通过制度实施的后果，以及制度所营造的环境对社会经济生活所产生的种种影响的比较来说明。同时，制度竞争力也不是单纯的甲制度与乙制度的竞争，而是制度体系的整体效益

---

① 也有人称制度是资本，或称其为制度资本（institutional capital），其依据在增强生产要素——劳动的效率和效能的作用，类似于资本使劳动具有更高的生产效率。

的竞争。根据制度的功能，具有竞争力的制度安排应该具备如下品质。

（一）保障社会秩序，创造社会效率

一个有秩序并且高效运转的社会，是一个具有制度竞争力的社会。制度可以被定义为由人制定的、人类相互交往的规则。它抑制着可能出现的、机会主义的非常规的个人行为，使人们的行为更可预见，并由此促进劳动分工和财富创造。增进秩序是制度的关键功能。制度通常表现为一套关于行为和事件的模式，它具有系统性、非随机性，因此是可以理解的。在存在社会混乱的地方，相互交往必然代价高昂，人与人之间的信任与合作也必然趋于瓦解，而作为经济福祉主要源泉的劳动分工则变得不可能。秩序鼓励着信赖和信任，减少着合作成本。当秩序占据主导地位时，人们就可以预见未来，从而能更好地与他人合作，甚至也能对自己冒险从事的创新性试验感到自信。制度带来秩序，秩序创造效率，正如红绿灯带来交通秩序，从而使社会交通整体畅顺一样。

（二）有效协调，营造诚信社会

一个协调成本低，并且诚信的预期收益大的社会，是一个具有制度竞争优势的社会。由于制度减少了世界的复杂性，为人们提供了一种简化识别负担（cognition task）的功能[①]，从而使人的行为结果更可预见，世界更加有序。比如当一个人"闯了红灯"时，他明确地知道其后果是一纸罚单；当一个人违约时，他也清楚地知道为此他将支付合同书条款中所规定的违约罚金；当一个人侵吞他人财产或图财害命时，他也非常明白侥幸以外的结果是法律的制裁。制度通过处罚使社会有序，同时也使复杂的人际交往过程变得更易理解和可预见，从而不同个人之间的协调也就更易于发生。

制度在限制他人的行动，并排除某几类未来的不测事件时，会有效地减少人的"远期无知"（forward ignorance）[②]。因此制度的这一功能，为人

---

① 参见［德］柯武刚、［德］史漫飞《制度经济学：社会秩序与公共政策》，韩朝华译，商务印书馆 2000 年版，第 142 页。

② 参见［德］柯武刚、［德］史漫飞《制度经济学：社会秩序与公共政策》，韩朝华译，商务印书馆 2000 年版，第 143 页。

们创造了一种信心，使人们感到生活中的常规是很少变化的，全部在掌握之中。只有当人类的行为被稳定化时，才可能增进知识和劳动的分工，而这种分工无疑又是社会繁荣不断增长的基础。

制度降低协调人际关系复杂性的功能，还可以为人带来心理上的舒适感和安全感（人们经常说的投资环境即属于此）。当一个人感到他属于一个有序的、文明的共同体，并且这个共同体内协调成本很低，风险有限，他就会有一种在家的感觉，自然对周围的人产生信赖感。因此，制度创造着诱发人类归属感的多种纽带，从而使置身其中的人不会感到与人周旋很累。制度所带来的安全感，也是诚信社会确立的心理基础。比如，在一个信用制度保障了币值稳定的国度里，人们对储蓄和投资于货币资产以及为经济发展所必需的资本储备提供资金，都会很有信心。通常人们也不会担心金融欺诈的发生。

（三）保护产权，完善法律环境

一个产权明晰、法制健全的社会是一个具有制度竞争实力的社会。法律本身就是一种制度安排，而保护产权的功能则是作为制度安排的法律的最重要的职责。任何一个文明的社会都会有一套制度来保护私人产权。对产权的保护可以使资产的所有者不受外部干扰地自由运用其资产，并创造出一个产权所有者享有的自由的领域。我们知道排他性是私人产权的决定性特征。一项财产的所有者，有权不让他人拥有和自己一样积极地使用财产的可能，并有权独自占有在使用该财产时所产生的所有成本。因此说，排他性是所有者自主权的前提条件，也是使私人产权得以发挥作用的激励机制所需要的前提条件。因此，对于习惯了公有，并且私有制基本上是在意识形态领域斗争的夹缝中成长、发展起来的中国，保护私有产权是经济发展的首要。没有对私人产权的保护，就不会有珠三角私营经济的崛起与发展，也不会有浙江私人经济的增长，更不会有外资的投入和引进。

法律除了保护产权，还要保护个人的自由领域。因为"自由是达到富裕的必要条件，富裕也是实现自由的必要条件"①，但是用制度来保护人的自由权利，从来都不是无边界的。正如古罗马律师、作家图利乌斯·

---

① ［德］J.哈贝马斯：《走向一个合理社会》，见［英］马尔科姆·卢瑟福《经济学中的制度：老制度主义和新制度主义》，陈波、郁仲莉译，中国社会科学出版社1999年版，第166页。

西塞罗所说:"我们是法律的奴隶,所以我们能自由。"① 从恰当的制度是支撑竞争的必不可少的社会环境的角度来说,作为重要的制度安排的法律,无疑是以竞争为核心的市场经济健康发展的保障。

(四) 防止和化解冲突,保证社会和谐

一个政府管理的机会成本较低,社会的"邻里效应"② 为正的社会,是一个具有制度竞争潜质的社会。

在许多时候,当不同的人追求其个人目标、行使其自由时,常常又会影响到他人,并且有些影响又是他人所无法忍受的。比如凌晨两点在房间里唱卡拉 OK;在大家都排队等候的时候,突然冒出一个不排队的人;等等。于是,这就产生了社会如何用较低的代价和非暴力的方式解决冲突的问题,以及如何使个人行动自由受到最佳限制或约束,以避免破坏性冲突的问题。通常社会会有两种处理个人冲突的基本方法或者说制度安排:其一是设置限制个人任意行为和降低冲突可能性的规则,以达到以一般性的、预防性的方式限制个人绝对自由(放纵)的目的。比如,设立黄线和围栏以示人们遵守排队的规则、道德上的劝说和倡导、颁布不得排放有害气体的禁令等。由于这类规则事先明确了谁将是正确的,谁将是错误的,从而预期到了谁将因违约而受到惩罚或指责,因此它有助于防止个人之间正面的冲突和暴力行为。其二是设置一个仲裁的机构。这一制度安排通常是在冲突已经发生了才起作用的。仲裁机构以先前协商好的,因而是可以预见的方式裁决冲突。如法院监督赔偿合同的执行、消委会裁决消费者商家的纠纷都属这一类制度安排。平民百姓投诉无门的社会,是一个缺少制度供给的社会,也是一个无秩序的社会。

(五) 抑制权势,保证社会平等

一个权力得到有效监督的社会,是一个制度文明的社会。有学者指

---

① 转引自 [德] 柯武刚、[德] 史漫飞《制度经济学:社会秩序与公共政策》,韩朝华译,商务印书馆 2000 年版,第 161 页。

② 诺斯·戴维斯认为:"邻里效应"是一批"外部性"中的一种情形,当其他形式的外部性以同样的方式存在,从而一种制度创新增加每一个家庭的价值时,制度的再组织可能会增加总收入。参见 [美] R. 科斯、[美] A. 阿尔钦、[美] D. 诺斯等《财产权利与制度变迁:产权学派与新制度学派译文集》,刘守英等译,上海三联书店、上海人民出版社 1994 年版,第 280 页。

出：在一个社会长期的经济发展和社会发展中，恰当的制度的一个中心作用是在不同社会集团之间，如在贵族和农民之间，建立权势平衡，并确保较下层次的集团拥有"杠杆"，即他们能从上层权势集团那里得到支持。①只有当权势得到扩散，才会出现基础广泛持久的经济发展。

　　人与人之间的潜在的冲突，不仅可以来自个人的行动的自由，而且也可以来自人们的合作。通常而言，具有财富、权力和魅力的个人，能在交易中运用权势。比如一个富有的人有能力雇佣一个穷人做卑微的工作，当然，这完全由于那个穷人需要钱来维持生存。就雇主有权力将个人的意志强加于另一个人这一点来说，富人无疑具有权势的。然而，权势关系仅仅存在于别无选择的场合。当存在许多挣钱的机会时，人们会感到自由，并且会在觉得受到雇主强制时转向其他雇主。因此，在多种选择对象中做选择，会使人自由。选择抑制着权势。正如在人们能用脚投票（退出）的场合，人们不会感到受制于权势一样。在有人对他人拥有巨大权势（这时他人就是不自由的人）的社会里，即使存在着强有力的制度和强制性控制，冲突仍有可能发生，并且其后果也将是代价高昂的。但是，在个人自由得到保护的场合，包括转移和退出自由也同时得到保护的场合，一般较少发生冲突。因此可以说，确保退出机会的制度，也会限制某些有权有势的人侵犯他人自由地滥用手中的权势。从这个意义上说，规则似乎是权力对理性和社会和平的让步。

二、三大都市经济圈制度竞争力比较

　　大多数学者认为，比较长三角、珠三角两个都市经济圈而言，京津唐都市经济圈具有较强的聚集竞争力。当然这种较强的聚集竞争力，并非仅仅来自大都市自身所特有的凝聚力，更重要的是来自首都特有的政治文化背景所带来的先天的、独一无二的凝聚力。因为从京津唐都市经济圈的形成与发展看，处处体现了现有体制下全国资源向都城的集中效应。如中关村、奥运村的出现均是以首都特有的政治文化为背景，可以说，京津唐都市经济圈特有的政治文化角色和作用，是其他大都市经济圈所无法相比

---

① 参见［德］柯武刚、［德］史漫飞《制度经济学：社会秩序与公共政策》，韩朝华译，商务印书馆2000年版，第147页。

拟的。

相比较而言，以上海为核心的长三角都市经济圈，区位竞争力最强。这一都市经济圈的形成与发展，更多得益于其自身的工商业的发展。整体较高的城市化水平、完备的城市体系、在国内居于领先地位的加工制造业和纺织业都是计划经济时期积累的基础，也是该地区传统的产业强项。当然，长三角都市经济圈既是计划经济的受惠者，又是改革开放的受益者。尽管长三角都市经济圈比珠三角都市经济圈起步晚，但近几年发展十分迅速，并且显示出了大上海的文化底蕴和气质。

相比较其他两个都市经济圈而论，珠三角都市经济圈具有十分突出的制度竞争优势。可以说，是中国社会改革开放的政策和外资的注入，催生了珠三角都市经济圈。珠三角都市经济圈不仅仅是计划经济向市场经济转型的试验场，同时也是，或者说更重要的是中国社会政治文明、制度文明乃至政治体制文明的发祥地。因此，今天的珠三角不仅是中国市场化及国际化程度最高的大都市经济圈，也是政治文明程度比较高的大都市经济圈。

（一）成长模式的制度竞争力比较

由于计划经济时期京津唐、长三角、珠三角三大都市经济圈在中国的政治、经济地位的不同，又由于珠三角都市经济圈领先一步走向改革开放的市场经济，所以计划经济时期可以引以为荣的，甚至能够给地方政府带来好处的政治资源和体制资源更多地成为长三角，尤其是京津唐发展的阻力和障碍，从而加大了改革的机会成本。由于上述原因，京津唐和长三角两大都市经济圈在迈向市场经济的过程中，比珠三角都市经济圈要面临更加沉重的、更多需剥落和摆脱的旧的体制和意识形态。所以，从三大都市经济圈的成长模式看，珠三角主要具有先天的体制竞争优势，也正因为此，在中国社会改革开放的二十多年中，珠三角基本上处于领先地位，长三角的优势的显现只是近几十年的事。众所周知，中国的改革开放和经济起飞源于珠三角。在长达40多年的计划经济的大背景下，深圳作为中国社会计划经济向市场经济转型的"试验田"，开始了"摸着石头过河"的大胆的探索历程。从步入市场经济的时间表看，由于深圳在全国范围内的率先发展，珠三角都市经济圈比长三角和京津唐两个都市经济圈更早、更快地向目标奋进。

从历史上看，由于珠江三角洲地区远离国内其他人口密集的地区，又没有通往国内广大腹地的河流，商品的运输费用很高，所以，在对外贸易不断增长的同时，手工业却受到市场的制约，规模一直不大。这一点与长三角形成了明显的差别。在相当长的一段时间里，珠三角的经济开发主要靠农业。但是土地资源又有限，致使大量农村劳动力下南洋打工。可以说，尽管在当时广州作为全国唯一的对外贸易口岸，带动了当地经济的发展，但还没有真正解决珠三角居民的生活和发展问题。

另外，从"一五"计划开始一直到1978年以前，由于意识形态和当时的国际形势的原因，珠三角地处沿海地区的海防前沿，自然不会进入中央政府重点发展的视野中。国家也不会把有限的资源和重点的工业项目安排在边防线上。珠三角经济一直发展缓慢，主要靠地方政府提供的有限资金，建设一批地方轻纺工业项目。因此，珠三角这个鱼米之乡，在20世纪的五六十年代经济并没有显著的增长，而到了70年代的中后期，已明显落后于国内其他重点建设的地区。

与珠三角不同，京津唐可谓"天子"脚下，一直是计划经济时期的重点发展地区。北京作为祖国的首都，不仅使京津唐在发展上独具政治资源优势，而且事实上比其他大都市经济圈更能优先得到稀缺资源，如资金。国内的另一核心天津市又是拱卫京畿的军事重镇。随着19世纪后期洋务运动的兴起，官办军事工业成了天津近代化的发端，到了20世纪40年代，天津就已成了中国仅次于上海的第二大工业城市。作为京津唐"北翼"唐山，早就以能源、冶金、海洋化工、建材、机车制造而著名，被誉为中国近代工业的摇篮。京津唐大都市经济圈内的八大支柱型产业中的能源、化工、冶金、建材、机械、纺织、食品都是在计划经济时期就一直受到中央政府重点投入并持续发展的产业，并非改革开放后才发展起来的。

长三角一直是中国最大的，也是最重要的经济核心区，还是世界各大河三角洲人口数量最多、密度最高和城镇数量最多的地区。只是改革开放后的一段时期里，它被湮没在珠三角的"奇迹"里。上海一直是我国最大的工业制造中心，与京津唐一样，圈内的主要产业如纺织、服装制造、重化工业、汽车工业也均非改革开放近20年来的成果，而是历史发展的结果，尤其是受惠于计划经济时期的中央的倾斜政策。

从中国改革开放的实践情况看，在计划经济受惠越多的地区，改革的羁绊就越深重,也就越难以摆脱原有体制的束缚。而深圳乃至珠三角则是中国计划经济最薄弱的地区。由于它没有多少沉重的国有企业的负担,更不存在大批国企工人下岗失业的后顾之忧,改革成本与兴败的机会成本都很低。所以在中央放权和优惠政策的扶植、引导下,深圳乃至珠三角有可能成功地规避当时无处不在的传统经济体制的束缚,使珠三角都市经济圈只用了短短10年的时间,就在原本贫乏的基础上崛起,走在全国的前列。

(二) 现阶段三大都市经济圈制度竞争力比较

经历改革开放20多年,京津唐、长三角、珠三角都获得了巨大的、稳定的发展。2002年,京津唐实现国内生产总值8261.05亿元,占全国的比重是9.24%;长三角实现国内生产总值19141.62亿元,占全国的比重是18.7%;珠三角实现国内生产总值9536.18亿元,占全国的比重是9.3%。从2000年的统计资料看,京津唐的人均国内生产总值为12203.86元,长三角的人均国内生产总值为20454.7元,珠三角的人均国内生产总值为31990元。① 此外,全国出口额前四位的城市,又被长三角和珠三角两大都市经济圈包揽了(即长三角的上海位于第二,珠三角的深圳位于第一,东莞和广州分别位于第三和第四)。总之,在一些关键性的指标上,上述三大都市经济圈,尤其是长三角和珠三角都表现出绝对的优势。

第一,都市经济圈的竞争力体现在整体竞争力上。因此,有效的协调就成为三大都市经济圈首要的制度安排。然而,无论从客观的自然因素上讲,还是从现有体制"硬化"了的安排上说,京津唐和长三角的圈内协调成本要大于珠三角。

应该说,由于行政区划的硬化和地方利益的影响,三大都市经济圈内的合作还远没有走向制度的程序,尤其是京津唐和长三角。官本位的思想和各城市追求自身利益的狭隘性和近期性,都将在增加圈内协调成本的同时,降低其整体的竞争力。目前有学者和官员已经意识到了这个问题,并提出了建立统一的圈域协调管理机制。如长江三角洲的长江沿岸中心城市经济协调会、长江三角洲城市经济协调会、长江流域发展研究院、长江开发沪港促进会等。但这些机制只是就城市间发展存在的微观问题进行协调,与都市圈总体发展的内在要求还相距甚远。因此,建立更为广泛的圈

---

① 数据由国家统计局编《中国统计年鉴(2000年)》整理所得。

域协调管理机制是都市圈进一步发展的重要保障。这些机制不仅要就某些领域进行协调，同时还要负责都市圈的规划、产业布局、环境治理、生态保护等宏观发展问题。如美国迈阿密都市圈的双层制大都市政府等。

我以为，淡化行政级别，放弃官本位的思想，以制度化的方式增强合作意识是减低圈域协调成本，增加制度效益的关键。正如凡伯格所说："一般不能指望互惠机制给合作行为提供充分的激励，还必须有某些限制性条件才行。"① 另外，现行的财税体制在一定程度上仍具有强化"行政区经济"，激励市场分割的利益驱动功能。从这个意义上说，改革现在的财政税收体系是解决协调成本过高的关键。

但是，随着市场经济的成熟和各区域经济水平和质量的提升，圈域内地方政府间的竞争或者说博弈也将走向理性化。"双赢"的理念将淡化行政区划和本位主义。如苏州、无锡、常州主动将自己划入上海经济圈；浙江省的领导要求嘉兴行政上属于浙江，经济上属于上海，尽快融入上海经济圈；等等。这无疑是一种理性的尝试。

第二，尽管改革开放之初，相对于其他两个都市经济圈，尤其是京津唐都市经济圈，珠三角明显缺乏可利用的政治资源，但是市场经济的先行为珠三角政治体制的创新和制度文明的先行提供了必不可少的制度保障。"深圳速度"体现在制度层面上，就是高效政府。制度创造效益，制度带来收益，制度保证文明，在深圳及珠三角大都市经济圈最充分而有力地展现出来。

务实的市场经济理念，使珠三角圈域内的政府更早地摆脱了计划经济时期的几乎无处不在的层层审批、级级讨论的烦琐程序，简化了对经济建设的权力许可的过程，甚至直接跳过政治权力束缚。

高效为先的竞争准则，又使珠三角圈域内的各级政府逐步学会了把政治智慧用于商场，把商业价值观用于官场，"干了再说"的胆识就像产品制造商把一个新玩意儿生产出来后，以铺天盖地的广告说服消费者接受购买一样。这里同样通行的是"生产者主权"的理念。

制度创新可谓珠三角都市经济圈经济发展的源泉。然而，制度创新是需求动力和条件的。只有当改变现有体制的收益将大于这一创新的成本

---

① ［英］马尔科姆·卢瑟福：《经济学中的制度：老制度主义和新制度主义》，陈波、郁仲莉译，中国社会科学出版社1999年版，第134－135页。

时，一项制度创新才会被实施。制度创新潜在的好处，是创新者决策的理由。同时创新的不可克服的阻力一定是不存在的，否则成本高昂且代价惨重。当然，如果一项制度创新的结果是可预料的，并且有广泛效应的支撑，那么创造的行动会迅速、果断，因为收益是显性的。

如果说中国社会的改革是一项自上而下的观念革命，那么以深圳为先导的珠三角圈域的经济改革可谓是自下而上的。中央的"积极不干预"方针，造就了珠三角圈域的经济发展与繁荣，同时，也把诸如国有资产的控股经营制、股份制、工程招标制、用工合同制等创新的制度安排带到了中国人民的生活中。长三角的发展模式与广东的模式基本相反，规划管理型的政府操作模式，是主导经济发展的主要模式。

20世纪90年代以后，广东模式成为中国宏观经济思潮的主流，政府不断从经济管理的各个领域退出，希望市场经济能够自发形成。但在短缺经济结束后，面对经济增长动力的下降和日渐突显的内需不足等问题，凯恩斯主义成为中央决策层占主导的思想。人们发现，在市场失灵的许多领域和场合，政府是可以实施市场替代的。尤其是在积极的财政政策奏效以后，出现了对强势政府的"迷恋"。90年代上海的崛起，却充分说明了政府替代的作用，上海的政府替代不仅体现在基础设施、国有企业上市改革、大市场的建设、强大的招商引资等方面，而且对产业结构的调整也采取了政府替代形式，如备受关注的上海纺织业"壮士断腕"行动。由于上海90年代的崛起，广东开始反思自己的模式。90年代后期，广东也开始强化政府替代。广州市政府提出的南沙开发计划，口号就是十年再造一个广州，与浦东开发异曲同工。

尽管如此，相对于其他两大都市经济圈，珠三角无论如何没有那么强的"恋父情结"。因为，一方面，改革开放前，它并不是计划经济最发达的地区；另一方面，又是市场经济带来了珠三角经济的迅速发展。尤其当逐渐摆脱政策优惠时，制度创新收益的诱惑力已远远超越了对中央的依赖所产生的安全感和优越感。当然，如果硬是要说珠三角，尤其是深圳对中央优惠政策的依赖是一种"恋父情结"的话，那么这是一种期望父亲允许摆脱对"父亲"的依恋的反"恋父情结"。

第三，由于相对于京津唐、长三角两大都市经济圈而言，珠三角是在一个较为薄弱的基础上迅速起飞的（据有关资料显示，从改革开放的1980年到2000年的20年间，珠三角经济年平均增长16.9%，其中高新技术产业的年增长率达到29.9%），同时圈域内经济增长的不平衡，这就使珠三角都市经济圈在抑制权贵和保证社会平等方面的制度安排的成本比较高，并且在相当长的时期里保护"强者"发展的制度安排的供给，大于保护弱者平等的制度安排的供给。

从长江三角洲15个城市和珠江三角洲8个城市的居民收入情况（缺中山市资料）看，这23个城市中，城镇居民可支配收入大致可分成几个层次：第一层次，超过20000元的，为深圳；第二层次，在15000～20000元之间的，包括2个城市，即东莞和珠海；第三层次，在12000～15000元之间的，包括6个城市，分别是江门、佛山、广州、上海、宁波、绍兴；第四层次，在10000～12000元之间的，包括5个城市，分别是杭州、湖州、舟山、嘉兴、苏州；第五层次，在8000～10000元之间的，包括5个城市，分别是无锡、常州、南京、南通、镇江；第六层次，在8000元以下的，包括扬州、泰州和肇庆。

从层次上看，珠三角明显靠前，而长三角则偏后，在长三角圈域内部浙江的6个城市的收入状况好于江苏的8个城市。但是珠三角最高收入（深圳）与最低收入（肇庆）之间的差距是1.2万元，而长三角最高收入（上海）与最低收入（扬州）的差距是7000元。

一般而言，社会收入的个人差距越大，越容易形成社会权贵或权势阶级，越易带来由财富占有的平均而导致的社会地位的不平等，同时也越容易出现权贵对贫穷的役使和社会地位低下的人失去选择的自由和权力的状况。恰当的所得税率、最低工资法和失业救助等制度安排，则是一个成熟而文明的政府保障社会和谐稳定的最重要的，同时也是最明智的制度安排。珠三角都市圈域中的深圳，目前在这方面无疑走到了全国的前列。

第四，由于珠三角大都市圈的崛起是在完全不同于京津唐、长三角的历史文化背景之下发生的，单薄的文化底蕴和普遍贫穷的现状，使珠三角在内在制度的营建上，即社会道德观、价值观、习惯、礼貌和社会诚信度等方面的制度安排上，短期的成本高、收益小，从而内在制度的竞争力相对于其在体制方面的竞争力要弱一些，尤其是比较长三角大都市经济圈。

如果将珠三角与长三角第三次产业内部的结构进行比较，会明显感觉到长三角都市经济圈社会素质和品质建设要高于珠三角。比如在三次产业中，珠三角占优势的行业有交通运输、仓储、邮电、房地产和社会服务业。而长三角占优势的行业有批发零售、餐饮业、金融保险业、卫生体育和社会福利业、教育文化文艺广播影视业、科学研究和综合技术服务业、国家机关政党社团。从某种意义上说，人才等于素质。据台湾地区《2000年大陆投资环境与风险调查报告》显示，在所谈的44个主要城市的总体投资环境中，A级城市排在前10名的是吴江、宁波、杭州、昆山、奉化、上海、无锡、苏州、镇江、温州，全部隶属于长三角都市经济圈。报告还指出，长三角最被看好的就是信用环境和法制环境。正因为此，长三角的区域形象力加强，加之上海由历史积淀的特有的高贵的大都市的文化底蕴，使今天的长三角大都市经济圈显示出明显的竞争优势。据统计资料显示，到2002年，仅在上海，外资银行被其总行确定为中国境内业务的主报告行的银行就有21家，跨国公司把其中国（亚洲）地区总部设在上海的有30多家。而在珠三角相应的指标仅有5家和3家。从另一方面的事实也可以证明上述的观点。改革开放以后，尤其是前十几年，深圳乃至珠三角大都市经济圈在把市场经济崭新的理念和规则传递到祖国的大江南北的同时，也表现出了市场经济初期的拜金主义、坑蒙拐骗、唯利是图等道德危机，十分突出地表现了经济迅速腾飞，然而人文素质和教育则相对落后的落差。

三、未来三大都市经济圈制度竞争力的探讨

从摆脱计划经济的束缚的角度来说，无论京津唐、长三角还是珠三角的发展都在不同程度上是中国形成"政策高地"，吸引国内资源在短期内大规模向其集聚，最终形成经济启动的基础，只是珠三角先前一步开始了这一过程，从而在改革开放之初的制度竞争力明显优于京津唐和长三角。同时，由于历史上的原因（计划经济比较薄弱）和得益于政府积极不干预的放权实践，珠三角相对于京津唐和长三角更加具有制度创新的原动力和利益冲动，所以，在制度竞争的许多主要的方面，尤其是作为制度的重要形式的体制方面，珠三角的竞争优势和制度效益是十分显著的。

可以说，不同程度的外向化是三大都市经济圈未来发展的方向。当然，这种外向化趋势已经不再只是政府政策导向的结果，而是改革开放使国际资源有序加入集聚后，引领各圈域经济的组织程度和外向度提升的结果。

随着世界经济的一体化，国际上的竞争越来越表现为国家与国家之

间，区域与区域之间的制度的竞争。因为制度系统对社会运作的成本水平影响极大。其实，关于制度竞争的概念早在亚当·斯密的《国富论》中就有所论述。亚当·斯密在说到税制对生产要素流动的影响时说："土地是不能移动的，而资本则容易移动。……资本所有者很可能是一个世界公民，他不一定附着于哪一个特定国家。一国如果为了要课以重税，而多方调查其财产，他就要舍此他适了。他并且会把资本移往其他国家，只要那里比较能随意经营事业，或者比较能安逸地享有财富。他移动资本，这资本此前在该国所经营的一切产业，就会随之停止。耕作土地的是资本，使用劳动的是资本。一国税收如有驱逐国内资本的倾向，那么，资本被驱逐出去多少，君主及社会两方面的收入源泉，就要枯竭多少。资本向外移动，不但资本利润，就是土地地租和劳动，亦必因而缩减。"① 从制度的公共物品的性质而言，制度竞争的根本又是政府的文明程度或者说"质量"的竞争。向国外先进体制学习，按国际惯例办事，则是走向制度文明的重要途径，潜在的好处是制度创新的源动力，因此，开放引起了制度竞争，但同时开放和制度创新在很大程度上要依赖于政府和公众认识到"退出"信号的重要性，即抓住创新的机会，并做出正确的决策。制度创新的决策者必须明白：即使面对压力集团的抵制和内向的部落本能，也必须提出适宜的制度，以构成有吸引力的区位性制度要素。

尽管开放和外向型已成为中国社会和三大都市圈域经济发展的不可逆转的方向，但毗邻香港的地缘优势，仍然是珠三角今后获得体制竞争优势的原因。尤其是 CEPA（*Closer Economic Partnership Arrangement*）实施后，与香港合作和互动的加强以及规则的划一，将使珠三角更加便利地借鉴香港的体制资源和制度优势，从而保持制度创新的势头和体制上的优势。

（原载《求是学刊》2005 年第 1 期）

---

① ［英］亚当·斯密：《国富论》，杨敬年译，陕西人民出版社 2001 年版，第 330－331 页。

CEPA 的制度经济学分析

CEPA①作为一种自上而下的制度安排，正以提供有效的服务和降低交易费用的方式，加强着港澳与内地的经济互动，促进着港澳与珠三角的经济融合，并在"一国两制"的框架下，逐渐显示着制度创新的绩效。

从理论上说，潜在利益的存在，是制度创新的原动力。当人们在原有的制度安排下无法得到获利机会时，或者说，在不改变现有的制度安排的情况下人们将无法获得潜在利益时，一项制度创新将会在寻找获利途径的动机驱使下展开。因此，经济的增长会出现制度的不均衡。尽管有些制度不均衡将由于私人和社会在收益与费用之间的分歧的不可调节性而不得不继续存在下去，但大多数制度不均衡，将会由诱致的和强制的制度变迁来消除。只要政府认为一项制度创新的预期收益高于推行制度变迁的预期费用，为消除制度不均衡的强制性制度安排，将会由政府发起。从 CEPA 出台的背景来看，消除"一国两制"框架下港澳与内地"市场"与"规则"之间的制度不均衡，从而形成有利于港澳和内地分享制度创新的成果，则是 CEPA 出台的重要原因。

一

CEPA 作为一种获得潜在利益的制度安排，它不仅惠及港澳，同时也惠及内地。它在促进港澳经济繁荣、稳定的同时，也必然带动内地市场经济的完善。CEPA 在逐步解决"一国两制"前提下港澳与内地之间的"市场"与"规则"的不协调的同时，也必定会将成熟、完善、文明、高效的市场经济的规则以及规则体系带到内地。因此，CEPA 对于港澳与内地是一种"双赢"的制度安排，它表现出社会总福利增加的制度效应。

许多人认为，解决香港、澳门经贸发展中所遇到的巨大困难，确定它

---

① CEPA（*Closer Economic Partnership Arrangement*），即《内地与香港关于建立更紧密经贸关系的安排》的英文名称简称。

们在中国未来经济中的战略地位,从而为港澳,尤其是香港经济定位,是 CEPA 产生的根本原因和历史必然。我认为,如果说 CEPA 的产生是必然的,那么首先是因为"回归"是必然的。CEPA 则是为解决或逐步消除"回归"后港澳与内地经济融合中,由不同的社会运作机制所引发的,由于历史因素而必然造成的,由于港澳不同于内地其他省份的特殊地位所引起的制度性障碍。而香港、澳门经贸所遇到的困难,应该说是 CEPA 产生的背景。解决香港、澳门与内地经济融合中的制度约束问题,从而保持香港、澳门,尤其是香港在国际竞争中的优势(以博彩为主要经济支点的澳门,在国际经济中的地位一直比较明确、稳定),并以此进一步推动内地改革开放的深入,才是 CEPA 出台的根本原因。

首先,从 CEPA 的内容看,主要是对香港与内地的经济往来提供便利。它通过逐步改变由历史原因造成的,内地与香港原本按照独立主权国和地区之间进行国际交往的模式,在"两制"的框架下,使经济往来的规则向"一国"松动。如在货物贸易方面,主要是自 2004 年 1 月 1 日起,内地将对 273 类原产香港的产品实行零关税,港商每年可节省税款 7.5 亿港元,最迟于 2006 年 1 月 1 日前,符合条件的余下香港产品也可申请零关税。同时,凡由香港公司制造的产品或经香港公司进行贸易的货物也将获得不同的优惠。这样,就大大节省了生产成本,提高了香港商品销往内地的价格竞争力,尤以时装、珠宝、高档手表等行业受益最大。

在服务贸易方面,规定香港获得市场准入的服务行业包括管理咨询、会展、广告、会计、建筑及房地产、医疗及牙医、分销、物流、仓储、运输、旅游、视听、法律、银行业、证券业以及保险业和电信业等 18 个。优惠体现在两方面:一是降低对中小企业资产、营业额和运营要求,市场准入更加方便;二是香港服务业的专业人员有更多机会在内地就业,范围超越了"入世"承诺。

在贸易投资方面,规定双方在海关便利化等 7 个范畴加强合作。香港证券业和保险业的专业人员可依据相关程序在内地申请从业资格,香港永久居民可参加内地统一司法考试,取得内地法律执业资格,香港永久居民也正式获准在广东从事零售活动。由此可见,中央政府通过正式的制度安排为香港经济深入内地提供了规则上的方便,也为香港经济的持续发展提供了广阔可靠而又具有无限潜力的腹地。①

其次,从香港经济存在的问题来看:其一,制造业与服务业脱节,产业严重空心化,从而使服务业失去发展支撑的条件,是香港经济所面临的一个重大的问题。改革开放 20 余年来,大量的港资,特别是制造业的资本注入内地,为内地,尤其是珠三角注入了巨大的经济起步与发展的动力。尽管香港资金的内流,在带动内地经济腾飞的同时,也完成了自身产业结构的调整和优化,但是,产业的空心化和由此带来的产业与服务业的脱节,也日渐凸显出来了。因为随着珠三角经济的进一步发展,其服务业不可避免地要使用自己的通道,同样不可避免地要凭借成本优势,分流部分原本属于香港的物流和商流,蚕食香港服务业赖以生存的基础。在这种情况下,如果中央政府不改变原有的制度安排,允许香港的服务无门槛或低门槛地进入内地扩展市场,那么在产业空心化已成事实的情形下,制造业与服务业脱节,从而服务业丧失支撑的条件而无法生存,将成为一个"悲壮的死结"。其二,由于香港与珠三角两地往来的便利和物价水平的巨大差距对香港消费者的吸引,又使得香港出现生产与消费脱节的情况。当然,解决这个问题是不可能违反市场经济的规律,以提高深圳乃至珠三角城市圈的物价水平的方式,来维持香港的物价和竞争力的,而只能以制度安排的方式,充分利用香港购物天堂的优势和由历史积淀而来的名牌商品消费的特有的吸引力,把内地的消费者吸引到香港来,扩大香港的消费品需求市场。CEPA 允许广东居民可以以个人身份申请赴港澳旅游,实质上就起到了促进消费回流的作用。从理论上讲,尽管香港居民在内地消费的价格弹性远小于珠三角居民去香港消费的价格弹性,但珠三角,尤其是内地能够享受港澳游的消费者,其需求的收入弹性,却远远高于去内地消费的香港居民。

最后,从香港与珠三角乃至内地经济往来的运行机制来看,有效的制度供给小于经济增长对制度的需求。制度滞后于经济发展的需要,并成为经济进一步增长的约束。如果说,改革开放初期,引进外资的政策带动了深圳乃至珠三角经济起步,同时又完善了香港产业结构的优化,那么 20 多年后的今天,港澳与内地则处于经济增长与保障这一增长的有效的制度供给的相对滞后同时并存的情形。CEPA 实施之前,港澳与内地经历 20

---

① 黄侃:《CEPA:成效究竟如何》,载《沪港经济》2004 年第 8 期。

多年经贸往来后形成了多少令人尴尬的局面：单凭民间的交往，既无法从根本上解决香港产业空心化、产业与服务业脱节，以及本土购买力外流、生产与消费脱节的问题（因为人们不能用造成问题的原因去解决问题本身），也不可能使珠三角乃至内地真正成为香港经济持久增长的腹地。在这种经济增长与保证经济增长的有效的制度供给短缺并存的情况下，任何人都无法获得双方合作的潜在好处。如内地没办法真正借鉴香港社会的体制优势来完善市场经济，并推进政治文明进程，而香港也无法真正凭借内地腹地来扩展自己发展的空间，从而保持持久稳定的繁荣。CEPA 正是通过政府之间达成的正式的制度安排，使香港与内地的市场经济逐渐实现有机的统一，从制度层面上解决港澳与内地经贸往来的体制性障碍，把潜在的好处，变为可收获的共同的利益——港澳与内地的共同繁荣。

"一国"是香港、澳门经济繁荣的基础，"两制"则是发挥其优势的保证。如果说"一国两制"解决了祖国统一的大问题，那么 CEPA 则是试图解决"两制"情况下香港、澳门与内地如何进行市场经济合作发展的问题。从这个意义上说，CEPA 要解决的问题，是香港、澳门回归后的后续问题——港澳与内地在经济上的相互融合、促进。由于"两制"，所以必然存在着经济融合、交往过程中的体制性障碍；由于"一国"，就必然有办法和可能逐步消除阻碍港澳与内地经济合作发展的制度约束。所以 CEPA 的成功实施，不仅会使"两制"真正成为发挥香港、澳门优势的保证，而且也有利于在"一国"基础上港澳与内地的共同繁荣。

二

CEPA 作为一种制度变迁，其实施的主体是政府。一项正式的制度变迁不仅体现出政府的管理理念和目标，而且反映出政府的文明与开明程度。但与此同时，不确定性和政府及其官员在认知上的欠缺，也会加大制度变迁的成本。

一方面，由于香港、澳门两地市场经济成熟程度及政府的某些官员对市场经济认知能力上的差距，会使 CEPA 在实施中面临阻碍。据有关资料显示，港商对零关税的利用成效有待彰显。[①] 目前港澳货物贸易零关税量

---

① 资料来源：《沪港经济》2004 年第 8 期。

只有 4.7 亿元，近 90% 的港产品放弃了以零关税进入内地的机会。① 香港特首董建华先生说："CEPA 是全世界都梦想得到的东西。"那么为什么港商似乎"不领情"，或"身在福中不知福"呢？香港商界人士认为，其一，宣传的力度不够，政府在推动这一制度变迁过程中的作用还没有真正发挥出来。应该说，政府是制度这一公共物品的最大的供给者。因为如果无须政府力量的诱致性制度创新是一个社会制度变迁的唯一来源的话，那么一个社会中制度安排的供给将小于社会的最优。而国家或政府的干预可以补救持续的制度供给不足。如果说"宪法的目标是在个人权力的汪洋中界定政府权力之岛"② 的话，那么政府的一个重要目标就是在法律的框架内为公民提供有序而宽松的制度环境。政府作为一种具有变革意义的制度变迁的倡导者和发轫者，它的作用不仅仅在于设定了制度，更在于为这一制度的运作和实施铺平道路。只有这样，制度变迁的绩效才能显现出来。CEPA 不是 CI（企业形象识别），它是脚踏实地的工作，同时又需要脚踏实地的实践。其二，进入 CEPA 的门槛比港澳商人所能接受的高，从而降低了港澳商人的积极性。CEPA 的目的是降低港澳与内地经贸往来的门槛，但走进 CEPA 的门槛却降低了部分港商利用 CEPA 的积极性。比如申请过程中，操作复杂，办理周期长、费用比较高，等等。

在成熟的市场经济的培育下，港澳商人早已成了成熟的经济人，他们需要的是实实在在的优惠和实惠。我认为，CEPA 实施中所暴露出来的问题说明了以下两个事实：一是 CEPA 实施的过程，既是港澳与内地经贸往来的过程，更是两种不同成熟程度的市场经济体系的"磨合"过程，而且后一过程的深远意义，已远远不是前一过程中所创造出的价值能够衡量的。内地市场经济发展的不成熟性，更突出地表现为在市场经济的框架中按计划经济的思路办事。这种制度变迁中的"路径依赖"会导致制度创新效益的降低甚至消失。二是由于中国内地的市场经济实践，不过只有短短二十几年的时间。个别官员对市场经济本身认识上的欠缺，在与成熟市场经济的港澳交往中难以避免地显现出来。这就迫切要求内地政府官员更

---

① 数据来源：《港澳经济年鉴》编辑部编《港澳经济年鉴（2003）》，《港澳经济年鉴》社 2003 年版。

② ［德］柯武刚、［德］史漫飞：《制度经济学：社会秩序与公共政策》，韩朝华译，商务印书馆 2000 年版，第 348 页。

深入地了解市场经济及其内在规律及规则，提高执政能力，从而保证CEPA这一由政府发轫的正式的制度变迁，能沿着一条低成本的轨道实施。美国学者哈米德·豪斯塞尼在谈到欠发达国家的政府行为时说："在许多欠发达国家，政府失灵造成的问题远大于市场失灵所造成的影响。"① 他还认为："任何政策制定者在决策过程中都会面临认知的困难——不论是利他者还是自私自利者。""对于一个欠发达的或不成熟的市场经济国家，其政府公共部门的政策制定者，必须在异常繁杂的环境中作出决策，……这些经济代理人面对的情况，超过了他们能以最优方式正确把握已知信息的能力。"从理论上说，如果由还不大熟悉市场经济的政府来矫正同样不大成熟的市场经济的失灵，政府的失灵会加重市场的失灵，甚至有可能回到计划经济的老路上。当然，这是人们都期望避免的事。在CEPA中学习市场经济，并了解完善、文明而又规范的市场的运行规则，恐怕是CEPA给政府官员提出的一个必须认真对待的课题。

另一方面，CEPA直接针对的是港澳与内地的经贸往来，但它的实施就并非只是经济领域的事了。这正如市场经济并不只包含确立经济体制，同时还必然包含确立与之相适应的政治体制和法律等社会其他运行机制一样。单纯的买卖远比不同制度的交往要简单得多。从CEPA的实际情况来看，CEPA所面临的真正阻碍来自经济以外的因素。甚至港澳与内地在经济融合上的困难，也在相当大程度上受到了非经济因素的影响。因此，CEPA的实施把"整合"的概念提交给了政府。从非经济角度来看，起码要完成以下三种整合。

第一，观念的整合。这里所说的观念主要是指区域经济一体化的观念和贸易自由化的观念。改革开放以来，粤港澳经济的合作走的是以民间合作为主要渠道的诱致性制度变迁的道路。在这样的合作中，各自主要以自身的利益为中心是必然而又合理的。然而在CEPA框架下的合作，则要在区域经济一体化的大思路下思考问题，要从从前的"零和博弈"走向今后的"常和博弈"，要从"瓜分"走向利益"分享"。当然，这并不是否定独立的利益主体的存在和获利。应该承认CEPA更多的是有利于港澳企业家和商人在内地投资经营，但同时，地方利益的存在又使地方保护主义

---

① ［美］哈米德·豪斯塞尼、万田：《不确定性与认知欠缺导致欠发达国家的政府失灵》，载《经济社会体制比较》2004年第2期。

在所难免。如香港总商会总裁翁以登说，按照CEPA的规定，只要香港的企业在内地某一省市注册了，该企业便有权在另一地方经营。但由于税收的问题，有些省市对非当地注册的企业并不十分欢迎。① 从道理上讲，CEPA应该是一个"惠己悦人"的制度安排，否则在市场经济中，单方获胜的"零和博弈"是不可能持续下去的。我以为政府可以通过一些适当的政策倾斜，鼓励地方政府的一体化的大思维，使观念的"整合"与利益的获得相一致。当然，一体化并非一厢情愿的事。

第二，协调机制的整合。由于CEPA是"一国两制"前提下的一种制度安排，所以协调机制的整合甚至跟CEPA同等重要。因为协调机制可以看作保障CEPA顺利而正确实施的另一制度安排。港澳回归后，曾召开过多次高层的联席会议，对粤港澳的区域合作起到了相当的大促进作用。但协调机制的整合，既需要由政府出面牵头，又不能只停留在高层。因此，在包括市场管理制度、法律制度、信用制度、企业制度等相关制度在内的市场运作制度的整合基础上的协调机制的整合，应该是多层面、多领域、多渠道的，同时也可以是官方的、半官方的和非官方的，而初期则应该以官方的为主。只有建设起协调机制，才能有效地沟通并及时解决CEPA实施中随时出现的具体问题，减少不确定性造成的损失，弥补认识上的欠缺。

第三，政府职能的整合。CEPA的一个重要功能，就是促进区域经济的一体化。区域经济一体化是市场经济发展的必然（贸易自由化），同时也必然是政府干预行为的结果。香港作为一个自由港，政府一向以积极不干预而著称，而内地政府，在社会经济所发挥的作用就比较突出。从这个意义上说，CEPA下的政府职能的整合，似乎是早已习惯了积极不干预的香港政府，与正在逐步放弃对社会经济行政干预权的中央政府的一种整合。这并不是说让香港政府去干预市场经济，也不是说让中央政府放弃对经济的宏观调控，而是说政府的执政能力和对社会经济事物的管理能力要在CEPA中得以提升，向文明和开明靠拢。整合后的政府可以在共同价值理念的基础上，通过政策、制度、法规的制定与确定，为区域经济的一体化创造大环境。对于正式的制度变迁而言，政府不仅可以决定什么样的制度可以运行，还可以决定制度将怎样运作。

---

① 黄侃：《CEPA：成效究竟如何》，载《沪港经济》2004年第8期。

结 束 语

当我们从制度安排的视角来理解 CEPA 时，CEPA 的绩效就可以看作资本所创造的利润。正如德国经济学家柯武刚说："制度能增强生产要素——如劳动——在满足人类需求上的效能。这种作用的方式类似于其他一些生产要素，如资本。资本使劳动具有更高的生产率。因此，我们可以视共同的制度为一种定量的生产性资本。我们可以称其为'制度资本'。"①

制度本身不是目的，它只是人们追求自由、繁荣、和平一类基本价值观的手段。从这个意义上说，不仅 CEPA 所带来的制度绩效远远大于 CEPA 内容本身，而且 CEPA 对珠三角乃至内地的长期制度创新收益，也会远远大于短期。从区域经济一体化的角度说，CEPA 是在用成功哺育成功，用繁荣创造繁荣。

（原载《学术月刊》2005 年第 7 期）

---

① ［德］柯武刚、［德］史漫飞：《制度经济学：社会秩序与公共政策》，韩朝华译，商务印书馆 2000 年版，第 144 页。

关于"和谐社会"的经济学分析

德国制度经济学家柯武刚和史漫飞说："社会繁荣或经济福利与满足人们物质需要的产品和服务的可获得性有关。繁荣不仅确保着纯物质性的满足，而且确保着文化和精神的充实、保健、养老和其他保证舒适生活的事物。作为最贴近的指标，繁荣的实现是由人均实际收入和财富来衡量的。"①

可以说，上述两位德国学者的话道出了经济发展的社会目标，那就是繁荣与和谐社会的实现。正如他们所描述的那样，在这样的社会里，人们能看到物质财富的增长，更能看到物质财富增长的同时，每个社会成员获得、享有财富机会的平等；能感受到社会的繁荣，更能感受到与社会繁荣并存的个人幸福感的提升（尽管繁荣并不必然等于幸福）；能享有物质生活的丰裕，还能在享有这种丰裕的同时，拥有精神上的充实。同时，在这样的社会里，人们关注财富的创造，更加关注在创造财富的同时如何消除贫困；不仅崇尚公平竞争的市场主原则，而且崇尚在遵循公平竞争的市场原则的过程中，使每个人都有尊严地生存、生活的人文理念。由此可见，和谐社会既不是一个简单的经济指标，也不是一个单纯的道德概念，而是一个建筑在经济繁荣基础之上的，充分体现社会文明、制度昌明、政治开明的综合的社会经济—文化概念。因此，对于今天的中国而言，构建和谐社会理念的提出，既是经济发展的必然结果，又是各种社会矛盾日益凸现的现实要求，更是深化改革，从而完善市场经济体系的正确选择。而构建和谐社会本身，又不可避免地把政治文明与制度文明真正提到了中国社会改革的日程上来。

---

① ［德］柯武刚、［德］史漫飞：《制度经济学：社会秩序与公共政策》，韩朝华译，商务印书馆2000年版，第101页。

一

从中国社会改革的背景来看,"和谐社会"的提出是中国社会由非均衡走向新的动态均衡的必然。原有均衡的打破,表现为计划经济向市场经济的转型,而新的动态均衡的实现,则表现为市场经济体系的完善。如果说今天的中国已基本完成了由计划经济向市场经济的转型,那么市场经济体系的完善则还有相当长的一段路要走。因此,现今中国社会正处在由打破了原有制度后的非均衡状态,逐步走向成熟市场经济体系的新的动态均衡状态的过程之中,和谐社会既是通往新的动态均衡之路,又是有待实现的新的动态均衡的目标。

中国社会的改革是一场自上而下的强制性的制度变迁。由于市场经济表现为社会转型的结果,而非社会政治、经济、文化自然演进的结果,因此,我们并不是在市场经济的土壤和文化中来培育市场经济的,而是在计划经济的土壤和政治文化上"硬"建立一个市场经济的。同时,这种制度转型又是以经济改革为突破口,以优先发展经济为最佳选择的(这种选择是正确的),因此,我们的市场经济从它确立那天起,不仅与计划经济有着千丝万缕的联系,而且缺少成熟配套的社会人文氛围,从而面临着"先天不足"的生长环境:一方面要努力摆脱传统经济体制的束缚,另一方面又要面对缺少成熟有效的制度环境支撑的困难与尴尬。社会人文环境的缺失和有效的、与市场经济相适应的制度支撑体系的短缺,加剧了社会发展的不协调性与非均衡状态,使原有体制由意识形态和社会制度优越性所维系的,相当牢固而又几乎被固化了的均衡所打破,表现为长期积淀的,一直处于隐蔽状态的社会矛盾和问题的总爆发。由转型而致的非均衡状况,甚至表现为积重难返的混乱,而非简单地从量变到质变的过程。更重要的是,由转型带来的社会发展的不协调和非均衡状态,不仅在客观上表现为市场经济的必然产物,还似乎随着市场经济的发展日渐加深,如GDP的上升先于社会道德水平的提升;人们生活水平的提高,快于人文素养的提高;科学技术的发展,优于社会文明的形成;等等。这又使一些人不加分析地把上述社会矛盾和问题都归于市场经济的结果。

中国社会由计划经济向市场经济的转型过程,是一个制度变迁的过程,而制度变迁则意味着制度的选择和选择集合的变化。制度的选择与实施能力对于社会经济发展的影响是至关重要的。现代市场经济是各种制度（明晰的产权结构、民主的政治制度、发达的交易规则）的组合，在计划经济向市场经济转型的过程中，我们既要解决传统体制下形成的经济组织的低效率问题，又要改变原有权力结构在演变中所导致的社会不公平问题，还要为市场经济的确立和完善建立更为有效的制度。由于无论是破坏（打破原有均衡）还是重建（实现新的动态均衡）都会涉及对资源的优先占有权和制度变迁中的利益在社会不同阶层中的分配问题；由于传统体制中的所有制结构和城乡结构的行政性又使人们在面对社会变迁时，不由自主地被制度性固化在特定的，同时也是不公平的竞争起点上；由于中国社会的制度转型在剥夺官员从某一渠道获得利益的同时，又不可避免地给了官员从另一个渠道获得利益的机会与权力；所以，诸如个体之间收入的贫富差距、区域和城乡之间的发展程度的差距、部分政府官员腐败及社会福利制度滞后等矛盾并不是市场的必然产物，更不是市场经济带给这个社会的弊端，而是在确立市场经济的过程中，原有体制积淀的矛盾和改革不彻底性的必然表现。因此，从根本上说，原有均衡的破坏以及现今社会的不协调，并不是市场经济的必然结果，而是市场经济不完善的必然表现。所以，随着改革的深化，完善市场经济就成为构建和谐社会的必经之路。

二

从改革开放 20 多年的实践看，"和谐社会"理念的提出，是社会矛盾日渐尖锐化的产物，而和谐社会实现的过程应该是社会总效用最大化以及福利社会的构建过程。和谐社会是建筑在经济发展基础上的社会，但它绝不是社会经济发展的自然结果。由于个人利益的最大化未必带来社会整体利益的最大化，而简单的个人利益最大化之和也未必构成社会总效用的最大化。因此，和谐社会是一个平等的社会，但绝不是一个平均的社会；它是社会剩余共享的社会，但绝不是均享的社会。

转型社会的独特背景决定，伴随着计划经济向市场经济的制度变迁，在原有均衡被打破的同时，原有体制中的"优越"成分和"稳定因素"无法避免地构成了市场经济体制运建中的不稳定因素。它们在表现为改革开放的收益的同时，也构成了巨大的经济改革的社会成本；它们在体现社会进步的同时，也加剧了社会矛盾。如所有制的革命，在极大地促进经济发展的同时，带来了与曾经所具有的优越性相悖的、令人尴尬的国企员工失业问题，尤其是社会老成员的失业问题；随着所有制改革的深入，原本体现所有制优越性的，作为所有制"副产品"的社会福利机制也被市场、货币无情地瓦解，并逐渐丧失其具有浓厚父爱情结的社会保障功能，这也在相当程度上降低了一部分社会老成员的福利感，并增加他们生存的不安全感；劳动力的自由流动，使传统体制下的户籍制和所有制对人的固化作用逐步丧失，从体制上促成了社会成员的机遇的不平等和两极分化；与市场竞争机制相适应的分配机制和资产收入的合法化，打破了传统体制下八级工资制对个人收入的制度性的固化，使贫富差距成为必然；以非均衡的方式和路径——设立经济特区——来完成计划经济向市场经济的转型，在客观上加大了原本就存在的区域之间和城乡之间贫富差距，使社会在财富增长的同时，也不断增长着贫困；随着文化的多元化及传统体制下以"大公无私"为特征的"圣人"价值体系对社会绝大多数成员约束功能的丧失，一方面加大着改革的意识形态成本，另一方面增加着社会成员接受改革过程的心理成本——得到的喜悦永远小于失去的痛苦。经济的增长和生活水平的提升，提高了人们对满足的衡量标准，降低了人们对贫穷的忍受程度。应该说，公平与效率的矛盾是任何一个市场经济国家都必然面对的问题。但是，由于转型社会的特殊背景决定，原有均衡一旦被打破，新均衡的实现是一件相当艰难而漫长的事情。因为我们既不可能在原有制度框架中实现新的均衡，又不可能一下子完全摆脱原有制度框架去重建新的均衡。所以，日渐丧失的旧体制功能和尚未健全的新制度体制同时并存，使公平与效率的矛盾在今天的中国表现得尤其尖锐、突出，并在短期内无法根本解决。如全民社会保障制度的不完善，公共物品供给、医疗、免费教育、伤残抚恤等社会福利制度的短缺，转型政府职能转变中的缺位等，都在无法以制度化的方式根本解决公平与效率之间矛盾的同时，在一定程度上扩大着基尼系数，加剧着社会矛盾。

另外，中国社会改革是在较低的人均收入水平上展开的，因为尚未形成庞大的中产阶级，所以市场经济的结果势必迅速造成显著的贫富差距上的两极分化。因此，经济增长中的贫困现象和经济繁荣中的低福利问题，"过早"地成为政府必须用制度安排来解决的社会问题，否则社会就难以稳定发展。尽管改革就是打破稳定，尽管"稳定压倒一切"的提法只能在特定的情况下来理解，但从社会持续发展的大环境来看，失去稳定对于一个拥有13亿人口大国来说,是比任何自然灾害都具有杀伤力的灾难。尽管稳定的社会未必是一个和谐的社会(要看稳定是建筑在什么基础之上的,以及稳定是以什么方式实现的),但和谐社会一定是一个稳定的社会,以开放促改革,以改革促发展,以发展实现稳定无疑是正确选择。

和谐社会应该是一个福利社会,福利社会并不是一个没有贫富差距和矛盾的社会,而是一个能够通过各项公正有效的制度安排缩小贫富差距,缓和社会矛盾,从而降低社会发展成本,提升社会整体福利感的文明与进步的社会。在和谐社会的构建中,政府应该有所作为。一方面,政府要提升自己的认识能力、文明程度和科学执政能力;另一方面,政府要在包括法律、社会剩余的再分配和社会保障制度在内的公共物品的提供上强化权力的力量。任何明智的政府都不能简单地把市场经济的结果,作为理所当然的社会结果加以接受。机遇的平等和尊严的保证与给予是福利社会中政府的职责和责任。如果说对于西方发达的市场经济而言,支撑市场经济的各项制度大多是长期演化过程的结果,那么对于转型国家而言,支撑市场经济的各项制度更多地表现为政府有目的的,带有强制性特点的,作为改革措施或步骤的制度安排。因此,在转型社会中,一个保护性的政府可以在培育支撑市场经济的各项制度的确立中做出巨大的贡献,从而在限制转型过程中高得不成比例的信息或交易成本方面大有作为。正如柯武刚、史漫飞所指出的:制度转型要求坚持政府的保护性职能,绝不能低于对公民自由和市民社会制度保护很差的原社会主义体制。然而,可以认为,较老的公民们在其工作期间为集体的经济努力做出了贡献,现在他们在获得养老支持和其他基本服务上要依靠政府。必须承认,他们已经有权对社会化资本存量提出某些财产要求。可能还必须建立一个最低社会保障体系来确保起码的结果平等,这至少对老幼病弱是必需的。这是一种对社会稳定的投资,即使它会与形式公正、自由和激励有冲突,也是能够被接受的。由于我国是在普遍较低的人均收入水平基础上开始市场经济的实践的,同时对社会触及深远的所有制革命,这一方面使原有社会成员中曾经最优越的那部分人,很快失去了由所有制的优越带来的社会福利,另一方面这部分人在丧失福利的同时又失去了尽管较低,但是相当稳定的工作及其收入,逐渐成为社会的弱势群体。因此,政府必须把社会福利制度作为实现普遍富裕的保障措施,而不是作为普遍富裕的结果来实现。在这里,福利制度的意义远远大于它本身固有的公平、公正、人文关怀和对人和生命的尊重的意义。因为，对任何社会来说，创造财富的同时也在制造着贫穷，实现繁荣的同时也降低着部分人的幸福感，比普遍贫穷更为可怕。和谐社会并不是一个经济总量的概念，它必然包括机会、权力、尊严、尊重等人文价值观在内。因此，无论如何都不能单纯地把和谐社会看作经济发展的奢侈品。

三

从实现制度变迁的逻辑上看，"和谐社会"理念的提出是中国社会的改革向纵深发展的必然要求。事实上，伴随着计划经济向市场经济的转型，与之相适应的新的社会运行机制的营建就已经被客观地提出来了。对于转型社会而言，崭新的社会运行机制的营建过程，既是政府官员的权力和既得利益被削弱、剥夺、甚至丧失的过程，又是服务型政府的形成、培育的过程。在政府的权力还必须用政府的权力来剥夺的体制中，政府的文明程度和远见卓识对社会绩效而言是至关重要的。因为，尽管政治规则会导致相适应的经济规则，但是，一种新的制度如果用与之背道而驰的老的组织来执行，显然会适得其反。

中国社会的改革是从经济改革入手的，这无疑是一条最佳路径，但同时也使社会大环境不配套，以及缺乏有效的制度环境支撑等"先天不足"的问题很快凸现出来，并构成了经济改革进一步深入的制度与体制"瓶颈"。制度总是镶嵌在制度环境之中的，没有制度环境支援的制度变迁是无法真正实现的。

纵观中国社会改革开放的历程，尽管经济改革成为改革的有效的突破口，但经济改革所面临的阻力又绝不单纯是经济体制本身的问题。如果说包括政治体制在内的社会制度框架的重建与完善，是完善市场经济体制的必由之路的话，那么包括政治体制在内的社会制度框架的缺失，则是造成社会发展不协调的根本原因。因此，完善市场经济体系已不是市场经济本身的繁荣所能完成的，而深化改革也不是单靠经济改革就能实现的。从非均衡开始的改革开放——以建立特区为制度变迁的模式，要想走向新的均衡，良好的社会规制的形成，政治文明和制度文明的建设，从而和谐社会的构建就是必然的选择。

和谐社会首先应该是一个法制社会，而法制社会又是市场经济正常运行的基础与保障。从历史上看，中国社会从来都不缺少旨在约束政治人和社会人的、体现意识形态和阶级意识的根本大法，而且在传统体制下，意识形态和革命理想对人的约束，在相当程度上替代了法本身对人的约束。因此，我认为今天所谓的法制不健全是指旨在约束经济人行为的，维护市场经济秩序和公平竞争的法律、法规的缺乏，而非根本大法的缺乏。然而建立与市场经济相适应的法制社会对转型社会而言，的确是一个学习与建设的过程。这一过程的长短，既取决于政府的认知能力和执政水平，又决定着市场经济体系完善的步伐。

和谐社会应该是一个制度文明的社会，而行之有效的制度体系，又是社会协调发展的保障。长期以来，作为社会定性的制度（资本主义制度和社会主义制度）早已被中国人所熟知。但作为保障社会运行规则的制度，却是大多数人所陌生的。尤其在传统体制下，人们更习惯于按"红头文件"办事，行政命令和官场上运行的游戏规则长期成为引导社会运行的通行规则。当然，与法治社会相适应的制度并非为社会定性的制度，而是指人类相互交往的一系列规则。这些规则能有效地抑制着可能出现的机会主义的乖僻的个人行动，增进社会秩序，并通过秩序鼓励着人与人之间的相互信赖与信任，减少合作的成本，使人们的行为更可预见，并由此促进劳动分工和财富的创造。制度作为一种公共物品，它通常是由政府或准政府提供的。由于人是制度的产物，制度不仅约束人，而且能改变人。所以，有什么样的制度就有什么样的行为选择。制度的文明决定了社会成员体选择行为的文明及社会的文明。又由于政府是制度这一公共物品的最大供给者，因此我们可以说，有什么样的政府，就会有什么样的制度安排，政府的文明是制度文明的前提与保障。改造政府，转变政府的职能，提高政府官员的执政能力，是营建和谐社会的内在逻辑要求。

和谐社会应该是一个政治文明的社会，而政治文明不仅是包括制度文明在内的社会文明的保证，还是和谐社会的政治前提。无论从什么意义上说，政治文明都是社会文明的集中体现。政治文明不仅体现于制度文明之中，更体现于政府的理念、行为之中。而转型社会政府的文明程度，对改革的绩效至关重要。沃尔特·奥肯在其《经济政策原理》中说：视现存的政府为所有经济活动的全知全能的保护者是错误的。但是，认为被利益集团收买的现政府已不可救药，从而对解决建立恰当政治——经济秩序的问题丧失信心，也是不正确的。政治秩序与经济秩序的相互依赖性迫使我们要同时解决它们。它们都是同一整体秩序的组成部分。没有竞争秩序，就不会有能起作用的政府；而没有这样一个政府，也不会有竞争秩序。

在谈到东南亚改革开放和内部变革时，柯武刚曾说：一定程度上的个人独裁确实是东亚发展方式的组成部分，但在开放经济中，只要这些独裁者愿意将经济繁荣置于首位，那么来自贸易和资本流动的反馈就会软化独裁。当中产阶级成长起来，新的经济企业家想要开辟通向市场的渠道时，当没有在成长中体验过其父母一辈所经历的那种赤贫的年轻一代开始需要政治自由及经济自由时，对普适性经济自由和政治自由的需要就会不断高涨。在韩国、新加坡和印度尼西亚，新兴的、受过教育的中产阶级为了维护其经济自由，都欢迎更大的政治自由。中产阶级的成员中，许多人不像他们的父母那样能为了经济发展而容忍政治性、官僚性独裁。迅速并入全球信息网络更助长了一趋势。应该说，政治文明既是改革的结果，又是深化改革的目标，更是和谐社会的核心内涵。

如果我们把和谐社会理解为一个整体协调发展的社会的话，它必然包含自由、平等、安全、富裕、卓越以及民主等诸价值观。制度经济学家阿里斯认为上述价值观具有不可分割的联系，它们同步增长，价值与价值之间没有真正的冲突：自由是达到富裕的必要条件，富裕也是实现自由的必要条件。自由只在平等者中间才有可能实现，平等仅当人们免于专断的社会差别待遇时才有可能实现。这些价值只是在人们获得了一定程度的安全时才可以达到；而仅当人们达到了一定程度的富裕，才可能有真正的安全……但同样也只对享受平等者之间自由的人才有安全可言。任何其他条件都意味着不安全威胁的存在……只有自由的人才懂得卓越，只有富裕的社会才有财力纵情于这种追求。但只有经历卓越，社会才变得富裕。这就是工业的生活方式，这就是现代人为之献身的生活方式，因为它是实际价值的浓缩，而那些实际价值的意义来自人类的生活过程。①

[原载《深圳大学学报（人文社会科学版）》2006 年第 2 期]

---

① ［德］J. 哈贝马斯：《走向一个合理社会》，见［英］马尔科姆·卢瑟福《经济学中的制度：老制度主义和新制度主义》，陈波、郁仲莉译，中国社会科学出版社 1999 版，第 166 页。

"消费者剩余"与社会经济福利感

由于经济学家们通常假设，当买者做出决策时他们是理性的，他们是从自己购买的物品得到多大收益的最好的判断者，而且他们的偏好应该得到尊重。因此，在大多数市场上（这里排除了诸如吸毒之类的不良偏好的市场），"消费者剩余"都反映了社会经济福利。从这个意义上说，"消费者剩余"作为对市场结果的"合意性"所作出的规范性判断，同时也是对一种经济制度或一项制度安排好坏的判断标准。当社会的决策者尊重并考虑消费者偏好时，"消费者剩余"就是社会福利的一种具有说服力的衡量标准。

一、"消费者剩余"的基本内涵

在边际效应递减的世界里，当人们"所得到的大于所支付"的时候，人们就获得了一种额外的好处，这种额外的好处就是"消费者剩余"。[1]

"消费者剩余"源于递减的边际效用。更确切地说，它表现为一种物品的总效用与其市场价格之间的差额。人们之所以能够享受"消费者剩余"，并从他们各自的购买行为中获得福利感，其根本的原因就在于对所购买的某一物品的每一单位，即从第一单位到最后一单位，支付了相同的价格，而且所支付的又都是最后一单位的价格。然而，"边际效用递减规律"告诉我们：对同一物品因占有的次序的不同，给人们带来的满足感就不同，因而人们所愿意支付的价格也就不同。随着人们对同一物品占有数量的增加，边际效用是递减的，即每增加1单位商品的效用是递减的，但总效用是增加的，当总效用达到极大值时，边际效用趋于零；当超过极大值继续消费时，边际效用为负，从而总效用开始下降。由于商品的价格是由最后一单位商品的效用决定的，而最后一单位商品的效用低于它之前

---

[1] 参见 [美] 保罗·萨缪尔森、[美] 威廉·诺德豪斯《经济学（第16版）》，萧琛等译，华夏出版社1999年版，第71页。

的每一单位商品的效用（事实上每一个处于 $n+1$ 位置上的商品的效用，都低于位于它前面的商品的效用，或者说前面的每一单位的商品的效用，都高于最后一单位商品的效用），因而人们在他们的购买行为中，就可以从前面的每 1 单位中享受到效用剩余。如果以货币为效用衡量尺度来说明一个人对水的消费，比如说水的价格是每加仑 1 美元（在供给等于需求的前提下，最后一单位水，第 8 加仑水的效用决定水的价格），就可以得到如图 1 的水的需求曲线。

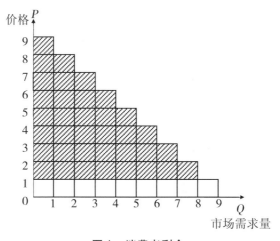

图 1　消费者剩余

因为第一加仑的水非常有用，能够消除极度的饥渴，消费者愿意为它支付 9 美元（即消费者价格是 9 美元）。但是这一加仑水的真实代价只不过是水的市场价格 1 美元，于是，消费者就从中得到了相当于 8 美元（9 美元 – 1 美元）的"消费者剩余"。假如第 2 加仑的水对消费者来说值 8 美元，但水的成本依然为 1 美元，于是消费者又从第 2 加仑的水的购买中获得了相当于 7 美元（8 美元 – 1 美元）的"消费者剩余"。如此推论下去，直到第 9 加仑的水，它对消费者来说只值 50 美分，从而消费者价格低于市场价格，"消费者剩余"为负，从理论上说，消费者是不会购买这一加仑的水的，因为在第 8 加仑水上，消费者达到了均衡（消费者购买到了全部"消费者剩余"）。

从消费者对水的购买行为中我们可以看到，尽管消费者为购买 8 加仑的水只支付了 8 美元，但消费者从 8 加仑水的购买中却得到了价值 44 美元（9美元+8美元+7美元+6美元+5美元+4美元+3美元+2美元）的总效用。这样，消费者也就得到了超过其支付额36美元的"消费者剩余"（图1中的阴影部分）。由于在购买行为中，消费者总是按照最后一单位的价格来支付全部单位的价格，因此他们得到了成本之上的（图1中1美元×8加仑的面积）效用剩余。然而，"消费者剩余"作为一种额外的效用，仅只是一种心理感觉。如上分析，这并非消费者真的得到了36美元的现钞，而是得到了价值36美元的福利感或满足感。然而正是这种满足感或福利感，对消费者来说，如同亚当·斯密所说的"看不见的手一样"，左右着消费者的购买行为，从而影响着市场上的需求。[①]

事实上，无论人们是否意识到，在现实的买卖行为中都存在着两种价格。一种是由收入和偏好决定的消费者价格，另一种则是由市场供求关系决定的市场价格。前者遵循着边际效用递减规律，而后者则遵循着供求规律；前者之和体现了消费者获得的效用之和的总量（对同一物品的购买），后者则体现了消费为获得一定的效用总量所实际支付的货币总量。消费者价格与市场价格之差，就是体现消费者满足感或福利感的"消费者剩余"。因此，当消费者以低于消费者价格购买到自己所需要的商品时，心里会很舒服，有一种划算的感觉，甚至有一种占了便宜的窃喜。当这种便宜感很大，很强烈时，消费者的购买行为完全可能再继续下去，直至购买到这种"便宜感"减弱、消失为止。这就是人们会多买价格变得便宜的商品的原因。反之，当一个消费者的购买行为的结果使其大呼上当或感到吃亏时，那一定是失去了"消费者剩余"，从而失去了一种满足感或福利感，甚至在某些情况下还会切切实实地失去可以计算的有形的货币收入。当明白了消费者价格和市场价格之间的关系后，我们就可以解释虚假广告和不法商家雇佣"托"来害人的"原理"——通过夸大商品的效用或人为制造紧缺感，提高消费者价格，从而增加购买者的"消费剩余感"，诱发人们的购买行为。

[①] 参见［美］保罗·萨缪尔森、［美］威廉·诺德豪斯《经济学（第16版）》，萧琛等译，华夏出版社1999年版，第71-73页。

二、"消费者剩余"与公共物品的供给及公共选择的选择

消费者剩余对公共物品的供给及公共选择的影响,在于它以成本—收益的方式评估、影响政府的决策及"公共选择"的选择。从理论上说,能够纳入公共物品菜单和公共选择的东西都是在不同程度上具有非排他性和非竞争性的东西,并且要由政府财政(纳税人的钱)来支付。由于公共物品,尤其是诸如国家安全、路灯这样的纯公共物品只存在私人需求曲线,而无私人供给曲线,所以政府自然成为公共物品的最大供给者。犹如"科斯的灯塔"的路灯,由于路灯光亮的不可独占性,只要在一段路上有一盏路灯在闪亮,经过此路段的人都可以在拒绝付费的情况下顺理成章地"借光"。他们不付费,但可以享有路灯的光亮,而修建路灯的人却会因为收费难而血本无归。于是以利润最大化为目标的私人资本,是无论如何不会问津诸如路灯这类公共物品行业的。但是没有路灯,夜晚人们将进入"无政府"的黑暗,如果人手一只手电筒,虽然方便了个人的夜晚出行,但个人的福利感并不会由于夜晚有了手电筒的相伴而提高,甚至还会相反。比如,当一手拿着手电筒,一手把着自行车把手或提着沉重的物品时,这种不方便和窘迫都会大大降低人的尊严感和福利感。如果由政府来提供路灯,则不仅可以很好解决收费难的问题,而且在正常的情况下,为修路灯所花的费用(成本)一定会小于路灯给市民带来的好处(收益),每一个城市居民都从路灯的修建中享受到"消费者剩余",从而提升了社会成员的整体福利感。虽然没有路灯谈不上夜晚光明的福利感,但也只有由政府来提供路灯,才会带来社会成员整体福利感的提升。因为福利不在于路灯本身,而在于政府对公共物品的供给。所以,政府不仅是公共物品的供给者,也是社会福利和福利感的提供者。

成本—收益原则不仅决定公共物品的供给,而且可以用来评估政府决策的效益与可行性。例如,政府如何决定新建一条公路的价值,或保留一个公共娱乐场所的价值。假如一条新的公路的修建方案正在考虑之中,由于公路对所有人免费,它并不带来任何收入。使用公路的人所得到的价值在于时间的节省、便利和更加舒适、安全,而这些感觉又都可以用"消费者剩余"来衡量。为了避免个人之间效用难以比较的困难(收入、偏

好、税收承担不同以及对公共物品的消费者价格不同），假定有 10000 个使用者，它们在所有方面都相同，每一个人都可以从公路的修建中获得相当于 350 万美元的"消费者剩余"。如果修建公路的成本小于 350 万美元（10000×350 美元），修建这条公路无疑会提高消费者经济福利；反之，如果修建这条公路的成本大于 350 万美元，从而"消费者剩余"为负，公路的修建将会使消费者的经济福利下降，理性的政府将不会实施这项计划。①

有关公路的分析同样适用于解决是否修建机场、地铁、水坝，或者是否要求安装新的减轻环境污染的设备等公共项目的决策。如果在居民区旁修建飞机场，那么由方便带来的收益将会在噪音扰民的副作用下大大降低，甚至为负，从而消费者从机场的修建中非但享受不到"消费者剩余"，反而不得不承担噪声带来的负效用，那么政府的这项决策就不是一项好的决策，同时也无法获得"公共选择"（投票）的选择（支持）。

对于一个能够充分考虑并尊重消费者偏好的明智政府来说，"消费者剩余"无疑成为决定政府所要实施的各项社会发展计划的权衡成本—收益的重要因素。作为单个的理性的经济人，每一个消费者都会尽量使自己的购买行为沿着"消费者剩余"最大化路线进行，然而，在存在公共物品和公共领域的社会里，单个理性经济人追求个人"消费者剩余"最大化行为，往往并不必然带来社会剩余最大化的结果。政府增加对公共物品和公共领域的有效投入，不仅能增加每一个社会成员的"消费者剩余"，还同时增加社会"总剩余"，从而提高全社会成员的福利感。从这个意义说，福利社会是一个社会成员普遍而公平地享有"消费者剩余"的社会。

三、转型社会"消费者剩余"的损耗及矫正

尽管从社会基本运行机制上看，中国社会已基本完成了市场经济体系的营建，但从更深层面上说，今天的中国，由计划经济向市场经济的转型尚未真正完成，还是一个具有显著"转型"特质的社会。因此，与成熟市场经济相适应的社会规制的短缺，面对市场失灵的政府失灵，由官员认

---

① 参见［美］保罗·萨缪尔森、［美］威廉·诺德豪斯《经济学（第 16 版）》，萧琛等译，华夏出版社 1999 年版，第 72 页。

知能力和传统体制遗留下来的官僚主义作风导致的市场"非常规"失灵（由转型社会特有因素，如政策的不确定性、计划经济的遗风等因素所导致的市场失灵），在破坏市场经济秩序的同时，也损害着社会的效益和人们的经济福利感——"消费者剩余"的损耗。

市场失灵是转型社会的常态，尤其是转型社会初期，市场失灵并不是作为市场经济本身的问题，而是作为转型的代价和政府失灵的结果而存在的。市场失灵首先表现为价格的扭曲和由此所致的对市场均衡的破坏。我们知道，"消费者剩余"作为一种福利感，它与一种物品的需求曲线密切相关。如果从直观上看，市场上的"消费者剩余"是由需求曲线以下和价格线以上的面积来衡量的。需求曲线的高反映了买者对物品的评价，即消费者价格，它与市场价格的差额就是每个买者的消费者剩余。然而，当价格发生扭曲从而使价格线向上移动时，需求曲线以下和价格线以上的面积就会减少，消费者剩余也会减少，进而消费者的经济福利感也就会随之下降。为了说明这一点，我们可以从一个低价格是如何增加消费者剩余的反例来证明。例如，某一物品的价格在 100 元以上时，市场需求量为零；价格在 80～100 元时，需求量为 1；价格在 70～80 元时，需求量为 2；价格在 50～70 元时，需求量是 3；价格在 50 元或以下时，需求量是 4。根据上述与不同价格水平相对应的需求量变化的轨迹，我们可以描绘出该物品的需求曲线，如图 2 所示。

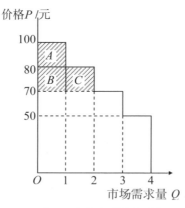

图 2　消费者剩余的增加

由于价格在 100～80 元之间的需求量为 1，因此当价格 $P=80$ 元时，需求量为 1，消费者得价值 20 元的消费者剩余，即图 2 中的阴影部分 A 的面积；当价格为 70 元时，需求量为 2，总消费者剩余价值 40 元，即图 2 中的阴影部分 A+B+C 的面积。其中 A 是原来的消费者剩余，B 是原来消费者获得的额外的消费者剩余，A+B 是原来消费者在价格下降后所获得的全部消费者剩余，而 C 是新加入的消费者所获得的消费者剩余。由此可见，当价格下降时（由 80 元下降到 70 元），一方面，原来的消费者，即能接受 80 元价格的消费者，为购买同量的商品只需支付较少的费用；另一方面，低价格又吸引了新的消费者进入市场。所以，总"消费者剩余"增加了，或者说"消费者剩余"的绝对量增加了。

显然，低价格以扩大消费者价格与市场价格之间差距的方式，增进着消费者剩余，从而增进着消费者经济福利感。与之相反，高价格无疑会缩小需求曲线与价格线之间的面积，减少"消费者剩余"，从而减少消费者的经济福利感。当了解"消费者剩余"增减的道理以后，我们就能够解释为什么市场经济初期，消费者从市场经济中得到了比计划经济体制更多的便利，但福利感却并没有由于便利的拥有而同步提升。当由政治权利所致的垄断价格长期存在时，当由诚信缺乏所致的虚假价格和以次充好现象普遍存在时，都会在不同程度上造成"消费者剩余"和"社会总剩余"的丧失，完善的市场体系在增进社会福利方面所具有的独特的功能，在这里却适得其反地表现为对社会福利的吞噬。

当谈到"消费者剩余"和经济福利感问题时，还不能不谈及另一个与消费者剩余相对应，同样作为福利经济学分析工具的"生产者剩余"概念。

"生产者剩余"是指卖者出售一种物品得到的减去生产成本后的收益。正如"消费者剩余"与需求曲线密切相关一样，"生产者剩余"也与供给曲线密切相关。价格线以下和供给曲线以上的面积就是"生产者剩余"，供给曲线的高衡量卖者的成本，而价格与成本之间的差额就是卖者的"生产者剩余"。①

如果说"消费者剩余"是用来衡量消费者的福利感的话，那么"生产者剩余"则是用来衡量生产者的福利感。同时正如低价格能够增加

---

① 参见 [美] 曼昆《经济学原理（第 2 版）》，梁小民译，生活·读书·新知三联书店、北京大学出版社 2001 版，第 150－151 页。

"消费者剩余",从而提升消费者的经济福利感一样,高价格也可以增加卖者的"生产者剩余",从而提升卖者的经济福利感。如图3所示,当价格为P_1时,"生产者剩余"为三角形 BCA,而当价格由P_1上升到P_2时,"生产者剩余"则为三角形 ADF,其中 ABC 为原来生产者的"生产者剩余",四边形 DBCE 为原来生产者由于高价格而额外获得的"生产者剩余",三角形 ECF 则为新生产者的"生产者剩余"。可见,当价格上升时,即由P_1上升到P_2,供给量也从Q_1上升为Q_2,"生产者剩余"也就从原来的三角形 ABC 增加到三角形 ADF,四边形 BDEC 和三角形 CEF 则表现为新增加的卖者剩余。

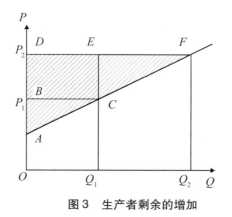

图3 生产者剩余的增加

如果把"消费者剩余"和"生产者剩余"相加,我们就会获得衡量社会总福利水平的"社会总剩余"("社会总剩余"="消费者剩余"+"生产者剩余")。由于"消费者剩余"=消费价格-市场价格;"生产者剩余"=卖者得到的量-卖者的成本,并且市场价格等于卖者得到的量,所以,"社会总剩余"就可以表示为:消费者价格减去卖者的成本。又由于"消费者剩余"等于价格以上和需求曲线以下的面积,而"生产者剩余"等于价格以下和供给曲线以上的面积,因此当市场上达到供求均衡时,"消费者剩余"和"生产者剩余"最大,从而"社会总剩余"最大。(如图4所示)

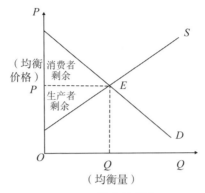

图 4　社会总剩余

  如果资源配置的结果使社会所有成员得到的总剩余最大，那么这种配置就表现为效率。如果一种配置是无效率的，那么买者和卖者之间交易的好处就还没有完全被实现。① 例如，如果一种物品不是由最低成本的卖者生产，配置就是无效率的。在这种情况下，将生产从高成本生产者转给低成本生产者，就会降低卖者的总成本并增加总剩余。同样，如果一种物品不是由对这种物品评价最高的买者消费，配置也是无效率的。在这种情况下，使该物品的消费从评价低的买者转给评价高的买者就将增加总剩余。当然，我们还可以用"社会总剩余"的概念来衡量比评价市场结果的效率要困难得多的市场结果的平等问题。因为，市场结果的平等表现为社会福利——"社会总剩余"在各种买者与卖者之间分配的公平性。

  尽管"社会总剩余"表现为自由市场经济的自然结果，它既不需要政府通过改善买者之间的消费配置或卖者之间的生产配置来增加社会福利，也不需要政府通过增加或减少物品量来增加社会经济福利。但是，"社会总剩余"作为衡量市场经济结果的效率与公平的指标，作为社会福利感的衡量工具，对分析转型社会并不成熟、完善的市场经济体系的市场结果的效率、公平以及福利感，同样具有理论意义和现实意义。因为，一方面"社会总剩余"作为对经济制度好坏的价值判断，不仅明确了政府在市场经济中的职能，还为公共政策的实施提供了理论依据，而成功的公

---

  ① 参见［美］曼昆《经济学原理（第 2 版）》，梁小民译，生活·读书·新知三联书店、北京大学出版社 2001 版，第 155－158 页。

共经济政策能够有效地矫正市场失灵并增进社会经济福利。另一方面,转型社会的政府应该是一个学习的政府,官员们认识能力的提高不仅会降低"转型"的成本,还会增进社会福利。因为,当人们学会以社会福利的普遍、公平地提升和"社会总剩余"最大化作为政策制定和一项制度安排是否可行以及好坏与否的评价标准时,就会以崭新的理念摒弃"为发展而发展""为数字而发展"的传统的政绩观,并有助于矫正转型社会中与市场失灵同时并存的,作为市场失灵原因和结果的政府失灵。

(原载《学术研究》2006 年第 4 期)

CEPA 的制度绩效与"邻里效应"分析

一

美国新制度经济学派代表人物道格拉斯·C. 诺斯在《制度、制度变迁与经济绩效》一书中指出：制度是一个社会的游戏规则，更规范地说，它们是为决定人们的相互关系而人为设定的一些制约。制度构造了人们在政治、社会或经济方面发生交换的激励结构，制度的变迁则决定了社会演进的方式。因此，不仅制度对经济绩效的影响是无可非议的，而且不同时期经济绩效的差异受到制度演进方式的影响也是无所争议的。制度通过它们对交换与生产成本的影响来影响经济绩效，如果我们视制度为经济绩效的决定因素，那么相对价格的变化则是制度变迁的原因。或者说，相对价格的变化创造了一个建立更加有效的制度的激励。制度不仅能根本改变个人的相对价格，而且尤其能改变社会发展的成本。因此，如果把 CEPA 放在制度变迁的框架中分析（CEPA 本身就是一种制度安排），无论从市场运行规则的意义上说，还是从社会变革的规制角度上看，它都是一种减少交易费用的制度安排。因为 CEPA 的实施以改变相对价格的方式减少着买者和卖者的交易支付，降低着市场运行乃至改革开放的执行成本，从而提高着社会整体的福利感，并对经济绩效产生了深刻的影响。

CEPA 协议涉及货物贸易、服务贸易、投资便利化三大领域。货物贸易的宗旨是在原产地原则下的关税减免。如 2004 年 1 月 1 日起开始实施的 CEPA 协议中对货物贸易的自由化承诺就规定：除香港继续对原产内地的所有进口货物实行零关税外，内地也将对香港输往内地的 273 种产品实行零关税；并不迟于 2006 年 1 月 1 日，内地将对 273 种以外的原产香港的进口货物实行零关税。协议还规定，一方将不对原产于另一方的进口货物采取与世界贸易组织规则不符的非关税措施；内地将不对原产香港的进口货物实行关税配额；双方承诺一方将不对原产于另一方的进口货物采取反倾销和反补贴措施。自 2005 年 1 月 1 日起，内地对第二批 713 种（内地 2004 年税号的商品）原产香港的进口货物实行零关税。加上 2004 年 1

月 1 日起已经实行零关税的 374 个海关税号商品,内地已经承诺共对 1087 种原产香港的货物实行零关税。2005 年,香港可享受零关税的商品已基本包括了香港现有生产的全部产品。自 2006 年 1 月 1 日起,内地将对香港输入的原产香港的 1369 种货物全面实行零关税。同时放宽了原产地原则,比如部分产品采用最少 30% 香港从价百分比作为原产地规则;允许香港自有品牌的手表不符合 30% 的增值要求;等等。

关税作为一种加价无疑构成了消费者的支付价格,它在提高物品价格的同时,也减少了消费者在无关税的自由贸易中所得到的好处——消费者剩余所表现出来的福利感。不仅如此,尽管关税使国内生产者状况更好,而且政府的财政收入也由于关税的存在有所增加,但消费者的损失却远大于上述好处之和,社会总福利会由于关税的存在而整体下降。其实,单就进口关税使市场接近于没有贸易时的均衡而言,关税本身就在减少着自由贸易固有的好处。

图 1 表示的是没有国际贸易时的均衡。当一个经济不能在世界市场上进行贸易时,价格调整使国内供给需求平衡。在均衡价格下,无论消费者还是生产者都能得到最大的满足,即消费者得到了完整意义上的消费者剩余,生产者得到了完整意义上的生产者剩余,从而代表社会福利感的社会总剩余——消费者剩余和生产者剩余之和最大。

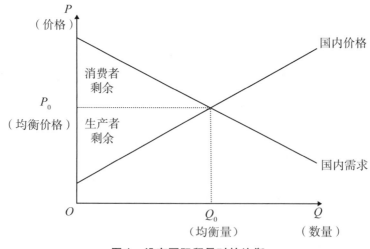

图 1　没有国际贸易时的均衡

图 2 表示自由贸易的状况，一旦允许自由贸易，国内价格将下降到世界价格水平。供给曲线表示国内产量，需求曲线表示国内消费量。进口数量等于世界价格时国内需求量与供给量的差额。当国内价格下降到等于世界价格时，买者的状况变好，消费者剩余从 A 增加到 $A+B+D$；而卖者的情况变坏，生产者剩余从 $B+C$ 减少到 C。但是总剩余增加的量等于 D，这表明自由贸易提升了整个国家的经济福利。

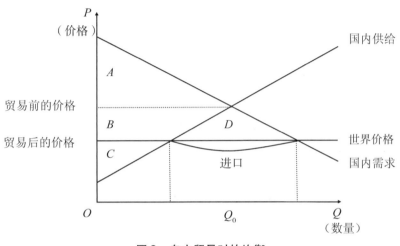

图 2　自由贸易时的均衡

由此可以看出，在允许自由贸易的情况下，尽管消费者的状况变好，而生产者的状况变坏，但从整体上来看，赢家的好处大于输家的损失，所以贸易增加了一国的经济福利。

图 3 是存在关税的情景。关税减少了进口量，并使市场接近于没有贸易时存在的均衡。社会总剩余的减少量等于 $D+F$ 两个三角形，这两个三角形代表了关税造成的无谓损失。

在有关税前，国内价格等于世界价格。消费者剩余，即需求曲线与世界价格线之间的面积是 $A+B+C+D+E+F$；生产者剩余、即供给曲线与世界价格线之间的面积是 G。政府的收入为零。总剩余为消费者剩余、生产者剩余和政府收入之和，即 $A+B+C+D+E+F+G$。一旦政府征收关税，国内价格便会高于世界价格，其高于量正好是关税的数量。于是引入关税后的消费者剩余是 $A+B$，生产者剩余是 $C+G$，政府的收入等

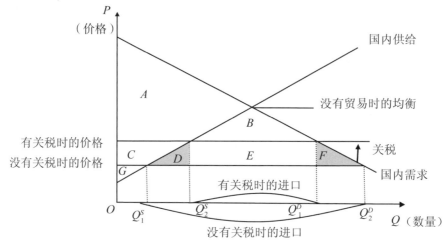

图3 有关税时的无谓损失

于关税后的进口量乘以关税规模 E,有关税的社会总剩余是 $A+B+C+E+G$。为了确定关税的总福利影响,当我们将消费者剩余的变动(为负)与生产者剩余的变动(正)和政府的收入变动(正)相加时,就会发现市场总剩余减少了 $D+F$ 两个三角形的面积。

其实,关税引起无谓损失是正常的。因为关税作为一种税,与任何一种物品的销售税一样,它都会扭曲激励,并使稀缺资源的配置背离最优水平。D 代表着关税使生产者获得高于世界价格的可能的驱动下过分生产的无谓损失;F 则代表着消费者面对较高的价格不得不减少消费或消费不足的损失。

如图4所示,进口限额和关税一样减少了进口量,并使市场接近于没有贸易时存在的均衡。社会总剩余减少了 $D+F$ 的面积,D、F 两个三角形代表限额的无谓损失。此外,进口限额使 $E'+E''$ 转移给了持有许可证的人。

在存在限额的情况下,限额使国内需求量从 Q_1^D 下降到了 Q_2^D,而国内的供给量则从 Q_1^S 上升到 Q_2^S;限额使国内价格上升到了世界价格之上,国内卖者的状况变好,而买者的状况变坏。

此外,限制还使许可证持有者的状况变好。因为他们能按世界价格购买,并从较高的国内价格出售中得到利润。这一点从消费者剩余、生产者剩余和持有者剩余的变化中就能清楚地看到。在政府实行限额之前，国内价格等于世界价格，消费者剩余为需求曲线与世界价格线之间的面积：$A+B+C+D+E'+E''+F$；生产者剩余为供给曲线与世界价格线之间的面积 G；许可证持有者的剩余为零，因为无许可证的利益存在；社会总剩余即为消费者剩余与生产者剩余之和：$A+B+C+E'+E''+F+G$。

政府实行进口限额并发放许可证后，国内价格高于世界价格。国内消费者剩余由原来的 $A+B+C+D+E'+E''+F$，增加到 $A+B$ 的面积，生产者剩余由原来的 G，增加到 $C+G$ 的面积，许可证持有者的收入由原来的零为 $E'+E''$ 面积的剩余收入所得；社会总剩余的变动额为 $-(D+E)$，这个减少的面积就是实行进口限额的无谓损失。

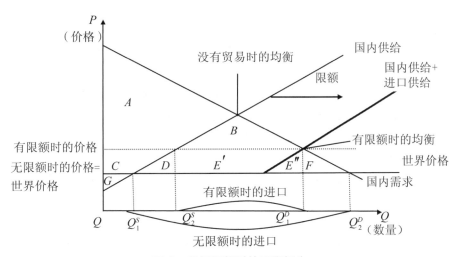

图 4　实行限额时的无谓损失

从上述分析可以看出，关税和进口限额作为自由贸易的屏障在减少社会总剩余，从而降低社会福利感上结果是相同的。因为无论是关税还是进口限额，都是以提高物品的国内价格的方式来减少国内消费者的福利（消费者剩余），增加生产者的福利（生产者剩余），并引起无谓损失。所不同的是，前者增加了政府的收入，而后者增加了许可证持有者的剩余收入。其实相对于关税而言，进口限额还可能引起更大的无谓损耗。因为当许可证有可能给予能用更多的资源游说政府的人时，限额的无谓损耗就不仅包括过分生产的损失和消费不足的损失，而且必然包括许可证持有者的剩余中（$E' + E''$）浪费于游说的那部分。①

CEPA协议中有关货物贸易的条款作为一种改变相对价格的制度安排，其经济绩效是显而易见的。香港特区政府曾初步评估，CEPA实施的前两年有可能带来逾百亿元的经济绩效。据海关统计，2004年1月至2005年10月，内地进口的享受CEPA零关税优惠的香港产货物总值3.5亿美元，减免关税2.1亿元人民币，扭转了香港连续3年的出口负增长，达到了3.1%的水平。②另外，CEPA实施以来，香港批出的产品许可证达4000宗，货值15亿元，而且批证数的增加速度还不断加快。同时，香港的厂家也增加了对机器的投资，进口工业用机器的总值在2004年出现了增长势头。在零关税的制度安排下，货物贸易的旺盛刺激了厂家的投资总额，推动了香港本地制造业，特别是高增加值制造业的发展，为香港制造业的复苏和发展提供了由有效制度供给带来的巨大的机遇。如，CEPA实施以来，创造了近3万个新的就业机会，其中在2004年CEPA所带来的新职位占香港新增职位总数的20%。

其实，CEPA中有关服务贸易方面的制度安排的经济绩效与货物贸易中的关税减免的道理是相同的。如果说关税减免通过降低进口商品的价格，提高消费者剩余，从而增加社会总福利的话，那么服务贸易则是通过放宽市场准入，为消费者提供更多的可供选择行业服务，使消费者在选择中享有开放市场中的行业竞争所带来的好处和实惠。如内地同意在法律、会计、医疗、视听、建筑、分销、银行、证券、运输、货代和个体工商产业11个领域对香港服务及服务者提供进一步放宽市场准入的条件，扩大香港永久性居民中的中国公民在内地设立个体工商业的地域和营业范围。内地同意在专利代理、机场服务、商标代理、文化娱乐、信息技术、职业咨询、人才中介机构和专业资格考试8个领域对香港服务和服务提供者放开和放宽市场准入的条件。CEPA协议的第三阶段，自2006年1月1日起，在原有准入水平上又对法律、会计、视听、建筑等10个领域实施新增加的进一步放宽市场准入的23项措施。其中包括降低在内地设立旅行

---

① 参见［美］曼昆《经济学原理》上册，梁小民译，北京大学出版社1999版，第173－192页。

② 数据来源：中华人民共和国海关总署编《中国海关统计年鉴（2005）》，《中国海关》杂志社2005年版。

社的最低营业额的设定,允许港商独资公司在多个地点兴建和经营多间电影院,等等。2004 年底,据 CEPA 协议香港有 583 家公司获准内地成立。到 2005 年 11 月,香港已核发了 901 份服务提供者证明书,涵盖运输及物流、分销、保险等 10 个行业。内地与香港在建筑、证券、会计、保险等领域开展专业资格认证工作也相当有成效,双方共有 696 人通过认证取得了对方的专业资格,其中香港有 377 人。

制度对人们能够在多大程度上实现其经济上和其他方面的目标有着巨大的影响。人们通常偏好能增进其选择自由和经济福祉的制度。但制度并不总是有助于这样选择的实现。某些类型的规则可以对一般物质福利、自由和其他人类价值产生不利的影响。规则体系衰败会导致经济和社会的衰落。因此,制度对选择和繁荣的含义和影响,就必然构成制度绩效的似乎"与生俱来"的内容。① 但是,无论一项制度安排在制定者那里被描述的多么有效率,只有在私人的收益超过私人成本时,这一项规则的制度安排才能从观念真正变成执行中的规则。如果说收获原制度框架内所无法获得的好处是制度变迁的内在原动力的话,那么降低社会运作成本,减少社会成员为获得相同消费所支付的价格,可谓制度变迁的重要目标。此外,选择的自由是最大的福利,也是民主的象征。

二

当交易有成本时候,制度是重要的。交易费用不仅成为制度存在的理由,甚至还成为制度变迁的理由。诺斯说:"我的制度理论是由一个关于人类行为的理论结合一个关于交易费用的理论建立起来的。通过这两者的结合,我们可以理解制度为什么存在,以及他们在社会中起怎样的作用。如果再加上生产理论,我们就可以分析制度在经济绩效中的作用。"②

交易费用或交易成本是在产权被用于市场商务活动中的交易时发生的成本。交易成本是由信息搜寻成本、谈判成本、缔约成本、监督履约情况

---

① 参见 [美] 道格拉斯·C. 诺斯:《制度、制度变迁与经济绩效》,刘守英译,上海三联书店、上海人民出版社 1994 年版,第 64-65 页。

② 参见 [美] 道格拉斯·C. 诺斯:《制度、制度变迁与经济绩效》,刘守英译,上海三联书店、上海人民出版社 1994 版,第 23 页。

的成本以及可能发生的处理违约行为的成本构成的。同时，那些信息成本和为契约做准备的成本都是先于交易决策而"沉淀"的成本，具有"沉没成本"的定义。

通常，在人们知道他们需要什么以及如何才能与他人交易产权之前，他们必须先获得信息。即使对于有经验和知识积累的人来说，获得信息本身也是一种昂贵和风险很大的过程。接着人们必须进行缔约谈判并维护契约，这会进一步耗费资源。最后必须对履约情况进行监督和评估。如果有必要还要进行裁决和惩罚。由于信息的收集是很费钱的，同时信息的价值又不可能在获得它之前就得到评估。因此不仅信息收集本身是一项有风险的活动，而且在信息成本很高的场合，私人的双边交易将变得不可能。然而，一旦经济主体认为，他们所收集到的信息已足以证明某一交易将有益于他们的目标，就不得不去设想一连串进一步支付的成本：谈判成本、缔约成本、监督成本和惩罚违约的成本。罗纳德·科斯在尝试解释企业存在的理由时，为经济理论所"发现"的就是这种不仅在事实上存在而且反复发生的交易成本。同时，科斯指出：通过建立一种无限期的、半永久性的层级性关系，或者说通过将资源结合起来形成像企业那样的组织，可以减少在市场中转化某些投入的成本。如一个雇员与企业的关系，能节省每天去市场上招聘雇员的成本。①

诺斯也说："在一个零交易费用的世界里，谈判的力量是不影响结果的绩效的。但是，在一个正交易费用的世界里，它确实给出了制度具有的群集式不可分性特征，并且决定长期经济变迁的方向。"②

信息费用构成了交易费用相当大的部分，减少交易费用首先要减少社会为收集信息所支付的费用。由于对信息共享会节约社会发展成本并减少人为的信息不对称，政府因此常常成为信息的供给者。诺斯在与戴维斯合著的《制度变迁与美国经济增长》一书中指出：相关的经济信息流的组织与增进（交易费用的许多形式中的一种）可能是制度创新的主要领域。如果获取信息是没有成本的，那么所有市场上的价格就只有因为交通费用

---

① 参见［德］柯武刚、［德］史漫飞：《制度经济学：社会秩序与公共政策》，韩朝华译，商务印书馆 2000 年版，第 237－239 页。
② 参见［美］道格拉斯·C. 诺斯：《制度、制度变迁与经济绩效》，刘守英译，上海三联书店、上海人民出版社 1994 年版，第 21－22 页。

而产生差别。事实上信息是有成本的，而且纯粹地方市场的普遍存在正好反映了关于在更远距离地区交易的获利机会的信息的缺乏。当关于不同地区的价格信息是可以获得的时，商人将他们的产品送往市场的净价格差（即对交通费用的调整）是最大的。信息成本较低，市场运作就更好。①

一般说来，信息不仅是有成本的，还是报酬递增的。即人们常常必须支付信息，但成本不会有很大变化，不管这一信息是被用于影响一种、一百种或一千种交易。如果信息成本十分大，且它们属于成本递减，则人们可能会从使不确定性降低的信息流的递增中获取巨额利润。最为经济的安排性创新分配是一种专门化的企业，因为它们不仅供给了信息，也实现了潜在的规模经济。事实上，当市场必须通过空间的或临时的壁垒而形成时，市场失败是经常发生的。这些不确定性的贴现可能十分高，从而使贴现的均衡价格可能低于零，市场无法完全运作。②

历史经验表明，在任何国家，经济发展水平越低，相关市场越新，则这些假设的真实性就越差，潜在套利者的不确定性贴现就越大。换句话说，市场越不成熟，则交易费用或成本交易的支付越大。

从交易费用的角度出发，CEPA 协议中的便利化制度安排，是一种提高信息共享度，减少沉没成本支付，降低交易费用或交易成本的有效的制度安排。如投资便利化方面规定：双方提高透明度、标准一致化和加强信息交流等措施与合作，具体合作的领域包括贸易投资促进，通关便利化，商品检验检疫、食品安全、质量标准，电子商务，法律法规透明度，中小企业合作，中医药产业合作，等等。CEPA 实施以来，便利化的制度绩效是相当显著的。如在贸易投资便利方面，内地与香港海关启用了统一的《进/出境载货清单》，绿色关锁、货运车辆电子自动核放系统等，大大提高了通关效率。商务部与国务院港澳办还共同出台了有关文件，简化核准程序，积极支持内地企业赴港投资。此外，内地与港澳在卫生检疫、动植物检验、食品安全、电子商务等方面也取得了显著的进步。另外，从便利

---

① 参见 [美] R. 科斯、[美] A. 阿尔钦、[美] D. 诺斯等《财产权利与制度变迁：产权学派与新制度学派译文集》，刘守英等译，上海三联书店、上海人民出版社 1994 年版，第 295 – 297 页。

② 参见 [美] R. 科斯、[美] A. 阿尔钦、[美] D. 诺斯等：《财产权利与制度变迁：产权学派与新制度学派译文集》，刘守英等译，上海三联书店、上海人民出版社 1994 年版，第 298 – 300 页。

化的硬件方面来看，从地缘上方便两地属于公共设施的基础建设的完成和具有公共物品性质的某些领域的合作，既降低了社会发展成本又提高了共享的价值。如皇岗—落马洲口岸新建跨界公路桥工程、沙头角口岸新建跨界公路桥工程、罗湖人行桥二期空调安装工程的完成；中山港客运口岸和广州番禺莲花山港客运口岸的开通；香港国际机场的水上客运航线的使用；深港西部通道、港深澳大桥前期工程、广深港高速铁路等基建项目的积极推进，都不仅从时空上消除了沟通的障碍，从而降低了交易费用，而且还由于道路桥梁等这类具有非竞争性的基础设施的共同使用，切实降低了社会发展的成本。再如，港澳在环境保护、卫生、教育、城市规划、知识产权保护、文化、警务、体育等具有公共物品性的产品和具有公益性质的领域或行业的合作便利的实施，还会使双方在共享规模经济的好处的同时，收获节约财政投入的实惠。

三

从制度变迁及其绩效评估的角度来分析CEPA的意义及制度创新的价值，我们可以得出以下五个结论。

（1）CEPA既是改革开放的结果，又是改革开放过程，更是进一步改革开放的制度保证。如果内地没有20多年的市场经济的实践，CEPA将无从谈起，而CEPA的实施在加速粤港澳乃至内地经济一体化的过程中，把改革开放推向深入。同时，CEPA又以其自上而下的强制性制度安排的效应，降低每一个经济行为人融入一体化的边际成本，在确保短期内个人收益大于社会收益的前提下，逐渐实现着社会预期收益大于预期成本的制度改进的"帕累托最优"。

（2）从内容看，CEPA是一项旨在减少贸易壁垒、降低准入门槛、提供合作便利、消除阻碍市场经济发展的制度屏障的一项制度安排。但是，它所产生的制度绩效已超越了经济绩效本身。它不仅影响人们的经济生活和作为经济人的选择行为，它也影响人们的社会生活和作为社会人的思维方式与选择。CEPA在消除贸易壁垒的同时消除着心理壁垒；在降低准入门槛的同时，提高着彼此的认同；在提供合作便利的同时，增强着生活方式和行为方式的融合；在消除阻碍市场经济发展的原制度屏障的同时，提供了具有共享价值的制度安排。

（3）长期制度收益上看，CEPA 是一项提高其他制度安排绩效的一种制度安排。换句话说，它所带来的制度绩效大于它本身所具有的特定的制度功能，它所带来的绩效是自身绩效与"联动绩效"之和。没有 CEPA 就没有改革的深入发展；没有 CEPA 就没有开放的真正意义上的实现；没有 CEPA 就没有内地与香港、澳门的经济一体化顺利、有效地完成；没有 CEPA 的扶助，改革开放的整体制度绩效将大打折扣。正如 V. W. 拉坦在谈到诱致性制度变迁理论时所说：制度变迁可能是由对于经济增长相互关系更为有效的制度绩效的需求所引致的。制度变迁可能是关于社会与经济行为、组织与变迁的知识供给进步的结果。① 由于 CEPA 提升了改革开放的制度的集合效应，因此尽管从时效上说 CEPA 具有相当显著的时间性，但从制度变迁的进程来看，它具有长远的战略意义和制度效应。

（4）CEPA 不仅以规则的文明来缔造文明，还是人的文明和社会走向文明的产物。市场经济是民主的经济，而选择权的给予则是经济民主的基本要求。拥有选择的自由，才是拥有真正的自由；选择的权限越大，摆脱强权的机会越多，自由发展的可能就越大，人的福利感就越强。在计划经济时代，一方面机制没有给人们选择的机会，另一方面人们也无法消费选择这一"奢侈品"；在市场经济初期，强制性制度变迁的主体——政府更多地掌握选择的权力（这是必要的），似乎还有具备自由选择的环境（制度总是要镶嵌到制度环境中才能有效）。正如 T. W. 舒尔茨在解释制度变迁的原因时曾说：我确信在人力资本投资与人的经济价值的不断提高之间存在着很强的关联。然而，这一发展的制度内涵却远未明确。我的目的是要表明，人的经济价值的提高产生了对制度的新的要求，一些政治和法律制度就是用来满足这些要求的。它们是为适应新的要求所进行的滞后调整，而这些滞后正是一些重大的社会问题的关键所在。②

（5）CEPA 是一项引发"邻里效应"的制度安排。"邻里效应"是"外部性"的另一种表述。在这里则是指正的外部性的好处所引起的制度变迁。戴维斯、诺斯在谈到制度创新理论时说："外部性"一词就是指有

---

① 参见 [美] R. 科斯、[美] A. 阿尔钦、[美] D. 诺斯等：《财产权利与制度变迁：产权学派与新制度学派译文集》，刘守英等译，上海三联书店、上海人民出版社 1994 年版，第 333 页。

② 参见 [美] R. 科斯、[美] A. 阿尔钦、[美] D. 诺斯等：《财产权利与制度变迁：产权学派与新制度学派译文集》，刘守英等译，上海三联书店、上海人民出版社 1994 年版，第 251 页。

些成本或收益对于决策单位是外在的事实。无论这些外部成本和收益何时存在，它们都无助于市场产生最有效的结果。如果情况就是如此，一些允许对所有成本与收益进行计算的（无论是私人的还是外部的，即社会的）新的制度安排将会增加社会的总净收益。每一个家居所有者的财产价值的实现不仅反映在其住宅、维修和决策的改进上，而且也反映在其邻居的这些方面上。事实上，这些"邻里效应"是共同体改进车道（一种制度创新），它可能会增加每个家庭的价值时，制度的再组织可能会增加总收入。① 因此，尽管随着 CEPA 开放的是贸易，虽然进入的是货物、商品、资金、信息和行业，但在贸易和货物、商品、资金、信息和行业的背后是人，是制度，是文明的规则、成熟的市场行为方式与国际惯例。借鉴香港的体制优势，以成熟的市场经济规制示范内地，就在一体化的进程中悄然发生，就是在以繁荣哺育繁荣的实践中逐步实现，就在与港澳融合中日渐成效。在港澳经济乃至社会环境的影响下，不仅珠三角经济的评估值会上升，即享受"邻里效应"的好处，还会促进、推动内地向港澳学习，以制度变迁的方式将外在收益内在化，从而提升自身的制度竞争力。

（原载《广东社会科学》2007 年第 2 期）

---

① 参见［美］R. 科斯、［美］A. 阿尔钦、［美］D. 诺斯等：《财产权利与制度变迁：产权学派与新制度学派译文集》，刘守英等译，上海三联书店、上海人民出版社 1994 年版，第 280 页。

香港制度环境及基础性制度的借鉴

香港作为一个成熟运转的社会,它向我们展示出来的服务型政府的工作效率,民主、透明的议事、办事秩序,公平竞争的市场秩序,完善、普惠的社会保障机制,成熟、稳健的社会应急系统,崇尚自由而又富有责任感的市民精神,这些都是我们应该学习的内容。这些优秀的城市品格是历史积淀的结果,是城市成长的收获,是一种文化的培养,更是一种良好的社会制度环境中盛开的人类文明的花朵。缔造这种良好社会制度环境基础的就是基础性制度安排。

一

基础性制度既包括一个社会的制度环境,也包括这个社会的基本制度。这里所说的社会基本制度,并不是传统意义上的为社会定性的资本主义制度和社会主义制度,而是指作为资源和社会行为规制的法律、产权规则等制度安排。任何成熟的社会,都是制度与规则的载体;同时,任何有效的制度又都是镶嵌在一定的制度环境之中的。所谓的制度环境是指一系列用来建立生产、交换与分配基础的基本政治、社会和法律基础规则。[①]一个国家的制度环境是可以改变的,在美国历史上就曾发生过通过法律的变迁改变制度环境的情形。当然,在一些集权的国家里,制度环境的变化也可以通过政策的变化来完成。在那里,规则是通过政治批准来确立的,同样也可以通过政策改变来改变。30年前在我国发生的计划经济向市场经济的转型,正是通过包括占主导地位的主流意识形态在内的基础性制度的变化,使社会制度环境发生了根本性的变化。

如果按照制度在制度体系中所处的层面的不同来划分的话,那些在制度体系中处于最高层面的,对整个制度体系中的其他规则具有统率作用

---

① [美] R. 科斯、[美] A. 阿尔钦、[美] D. 诺斯等:《财产权利与制度变迁:产权学派与新制度学派译文集》,刘守英等译,上海三联书店、上海人民出版社1994年版,第20页。

的，决定其他制度选择空间的基本制度，如宪法、主流意识形态、选举规则及产权规则等，就是一个社会的基础性制度。与基础性制度相对应的，是出于制度体系较下一层次的一般性制度。一般性制度是个人可以根据自己的约束条件、所获得的信息来进行判断及选择的制度，具有个人契约的性质。一般性制度具有行为主体的自由选择性，因此，它只会影响个人行为不同的选择和协调，而不会影响到个人不进行选择时利益关系的变化。基础性制度则不同，它是由社会或政府提供的，具有鲜明的公共物品性质，同时又是行为主体不可选择的。比如在市场中，个人总能够寻找到改变其所选择合约的各种方法，从而避免遭受不公平合约安排所带来的损失。但是，人们却很难以这种方式来减少在产权得不到保护情况下的财产被掠夺的可能性。这就需要基础性制度的安排与配套。

政府是基础性制度的唯一供给者，同时也是制度环境的唯一提供者。对于转型社会而言，政府在强制性制度变迁中的作用主要是创设、修改、完善基础性制度安排，从而营造有利于改革的制度环境。从逻辑上说，特定的制度环境是特定的制度体系运作的法律—道德空间。但是，某些构成制度环境的制度本身，同时也是基础性制度安排。如法律既是制度环境中的重要组成部分，其自身又是社会的基础性制度。

宪法作为最基本的法律制度，提供的是最基本的制度环境。因为宪法作为制度环境的重要方面，它的变化能够影响整个法律的变迁，从而导致制度环境的变化。美国经济学家戴维·菲尼指出：宪法秩序的变化，即政权的基本规则的变化，能深刻影响创立新的制度安排的预期成本和收益，因而也就深刻影响对新制度安排的需求。①

在制度变迁中，法律起着重要的作用。一方面，由于法律具有一定时期的相对稳定性，所以法律在短期内会制约其他制度安排的选择，制约着制度安排的演化范围。从这个意义上说，法律对制度创新具有某种阻碍作用。但是，从另一方面看，法律制度的改变无疑又会促进制度创新，从而完成制度变迁。一般来说，法律变迁只不过是承认已经改变了的制度，即使新的制度安排合法化。比如公司法的产生，使公司成为正式的制度安

---

① ［美］戴维·菲尼:《制度安排的需求与供给》，见［美］V. 奥斯特罗姆、［美］D. 菲尼、［美］H. 皮希特《制度分析与发展的反思——问题与抉择》，王诚等译，商务印书馆1992年版，第139页。

排，为社会提供了一种更加有效的组织结构，使得管理者对经济活动的控制比在原始的、非正式的制度下更为有效。公司法给组织以合法的生命，使之在法律允许的范围内有效地竞争。法律制度一旦建立起来，它就作为基础性制度和制度环境的重要组成部分而发挥着作用。

香港是一个拥有成熟有效的法律体系的法制社会。其殖民统治留下的最大社会遗产就是健全的法律体系，公开、公正的法律程序和深入民心的法制观念。在美国传统基金会公布的2007年"经济自由度"指数报告中，香港连续第十三年获选全球最自由的经济体系。最自由的经济体系，一定是法制最完善的经济体系。正如W. G. 萨姆纳在其著作《被忘却的人》中所说："公民自由是指这样的一种人的状态，他受法律和民事制度的保护，能独自将其拥有的全部力量用于自己的福利。"图利乌斯·西塞罗也曾说："我们是法律的奴隶，所以我们能自由。"① 今天，当我们重温这位古罗马律师、作家的话时会更加深刻地体会到：最自由经济体系的香港，是"法律的奴隶"建造的人性自由张扬的地方。在借鉴香港基础性制度的过程中，我们不仅要完善法律本身，更要培育法制观念，逐渐消除人治的习惯性思维，学会对法律的敬畏，而非对权势的敬畏，养成按照法律程序办事的习惯，而非靠人情关系办事的陋习，让守法成为一种自然的公民意识，让尊重法律成为政府首要的行为准则，让依法办事真正成为人们的生活方式。法制社会才是真正自由、和谐的社会。

二

有学者认为，明确及清晰的产权界定，是基础性制度的内在前提，也是重建基础性制度的直接指向和最终目的所在。②

从广义上说，产权就是作为人所享有的一切权利，由于人权只不过是人们产权的一部分，试图在产权与人权之间做出区分是十分荒诞的。③ 从

---

① 转引自［德］柯武刚、［德］史漫飞《制度经济学：社会秩序与公共政策》，韩朝华译，商务印书馆2000年版，第161页。

② 易宪容、卢婷：《基础性制度是金融生态的核心》，载《经济社会体制比较》2006年第2期，第47－54页。

③ ［美］R. 科斯、［美］A. 阿尔钦、［美］D. 诺斯等：《财产权利与制度变迁：产权学派与新制度学派译文集》，刘守英等译，上海三联书店、上海人民出版社1994年版，第270页。

狭义上讲,"产权是一种通过社会强制而实现的对某种经济物品的多种用途进行选择的权利"①。"产权不是指人与物之间的关系,而是指由物的存在及关于它的使用所引起的人们之间相互认可的行为关系。"② 它是用来界定人们在经济活动中如何受益、如何受损,以及他们之间如何进行补偿的规则。因而,产权的主要功能就是要帮助一个人形成与其他人进行交易的预期。通常一种产权的基本内容包括行动团体对资源的使用权与转让权,以及收入的享用权。③ 它的权能是否完整,主要可以从所有者对它具有的排他性和可转让性来衡量。如果权力的所有者对其所拥有的权力具有排他性的使用权、收入的独享权和自由转让权,那么其所拥有的产权可以说是完整的。反之,如果权力的所有者所应该拥有的这种权能受到限制或禁止,那么产权就是残缺的。

登姆塞茨认为产权是经济资源的四种权利的组合体:所有权——对物的法定的绝对支配权;占有权——对物的生产使用的支配权;收益权——对物的生产使用成果的占有权;处置权——对物的变换主体或改变物的本身形式与性质的支配权。由于"产权安排确定了每个人相应于物的行为规范,每个人都必须遵守他与其他人之间的相互关系,或承担不遵守这种关系的惩罚成本"④。这样,产权就是"意指使自己或他人受益或受损的权利"⑤。产权还可以作为一种社会工具,即帮助个人形成与其他人进行交易的合理预期。如果说产权的上述功能是基础性制度的功能所在,那么产权的社会工具的功能,则是产权构成制度环境重要组成部分的突出体现。

在人类经济发展的历史长河中,为什么有的国家贫穷,而有的国家富

---

① [美] R. 科斯、[美] A. 阿尔钦、[美] D. 诺斯等:《财产权利与制度变迁:产权学派与新制度学派译文集》,刘守英等译,上海三联书店、上海人民出版社1994年版,第201页。

② E. G. 菲吕博腾、S. 配杰威齐:《产权与经济理论:近期文献的一个综述》,见[美] R. 科斯、[美] A. 阿尔钦、[美] D. 诺斯等《财产权利与制度变迁:产权学派与新制度学派译文集》,刘守英等译,上海三联书店1991年版,第201–248页。

③ [美] R. 科斯、[美] A. 阿尔钦、[美] D. 诺斯等:《财产权利与制度变迁:产权学派与新制度学派译文集》,刘守英等译,上海三联书店、上海人民出版社1994年版,第203页。

④ H. Demsetz, "Toward a Theory of Property Right," *American Economic Review*, 1967, 57 (2), pp. 347–359.

⑤ H. Demsetz, "Toward a Theory of Property Right," *American Economic Review*, 1967, 57 (2), pp. 347–359.

裕？为什么有的国家能保持经济的长期增长，而有的国家经济却停滞不前，甚至倒退呢？诺斯认为，传统的增长理论存在着狭隘性，它不考虑制度方面的因素，过多地强调了技术方面的作用，而事实上，对经济增长起决定性作用的是制度因素，而非技术性因素。他认为"有效率的经济组织是经济增长的关键，一个有效率的经济组织在西欧的发展，正是西方兴起的原因所在"①。如果一个社会没有实现经济增长，那就是该社会没有为经济活动的创新提供激励，没有为私人收益确定产权制度的保证。

诺斯还通过对西方历史上两次经济革命的分析证实：经济增长的历史并非人们通常所认为的那样，是与科学发展的历史融为一体的，而是与作为组织的人类关系、经济关系和社会关系的权利体系的历史分不开的。产业革命不是经济增长的源泉，它不过是新技术的开发及其在生产过程中应用使私人收益率提高的结果，即经济增长的一种表现形式。经济增长的起源可以追溯到产权结构的缓慢确立过程，该结构为更好地分配社会财富创造了条件，为技术创新与扩散提供了刺激。由于过去的西班牙是欧洲第一个具有产权制度和权利体系的国家，因此早在产业革命前的一个世纪里，增长这一现象不是发生在英国，而是出现于荷兰。17世纪中叶，在英国产生了鼓励创新的第一个专利法，同时议会的最高权威和纳入共同法中的财产权利，把政治权力赋予了那些渴望开拓新的经济机会的人，并且为保护和鼓励生产性经济活动的立法体系提供了基本框架。因而英国的产权制度和权力体系虽然晚于荷兰，但到了1700年，已经形成有效率的经济组织并开始了经济的持续增长，实际上构成了18世纪上半叶产业革命的前奏。②

香港沿用的是英国的法律和社会规制，所以产权的概念以及对产权的保护与尊重对香港社会而言既不是一个陌生的词汇，也不是一件新奇的需要尝试的事情。人们既不会好奇地看待一个为了个人的财产权利而与政府抗衡的布衣平民，也不会大惊小怪地观望为话语权而示威的民众。2005年，瑞士洛桑国际管理学院（International Institute for Management，IMD）

---

① ［美］道格拉斯·诺斯、［美］罗伯特·托马斯：《西方世界的兴起》，厉以平、蔡磊译，华夏出版社1989年版，第5页。

② 参见［美］道格拉斯·C. 诺思：《经济史中的结构与变迁》，陈郁、罗华平等译，上海三联书店、上海人民出版社1994年版，第3-20页。

公布了一年一度的《全球竞争力年度报告》，报告中，中国香港仅次于美国成为世界最具有竞争力的经济体系中排名第二位的地区。对于一个成熟的市场经济社会而言，竞争力绝不是干劲的结果，而必然是产权明晰的结果。只有给经济主体以明确的收益或受损的预期，才会有经济主体为获得收益，降低成本，减少损耗的竞争性努力。

如果说产权的缺失是传统体制的一大弊病，那么确立产权意识则是转型社会的政府首要的任务。因为国家或政府决定产权的结构，所以最终国家或政府要对造成经济增长、衰退和停滞的产权结构的效率负责。国家或政府的存在是经济增长的关键，同时又是经济衰退的根源。如果政府能够界定和行使有效率的产权，将对经济增长起促进作用；如果国家或政府所界定的一套产权制度安排，使得权力集团收益最大化，并无视它对社会整体福利的影响，那么社会经济将会由于政府的关系走向衰退或停止。

如果说财产权是第一经济权，那么经济权则是第一人权。对产权的维护，就是对人的"经济自由权"的给予。"经济自由权"是在运用一个人的私有财产——包括个人自己的知识和劳动——上享有的自主权。人们在拥有和使用私人财产上的经济自由，构成了公民自由和政治自由的实质。康德曾说："人本身就是尊严。"人的自由和全面的发展，才是历史进步的真正的最有价值的标志。

三

目前的中国是一个处于转型时期的社会，这一转型也正是自上而下的强制性制度变迁的过程。在社会的所有制度安排中，政府是最重要的制度安排，它是决定一个社会制度环境品质和基础性制度质量的一种制度安排。先有文明的政府，才有文明的制度和制度环境，才会有文明的社会。

从制度经济学的角度来说，国家是一种在某个给定地区内对合法使用强制性手段具有垄断权的制度安排。国家的基本功能就是提供法律和秩序，并保护产权以获取税收。作为垄断者，国家或政府可以以比生产性组织低得多的费用提供制度性服务。因此，当存在国家或政府时，社会的总收入将大于个人得不到这种服务或从其他竞争性组织得到这种服务时的社会总收入。政府是包括制度在内的公共物品的提供者，同时，政府还可以凭借其强制力、意识形态等优势减少或抵制"搭便车"现象，从而采取行动来弥补持续的制度供给不足。政府的权力、威望和财富最终取决于国家的财富和富强,因此,执政者必然会提供一套旨在促进生产与贸易的产权和一套关于合约的执行秩序。但是,通常只有当强制性制度变迁的预期收益高于这一变迁的预期成本时,政府才会去设计并强制执行诱制性制度变迁所不能提供的适当的制度安排,以便采取行动消除制度供给的不均衡状况。如果制度变迁会降低官员们可获得的效用,或威胁到官员们的生存,那么维持某种无效率的不均衡,将是政府官员们理性的选择。因此,在强制性制度变迁中,官员的效用最大化与作为整体的社会财富最大化可能并不一致。

中国社会的改革是以社会制度转型为特征的。因此,政府职能的转变必然构成了制度变迁的重要内容。纵观中国社会由计划经济向市场经济转型的历程,正是"全能"政府逐渐走向"守夜人"政府的历程,也正是"权威"政府逐步走向"公仆"政府的历程。政府是自上而下的制度变迁的发轫者,也是强制性制度变迁的倡导者,同时还是包括制度环境在内的制度这一公共物品的最大的、最有效率的供给者。政府的文明程度决定了制度的文明程度,从而决定了一个社会政治生活的文明程度和开明程度。正如穆勒所说:"虽然国家不能决定一个制度如何工作,但是它却有权力决定什么样的制度将存在。"① 明智的政府可以在强制性制度变迁中有效地降低社会的变革成本,而政府的低效率,理性的有界性和认知上的局限性,则会增加社会变革的成本支付,甚至会使社会失去最佳决策和机会的选择,从而丧失收获社会变革的最大收益的可能性。没有政治文明和制度文明做保障,市场经济是根本建立不起来的。在政府的权力还需要政府的权力来剥夺的体制里,政府的文明决定了社会规制的文明,而文明的社会规制则是自由民主的市场经济发展的保证。

中国社会的制度变迁,是沿着一条实用主义路线进行的。尽管如此,它也不会向诱致性制度变迁那样,仅仅由于潜在获利机会的存在而自然发生。因为强制性制度变迁往往会改变利益在原有社会集团之间的分配,甚至会带来一部分人的利益丧失(尤其是作为改革主体和实施者的政府官员自身利益的丧失)和一部分人的利益获取,所以,"从原则上,对于一个正处于发展之中的市场经济来讲,一个保护性政府可以在培育和支援内

---

① 季陶达:《约·斯·穆勒及其〈政治经济学原理〉》,南开大学出版社1989年版,第21页。

在制度上做出巨大贡献。在限制转型过程中高得不成比例的信息成本和交易成本方面，政府能大有作为"①。可以说，在大规模的制度转型中，政府的职能和作用"具有规模经济"②的效应。然而，政府政策的失效，会降低或阻碍制度变迁的效益和进程，从而增加社会改革的成本。从一般意义上说，维持一种无效的制度安排和国家不能采取行动来消除制度不均衡，都属于政策失效。

诺斯认为："国家的存在是经济增长不可少的，然而，国家又是导致人为经济衰退的缘由。"③中国社会的制度变迁过程，也就是对官员的权力削弱的过程，从某种意义上说，官员权力的丧失，即是既得利益的丧失。在制度变迁中，权力和利益的再分配走向，决定了不同阶层对制度变迁本身的热衷程度。

对一个民族的经济增长而言，比资源更重要的是政府的政策。由于政府提供的是经济社会赖以建立的社会秩序的构架，所以从理论上说，没有政府提供的社会秩序的稳定性，人类的理性行为也不可能发生。因此，政府对一个社会经济增长的重要性是怎样强调也不会过分的，尤其对于处在社会转型时期的国家。深刻的制度变迁比财富增长本身对中国社会的影响更深远。

香港社会向我们展示的是被实践检验、证明过了的，不断被人的试错教训所修正、完善了的一套成熟的社会管理框架及行政运作程序。无论是在管理社会的功能及效率、政府的决策理念及程序、官员的服务意识及法制观念，还是在政治生活的民主及平等方面都非常值得我们学习与借鉴。

香港的体制优势，是一种有价值的资源。向先进制度学习，有助于克服、避免转型社会的政府由于自身的局限性而导致无知、保守和低效率。比如，原有体制内的既得利益及传统意识形态，会直接影响官员们在制度变迁过程中的选择偏好，而先进体制的示范则可以使人们在短期内迅速跳出传统意识形态的束缚，避开人的理性的局限性，从而提升对制度变迁的

---

① ［德］柯武刚、［德］史漫飞：《制度经济学：社会秩序与公共政策》，韩朝华译，商务印书馆2000年版，第527页。

② ［德］柯武刚、［德］史漫飞：《制度经济学：社会秩序与公共政策》，韩朝华译，商务印书馆2000年版，第527页。

③ Douglass C. North, *Structure and Change in Economic History* (New York: Norton, 1981), p. 20.

认知能力。再比如,转型社会的制度变迁过程中,常常会出现这样的情况:即使政府有心建立新的制度安排以使制度从不均衡恢复到均衡,但由于社会科学知识不足,政府也可能会事与愿违,无法确立一个正确的制度安排。结果在利润最大化方面的短期努力会导致对持续无效活动的追逐(在制度制约给定时),而且即使追求生产性活动,也可能会导致无法预期的结果。① 因此,向先进制度学习,有助于消除制度变迁的时滞,降低制度变迁的成本,减少制度变迁中包括服从心理和情感在内的无形损耗,从而使政府在制度的变迁中更快地走向成熟、理性,富有责任感,并学会拥有服务社会与民众的职业人的价值取向。

综上所述,我们可以得出这样的结论:香港作为一个在完善的法律制度框架下有效运转的成熟的市场经济社会,在社会基础性制度的建设上为我们提供了多方面可贵并可以借鉴的东西。香港社会所拥有的藏富于民的资本市场制度(如不存在上市公司不流通股)、有力有节的宏观调控制度(如1997年亚洲金融危机爆发时政府的适时入市与出市)、充分体现价值的劳动力市场制度(如劳动力价值在成本比重中有明显的大幅上升的趋势)、民营经济的市场准入制度(只要遵守法律就可以自由进入,不存在所谓的"玻璃门"现象)、反腐反贪的廉政公署制度(存有一个独立于各个政党、行政,甚至独立于行政长官之外的特殊的廉政监督与处置机构)、保证宪政实现的文化制度(保证言论、出版、新闻、文艺等诉求自由权力的方针与政策)、包容中西文化的移民制度(不分地区、国家、性别网罗世界优秀人才)等,均构成了我们完善基础性制度安排,营建良好的制度环境,从而完善市场经济体系的基本目标。香港社会向我们展示出来的那些有价值的基础性制度和由此而至的良好的制度环境,是人类文明创造的具有普适性的价值意义的精神成果与财富。它本身并不具有"阶级""主义"的色彩,更不具有资本主义的特殊属性。同时,借鉴香港基础性制度优势,自然要求我们必须真正抛弃政府为主导的发展社会模式,把崇尚个性自由发展的法制社会作为我们制度变迁的目标模式。另外,在基础性制度的借鉴中,我们还要防止用科学技术的现代化运动,取代以个人权力为核心价值观的制度变迁的现代性思潮。可以说,今天所面

---

① [美]道格拉斯·C. 诺斯:《制度、制度变迁与经济绩效》,刘守英译,生活·读书·新知三联书店1994年版,第9页。

临的解放思想，更需要价值观念的再启蒙。

  西方经济史研究发现，一个社会中各种不同的政治经济制度安排的变动和确立都是由那个时代占统治地位的社会思想所诱发和塑造的。然而占统治地位的社会思想可能并不是正确的思想，即未必导致更高的收入增长速度和更合乎人们理想的收入分配。我们的社会不会因为缺少奇迹而枯萎，但却会因为缺少创造奇迹的思想而失去生命力。

（原载《广东社会科学》2009年第2期）

选择了"前海",就是要再造一个香港

22年前的1988年6月3日,中国改革开放的总设计师邓小平在会见"90年代中国与世界大会"的与会代表时说:"我们在内地还要造几个香港。"次年5月,邓小平在与当时的中央负责同志谈话时又重申:"我过去说过,要再造几个香港。"[①]

或许可以说,在经济特区创办30年的今天,在小平寄于深情厚望的深圳,随着国务院对深圳关于《前海深港现代服务业合作区总体发展规划》(以下简称《规划》)的批复同意,一个伟人在中国内地再造一个香港的伟大构想将有希望、有可能、有条件从美好的蓝图变为脚踏实地的伟大而辉煌的实践。这一伟大的实践不仅意味着一个崭新的经济合作区域即将诞生,更意味着中国改革开放将有可能凭借着一种体制创新的力量逐步走向深化。

如果说30年前创办深圳经济特区,是为了以非均衡发展的方式在全国范围内逐步完成由计划经济向市场经济的转型,那么今天在市场经济已取得长足发展的深圳,创办以深港直接合作为先导的前海经济合作区,从根本上说则是要以制度创新的方式进一步完善市场经济体系,学习、培育、创造符合市场经济成长的制度环境,从而真正推动包括政治体制在内的中国社会制度变迁大踏步地向前迈进。如果说30年前创办经济特区之时,香港是中国对外开放的窗口,那么今天,在中国走向世界、世界走进中国的全球化大背景下,创办以深港直接合作为先导的前海经济合作区,就不只是开拓了一个更加广阔的对外开放的平台,还是在缔造一个具有国际视野和竞争力的现代化的世界级都会区。

规划用地15平方公里、位于珠江口东岸、深圳南山半岛西侧的前海合作区,无疑会是一个充满勃勃生机和无限创造力的经济实体。创新金融、现代物流、总部经济、科技及专业服务、通讯及媒体服务、高端商业服务等均被列为该合作区内重点发展的产业。但是,从对合作区的功能定

---

① 邓小平:《邓小平文选》第3卷,人民出版社1993年版,第297页。

位来看——深港合作的先导区、体制机制的创新区、现代服务业的集聚区、结构调整的引领区——已经道出了前海合作区对转型中国的更深层的制度变迁的示范效应：它是一种经济合作，更是一种体制创新；它是一个产业集聚，更是一个制度变革；它创造着机遇，更产生着思想；它繁荣着经济，更文明着社会。体制、机制的创新，更深刻的制度变迁不仅是它创办的前提与意义，同时也是它得以生存、发展、示范的基础性制度保障。

因此，前海合作区绝不是一个单纯的经济实体，更不是一个简单的产业集聚群，而应该是一个鼓励创新的宽松、包容、效率的制度环境，企业家们实现个人理想王国的自由的天堂，滋养公民意识与精神的高雅而温暖的土壤，体现全球化、经济一体化的美丽而文明的港湾。所以，邓小平所说的"再造几个香港"绝不是再建几座摩天大楼，更不是简单复制商业社会的繁华，而是要让作为香港社会持续繁荣保障的成熟的市场经济体系，良好的社会运行规则，有利于社会发展与进步的文明的制度环境，成为更加广泛的社会共识与更加普遍的社会运行体制与机制，为推进粤港及至全中国市场经济体系的完善产生并发挥深刻的绩效。

一、借鉴香港体制优势，让国际惯例真正成为参与国际竞争的制度力量

借鉴香港体制优势，发挥香港国际经济中心的优势和作用，深化粤港紧密合作，构建我国对外开放的新格局，是创建前海深港合作区的目的所在。

改革开放30多年来，香港一直是内地了解世界、学习市场经济、融入国际社会的最直接便利的地方。政府（主要是中国政府）提供政策，鼓励民间资本自由往来是香港与广东乃至全国普遍采用、实施的合作模式，而且在相当长的时间里引入港资、与港人合资以及港人独资是内地与香港合作的最基本的、一度也是最主要的方式。即便是CEPA的实施，也主要是向香港开放市场，以政策的优惠允许、鼓励港资参与内地市场竞争。应该肯定地说，与香港资金、物质、商品、技术、人才等经济要素的往来，推动了内地，尤其是广东改革开放的进程，不仅加快了计划经济向市场经济转型的步伐，而且带来了足以改变社会运行体制的竞争的繁荣，和建筑于共同价值理念之上的共同的发展。当然，与此

同时，香港的体制和制度资源在很大程度上只是作为经济增长的外生变量影响着我们的生活和选择，而没有作为社会发展的内生要素改变我们的行为方式、思维方法和决策程序与模式。"一国两制"下的深港直接合作区的创建，把借鉴香港体制优势的理念，变成为谋取更大发展的要素引入和为共同繁荣的现实选择。所以，我们绝不能简单地把市场经济理解为技术、科学、工具、手段，从根本上说，市场经济是制度、体制、文化与文明。

香港社会向我们展示的是被实践检验、证明过了的，不断被人的试错教训所修正、完善过了的一套优质的政府机构框架及行政运作程序。香港在管理社会的功能及效率上、在政府的决策理念及程序上、在官员的服务意识及法制观念上、在政治生活的民主及平等的价值取向上的经验，都非常值得以改革开放起家的深圳市政府学习与借鉴。

香港的体制优势，是一种有价值的资源。向先进制度学习，有助于克服、避免转型社会的政府由于自身的局限性而导致无知、保守和低效率，比如，原有体制内的既得利益及传统意识形态，会直接影响官员们在制度变迁过程中的选择偏好，而先进体制的示范则可以使人们在短期内迅速跳出传统意识形态的束缚，避开人的理性的有限性，从而提升对制度变迁的认知能力。再比如，转型社会的制度变迁过程中，常常会出现这样的情况：即使政府有心建立新的制度安排以使制度从不均衡恢复到均衡，但由于社会科学知识不足，政府也可能不能建立一个正确的制度安排。结果在利润最大化方面的短期努力会导致对持续无效活动的追逐（在制度制约给定时），而且即使它们会追求生产性活动，也可能会导致无法预期的结果。① 向先进制度学习，既可以消除制度变迁的时滞，降低制度变迁的成本，减少制度变迁中的包括服从心理和情感在内的无形损耗，也可以使政府在制度的变迁中走向成熟、理性并富有责任感和服务社会与民众的职业人价值取向。

深港合作区是经济全球化、一体化在中国的集中表现。借鉴香港体制优势意味着我们必须在"一国两制"的框架下学会"按国际规则打篮球"。中国特色只能特在实现目标的道路上，特在达到目标的路径选择

---

① ［美］道格拉斯·C. 诺斯：《制度、制度变迁与经济绩效》，刘守英译，生活·读书·新知三联书店1994年版，第9页。

上,而不是目标本身。中国特色是对人类文明的认同的过程,而绝不是对国际惯例的否定。

二、继续凭借"先行先试"的政策"特权",推动改革向纵深迈进

"先行先试",探索现代服务业创新发展的制度变迁的路径,从而带动整个社会运行体制机制的制度创新,并以制度创新的绩效示范全国,推动中国社会改革开放的伟大事业向纵深迈进,是前海深港合作区新的历史使命。

"先行先试"是转型中国赋予经济特区的"先天"品格,是强制性制度变迁赋予经济特区的政策"特权",是非均衡发展战略赋予经济特区的伴随风险和成本的"优先"变革权,更是经济特区政治生命力依然不朽的原因所在。30年前,深圳经济特区凭借着"先行先试"的政策"特权",在全国率先开启了市场经济的伟大而艰苦的实践。在"先行先试"的旗帜下,深圳经济特区不仅曾把价值规律、市场竞争、劳动力商品、股票利息等最基本的市场经济概念与实践"输送"到了全国,还曾把"时间就是金钱,效率就是生命"这样石破天惊的口号叫响神州。30年后的今天,随着中国改革开放伟大事业的深入,人们对中国社会更深刻的制度变迁的期待,赋予了"先行先试"以更加深刻的内涵、更加深层次的意义和更加深远的使命。这一新的深远的使命就是继续以"敢为天下先"的勇气、智慧与胆略,全方位探索适应市场经济体制的社会运行规制、社会制度环境和法律保障机制,在政治体制改革、行政运行模式、实现科学发展的体制创新、转变经济发展方式及保持可持续发展的路径选择,探索福利社会的制度安排等方面继续走在全国的前面,成为完善市场经济体系,推动中国社会全方位健康发展的排头兵。

香港特别行政区行政长官曾荫权先生在深圳经济特区建立30周年之际接受深圳新闻网记者专访时说:我们希望把香港的服务业全方位拉进前海,同深圳合作,这是我们香港比较强项的东西。在珠三角"先行先试"做一个基地,最好的基地就是深圳,深圳最好尝试的地方就是前海。在谈到深港前海合作区的发展时,曾荫权还强调:深港合作有一个最重要的基础,就是"一国两制"的政策把两个地方联系起来了。本来有些事情香

港不能做的，由于有了这个关系，也做起来。深圳也是一样，有些方面深圳可能单独不能做好的，特别是金融服务方面，因为有香港的关系，会做得更好。因此，"一国两制"是我们成功的方式之一。

香港是一个成熟、完善、高度国际化的发达的市场经济地区，深圳是中国市场经济发展水平和国际化程度均相对较高的城市。"前海"的深港合作从根本上说是市场经济发展的自然结合，是共同选择的必然结果。正如当年的"包产到户"一样，虽然它的存在是由中央政府批准的，但它的创造力来自基层。因此，我们有充分的理由相信，"前海"不仅是一个必定创造奇迹精神与力量的深港直接合作的经济平台，而且必定会是一个以制度创新的实践和"先行先试"的经验推进中国社会改革开放向纵深迈进的宽松、开放、包容、文明的国际化的生活圈。如果说30年前毗邻香港使我们迅速了解市场经济成为可能，那么30年后的今天，深港直接合作区域的产生，将使社会运行机制的完善和管理体制的创新变得更加直接和迫切。作为一个成熟运转的社会，香港向我们展示出来的服务型政府的工作效率，民主、透明的议事、办事秩序，公平竞争的市场秩序，完善、普惠的社会保障机制，成熟、稳健的社会应急系统，崇尚自由而又富有责任感的市民精神，这些都是深圳应该学习的内容。

"先行先试"既是一个创新的过程，又是一个向先进学习的过程。"先行先试"不仅是经济体制机制的"先行先试"，还必然包括政治体制、行政管理机制、文化和意识形态等社会诸方面更深层次制度变迁的"先行先试"，这是特区的品质，更是特区新的使命。

三、建立服务型政府，让制度环境成为生产力成长的核心保障

充分发挥政府政策制定的主导作用，为前海现代服务业的集聚发展创造良好的政策、制度环境和法律环境，是前海深港合作区域稳步成长的基本保障。

前海深港合作区创造并开辟了深港合作的一个崭新并具有挑战性的模式。如果说以往的深港合作主要表现为要素的流通与往来，那么前海合作区域的创建，将使合作从单纯的要素流通领域，进入决定要素流动的制度

层面。前海深港合作区域的创建,与其说是挑战着我们的企业家,不如说是挑战着我们的政府。深港的直接合作是向现代企业制度学习的过程,更是向现代服务型政府迈进的过程。经济活动,尤其是市场经济中的活动,是不可能在一个制度、法律和政治的真空里进行的。相反,切实保障个人的自由和私人产权,以及稳定的倾向体系和有效的公共服务,正是市场经济得以存在和发展的前提条件。所以,政府的首要任务是提供制度安全保障,使每一个劳动者都能享受其劳动的成果,并因此而受到鼓励去诚实而高效率地工作。

政府是制度环境的唯一供给者。对于转型社会而言,政府在强制性制度变迁中的作用,主要是创设、修订、完善基础性制度安排,从而营造有利于改革创新的制度环境。无论从理论还是逻辑上说,特定的制度环境是特定制度体系运作的法律——道德的空间,同时也是社会生产力成长的核心保障。

G. 斯蒂格勒说:"对社会中的每一个产业来讲,国家要么是一种可能的资源,要么是一种威胁。"① 理查德·爱泼斯坦也说过:"任何一个懂得政府行动越少、成就将越多的政党,都将在政治上取得巨大而可喜的发展机会。"② 沃尔特·奥肯说:"政治程序与经济程序的相互依赖性迫使我们要同时解决它们。它们都是同一整体程序的组成部分。没有竞争程序,就不会有能起作用的政府;而没有这样一个政府,也不会有竞争的程序。"③

对转型社会而言,服务型政府建立的过程是一个职能转变与放权的过程。没有政府提供的制度保障,就不会有市场的程序与繁荣,但政府的任何越位和专权又都将损害市场与经济的增长。在由传统的投资型政府、指令性政府向服务型政府转变的过程中,我们要认真汲取发生于20世纪80—90年代的"日本病"的经验教训。由于当年日本政府对金融市场、土地价格和大型基础设施项目的过度操纵,日本经济坠入停滞的十年。

---

① 转引自[德]柯武刚、[德]史漫飞《制度经济学:社会秩序与公共政策》,韩朝华译,商务印书馆2000年版,第348页。
② 转引自[德]柯武刚、[德]史漫飞《制度经济学:社会秩序与公共政策》,韩朝华译,商务印书馆2000年版,第545页。
③ 转引自[德]柯武刚、[德]史漫飞《制度经济学:社会秩序与公共政策》,韩朝华译,商务印书馆2000年版,第545页。

我们必须清醒地认识到，在市场经济中，政府毕竟是配角，而真正的主角应该是，而且只能是公司（企业）。只有树立了这样的理念，"前海"才可能成为一个闪耀理性光芒和经济辉煌的崇尚自由与公平竞争的真正的市场，从而走进香港。

（原载《深圳特区报》2010 年 10 月 19 日第 D1 版）

经济特区与中国道路

经济特区作为特殊政策的产物,在中国近代史上是一个承载着理性与狂热、思考与盲目的划时代标志。它标志着中国社会由计划经济向市场经济转型的开始,标志着紧闭了 30 年的国门的真正开放,标志着思想解放与观念更新的到来,标志着一个经济已经走到濒临崩溃边缘的大国,真正开始走上科学发展的道路。因此,从改革开放之初的社会政治背景来看,经济特区无疑是中国社会实现计划经济向市场经济转变,从而全方位启动社会转型的必由之路;从现代化道路的探索来看,经济特区无疑是彻底摆脱理想与现实的冲突,从而迈上旨在实现共同富裕的中国特色社会主义道路的必由之路;从中国制度变迁的道路选择来看,经济特区无疑是在传统的意识形态曾占据主导地位的传统的社会主义国家里,打破传统体制的僵化与意识形态的教条,从而自上而下的完成转型社会制度变迁的必由之路;从发展的战略上来看,经济特区已无疑是摒弃"人定胜天""为发展而发展"的盲目发展观,已走上科学发展的必由之路。

一、以市场经济体制确立为主线的中国社会的制度变迁,构成了经济特区成长、发展的艰辛而灿烂的历程

以深圳为典型代表的中国经济特区曲折却成绩卓越的改革开放的实践,不仅揭示了一条实现现代化的、有特色的中国道路产生的独特路径、主要特征以及未来发展态势,还以其路径选择的正确和发展的辉煌,掷地有声地促进了马克思主义的中国化、时代化。

我所说的"中国道路"就是指在中国选择创办经济特区这条道路来完成体制转型,实现经济发展。更确切地说,就是在一个已有 30 年计划经济的历史,同时传统意识形态又毋庸置疑地占据经济地位的计划经济的大国里,以创办经济特区作为冲破传统体制为目标的制度变迁的突破口,旨在全国范围内逐步完成计划经济向市场经济的转型,使中国社会在一段时间里全面走上市场经济的道路,真正成为一个经济繁荣、制度昌明的法

制的社会主义市场经济的国家。

关于中国现代化道路问题，不仅为学者们所普遍关注，更是几代政治家和有志之士为之终生奋斗的理想所在。我们曾有过"师夷之长以制夷"的真诚与无奈，更有过"超英赶美"的狂热与尴尬，但目标与实现目标道路的南辕北辙，让穷怕了的中国人不得不反思已选择道路的正确性。有的学者比较了19世纪和20世纪主要国家现代化的特点后指出，19世纪资本主义现代化道路，是以私有产权和市场竞争相结合，经历数百年自然形成的。私有制、市场导向、逐渐变革是这一模式的基本特征。20世纪一些落后国家走上社会主义，通过激进的政治革命为先导的、自上而下的强制工业化进程，企图在纯粹公有制基础上通过国家计划和激进改革的苏联模式，快速实现现代化。这一模式在短暂的成功后便遭遇危机[1]。学者们普遍认为，中国直到20世纪90年代，才找到一条被实践证明是正确的现代化道路。这就是邓小平所规划的以改革开放为宗旨创办经济特区，走一条中国特色的社会主义现代化道路[2]。

回顾历史，30年前开始的改革开放，是从在中国这样一个计划经济的汪洋大海中创立市场经济的绿洲开始的。深圳作为计划经济最为薄弱的地方，凭借着地位优势（毗邻港澳、远离计划经济中心）首先成了这块绿洲。当中国改革开放的总设计师，中国制度变迁的思考者、发轫者邓小平同志第三次复出时，他所面临的最严峻挑战与考验就是，如何在一个社会经济已经走到"崩溃边缘"的大国里全面实现现代化。近30年的盲目而狂热的社会主义实践和当时中国社会经济发展的现状都已经清楚地证明，计划经济不行，盲目的赶超发展战略也不行，小农经济的平均主义更加不行。在一个落后的由计划经济的平均主义维系着的普遍贫困的大国里，摆脱贫困的唯一出路就是打破体制内部造成普遍贫困的制度机制，走一条非均衡的发展道路，这条非均衡的发展道路就是邓小平所说的："让一部分人、一部分地区先富起来。"[3]

创办经济特区作为强制性制度安排，打破了传统体制下导致普遍贫穷

---

[1] 参见罗荣渠《20世纪回顾与21世纪前瞻——从世界现代化进程视角透视》，载《战略与管理》1996年第3期。

[2] 参见张艳国《毛泽东邓小平现代化思想比较研究论析》，载《武汉大学学报（哲学社会科学版）》2004年第3期。

[3] 曹应旺主编：《邓小平的智慧》，四川人民出版社2021年版，第187页。

的一般均衡状态，使非均衡发展的社会变革成为中国社会最佳的制度变迁的路径选择，从而也使中国这个历经了近半个世纪计划经济的大国，能在一个较短的时间里开始由普遍贫困的"计划"，走向"部分人先富"的"市场"。创办经济特区作为一种自上而下的正式制度安排，不仅大大减少了制度变迁的阻力，降低了制度创新的成本，而且还成功地规避了改革有可能带来的更大的风险，从而使制度变迁的绩效在短时间内就能迅速显现出来，并卓有成效地示范全国。

"中国道路"应该是一条体现中国特色的实现现代化之路。"中国特色"所表明的是国别性、民族性、历史性与国际性，而不是对现代化本质内涵与固有价值判断的否定。所以"中国特色"只能特在实现目标的道路上，特在达到目标的路径选择上，而不是目标本身。"中国特色"是对人类普适性的价值认同的过程，而绝不是对国际惯例的否定。深圳经济特区已不是作为一座城市，而是作为一个民族迈向现代化的模式，写进中国改革开放的编年史中。

二、创办经济特区是走向科学发展的关键抉择，开启了中国社会科学发展的道路

从更广泛的意义上说，尤其是针对计划经济时期传统体制和发展方式来讲，深圳经济特区的成长与发展，正是在教训与挫折中不断调整发展战略，优化产业结构，转变发展方式，探索由经济增长型社会逐步走向全面发展的福利型社会的过程。科学发展的理念已经把"发展观"从增长方式的转变拓展到了社会发展，从经济领域扩展到了社会生活的各个领域。深圳以其自身发展的历程，诠释着中国道路的路径与内涵。

由计划经济向市场经济的转型，正是中国社会由超赶战略向非均衡发展战略的转型。相对于计划经济时期的"盲目发展观"而言，创办经济特区无疑开启了中国社会通往科学发展的正确道路；针对一些地区、一些人片面理解"发展是硬道理"正确判断，以牺牲环境和削弱公民福利为代价谋取发展的"片面发展观"而言，科学发展观的提出无疑确定了可持续增长的发展道路。科学发展观不仅仅是对"人定胜天"这一极左思想的否定，对"不惜一切谋发展"的盲目发展观的彻底矫正，更重要的是确立了"发展是硬道理"的这一体现人类生存、生活重要动力与目的

的正确发展理念。科学发展观的本质是发展，而不是不发展，科学发展观绝不是针对"发展是硬道理"这一正确判断而言的，它强调的是社会发展方式、方法、模式、路径选择的科学性与正确性，而绝不是要不要发展的争论。可以坚定地说，只有确立了科学发展的理念，才有中国经济特区的产生，才有亿万人民对普遍富裕的追求，才有中国经济30年的辉煌。

纵观深圳经济特区发展的历程，正是在教训和挫折中不断调整发展战略、优化产业结构、转变经济发展方式，探索由经济增长型社会逐步走向全面发展的福利型社会的转变过程。深圳经济特区的起步是从"三来一补"开始的。选择这样的发展方式是由当时的要素禀赋所决定的。改革开放初期的深圳，只是一个计划经济比较薄弱的名不见经传的小渔村。那个时期的深圳所拥有的相对优势的生产要素就是低廉的劳动力和土地，而缺乏的则是资金、技术和管理。时逢香港经济的产业更新换代与结构调整，以加工业为主体的劳动密集型产业在开放政策的引导下，及时而又恰如其分地落户于亟须制造业的深圳，并在转移产业的同时把资金、技术、管理和现代企业制度一并渐进转移到了成长中的深圳。承继市场经济发达地区和国家的产业更新链条，深圳不仅降低了经济发展的起步成本，也大大降低了向市场经济学习的成本，确定了外向型经济的特征。同时，"输入"的加工制造业，还以其派生需求催生了第三产业的兴起与发展。到了1993年，深圳对外贸易的87%来自三资企业的净出口和"三来一补"的征费收入；第三产业占深圳GDP的46%，吸收劳动力占深圳从业人员的32.2%。①

当深圳经济踏上高速增长的轨道时，自身自然资源先天不足的约束很快就显现出来，并引起决策者们的切实关注。自然资源的先天不足，意味着任何以自然资源要素消耗、使用为增长方式的选择，都会在稀缺规律的作用下，使人们不得不为财富的创造和发展支付较高的价格，从而经济增长的代价也会由于财富创造成本的高昂而一同提高。同时，深圳作为率先赶上市场经济的新兴城市，既不能重复传统工业的发展模式与道路，也有责任去探索、尝试一种崭新的经济增长方式与财富创造途径，并以此示范全国。

---

① 参见陶一桃、鲁志国主编《中国经济特区史论》，社会科学文献出版社2008年版，第99页。

从以"三来一补"为主体到以高新技术产业为支柱,深圳不仅适时选择了一条可持续发展的道路,还以制度变迁中的政府决策的主导力量(专项资金设立和政策优惠等),解决了初期高投入的资金缺口问题,减轻了高新技术企业独担风险的压力;以改革者的特有的宽阔的胸怀营造了高新技术产业落户、成长、发展、创新的制度环境,吸引了一大批国内外著名高新企业落户深圳;以变革者的远见卓识为高新技术产业的后续发展提供了扎实的智力保证,一些著名大学和各类科研机构在深圳生根筑巢。到2000年,深圳计算机磁头产量居世界第三位,微电子计算机产量占全国的25%,程控交换机产量占全国的50%,基因干扰素占全国的60%,同时还是全国最大的打印机、硬盘驱动器、无绳电话的生产基地,并已形成了电子信息、生物技术、新材料、光机电一体化和激光五大高新技术支柱产业[①]。

可以说,在相当长一段时间里,模仿一直是高新技术产值增长的主要途径。然而对于一个国家来说,真正的国际竞争力不可能长期来自模仿所带来的快捷与急功近利。产业自身的创造力,即原始创新能力、集成创新能力、引进消化吸收再创新能力,才是企业永久生命力和国家持久竞争力的根本源泉。于是,自主创新作为一种充分体现可持续发展理念的战略思考,被现实地提了出来。

从理论上讲,自主创新是高于模仿的一种创新活动,它是一种新的生产函数的建立,或者说是将一种从来没有过的生产要素和生产体系的"新组合"引入生产过程中。它强调的是发明在经济活动中的应用,并给生产的当事人带来利润。因此,自主创新强调的是对核心技术的自主研发与拥有,强调的是在价值创造过程中的技术附加值和专利附加值。从这个意义上说,自主创新即是经济增长方式转变的必然要求,又是这一转变的重要途径。因为无论自主创新采取"中性技术进步"(要素投入比例不变)、"劳动节约型技术进步",还是采取"资本节约型技术进步"的方式,都是在不增加或减少要素使用的前提下增加产出,从而提高资源的使用效率。这意味着我们不能仅满足于对国外先进技术的简单"模仿",更不能只停留在改革开放初期的以设备进口为主的粗放、低级的技术引进的模式上,而要重新来思考、确定经济增长模式,实现"软技术"出口,

---

① 参见陶一桃、鲁志国主编《中国经济特区史论》,社会科学文献出版社2008年版,第99页。

提高自主创新（核心技术创造）对GDP的贡献率。

如果说从以劳动密集型为特征的"三来一补"加工制造业的形成，到以资本、技术密集型为特征的高新技术产业的发展和自主创新理念的形成，还是在经济领域中，以经济增长方式的转变来实现社会经济的发展的话，那么科学发展理念的提出则把"发展观"从增长方式的转变拓展到了社会发展，从经济领域扩展到了社会生活的各个领域。可以说，经历了成功的辉煌与财富的积累，以科学发展的认知和和谐发展的理念来解决、矫正发展中存在的问题，已经成为深圳这座城市为了前进的思考与反思。

今天，三十而立的深圳已经步入稳步增长的成熟时期。在过去的多年里，深圳经济一直保持着15%以上的增长速度，经济总量也从始建之初的1.96亿元上升到2009年的8201.23亿元；人均GDP也从1979年的606元上升到2009年的9.3万元①。可以说，深圳是沿着一条高速增长的轨道，把财富带给奋斗着的人们。我们知道，GDP是社会发展的物质基础，但绝不可能是社会发展的最终目标。没有伴随着社会福祉提升的GDP和人均GDP的增长，只能是一个缺乏灵魂和人文关怀的单纯物质的增长。

如果说，劳动密集型经济让深圳收获了由低成本带来的抢占市场的价格优势的竞争力，那么全球金融危机则不仅将劳动密集型经济所固有的产品资本、技术附加值低，缺乏核心竞争力这一源于经济增长方式本身的问题进一步突显了出来，也把转变经济发展方式作为走向科学发展的必然的战略选择，郑重地提了出来。

"比较优势"是不同国家和地区谋得经济发展的一个重要原则。所谓的"比较优势"是由要素相对稀缺程度所决定的要素价格的比较优势。当一个国家或地区劳动力资源比较富裕，从而劳动力的成本或价格比较低廉时，在没有资本和技术要素禀赋优势的情况下，首先使用自身所特有的低廉劳动力，就成为经济起步时期最佳的，同时也是最低发展成本的自然选择。可以说，后者的比较优势状况，正是深圳乃至全国改革开放初期经济起步和最初发展的主要选择。

当然，大多经济落后的发展中国家所面临的并不是自然禀赋意义上的

---

① 1979—2008年的GDP、人均GDP数据来自《深圳统计年鉴（2008）》，2009年的GDP、人均GDP数据来自深圳统计网站（http：//www.sztj.com/pub/sztjpublic/tjsj/tjyb/default.html）。

资源缺乏问题,而是要素结构意义上的资源约束问题,即"要素禀赋结构低下",缺少如资本、技术、教育、管理、法制等较高级的要素。所以,经济结构低下的根本原因不在结构本身,而在于"要素禀赋结构"的低下。结构低下不是结构低下的原因,而是"要素禀赋结构"低下的结果或现实表现。如果一国家的要素存量中只有简单的劳动力,那么劳动密集型经济就是自然的选择。任何经济都不能只凭愿望人为地改变经济结构,因为"改变要素的质量和结构,才是提升产业结构的现实的、逻辑的前提"①。尼采说:"在哲学家中,没有比理智的诚实更为稀罕的了。"② 人类社会的前进不仅需要勤奋与热情,更需要思考与理性。

三、当人的经济价值提升时,社会就会出现一些新的、更好的机会领域

政府不能一厢情愿地主导社会经济,而应该在尊重市场的同时创造制度环境,完成公共物品的供给,营建社会福利机制。发展是改革的结果,又是深化改革的物质前提,但发展不能取代改革。没有与经济体制相适应的政治体制的改革,经济体制改革就不可能真正成功。在实现现代的特殊的"中国道路"上,在法制的公民社会的营建的历程中,深圳作为一个率先发展的城市还应该担负起明天的希望。

舒尔茨认为:"任何经济的长期变动对制度改变所产生的影响会比工资相对于租金的变动(即财产服务的价格)的影响更为深远。"③ "人的经济价值的提高产生了对制度的新的需求,一些政治和法律制度就是用来满足这些需求的。"④ 人力资本在寻求自身的参与权时要求表明社会制度

---

① 樊纲:《中国经济特区研究——昨天和明天的理论与实践》,中国经济出版社2009年版,第19-20页。

② [德]尼采:《权力意志——重估一切价值的尝试》,张念东、凌素心译,商务印书馆1991年版,第590页。

③ [美]T. W·舒尔茨《制度与人的经济价值的不断提高》,见[美]R. 科斯、[美]A. 阿尔钦、[美]D. 诺斯等《财产权利与制度变迁:产权学派与新制度学派译文集》,刘守英等译,上海三联书店、上海人民出版社1994年版,第260-261页。

④ [美]T. W·舒尔茨《制度与人的经济价值的不断提高》,见[美]R. 科斯、[美]A. 阿尔钦、[美]D. 诺斯等《财产权利与制度变迁:产权学派与新制度学派译文集》,刘守英等译,上海三联书店、上海人民出版社1994年版,第251页。

的状况，因此许多制度作为经济增长的激励结果而被创造出来：比如，在一个成熟的市场经济中，人们对货币的便利需求已转向对权利的需求；随着经济增长日益依赖于知识的进步，人们对那些能够生产、分配那些知识的制度的需求会转向对其权利的需求；随着人类生活档次的提高，每个人对其免于事故的额外保障性需求转向对权利的需求，对健康与人身保险的需求也是如此；随着社会的进步，人们对个人权利所附加的法律保障的需求（如免受警察的侵犯、损失个人的隐私），也转向对权利的需求，正如人们对公民权利的需求一样；人作为生产的一个要素，在获取工作方面需要更大的平等，尤其对那些高技术的工作，人们希望通过在职培训和高等教育以获取高技术的工作方面要求有更小的歧视①。

人力资本的非物质性决定，它的生存、生长是需要生活制度环境的。它在为社会创造财富，也向社会提出着对自身具有保障性的制度要求；它在促进着社会经济的增长，也在完成着自身经济价值的提升，并且这种源于经济发展和制度绩效的人的经济价值的提升，又会以激励的方式促进更有利于人力资本生存的社会制度环境的生成。良好的社会制度环境不仅有利于人力资本的形成与再创造，而且有助于提高人力资本投资的报酬率。同时，相应于人的经济价值提高的制度变迁，呼唤新的经济模型和增长方式。从这个意义上说，经济发展方式转变的真正力量不是主观愿望，而是构成经济社会内在机制与动因的人的经济价值的提升。

阿玛蒂亚·森在其《以自由看待发展》一书中指出，发展可以看作是扩展人们享有的真实自由的一个过程。② 聚焦于人类自由的发展观与更狭隘的发展观形成了鲜明的对照。狭隘的发展观包括发展就是国内生产总值的增值、或个人收入的提高、或工业化、或技术进步、或社会现代化等观点。……但是，自由同时还依赖于其他决定因素，诸如社会的经济的安排（例如教育和保健设施），以及政治的和公民的权利（例如参与公共讨论的检视的自由）。……发展要求消除那些限制人们自由的主要因素，即贫困以及暴政，经济机会的缺乏以及系统化的社会剥夺，忽视公共设施以

---

① ［美］T.W.舒尔茨《制度与人的经济价值的不断提高》，见［美］R.科斯、［美］A.阿尔钦、［美］D.诺斯等《财产权利与制度变迁：产权学派与新制度学派译文集》，刘守英等译，上海三联书店、上海人民出版社1994年版，第259页。

② 参见［印］阿玛蒂亚·森《以自由看待发展》，中国人民大学出版社2007年版。

及压迫性政权的不宽容和过度干预。阿玛蒂亚·森以学者的良知、道德和智慧，回答了人类社会发展的目标问题：以人为中心，社会发展的最高目标和价值标准就是自由。财富、收入、技术进步、社会现代化等固然是人们追求的目标，但它们最终只属于工具性的范畴，是为人的发展、人的福利服务的。

中国社会改革是在较低的人均收入水平上展开的，一方面尚未形成庞大的中产阶级，另一方面贫富差距日益显著并分化。因此，经济增长中的贫困现象和经济繁荣中的低福利问题，"过早"地成为政府必须用制度安排来解决的社会问题。应该肯定地说，政府必须把社会福利制度的营建作为实现普遍富裕的保障，而不是作为普遍富裕的结果来看待。对任何社会来说，创造财富的同时制造着贫穷，实现繁荣的同时降低着部分人的幸福感，这比普遍贫穷更为可怕。福利制度不是经济发展的奢侈品，它本身就构成了发展的重要内容和实质自由的组成部分。其实，无论改革之初提出的解放生产力的口号，还是今天倡导的以人为本、和谐社会的发展理念，它们的本质内涵都是解放人，给社会经济的主体——人以"享受有理由珍视的那种生活的可行能力。"在创造财富中获得权利，在增长财富中获得尊重，在贡献社会中分享社会的剩余，在正常的社会机制中感受做人的尊严。

市场与人的基本自由具有内在的相连性，人们仅仅从效率出发赞美市场机制是不全面的。或许市场失灵又成为人们否定市场的重要依据，但市场失灵并不是对市场机制的否定，而是对市场机制的坚守——市场只能去做市场能做的事，政府则应该去做市场无法做到、做好的事。在以自上而下的授权为特征的强制性制度变迁中，政府的权力的作用是不可缺少的。但是，面对市场规律的政府权力的任何强势，就不再是对市场失灵的矫正，而是对市场规律的破坏。政府不能一厢情愿地主导社会经济，而应该在尊重市场的同时创造制度环境，完成公共物品的供给，营建社会福利机制。

中国社会的改革是从经济改革入手的，这无疑是一条最佳路径，但同时也使社会大环境不配套、缺乏有效的制度环境支撑等"先天不足"的问题很快凸显出来，并构成了深化改革的制度与体制"瓶颈"。制度总是镶嵌在制度环境之中的，没有制度环境支援的制度变迁是无法真正完成的。同理，没有与经济体制改革相适应的政治体制改革，经济体制改革就不可能真正成功。现今许多社会问题和矛盾的存在从根本上说是政治体制改革滞后的结果。

对于转型社会而言，崭新的社会运行机制的营建过程，既是政府官员的权力和既得利益被削弱、剥夺、甚至丧失的过程，又是服务型政府的形成、培育、成长的过程。在政府的权力还必须用政府的权力来剥夺的体制中，政府的文明程度和远见卓识对社会的制度绩效而言是至关重要的。

我们的社会不会因为缺少奇迹而枯萎，但却会因为缺少创造奇迹的思想而失去持续生命力。经济特区作为奇迹和创造奇迹思想的特殊标志，不仅给中国社会带来了无限生命力，还给这个民族带来了创造奇迹的无限期望。

[原载《深圳大学学报（人文社会科学版）》2010 年第 5 期]

从沿海开放到沿边开放[*]
——开放拓展战略的意义及喀什经济特区发展应该注意的几个问题

回顾30多年来中国改革开放的历程,经济特区的兴起与发展不仅是地缘政治的需要,更是国家区域经济发展战略的体现。随着中国社会对外开放以经济特区、沿海开放、沿江开放、沿边开放等形式的渐次推进,中国区域经济发展的新版图日渐清晰明朗,全方位、广覆盖、多层次的开放格局也在从沿海开放到沿边开放的战略部署下逐渐形成,并带来了中国社会区域经济发展的新版图和经济整体协调发展的崭新局面。

一、从沿海开放到沿边开放的历程

从中国改革开放的历程来看,中国的开放是从四个经济特区开始的。按照当时的思路,在中国未来的开放进程中,将有三个主要的经济支撑区域:长三角、珠三角和环渤海。事实证明,创办经济特区是英明而正确的,它不仅推动了市场经济体系的普遍确立,带来了一座城市或一个区域的发展与繁荣,而且在非均衡发展战略的引导下,形成了区域间的有效不平衡,即通过主动地扩大地区间的政策上的差别,形成特殊地区的潜在利益,有效吸引资金、技术和管理经验进入特殊政策筑建起来的经济增长高地,提高这一地区的经济繁荣程度和效率水平,形成显明的地区间不平衡与效率差别,然后再将这种效率差别传递回内地,从而带动整个社会经济的发展。① 可以说,这就是创办经济特区的初衷,也是经济特区的一个重要的功能。

随着经济特区的发展,中国城市综合配套改革的历程也悄然起步。第一轮城市综合配套改革试点是从1981年国务院批准湖北沙市为试点城市

---

* 与 Ada Zhou 合作。
① 张耀辉:《区域经济理论与地区经济发展》,中国计划出版社1999年版,第86页。

开始的，推至整个 80 年代，到 1987 年，经国务院直接单批确定，连同各省、自治区批准的试点城市共有 72 个。这时期，尽管已经确立了改革开放的大目标，但此时还没有明确提出建立社会主义市场经济的改革目标，所以改革的主要任务就是打破旧体制，为建立新的创新做准备。其间，武汉市的"两通起飞"，石家庄市的"撞击反射""简政放权、搞活企业"等，都为社会主义市场经济体系的建立，做了有益的探索。

第二轮的城市综合配套改革试验点是从 1992 年国家体改委批准常州市为新一轮综合配套改革试点城市开始的，执行至整个 90 年代，到了 1998 年全国综合试点城市又增加了 55 个。其间，党的十四大已明确提出建立社会主义市场经济的改革目标，各试点城市以微观经济体制转型为中心，在企业改革、市场体系发育、政府职能转变和新型社会保障体系建立等方面取得了较大的成绩，并发挥了较好的示范作用，加快了所在地区和全国改革的进程。

第三轮城市综合配套改革的试点是从 2005 年 6 月国务院批准上海浦东新区为国家综合配套改革试验区开始的，这一时期，中央针对片面追求增长速度、增长方式粗放、民生社会矛盾等突显问题，提出科学发展和构建和谐社会的战略思想，这一轮试点的主要任务就是科学发展与和谐社会两大主题[①]。

从城市综合配套改革试点到国家综合配套改革试点到国家综合配套改革试验区，不仅标志着市场经济体系的基础确立，更意味着改革的深化和全面协调发展的大理念的形成。因此，自 2005 年开始的从时间逻辑上作为第三轮城市综合配套改革试点的国家综合配套改革试验区，其实质内涵已发生了变化。如果说在它之前的城市综合配套改革试点还是以冲突传统体制束缚，建立市场经济体制，推动市场经济在全国的普遍确立为目标的话，那么国家综合配套改革试验区则更多地以制度创新为目标。即把解决本地区实际存在的发展问题，与中国改革开放进程中现实存在的难题结合起来，依靠本地区的优势突破改革发展的"瓶颈"，从而为完善市场经济体制，应对全球经济的挑战，实现科学发展探索出一条可以在全国示范推广的模式或路径。

继中国城市综合配套改革试点、国家综合配套改革试验区后，2009

[①] 参见苏东斌、钟若愚《中国经济特区导论》，商务印书馆 2010 年版，第 325–334 页。

年以来，国务院陆续批准了一批国家层面的区域性规划方案。可以说，相继出台的国家级区域振兴规划几乎覆盖了全国每一个经济区域。至此，从经济特区、沿海开放、沿江开放到沿边开放的整体区域发展的大布局也全面展现出来。

二、综合配套改革试验区的特点

综合配套改革试验区的核心在于"综合配套"，其目的就是要改变多年形成了单纯强调经济增长的片面发展观，要从经济发展、社会建设、城乡关系、土地开发、环境保护和社会福利等多个方面和领域推进改革，形成相互配套有效促动的管理体制和运作机制，真正从部分人、部分地区先富起来，走向普遍富裕和科学发展。所以，国家综合配套改革试验区作为推动中国社会改革向纵深迈进的一种制度安排，显示出了以下四个特点[①]。

（1）由于市场经济体系的普遍确立和改革开放物质和精神成果的积累，国家综合配套改革试验区无论是试验的主题还是试验区的使命与任务都更加明确，如武汉城市圈和长株潭城市群主要承担国家资源节约型和环境友好型社会建设方面的改革试验的使命，探索、创新有利于能源节约和生态环境保护的体制机制。

（2）由于老经济特区，尤其是深圳经济特区成功的经验和失误与教训，都在降低着中国改革开放的试错成本。因此，国家综合配套改革试验区有可能，并有条件由初期一个城市的改革突破，转变到更加注重推动区域协调发展。如上海浦东、深圳、天津滨海新区主要是在一个城市或特殊区域进行改革的试验，而武汉是以武汉为核心的城市圈，长株潭则是以长沙、株洲与湘潭三个城市组成的城市群示范区域，成都与重庆其实就是一个"川渝板块"。

（3）由于协调发展大思路的日渐清晰和区域间差距的逐渐缩小，国家综合改革试验区在选择上更加注重基础条件，即由开始注重区域的位置向注重区域的市场经济的试验基础的转变。如果说上海浦东、深圳、天津

---

① 参见胡利民、崔美荣《国家级综合配套改革试验区审批的新动向》，载《今日中国论坛》2009年第1期。

滨海新区主要得益于区位优势，那么武汉城市圈、长株潭城市群、成都和重庆市则主要在于良好的改革试验的基础。当然这是相对而言的，因为无论是上海浦东还是深圳、天津滨海新区都不仅具有区位优势，还有多年来积累的良好的改革基础。

（4）由于中央政府执政理念与职能的转变，国家对综合改革试验区的支持的方式也从优惠政策的给予重点转向自主权的给予。如以前国家偏重在财政、税收、金融等方面给予改革试验区政策优惠，现在更加注重赋予地区自主改革的特权，鼓励试验区大胆创新，探索实践，试点方案由各地区自主制定后再报国家发改委，这就为各地立足实际，积极主动探索发展路径留下了足够的空间。可以说，给予自主权、赋予选择权，是调动包括地方政府在内的经济主体的积极性与创造性的最重要的，也是最根本的前提。这是国家政策理念的调整，也是政府职能转变与规范的体现。从根本上说，有一份自由，就会有一份发展。自由是发展的前提，也是发展的内容本身。因为，自由的经济制度是市场经济的灵魂。

国家综合改革是从沿海发达地区城市的先行先试先闯，向推动全国性的改革突破的转变。先行试验的深圳、上海浦东、天津滨海新区三大改革试验区都在东部沿海地区，其主要的使命是带动东部沿海地区的率先发展。而在中部与西部设立配套改革试验区，并赋予其明确的发展使命，这说明市场经济的普遍确立，为中国大地的协调发展、全面发展提供了可能，科学发展既是社会各领域的全方位的同步发展，又是中国版图的全面发展。国家综合试验区的推出，国家发展战略向中西部拓展，既是理念的选择，更是现实的选择，没有现实的基础——市场经济普遍确立，发展战略的中西部的拓展将不可能实施。

三、开放战略拓展的意义

从沿海开放到沿边开放，是在中国大地上确立、完善市场经济体系的战略大思路；是中国社会实现协调发展的大举措；是全方位开放路径的积极探索；是科学发展的伟大实践；是全面实现现代化的整体部署。它不仅以战略的眼光规划着中国社会全面发展的宏伟蓝图，还将促进产业结构区域间的合理布局，不同区域间由要素禀赋等构成的比较优势的形成与有效发挥；扩大中国经济增长的对外辐射力，从而开拓更加广阔的国际市场；

减弱世界经济危机对以外向型经济为主的经济增长模式的正面冲击，建立具有日益增长空间的稳定而又可持续的内生的经济发展实力；形成全国范围内的逐渐趋于平衡发展的共同繁荣的以区域间协调互补为特征的经济共同体。所以它对中国未来的发展将产生深刻而持久的影响，它的战略意义是深远而巨大的。

（1）将有效发挥不同城市或区域地理位置，在全国协调发展中的政治、经济的独特性，形成由地理区位和要素禀赋构成的既能带动一方经济起步、腾飞，又能促进整体经济可持续发展的比较优势。如以两岸人民交流先行先试为先导，以建立服务周边地区新的对外开放综合通道为方向，以建立东部沿海地区先进制造业的重要基地和自然与文化旅游中心为目标的《支持福建加快建设海峡两岸经济区的若干意见》；以成为全国内陆型经济开发开放战略高地为定位，以建成全国现代化农业高技术产业基地和彰显华夏文明的历史文化基地为目标的《辽宁沿海经济带发展规划》；以建成长江中下游水生态安全保障区和国际生态经济合作平台为目标的《鄱阳湖生态经济规划》等，在国家的整体规划中都把区域优势与要素禀赋的比较优势转化为国家整体可持续发展的"先天优势"。

（2）以"举国体制"的政治资源优势，有效地推动了产业结构的调整和产业区域间的布局日趋合理。以区域经济发展规划为标志着开放战略的拓展，解决或正在解决着中国二元经济和区域经济发展不平衡这个历史积淀大问题。所以开放战略的拓展既顾全大局，又充分体现了各地区产业发展的特点和差异性的需求；既避免了区域规划的地方化趋向，又避免了全国规划的"一刀切"的问题与弊端，不仅更加符合区域经济发展的现实情况，而且十分有利于全国范围内的产业结构的调整与承接转移，尤其是东、中、西部地区的合理布局。2008年起，中国的中西部和东北的增长速度已超越东部地区，在相当大程度上深深得益于从沿海开放向沿边开放的大战略思路的实施。

（3）扩大中国经济增长的对外辐射能力，开拓更广阔的国际市场，从而减弱世界经济危机对以外向型经济为主要经济增长模式的正面冲击。中国的改革开放是从东南沿海开始的，欧美不仅是中国制造的主要消费者，也是中国对外贸易的最大的，最重要的国际市场。全球金融危机的冲击，不仅让我们切实思考对外向型经济的过分依赖给我们的社会带来的问题和尴尬，更让我们思索开拓更广阔的多边的国际市场的必要性。以建设新亚欧大陆桥头堡为主要目标之一的《江苏沿海地区发展规划》；旨在成为面向东北亚的、重要开放门户的《中国图们江区域合作开发规划纲要》；实现"五口通八国，一路连欧亚"的新疆喀什经济特区的批准，都体现了国家开放拓展战略既促进了中国社会经济的发展（尤其是产业结构的提升与合理化），又解决了劳动力成本上升带来的发展问题，得到了类似亚洲"四小龙"产业结构更新换代所形成的共赢效果。

（4）将强而有力地促进、形成具有日益增长空间的，稳定而又可持续的内生的经济发展实力，将强而有效地规划、形成全国范围内的，逐渐趋于平衡发展与共同繁荣的，以区域经济协调互补为特征的经济共同体。所有发展规划的核心都是人的发展，所有经济增长的目的都是人的经济价值的提升。使亿万中国人民分享改革开放的成果的关键是可支配收入水平的提高。所以让人们有能力消费，让百姓有尊严地生活，让民众幸福地创造财富与价值，才是改革开放的最崇高也是最纯朴的目标。孔夫子曾说："百姓足，君孰不足；百姓不足，君孰与足。"看来，让百姓富足是人类进步的永恒的主题。

尤其应该强调的是，区域经济的协调发展与共同繁荣，还可以在逐步消除区域差距，解决城乡二元矛盾，缓解、削弱收入不平等的过程中，在邓小平"不争论"的大智慧下的推动下，深化改革进程，完成制度变迁，从而实现建设经济繁荣、制度文明的现代化国家的宏伟目标。

四、新老经济特区功能及比较

国家综合配套改革试验区的设立是在经济社会发展的新阶段，在科学发展观的引领下，为促进地方经济社会发展而推行的具有给地方政府发展自主权的崭新举措。从某种意义上可以说，它们是继深圳等"老特区"之后的"新特区"。综合配套改革试验区作为"新特区"，它有着不同于"老特区"的一些特点。这些特点的形成源于国家发展战略的转变，体现了中国改革开放进程所带来的变化，也充分展现了完善市场经济的客观需要和社会制度变迁的内在要求。

从建立的背景和目的来看。老特区是在计划经济背景下创办的，它可谓计划经济汪洋大海中的一块令人瞩目的绿洲。它创办的目的就是完成由计划经济向市场经济的转型，为由普遍贫穷走向共同富裕探索一条切实可行的发展道路。新特区是在市场经济体制已经基本确立的背景下设立的，以制度创新的方式完善市场经济体系是设立新经济特区的主要目的。

建立经济特区的任务和发展手段不同。老特区的主要任务是解决对内改革和对外开放的问题，引进外资是其发展的重要手段。新特区是要综合解决经济发展中的体制矛盾，制度创新是其发展的重要手段。

经济特区的区域和模式的选择不同。老特区的选择主要着眼于沿海的计划经济相对薄弱的城市或地区，一方面以较轻的计划经济的负担和较少的传统意识形态束缚赢得较低成本支付的优先发展；另一方面凭借沿海的区域优势，引进外资，以出口替代迅速打开关闭了近半个世纪的国门，为中国社会的开放打开一扇窗户，架起一座通往市场经济和国际社会的谋求民族发展、富裕和尊严的桥梁。新特区则是从着眼于从国家区域发展总体战略出发，探索新的历史条件和发展进程中区域协调发展的新模式，从而实践并验证中国道路的可行性与正确性。我认为，所谓的中国道路，就是指以创办经济特区的方式，完成由计划经济向市场经济的转型，探索由普遍贫穷走向共同富裕的路径，在渐进的制度创新中完善市场经济体系，从而引导中国社会成为一个市场经济的法治国家，全面实现现代化，走向真正持久的繁荣与富强。

从某种意义上说，喀什经济特区既不同于老特区，在某些方面又有别于国家综合配套改革试验区的特征。它没有老特区率先改革开放的政治资本，没有沿海开放城市几乎"与生俱来"的先天优越的内外部市场经济的环境。比如，深圳毗邻世界最自由的市场经济的地区——香港；上海即使在计划经济时代，也是经济发展水平比较高的地区。同时，它也没有作为国家综合配套改革试验区的某些城市、城市圈、区域的改革经验的积累和良好的社会发展的基础，这些社会发展基础包括基础建设、教育、人口素质和社会公共设施、社会福利体系的制度安排等社会资本、资源和制度存量。但是，喀什作为新兴的具有自身特色的经济特区，它具有"人无我有"的发展条件和担负国家战略部署的广阔的区域与制度的发展空间。具体来说有以下三个特点。

（1）作为新兴特区，喀什是站在巨人肩膀上开始发展建设的。所谓站在巨人的肩膀上是说，它既享有国家的强有力的扶持政策，又得到经济发达地区、省份或城市的人财物的援助。这些都构成其他城市、地区所没有而喀什经济特区所独有的政治和政策上的发展条件。

（2）喀什经济特区是在中国社会经历 30 多年的改革开放实践，市场经济体系已经普遍确立，社会规制逐步完善，许多发展的经验得以确认，某些成长的路径得以肯定，成绩与问题、坚守与摒弃、方向与目标都已日渐清晰明确的大背景下建立的。尽管同其他特区或综合配套改革试验区一样，喀什经济特区必然面临着发展道路、方式和路径确立与选择的问题，但它有可资借鉴经验。所以喀什经济特区的发展完全有可能，也应该站在一个较高的起点上，以较低的试错成本，获得较显著的发展收获。

（3）喀什经济特区具有"弱势即空间"的发展特点。自然条件恶劣，生产力资源相对匮乏、工业基础较为薄弱、市场经济水平整体相对落后，无疑构成了喀什经济特区发展的短板，但喀什经济特区可以举全国可借鉴的发展模式，"应势利短"制定发展规划、甚至变短板为特色，合理布局产业结构，独具特色的营造喀什产业成长的发展之美，让喀什真正走一条具有喀什特色的发展之路。正如喀什经济特区发展规划中所表述的：喀什经济开发区要开辟出一条非传统的城市发展道路，只有突破传统上依赖资源投入推动新城发展的固有模式，走低碳生态型可持续发展道路，才能给喀什以不竭的内生发展动力。

国务院 33 号文件明确了喀什的定位，一是要充分发挥喀什对外开放的区域优势，把喀什建设成为我国向西开放的重要窗口，推动形成我国"陆上开放"与"海上开放"并重的对外开放的新格局；二是要吸引国内外资金、技术、人才，高起点承接产业转移，促进产业集聚发展，构建现代产业体系，将喀什建设成为推动新疆跨越式发展的新的经济增长点[①]。

我以为，在实现上述发展目标的过程中，喀什经济特区在发展实践中应该注意以下四个问题。

（1）尽管发展与经济增长依然是喀什经济特区所面临的首要的任务，但喀什经济特区还必须认真吸取并牢牢记住唯 GDP 和单纯追求经济增长速度曾经给我们的经济和社会带来的问题。发展是硬道理，改革是大前提，制度创新是根本。与国民幸福同时增长的 GDP 的增长才是健康的增长，与人们的福祉一同上升的增长速度才是有真正意义与内涵的增长速度，与对环境有效保持与友善到用相伴相随的经济发展，才是真正的可持

---

① 《新疆"特区"吸引力开始显现 打造跨越式发展增长点》，见凤凰网（https：//news.ifeng.com/c/7fafvdH89hU），刊载日期：2011 年 10 月 28 日。

续的发展。站在一个较高的起点上，继承中国30余年改革开放的经验与教训，喀什经济特区的起步与发展应该会少一些成本，多些理性、务实、科学的考量。

（2）尽管完善市场经济从而带动新疆经济的发展提升是喀什经济特区的一大使命，但完善市场经济的过程绝不是一个简单的经济建设过程，而是一个社会整体发展的过程。我以为，对喀什经济特区而言，首先，发展教育，全面提高劳动者技能、知识水平和人文素养，从而形成现实与潜在的人力资本，是确保喀什经济特区能够迅速成长，可持续发展的内在条件。因为没有人的现代化，就不可能有现代化的城市，更不可能实现现代化。其次，理念的更新是喀什经济特区发展的思想前提。理念不能直接改变社会，但理念能够改变人，而人则能改变社会。更新理念作为一种无形的生产力，它对促进经济发展和社会变革是一种超越物质，高于资本的深层力量。

（3）喀什作为处于民族地域的新兴特区，它的发展必然要尊重、保持、利用民族文化的遗产和特有的魅力。现代化一定是一个不同的文化以不同的方式现代化的过程，而绝不是用现代化去同化不同文化的过程。我以为，无论怎样发展，喀什经济特区一定并应该是一个充满民族文化特色的特区，是一个民族文化得以闪耀的特区，一个具有鲜明民族性的特区。

（4）发达地区或城市的援建，是喀什经济特区享有的独特政策优惠，也为喀什经济特区实现快速发展、迅速起步，甚至以"拿来主义"为我所用提供了良好的条件与可能。援建城市、区域或省份的确把资金、人才和发达地区的成熟先进的管理理念、行政运作模式带到喀什，尤其影响当地政府的行为方式和执政理念，使其加快政府职能的转变。但从根本上说，援建还只是外部的力量，要想真正持久的发展还要靠喀什经济特区自身，确切地说是地方政府自身认知能力、发展理念、执政水平的不断提高。

中国经济特区的发展是整个中国改革开放举足轻重的一步棋，也是中国区域经济发展的一种道路探索。但是，并不存在可以照搬的特区发展的现成模式，深圳经济特区更不是经验批发商。区域经济发展在不同层次、不同阶段必然呈现其发展道路、方式和内涵的多样性。我们不是要在喀什再建一个深圳（深圳对口援建喀什），而是要把今天的喀什建成一个现代化的新喀什。

正如波兰思想家米奇尼克所说:"我们不是为了一个美好的明天而奋斗,而是为了一个美好的今天而奋斗;我们不是为了一个完善的社会而奋斗,而是为了一个不完善的社会而奋斗。"我想说,从沿海开放到沿边开放这一美丽蓝图的实施与推进,将为美好中国带来繁荣昌盛的绚丽的明天!

[原载《深圳大学学报(人文社会科学版)》2013年第1期]

深圳经验印证中国道路历史必然性

作为中国经济特区的卓越典范,深圳的改革开放开启了中国新的宏阔发展时代。深圳33年的成长史,清晰地呈现了当代中国制度变迁与发展道路的探索轨迹,更映衬了中华民族寻求自强富裕的奋斗历程。

一、率先探索社会主义市场经济,创新了中国制度变迁的"新体制"

经济特区作为特殊政策的产物,它的主要功能就是在计划经济的体制中完成市场经济的实践,并在全国范围内推动市场经济体系的确立。这决定了深圳特区不仅要以自身的实践促进市场经济体系的形成和完善,还要推动中国的改革开放向纵深发展。

早在1984年,邓小平就提出:"特区是个窗口,是技术的窗口、管理的窗口、知识的窗口,也是对外政策的窗口。"[①] 应该说,在中国计划经济向社会主义市场经济的转型中,深圳出色地完成了最初的历史使命——改革开放的示范地区、市场经济的试验田、对外开放的排头兵。在33年后的今天,回顾深圳改革开放的成功经验,其实质是指明了深化改革的战略目标,确定了深化改革的社会主义方向,形成了中国制度变迁创新的"新体制"。

上述实践经验证明,改革不能停顿,开放不能止步,以开放促改革依然是中国现代化进程中制度变迁的路径选择。

二、允许一部分人先富起来,创造了中国非均衡发展战略的"新道路"

以社会主义市场经济体制确立为主线的中国社会制度变迁,构成了深

---

① 邓小平:《邓小平文选》第3卷,人民出版社1993年版,第51—52页。

圳卓越的改革开放实践历程。历史地看,"中国道路"的形成正是以选择创办中国特色经济特区为契机,完成社会转型与实现经济发展的现实结果。

"中国道路"不仅是一条体现中国特色发展的经济现代化之路,更是改革成果为人民共享的社会主义之路。但是,对于当时的中国来说,要实现全民的共同富裕是一件几乎不可能之事,正是看到了这点,邓小平提出"让一部分人、一部分地区先富起来"①,他进一步对"中国道路"作出了明确的理论指引:"发展经济要走共同富裕的道路,避免两极分化。""如果我们的政策导致两极分化,我们就失败了;如果产生了什么新的资产阶级,那我们就真是走了邪路了。"因此,"中国特色社会主义"是对市场经济通行规则的手段选择,而绝不是对资本逻辑的政治认可。继深圳之后的喀什、霍尔果斯、图们江等新兴经济特区的成立,从沿海开放到沿边开放,已经成为在中国确立并完善社会主义市场经济体系的重大战略考量,经济特区的未来发展必将在未来改革开放和实现人民共同富裕的历史进程中发挥越来越重要的作用。

三、解放思想、敢闯、创新,注入了中国时代变革的"新精神"

深圳最初的吸引力并不是鳞次栉比的高楼、现代化的街道和丰厚的收入,而是改革开放的宽松氛围和创新发展的空间。正因为如此,改革创新不仅是深圳发展的历史传统,而且是深圳深刻影响中国的时代精神。

邓小平多次总结说:"深圳的重要经验就是敢闯。"② 他倡导:"第一要大胆去干,第二发现干得不对的地方要及时纠正,总结经验,不是考虑犯不犯错误。"③ 从时任国务院副总理万里"你们要解放思想,放手把经济搞上去,闯出一条新路。你们犯了错误,也不要紧,国务院负责"④,

---

① 曹应旺主编:《邓小平的智慧》,四川人民出版社2021年版,第187页。
② 邓小平:《邓小平文选》第3卷,人民出版社1993年版,第372页。
③ 邓小平:《邓小平文选》第3卷,人民出版社1993年版,第379页。
④ 中共广东省委研究室编:《广东改革开放决策者访谈录》,广东人民出版社2008年版,第18页。

到吴南生"我愿到汕头去搞实验,要杀头先杀我"①;从习仲勋"杀出一条血路"②,到袁庚在蛇口提出响彻中国的"时间就是金钱,效率就是生命"③口号,正是这种"敢为天下先"精神的集中体现。

深圳的实践告诉我们,没有解放思想就不可能有改革开放,而改革开放又把解放思想从口号变成实践。在这个意义上,改革开放只有进行时,没有完成时。

四、切实激发人的创造性,提供了实现中国梦的"新动力"

中国的改革开放是从解放生产力开始的。在生产力的诸要素中,人是最活跃的因素。因此,解放生产力关键在于人的创造力的解放。在深圳的改革开放中,创立新的人才管理制度、人才激励模式和劳动报偿的分配模式等,积极发挥市场在人才配置中的基础性作用,建立和完善人才市场服务体系,形成了科学的人才流动体系,由此也为全国的人才管理提供了可资借鉴的经验。可以说,深圳的改革开放之所以能够成功,关键取决于人才及其管理制度的创新。

深圳改革开放过程中激发人的创造性的实践告诉我们,当人的经济价值提升时,人力资本的非物质性决定了它的生存与发展必然需要良好的制度与生活环境。同时,相应于人的经济价值提高的制度变迁,新的经济模型和增长方式也是人才发展的重要条件。从这个意义上说,经济增长方式转变的真正力量不是人的主观愿望决定的,而是构成经济社会内在机制与动因的人的主体力量的提升。

深圳的快速发展凝聚了诸多建设者放飞希望、走向成功的梦想,也是凝聚中国力量最深厚的基础所在。改革开放的力量源泉在于汇聚共识,团结力量,共同奋斗。当人的创造性充分激发,个人梦想在改革实践中充分

---

① 中共广东省委研究室编:《广东改革开放决策者访谈录》,广东人民出版社2008年版,第217页。
② 中共广东省委研究室编:《广东改革开放决策者访谈录》,广东人民出版社2008年版,第221页。
③ 深圳市南山区区志编纂委员会编:《深圳市南山区志》上,方志出版社2012年版,第289页。

实现时，本质上就是在与中国梦同频共振，就是为敢于有梦、勇于追梦、勤于圆梦注入新的自觉动力。

（原载《中国社会科学报》2013 年 11 月 8 日第 A06 版）

厘清政府与市场的边界是深化改革的关键

　　党的十八届三中全会指出：经济体制改革是全面改革的重点，核心问题是处理好政府和市场的关系，使市场在资源配置中起决定性作用和更好地发挥政府的作用。

　　改革开放35年来，中国社会进行的是强制性制度变迁。对于转型国家而言，政府在强制性制度变迁中的作用无疑是巨大的，甚至可以说，没有政府自上而下的强大政治力量的推动，既无法完成由计划经济向市场经济的转型，也更不可能有今天市场经济的普遍确立和社会经济的繁荣。

　　但是，以强制性制度变迁确立市场经济，和在市场经济体制已基本确立的前提下完善市场经济，两种情形下政府的职能与作用是不同的，前者或许更需要政府通过比较强势的干预，推进市场经济的形成，从而加速完成由计划向市场的转变，而后者则要求政府在尊重市场规律和机制的前提下，矫正市场失灵，服务于市场而非驾驭、主导市场。

　　市场失灵表现为公共产品供给、外部性和垄断，尤其是自然垄断。这些市场失灵的现象就基本上界定了政府活动的范围，即提供公共物品与服务，以法律限制诸如污染及外部性，以社会规制反垄断，为公平竞争创造有制度保障的市场环境。尽管市场失灵的存在为政府介入市场经济提供了可能性，但市场的作用却是政府无法替代的，尤其在私人物品生产方面，政府不能直接进入市场，以一个竞争者的身份进行生产。

　　强大的国家与发达的市场作为结果，无疑是令人向往的，但作为实现的过程，它要求处理好国家与市场，或者说政府与市场的关系。

　　从中国社会发展的现实来看，由于区域间经济社会发展的非均衡性的普遍存在，在实现中国梦的实践中，地方政府，尤其是发达地区或城市的地方政府的"率先"行动选择，不仅具有战略上的可行性，更具有深刻的现实意义。因为这将同样有利于规避或减少"奋斗"（改革）进程中的试错成本，从而推动中国梦的实现进程。可以说，中国改革开放的历史，赋予了深圳"先行先试"的改革权（包括立法权），这一率先改革的"特殊"权力与35年改革开放所积淀的财富积累、体制改革所拥有的政治资本、敢于创新所形成的精神财富相结合，使作为中国最成功的经济特区的深圳有条件、有可能、有能力在实现中国梦的进程中，继续走在全国的前面。

以深化改革，从而解决发展中的主要矛盾，排除前进道路上的体制性障碍为切入点，我以为在共筑中国梦的征程中，深圳作为中国改革开放史上最成功的经济特区，应该在重要领域的制度创新和关键环节的突破性举措方面率先进行制度变迁，让敢闯的精神和先行先试的品格，继续成为深圳这座城市的不朽的名片。具体说有以下四个方面。

一

深化改革政府及国有资本的投资方向，变投资政府为"守夜人"政府。在这方面，深圳还应该有坚定的魄力。

其实，党的十五大以来，非公有经济的发展，已经成为我国基本经济制度的重要内容之一，并同公有经济一样是立国之本、执政之基。但是在实际操作层面上，由于对公有制的阶级崇拜和对私有制的意识形态上的歧视，甚至仇视，出现了大量的"玻璃门"和"弹簧门"现象。另外，政府和国企凭借充足的资金不仅涉足一般竞争性行业，而且直奔暴利行业。甚至国有垄断企业还通过建立财务公司进入金融领域，或直接组建旨在做大做强、保值增值的国有资产运营公司。市场经济的运行是不能建立在计划经济基础之上的。市场经济的基础原本就是多元化的产权结构。只有深化改革政府及国有资本的投资方向，才能建立起巩固的市场经济的基础。所以，在未来的深化改革中，必须划分政府投资的边界，调整国有经济的布局与结构，在制度设计上扫清民间资本"平等进入""非禁即入"的制度性障碍。除涉及国家安全必须实行垄断经营的行业外，所有领域向民间资本开放。同时，严格限制垄断链条向竞争性服务行业延伸，不仅不能扩建资产运营的"政府公司"，而且还要加快垄断企业的股份制改造，同时更要加快国有资本从竞争性行业退出去的步伐。

著名学者，"休克疗法"之父杰佛里·萨克斯曾说：资源管理是中国的最大挑战。大体上我相信，一个混合经济意味着有市场体系，也会有政府的位置。政府的作用就是帮助穷人，建设基础设施，促进技术创新，保护环境。如果有一个运行良好的混合经济体系，就可以实现最好的结果。

如果滑向非此即彼的两个极端，即要么只有市场，要么只有政府，那就无法运行。① 杰佛里·萨克斯的话，不仅明确了政府投资的方向，更道出了市场经济中政府的真正职责。

二

深化改革收入分配制度，变政府财政为公共财政。在这方面，深圳应当有更大的胸怀。

有学者说，经济特区中的城市有一个鲜明的特征，那就是一眼就能看出谁是"城里人"，谁是"外来工"。中国收入差距最突出的表现就是城乡差距。对经济特区来说，加快城市化建设进程的重要内容，就是早日把这批35年来实际上已经成为特区建设大军主体、特区服务业大军主体的，占实际人口大多数的农民工转化为产业工人的同时，也转化为与城里人平等享受社会剩余的市民，以便实现工业化与城市化的同步进行，工人化与市民化的同步实现。只有这样，才能形成、出现作为整体的特区消费群体，才能形成城市的凝聚力和以平等、尊重、责任感为核心的市民文化意识。这正是特区政府义不容辞的责任与最大的政绩所在。

曾有人说：中国改革开放35年后的今天，全国最富的地方在广东，最穷的地方也在广东，这是广东之耻，是先富之耻。② 邓小平晚年有一个重要的思想："富裕起来之后财富怎样分配，这是大问题。""分配不公，会导致两极分化，到一定时候，问题就会出来了。""过去我们讲先发展起来，现在看，发展起来以后的问题，不比不发展少。"③ 实践证明了邓小平的预见。我以为解决收入分配问题，不仅需要"道德""良心"，还需要良好的"制度"与"政策"，更需要执政者拥有正确的以人为本的理念，这是实践中国梦的根本出发点。国家或一方政府不是一个追求盈利的增长主义的公司，国家的本质是主持正义。思想家柏拉图在其《理想国》中指出：理想的国家是正义的，国家的正义来自统治者——哲学家的正

---

① 王晓峰《中国经济改革的另一种解释——杰弗里·萨克斯等对中国经济改革的论述》，载《学理论》2008年第8期。
② 参见邹锡兰、谈佳隆《富广东：三年脱贫》，载《中国经济周刊》2010年第40期。
③ 转引自杨永杰《改革之路的下一步是什么》，载《青年与社会》2011年第12期。

义，哲学家的正义来自至善。至善、神圣、圆满。拥有至善就拥有最真实的快乐，所以，正义就是幸福的。著名学者苏东斌教授曾说：以人为本的理念的核心并不是经济增长，而是社会的和谐。而和谐的基础与前提就是社会公正，公正创造和谐。①

三

深化改革政府调控方式，变权威政府为服务型政府。在这方面，深圳应该有更高远的境界。

由于特区人口的急剧膨胀和极为有限的土地资源约束的矛盾加剧，住房供需之间的矛盾也日渐尖锐。住房作为一种准公共物品，是不能完全由市场来决定的。新加坡政府投资的保障性住房占85%，而香港政府补贴的住房容纳了四成居民。因此，特区政府必须把"居者有其屋"政策作为保民生的最为重要的政策，建设廉价房不是政府对市民的特殊关怀，而是一方政府责无旁贷的责任。这不仅是民生的重大问题，是城市转型成功与否的标志，更是政府的良知所在。因为居者有其屋，已超越了单纯的福利政策的范畴，它已经是人的尊严与价值的体现。

只有深化改革政府的调控方式，才能创造更加公平的竞争环境。仅仅十多年的历史，在中国本土上就出现了腾讯、百度等互联网巨头。这除了有近亿中国网民所铸造的庞大的市场的巨大功劳，政府少干预形成的纯粹市场环境是其迅速长成的制度环境保障。有学者认为，除了以明晰而确定的恰当方法监管色情信息，使之不要伤及未成年人；除了保护国民的私人信息，经严格程序认定的国家安全信息不被泄露，政府监管不应走得过远。互联网需要的是管制的放松和管制权力的明晰。

香港是当今世界最繁荣的地区之一，它充分体现了人类文明的魅力。向香港学习对于今天的深圳来说，还是一件尚未完成的课题。借鉴香港的体制优势，就是借鉴香港法制社会的成熟的运行机制。从相当意义上说，把香港请进来，既符合中国深化改革开放的根本方向，又能寻找到构建现代城市的简捷路径，更能帮助、促进中国梦的完美实现。

---

① 参见苏东斌《人与制度》，中国经济出版社2006年版。

四

  深化改革教育制度，变应试教育为现代大学制度。在这方面，深圳应该更无畏的勇气与改革者的智慧。

  恐怕绝大多数人会赞同教育是中国计划经济最后一个堡垒的判断（尽管这一判断有很多情感因素），但进入操作层面，教育制度的改革十分艰难。在特区创办之初，邓小平就针对缺乏专业人才的现状明确指出：深圳要办一所大学，这所大学由华侨、外国实业家用西方科学的管理的办法来办，教员请外国学者来当，请外籍华人来当校长。可惜，35年过去了，尽管深圳做了许多有意义的高等教育方面改革的探索与实践，但就教育制度本身来说，在现代大学制度的创建方面还有相当长的路要走。我以为，深圳应该拿出当年创建现代企业制度的勇气和智慧，率先全方位开始创建现代大学制度的改革。以更加开放的理念赋予大学真正依法办学的自主权；以更加宽广的心态让大学在法制的框架下负责任地自我发展；以更开明的姿态让大学真正成为大学；让大学校长真正成为教育家、职业人，而不是政府官员的一分子；让那些优秀的学者能真正以学术终其一生，而不是像职员那样到点就退休，大学的积淀与厚重是人而非单纯的投入。这不仅仅是放权、让权、给予权力的过程，更是一个崭新的制度的建立的过程。它考验的不仅仅是政府的胆识和魄力，更有远见与勇于担当的职业品格。

  无论在今天的中国还是经济特区，离开了改革就不能发展，如果以发展替代改革，我们不仅会失去发展的机会，还会葬送掉35年改革的成果。改革中出现的问题，还必须以深化改革的勇气和决心来解决。邓小平晚年曾十分清醒而准确地指出："我们所有的改革最终能不能成功，还取决于政治体制改革。"① 这不仅是中国社会深化改革所面临的艰巨课题，也是实现中国梦不可逾越的历程。

  有人曾说：建成一座国际性的现代化大城市到底是什么？现在，许多原始的苦难已不再成为苦难，于是，什么是幸福这个原始的词语反而变得更加模糊起来了。这就迫使我们追根溯源去寻找存在于生活中那个最基本

---

① 转引自蔡昌礼、熊高仲主编《邓小平理论概要》，巴蜀书社2001年版。

的价值。那就是，只有在这样能够较大限度地集中社会资源并合理进行配置的大城市里，才可能让每一个人都会拥有同一个梦想，都能共享同一个世界。其实，幸福的目标只有一个，那就是让生活变得更加美好。这正是我们改革的目的和追求科学精神与人道的意义所在。我以为这也是共筑中国梦的意义所在。

（原载《南方经济》2014 年第 8 期）

喀什发展电子商务的制度文化约束

电子商务是互联网高度发展时代的一种新兴而又具有无限发展前景的现代贸易形式，它已经成为国民经济和社会信息化的重要组成部分。美国是电子商务发展最早、规模最大的国家，早在1993年，美国就率先提出了"国家信息基础设施计划"（national information infrastructure），也就是NII计划，并取消了对利用互联网进行商业交易活动的限制。1995年，美国又提出"全球信息基础设施计划"（global information infrastructure），也就是GII计划，鼓励私人投资，推动竞争，实现开放性进入，实行灵活的管理规范，保障普遍性服务。尤其强调发挥政府的作用，以政府的电子化推动电子商务的发展，构建起了一个比较成熟的以政府政策为支持引导，以市场竞争机制为规则，以市场中的经济人为主体的国际化市场化的电子商务体系。

电子商务发展的基础是实体经济的繁荣，条件是互联网的普及与广泛有序使用，背景是经济的全球化及市场经济体系的完善和要素的自由流通，保障是与之相关联的制度、规则及法律体系的确立、完善并有效的实施。因此，从根本上说，电子商务并不是简单的互联网+，更不是单纯的技术问题，而是超越技术的制度创新，大于物质的文化演进，高于经济的观念革命。

从喀什的历史、文化、自然环境和发展现状来看，本文认为喀什目前发展电子商务存在着四个方面的优势与约束。这四个方面的优势与约束分别是：相对整体欠发达的区域经济发展现状与丰富的特色资源共存；相对弱势的国际化程度与"五口通八国，一路连欧亚"的先天区位优势共存；有待进一步整体提升的国民受教育水平和素质与强烈的发展愿望共存；更加需要具有学习精神和治理能力的地方政府与中央倾斜政策和发达地区援助共存。这四个方面的优势与约束，既是发展的阻力，又是发展的优势；既构成增长的约束，又形成跨越式发展的因素。它们之间具有突破即发展、走出才繁荣的内在逻辑的必然联系。但是，发挥优势与摆脱约束的必由之路，将是经济社会的整体发展和规制的完善与制度创新。

一、整体欠发达的区域经济发展现状与丰富的特色资源共存

可以说,相对整体尚不够发达的区域经济发展现状与丰富特色资源共存的约束,对喀什电子商务的发展是一项硬约束。因为从根本上说,电子商务并不是一个虚拟世界,它的发展必须以实体经济的发展和高度市场化为基础。这正如我们既不能指望在一个封闭的国度里实现国际贸易,也不能指望在一个尚不知互联网为何物的区域里发展电子商务,更不能指望在一个小农经济充斥的社会里通行市场经济一样。因此,解决这一硬约束的唯一办法就是调动一切积极因素,充分利用好各种资源,以政策优势吸引资本、人才等要素的集聚,促进经济发展水平的整体提升,变物质资源优势为竞争优势,变特色物产经济为附加值经济,让民族文化成为品牌,让地域特产成为创造财富的源泉与彰显区域魅力的物质与精神力量。电子商务卖的不仅仅是商品,还有文化;不仅仅是物质,还有精神;不仅仅是特产,还有品位;不仅仅是财富,还有规则社会的信用与品德。然而,这一切认知的达成都必须建筑在经济社会发展繁荣基础之上。

喀什有着悠久的历史、古老而灿烂的文明,是充满异域风情的维吾尔族的发源地,那些代表、反映维吾尔族的充满传奇历史的、具有神秘色彩的文化,荡漾着民族韵味的建筑,扣人心弦的艺术都发源于洋溢着浓郁维吾尔族风情的喀什。喀什作为祖国最西端的一座古城,"五口通八国,一路连欧亚"的独特区位优势,使它战略性地成为祖国向西开放的重要门户。但是,从经济社会发展的整体现状来看,尽管喀什近几年的发展比较迅速,但客观上说,喀什还是一个经济发展水平和基础设施建设比较薄弱、起步比较晚、整体水平并不够发达的城市。独特的地理位置和古老的历史既是其发展的优势与特色,又是一直制约其发展的人文地理及制度因素。

喀什的新一轮发展取决于以下三大因素:

第一,仅仅10多年前,喀什才真正摆脱遥远封闭的历史,成为一个跨区域的交通枢纽城市。那就是1999年南疆铁路库尔勒至喀什段的贯通和喀什航空口岸的开放及喀什至巴基斯坦伊斯兰堡的通航。这两个历史性的事件使喀什一跃成为中国进入中亚、西亚以及欧洲的具有潜质的、有待

继续开发的国际大通道、向西开放的桥头堡，功能日渐显著、实现"一带一路"宏伟倡议的具有独特意义与地位、又几乎无法取代的祖国向西开放的重要而美丽的门户。

第二，10年前，在国家、自治区整体发展战略的指引及政策倾斜的大力支持下，喀什地区也同时提出了"打造喀什在中亚南亚经济圈重心地位"的战略发展目标，发展对外贸易成为首当其冲的选择。其标志性的事件有两个：其一是2005年喀什分别在巴基斯坦、吉尔吉斯斯坦和塔吉克斯坦举办的"中国新疆喀什出口商品展销会"，其二是同年举办的"中国喀什中亚南亚商品交易会"。这两个具有开拓意义的展销会不仅宣传、展示了喀什，更重要的是使喀什对外贸易发生了显著的变化：2006年总额突破3亿美元，贸易规模也从2004年占全疆进出口贸易总额的0.8%增至2010年的5%。2014年，喀什进出口贸易总额12.06亿美元，占全疆进出口贸易总额276.76亿美元的4.36%。尽管由于全疆进出口贸易总额增幅比较大，喀什在其中的占比相对下降了，但绝对量显著上升了。

第三，2010年3月，中央召开新疆工作座谈会议，开始了为期9年（2011—2020）的新一轮对口援疆工作。全国19个省市对口援建新疆，带去千亿资金、数万干部，希望建立起人才、技术、管理、资金等全方位对口援疆的有效机制。援建以保障改善民生为先导，以解决就业、教育、住房等基本民生问题为主线，以支持新疆特色产业发展为切入口，期待新疆能以崭新的姿态站在跨越式发展的起跑在线，为新疆的腾飞注入了巨大而又实实在在的物质、精神与思想的力量。

2010—2014年，山东、上海、广东、深圳四省市累计援建喀什项目1152个，援助资金166.16亿元，① 2015年上述四省市计划援助喀什资金48.35亿元，2010—2015年累计援助喀什资金214.51亿元。② 但是，喀什地区整体经济落后及贫困地区与人口基数均比较大的现状，作为无法马上改变的客观事实，又是其谋取发展进程中必须面对的问题和阻碍。尤其农村人口的贫困化，已构成喀什地区性贫困的重要而巨大的社会问题。

---

① 参见《喀什地区年国民经济和社会发展统计公报》（2010—2014年），见中国统计信息网（www.tjcn.org）。

② 参见援疆网（http://yuanjiang.ts.cn）。

一方面，贫困人口基数较大，分布较为集中。新疆喀什地区地处祖国西北边陲，是以维吾尔、塔吉克、回族、柯尔克孜、乌兹别克、哈萨克斯坦等少数民族为主的贫困地区，土地面积139479.6平方公里，辖有11个县、1个市。贫困人口基数较大，分布较为集中。根据2012年国家最新颁布的扶贫开发重点县名单中，新疆共有30个贫困县，包括自治区扶贫开发重点3个，国家级贫困县27个，重点乡（镇）276个，重点村3607个，其中南疆三地州辖区占75%，扶贫对象高达266万人，占新疆农村扶贫对象的81%，是典型的连片区深度贫困区。仅喀什地区12个县市中国家扶贫开发重点县就8个，占67%，是全国最贫困的少数民族地区之一。另一方面，贫困分布区生态条件恶劣。喀什地区位于欧亚大陆中部，地处帕米尔高原、昆仑山区、塔克拉玛干沙漠区，其间的贫困县、乡（镇）自然生态条件恶劣。喀什地区贫困人口分布普遍，是全国最贫困的少数民族地区之一。①

2014年全国GDP总量为636463亿元，人均GDP为46652元。2014年，全疆地区GDP总量为9264.1亿元，人均GDP为41200.7元；新疆14个地州市（不包括新疆生产建设兵团）中，喀什地区GDP为688亿元，位于第6位，人均GDP为16735.59元，位于第13位，仅高于和田地区。

新疆2010年度城镇居民人均可支配收入为13644元，是农村居民人均纯收入4643元的2.94倍；2011年度城镇居民人均可支配收入为15514元，是农村居民人均纯收入5442元的2.85倍；2012年度城镇居民人均可支配收入为17921元，是农村居民人均纯收入6394元的2.80倍；2013年度城镇居民人均可支配收入为19874元，是农村居民人均纯收入7296元的2.72倍；2014年度城镇居民人均可支配收入为23214元，是农村居民人均纯收入8742元的2.66倍。②

喀什2010年度城镇居民人均可支配收入为12811元，是农村居民人均纯收入3670元的3.49倍；2011年度城镇居民人均可支配收入为13553元，是农村居民人均纯收入4270元的3.17倍；2012年度城镇居民人均

---

① 参见喀什地区扶贫信息网（http://www.ksfp.net）。
② 参见《新疆维吾尔自治区国民经济和社会发展统计公报》（2010—2014年），见中国统计信息网（www.tjcn.org）。

可支配收入为 14997 元，是农村居民人均纯收入 5142 元的 2.92 倍；2013 年度城镇居民人均可支配收入为 15454 元，是农村居民人均纯收入 6143 元的 2.52 倍；2014 年度城镇居民人均可支配收入为 17310 元，是农村居民人均纯收入 7133 元的 2.43 倍。① 从统计数据上看，2013 年前，喀什呈现严重的城乡收入不平等的状况，小康与赤贫同时并存。但自 2013 年起，喀什城乡人口的收入差距开始呈现低于全疆的平均水平的趋势，并且农村人口收入也表现出明显上升的势态。

贸易具有带动一方经济摆脱贫穷、走向发展繁荣的功能，但需要积累和时间；电子商务可以降低交易的成本，从而实现轻资产高覆盖的贸易发展模式，但需要实体经济的支撑和经济整体发展繁荣的可持续保证。发展电子商务的根本还不是技术问题，而是经济发展问题。喀什市区的经济社会状况并不代表、反映喀什地区的整体经济社会状况，这也正如深圳的发展状况，并不能代表全中国的发展水平一样。一座城市的发展可以带动、辐射周边地区经济的发展，但是，这种带动是具有客观规律的，而绝不会是单纯的政策倾斜和良好意愿的结果。

二、相对弱势的国际化程度与先天区位优势共存

喀什仅据有文字记载的历史便长达 2000 多年，公元前 60 年，汉朝在新疆设置西域都护府，喀什作为西域的一部分正式列入祖国的版图。在 15 世纪海路开通之前，喀什作为古"丝绸之路"的交通要冲，一直是中外商人云集的国际商埠。历史上中国的瓷器、丝绸、茶叶就是由喀什运往欧洲的，曾经有过"货如云屯，人如蜂聚"的繁荣景象，被誉为"东方开罗"。同时，历史上喀什具有文化的多元性特质，曾经是印度文化、波斯文化、阿拉伯文化、古希腊文化、古罗马文化、中原文化的交流荟萃之地，具有东西方文明融汇的特点。

喀什自古以来就有着"五口通八国，一路连欧亚"的国际贸易区位优势。所谓的"五口"是指喀什境内的 5 个国家一级口岸，它们分别是红其拉甫（巴基斯坦）、吐尔尕特（吉尔吉斯斯坦）、喀什国际航空港

---

① 参见《喀什地区年国民经济和社会发展统计公报》（2010—2014 年），见中国统计信息网（www.tjcn.org）。

（印度、巴基斯坦）、伊尔克什坦（吉酮吉斯斯坦）、卡拉苏（塔吉克斯坦）。这5个口岸宛如5条黄丝带，把中国与中亚、西亚、南亚十几亿人口连接在一起，可达中亚、西亚、南亚、东欧，并与第三国通商。所谓的"八国"是指与喀什市接壤或比邻的8个国家。沿着喀什388公里长的中国陆地边界，与印度、巴基斯坦、阿富汗、塔吉克斯坦、吉尔吉斯斯坦5国直接毗邻，与乌兹别克斯坦、土库曼斯坦和哈萨克斯坦近邻。这8个国家形成了一个弧形的经济圈，而喀什正好是这个圆弧的得天独厚的圆心。另外，中亚五国和南亚三国还是一个远没有开发的巨大的消费市场。喀什的西北方是有着5600万人口的中亚五国，喀什的南面是有着12.5亿人口的印度和巴基斯坦。更重要的是，这是一个正在逐步走向市场化和国际化的快速增长的新兴市场经济国家区域。这一区域经济的发展不仅会使喀什的市场放大数百倍，还能带来共同繁荣的美好前景。

地理位置的圆心是发展的天然优势和自然禀赋，但能否真正成为具有辐射力的圆点，则更多的或更根本上取决于自身的发展实力与区位辐射、带动、影响力。大自然可以对人类的某一区域得天独厚、情有所钟，但没有一个地方和区域的繁荣、现代化是纯自然禀赋的造化，而一定是经济、制度、文化力量的收获与结果。如并未享有自然厚爱的新加坡、日本的发展就是非常好的说明。

国际化包括文化的多元化。但文化的多元化未必一定就是国际化。电子商务的产生、发展，一方面是经济发展国际化的产物；另一方面，又需要国际化社会环境的支撑。电子商务具有技术手段上的跨区域性和国际化的特质，它的发展有助于推动区域经济的发展和国际化水平的提升，但从根本上说，先有区域国际化的城市，才会有区域经济的国际化和电子商务这一国际化交易平台的成长、成熟与完善。

从理论上说，区域国际化城市要具有区域中超群的政治、经济、科技实力，并且要与世界或区域大多数国家发生经济、政治、科技与文化的交流关系，其关键是"影响力"。而影响力又是建筑在一定的经济实力基础之上的，它会以较强的吸引力和区域凝聚力表现出来。

喀什曾有过国际化的历史，曾有过跨国界区域中心的显赫地位，更一直拥有着继续成为跨国界区域中心城市的得天独厚的区位优势。所以，喀什既具有成为区域国际化城市的天然禀赋，又具有今天强有力的中央政策扶持和发达地区的有力援助。国际化不仅会使喀什更具发展的潜质、魅力和美好的未来,也会从内涵上助推电子商务的发展。因为,城市的发展水平、国际化水平、区域影响力是电子商务发展必不可少的资讯名片和信誉保障。

三、有待进一步提升的国民受教育水平和素质与强烈的发展愿望共存

自 2010 年 5 月,中央正式批准设立喀什特殊经济开发区以来,喀什地区政府凭借政策东风也为自身发展确定宏伟目标与蓝图。在《喀什经济开发区总体发展规划(2011—2020 年)》中,喀什地区的发展定位是沿边开放创新实践区、区域重要的经济中心、区域重要的商贸物流中心、区域重要的金融中心及区域重要的国际经济技术合作中心。

我们知道,人,或者说创造价值财富主体的劳动者,是社会发展的最重要、最关键的因素。社会经济的发展,首先是人的经济价值的提升;社会的现代化,首先是人的现代化。文化与教育本身不能直接改变社会,但能改变人,而人则能够改变社会。所以,人口的受教育水平与整体素质,是制约一个国家、一个地区经济发展的硬道理、软实力、长远大计。

2010 年第六次全国人口普查数据显示,喀什地区劳动力的平均受教育水平明显低于全国的平均水平,高中以上文化水平人口仅占 11.4%,而初中及小学水平人口却占了 88.51%。可以说,喀什地区的文化贫困比经济贫困更可怕、更严峻,而且影响更深远。喀什地区现居住的 90% 以上是土生土长的维吾尔族人,而汉族人口不足 7%。据统计数据显示,2011 年,义务教育阶段少数民族双语,即汉语与民族语言教育普及率仅为 22%,2014 年才达到 66%,[①] 而这个双语基础教育的普及率仅仅限于喀什市区人口。由于汉语教师的缺乏,尤其是基础教育阶段汉语教师的严重缺乏,农村基础教育阶段双语教育的普及率依旧十分低下。没有对通用语言的掌握,就无法进入通用话语体系,而对电子商务而言,通用语言既是技术又是其内容的重要组成部分。

---

① 参见喀什政府网(http://www.xjks.gov.cn)。

四、更加具有学习精神和治理能力的地方政府与中央政策倾斜和发达地区援助的共存

在中央"稳疆兴疆、富民固边"新政的指引下，自 2010 年以来，19 省市千亿资金数万干部相继奔赴新疆开始了规模巨大、实力雄厚、深入到位、带动显著的对口援建的宏伟工程。随后中央又在喀什先行试点财政补助和税收优惠等十大措施，全面加大对喀什的政策扶持力度。

但是，由于历史、文化等因素的限制，大多数少数民族干部受教育程度并不是很高，同时汉语的能力也不是非常好。他们具有比较丰富的基层工作经验，具有改变家乡、谋求发展富裕的真切愿望，而知识、认知、眼界的局限性都在一定程度上约束了自身丰富经验的发挥，束缚了热切发展愿望的实践，影响了领导力的制度力量。

（原载《澳门理工学报》2015 年第 4 期，
《全国高校人文学术文摘》2016 年第 1 期全文转载）

中国的近代化性质投资影响因素分析
（1903—1936）

　　长期以来，近代中国的时间序列投资额一直是缺乏的。现有的资料基本上是一些学者从不同角度，对个别投资主体和个别投资领域做出的不离散数据的估计，相对来说，应数对外国人在华投资的研究相对充分一些。美国早期学者雷麦的《外人在华投资》是近代中国外资研究领域的巨著。他以大量亲自调查和外籍人士协助提供的资料为基础，以上下两卷分别论述了"非华人"在华投资及美英日俄法德诸国分别对华投资的历史过程，估算了一些时点上的数据。① 在该书出版之前，20世纪20年代中国学者刘大钧就有了同名著作②，是由太平洋国际学会中国委员会刊印的，该书主要根据中国的资料写成，是雷麦著作的参考资料之一。新中国建立后，也有学者在此领域内有力作，如，吴承明的《帝国主义在旧中国的投资》③ 和杜恂诚的《日本在旧中国的投资》④ 等。另外，台湾学者张肖梅编辑整理了外国人在华投资的历史资料⑤。又如，在农业投资领域，张东刚估算了若干年份全国农业投资额⑥。此外，在其他领域也有一些对于个别年份投资额的估算与研究，不一而足。总体来看，这些文献在收集和整理数据方面的确是功力非常，但是，这些数据毕竟不全面、不连续，难以据此研究全国性的投资问题，有待于今后有学者冲破原始资料不足的制约，利用某种科学合理的方法估算出全国的时间序列投资数据。

　　值得一提的是，美国学者罗斯基对在1989年出版的《战后中国经济

---

① 参见［美］雷麦《外人在华投资》，蒋学楷、越康节译，商务印书馆1957年版。
② 参见［美］雷麦：《外人在华投资》，蒋学楷、赵康节译，商务印书馆1957年版，序言第1页。
③ 参见吴承明《帝国主义在旧中国的投资》，人民出版社1955年版。
④ 参见杜恂诚《日本在旧中国的投资》，上海社会科学出版社1986年版。
⑤ 参见张肖梅《外人在华投资资料六》，学海出版社1972年版。
⑥ 参见张东刚《近代中国农业投资的估算与分析》，载《南开经济研究》1996年第5期，第71-77页。

的增长》一书中对 1903—1936 年中国近代化性质（modern-oriented）投资额数据做了估计①，这是我们目前见到的唯一的 34 年连续数据，实属难得。他的数据是全国性的，虽不是近代中国 34 年间各年度的各领域全部投资，但"近代化性质的投资"的研究角度确实意义重大。众所周知，近代时期是中国从传统经济向现代经济转换的重要历史阶段，因此，对"近代化性质的投资"研究就是这一阶段的核心经济问题了。本文拟就这一重大问题，做一点因果关系分析的工作，求教于学界前辈和同仁。

一、近代化投资趋势统计描述

在发展中国家的经济起步时期，投资的增长决定着经济增长，这是不可逾越的历史阶段，也是发展经济学家们的共识。刘易斯认为，所有现在的发达国家，在过去某一历史时期中都经历过投资迅速增长的时期，在这一过程中，每年的净投资率从不足 5% 增长到了 12% 以上，这就是所谓的工业革命。② 在罗斯托"经济起飞"的三个条件中，第一个条件就是生产性投资率大幅度提高，因为经济起飞要以充足的资本积累作为物质基础，大多数发展中国家经济发展过程中的主要障碍就是资本形成不足，而提高投资率是促进资本形成的必要条件。此外，纳克斯的"贫困恶性循环"、纳尔逊的"低水平均衡陷阱"和缪达尔的"循环积累因果关系"等理论都是在强调投资、资本形成的重要作用。③

罗斯基教授在其著作中，专门用一章的篇幅研究投资问题。罗斯基深信，"量化方法是构建总体框架最有效的途径，这能加深我们对战前④中国经济增长与停滞有关问题的认识或理解。在像中国这样一个大国经济里，产出、收入、投资、价格、税收、工资及其他方面的全国性或地区性的发展趋势，只能通过数据统计才能确定，其尺度不能靠从个人文字或其他轶闻事录式的资料中推断。"于是，罗斯基首先做了时间序列投资数据的估算，他对投资额估算思路与前面提及的学者不同，他修正了英格瓦·

---

① 参见［美］托马斯·罗斯基《战前中国经济的增长》，唐巧天等译，浙江大学出版社 2009 年版。
② 参见［美］阿瑟·刘易斯《经济增长理论》，梁小民译，上海三联书店 1994 年版。
③ 参见齐良书《发展经济学》，中国发展出版社 2002 年版。
④ 全面抗战爆发前。

斯文尼尔森的方法，通过构建水泥、钢铁、机械等资本品的表观消费量的时间序列，估计了中国各年度的近代化产业性质的投资额，数据见表1。

表1 全国和东北地区近代化性质（modern-oriented）投资额估计值
（1903—1936年）

年份	部分资本品表观消费量全国指数（1933年=100）				近代性质化投资额（单位：百万元）（1933年价格）		
	水泥	钢铁	机械	总指数	全国	关内	东北
1903	1.9	19.5	12.8	7.8	81	76	5
1904	1.4	19	12.8	7	72	71	1
1905	3	21.7	18.3	10.6	110	105	5
1906	4.9	23.6	26.6	14.5	150	145	5
1907	8.6	21.9	27.9	17.4	180	152	28
1908	7.6	23.4	18.6	14.9	154	112	42
1909	9.8	34.1	15.2	17.2	178	142	36
1910	14.1	35.5	20	21.6	223	158	65
1911	11.2	25	14.9	19.6	166	125	41
1912	13.6	17.9	16.2	15.8	163	120	43
1913	12.2	33.3	19.7	20	207	161	46
1914	17.3	34.4	28.9	25.8	267	214	53
1915	16.2	23	14.8	17.7	183	139	44
1916	17.4	23.2	32.3	23.5	243	158	85
1917	18.5	18	25	20.3	210	137	73
1918	19.8	17.5	29.2	21.6	223	134	89
1919	26.7	53.1	55.3	42.8	422	282	160
1920	27.7	52.3	67.4	46	476	352	124
1921	34.9	41.9	108.9	54.2	560	442	118
1922	44.5	46.3	114.7	61.8	639	532	107
1923	44.1	32.8	71.6	47	486	353	133
1924	39.4	46.8	70.1	50.6	523	358	165

续表 1

年份	部分资本品表观消费量全国指数（1933年=100）				近代性质化投资额（单位：百万元）（1933年价格）		
	水泥	钢铁	机械	总指数	全国	关内	东北
1925	39.9	49.1	62.8	49.7	514	376	138
1926	54.9	59.9	70.2	61.3	634	444	190
1927	52.2	50.8	70.1	57.1	590	388	202
1928	61.1	80.3	76.4	72.1	746	505	241
1929	77	89.7	93.3	85.4	893	618	275
1930	72.7	80.6	94.1	82	848	613	235
1931	74.9	80.8	89.4	81.58	843	681	162
1932	83.6	84.8	82.7	83.7	865	704	161
1933	100	100	100	100	1034	741	293
1934	105.9	137.4	127.5	122.9	1271	741	530
1935	102	148.4	127.6	124.5	1287	751	526
1936	133.1	140.1	132.6	135.2	1398	873	525

资料来源：[美] 托马斯·罗斯基《战前中国经济的增长》，唐巧天等译，浙江大学出版社2009年版，第245页。

利用表1的数据我们绘制了图1。从图1的曲线来看，1918年之前中国的近代化性质投资增长是比较缓慢的，且在此期间也有小幅的波动。从大的波段上看，1919—1936年时段的平均投资水平比1903—1918年时段的最高水平高出约150%，说明第一次世界大战之后投资是快速增长的。从小波段上看，1912年民国建立后，中国出现了一波的投资高潮，但很快被第一次世界大战打断，负增长的趋势维持到了一战结束的1918年。从战后的1919年开始，中国出现了近代化产业性质的投资高潮，1923年虽有所回落，但基本趋势是保持升势的。在世界经济大萧条期间，中国的近代化产业投资也未受太大的影响，虽在1929—1932年有小幅下降，但从1933年起上升趋势依然比较强劲。罗斯基所做的比较研究结论认为，最晚到20世纪30年代，中国关内（指山海关以西，东北地区则称为关外或关东）在矿业、制造业、建筑业和公用事业等领域的近代化固定投资规模已接近了日本。①

图1　1903—1936年中国近代化投资趋势
（数据来源：本文表1）

从1903—1936年整个时段上看，34年来，近代化投资指数从7.8增长到了135.2，指数翻了四番还多，这是一个经济质量的巨大进步，是从前任何时代都不能与之相比的。

二、近代化投资的影响因素的逻辑分析

中国1903—1936年近代化投资快速增长，尤其是第一次世界大战之后的投资增长加速，其影响因素是来自诸多层面的，我们将社会变革因素——如《马关条约》之后洋务派垄断势力的衰微、辛亥革命之后封建政治经济制度崩溃等——作为考察的大背景，不作为解释变量进入分析框架。因此，本文主要分析宏观经济运行中直接影响近代化投资的变量，我们首先从对资本品来源的分析入手。

中国在1903—1936年时期，近代资本品制造业的还不能形成规模，仅有的一些附属于制造业的工厂和作坊也不过是从事加工、装配和修理等

---

① 参见［美］托马斯·罗斯基《战前中国经济的增长》，唐巧天等译，浙江大学出版社2009年版。

方面业务的,向近代化投资提供装备则是力所远不能及的。从郑友揆先生整理的1933年中国工业产值分业统计来看,占比较大的行业依次为纺织(42.4%)、食品卷烟饮料(26.4%)、电水煤气(13.1%)、化工(火柴、肥皂等,4.4%)、纸张和印刷(2.8%)、皮革橡胶(2.1%)以及服装(1.8%),另有产值占7%的其他行业。① 显然,1933年可能存在的装备制造行业产值就隐匿于这占比为7%的"其他行业"中,而且,最多也不会等于或接近于1.8%(服装行业)的水平。因此,中国近代化投资的资本品绝大部分只能来自进口。

统计分析的结果显示,中国的进口和近代化投资在1931年之前是高度相关的,相关系数的计算结果为0.85。之所以1931年之后近代化投资指数和进口物量指数失去了同升同降的趋势,是因为1931年"9.18"之后日本侵占了东北,当年南开大学编制的进口物量指数就无法包括东北地区了,而罗斯基估算的近代化投资是包括东北地区的。于是,从1932年起两列数据的趋势关系就完全变样了。

图2是我们用近代化投资指数和进口物量指数绘制的,大致反映出,1931年之前,进口物量增长投资就增长,进口物量下滑投资就下滑,第一次世界大战前后尤为明显。1932年之后居然有负相关的态势出现了。

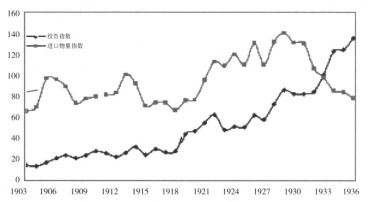

图2　进口物量指数与近代化投资指数的关系(1903—1936)
(数据来源:本文第三节表2)

---

① 参见郑友揆《中国的对外贸易与工业发展》,上海社会科学院出版社1984年版。

诚然，相关关系只能说明两个变量时序同升同降，而两者的因果关系则需另行判断，但如果存在着因果关系，则两者必然高度相关。1931年之前，应该存在着这样的相关机理：在其他因素对近代化投资形成强劲的拉动时，资本品进口就会增长，当国际因素导致中国进口受阻时，中国的近代化投资就下降。1932年之后，由于东北地区的进口数据缺失，暂不做分析。

综上所述，我们可以把"中国装备制造业极不发展，近代化投资的资本品绝大多数来自国外进口"这一结论作为本文逻辑框架的前提假设，接下来的分析将在这一起点上展开。

第一，对近代化投资拉动因素的尝试分析。数据表明，1903—1936年间中国近代化投资是迅速增长的，从投资主体上看，中外厂商都参与其中。投资的主要驱动是获利，而获利的必要条件是有强劲的需求。从事后来看，中国近代化投资的产业方向基本上是消费品制造业和交通运输通讯和公共事业等辅助于消费品生产和流通的行业。于是，拉动中国近代化投资的这个需求就应该是消费需求，而不是投资需求。一个通顺的逻辑应该是这样：中国的消费需求拉动了中国的投资，中国的投资需求拉动了国外的制造业的产出，基本上不能拉动本土的投资。

可能产生的问题是，消费需求的增长就一定会拉动投资吗？可以不可以动用闲置的生产能力增加产量呢？此前我们的一个研究结论表明，近代中国的经济态势是"供给约束型"的，即供给能力不能满足需求，需求在价格机制的作用下被迫适应供给，经济增长的"瓶颈"在于总供给一端[①]。因此，在其他条件得到满足时，消费需求的增长必然拉动投资增量，没有闲置的生产能力投入生产。于是有：

$$I = f(C) \tag{1}$$

$$\frac{dI}{dC} > 0$$

式（1）中，I表示投资，C表示消费。导数是对变量符号的逻辑判断，即I是C的增函数。

---

① 参见刘巍《储蓄不足与供给约束型经济态势——近代中国经济运行的基本前提研究》，载《财经研究》2010年第2期，第79-88页。

第二，对影响进口量因素的尝试分析。我们的前提假设认为，中国近代化投资的资本品基本上是进口的，于是，影响进口的因素就会影响投资。进口的影响因素最重要的是国民收入，换言之，是否存在进口的有效需求，然后是实际汇率反映的价格因素，最后是关税水平。于是有：

$$I = f(Y, e, T) \tag{2}$$

$$\frac{dI}{dy} > 0, \quad \frac{dI}{de} < 0, \quad \frac{dI}{dT} < 0$$

式（2）中，Y 表示 GDP，e 表示汇率，T 表示关税税率。导数依然表示对变量符号的判断，即投资是国民收入的增函数，其他条件不变时，收入增长进口就增长；投资是汇率（直接标价法）的减函数，其他条件不变时，汇率下降投资增长；投资是关税税率的减函数，其他条件不变时，关税税率下降投资就增长。

第三，考虑投资自身的惯性因素。投资是连续的，越是大型投资，投资过程所需时间越长。一旦投资开始，如无重大负面因素，投资一般会持续进行，直至投产。因此，滞后若干期的投资对当期投资也会产生需求。近代中国的产业投资大都指向消费品生产行业，投资周期应该较短；交投运输和公共事业的投资周期会相对长些，但所占比例不大。于是，综合考虑的判断是，代表投资惯性的滞后期数不会太多。于是有：

$$I_t = f(I_{t-1}, I_{t-2}, \cdots, I_{t-n}) \tag{3}$$

$$\frac{dI_t}{dI_{t-j}} > 0$$

式（3）中，投资变量的下标代表滞后期数，导数中的表示任一滞后期投资变量的符号。

综合考虑上述分析，合并式（1）、式（2）和式（3），可以得到下面的函数：

$$I_t = f(C_t, e_t, T_t, I_{t-1}, I_{t-2}, \cdots, I_{t-n}) \tag{4}$$

$$\frac{dI_t}{dC_t} > 0, \quad \frac{dI_t}{de_t} < 0, \quad \frac{dI_t}{dT_t} < 0, \quad \frac{dI_t}{dI_{t-j}} > 0$$

式（4）是本节逻辑分析的最终函数，该函数作为因果关系的一种表达式，陈述了中国近代化投资的各主要影响因素。需要说明的是，在式（4）中，我们之所以删除了式（2）中的国民收入变量，是因为消费变量与国民收入之间存在着显著的函数关系，两个变量必有多重共线性，应该去掉一个。逻辑分析表明,消费对投资的拉动是比较直接的,国民收入是通过消费这一传递机制拉动投资的,因此,我们保留了消费变量。

三、近代化投资的影响因素的实证分析

前面的逻辑分析结论可以用语言表述为,近代中国近代化投资的影响因素是消费需求、汇率、关税和投资惯性。但是,这一结论是我们逻辑推理的结果,历史经验是否支持这一结论,必须做实证检验方可做定论。计量经济史研究是用数量分析方法做实证,因为这是整个时段上所有时点数据的均值给出的结果,基本上消除了个别案例的偶然性或极端性。实证检验所用数据见表2。

表2 1903—1936年中国宏观经济数据

年份	投资指数	上海汇率指数	进口物量指数	进口物价指数	消费（1933年不变价格）
1903	7.8		65.1	88.3	104.05
1904	7		69.2	87.2	112.9
1905	10.6	79.45	96.6	81.2	106.33
1906	14.5	54.88	95.3	75.4	123.24
1907	17.4	53.08	88.7	82.3	114.29
1908	14.9	63.54	72.7	95.4	112.15
1909	17.2	65.31	77.1	95.1	118.71
1910	21.6	62.12	79.2	102.5	130.92
1911	19.6	62.38	80.9	102.2	122.9
1912	15.8	56.24	82.8	100	122.15
1913	20	69.98	100	100	141
1914	25.8	77.2	91.6	108.9	116.57
1915	17.7	78.96	70.3	113	116.16
1916	23.5	63.51	73.7	122.4	117.51
1917	20.3	49.45	73.4	131	96.14

续表2

年份	投资指数	上海汇率指数	进口物量指数	进口物价指数	消费（1933年不变价格）
1918	21.6	40.02	66.1	147	97.31
1919	42.8	34.94	75.4	150.2	141.53
1920	46	37.02	75.9	175.7	137.47
1921	54.2	58.08	94.7	167.4	151.86
1922	61.8	55.55	112.6	146.8	178.58
1923	47	58.41	108.5	148.7	166.96
1924	50.6	52.77	119.6	148.8	205.9
1925	49.7	50.69	109.9	151	186.48
1926	61.3	59.34	130.5	150.8	216.53
1927	57.1	66.32	109.8	161.7	222.69
1928	72.1	63.5	131.5	159.1	224.96
1929	85.4	69.18	139.9	158.1	238.25
1930	82	100	131	174.7	218.33
1931	81.58	132.03	129.9	192.9	265.9
1932	83.7	107.41	106	180.1	273.9
1933	100	91.86	97.5	173.2	273.2
1934	122.9	81.19	85.1	151.9	252.9
1935	124.5	74.11	83.6	138.1	267.6
1936	135.2	93.14	77.9	152.3	279.8

资料来源：投资数据见［美］托马斯·罗斯基《战前中国经济的增长》，唐巧天等译，浙江大学出版社2009年版，第246页；汇率数据见南开大学经济研究所《南开指数年刊》1937年，第34页；消费数据见崔文生《中国近代50年消费时间序列数据估计（1887—1936）》，载《广东外语外贸大学学报》2012年第2期；进口物量、进口物价数据见南开大学经济研究所《南开指数年刊》1937年，第37-38页。

为了消除异方差，我们对数据取自然对数，然后对数据平稳性做了检验。单位根检验数据见表3。

表3　ADF 单位根检验结果

变量	差分次数	(c, t, k)	DW 值	ADF 统计量	5% 临界值	1% 临界值	结论
$\ln C$	2	(C, 0, 0)	2.01	-5.19	-1.95	-2.65	I(2)**
$\ln e$	2	(0, 0, 0)	2.01	-5.03	-1.95	-2.65	I(2)*
$\ln I$	2	(0, 0, 1)	2.08	-8.71	-1.95	-2.65	I(2)*

*、** 分别表示变量差分后的序列在 1%、5% 的显著水平上通过 ADF 平稳性检验。

变量的 ADF 单位根检验结果表明理论模型中涉及的变量消费、汇率和投资都是二阶单整序列。由于被解释变量是平稳序列，两个解释变量是同阶单整序列，根据协整理论，如果变量没有协整关系，则普通最小二乘法回归结果是伪回归（虚假回归）。因此，回归之前要判断解释变量之间的协整性，有协整关系才可用普通最小二乘法，否则需要另行处理，协整检验结果见表4。

表4　协整检验结果

特征根	迹统计量（P 值）	$\lambda_{\max}$ 统计量（P 值）	5% 临界值	协整个数
0.55	34.4 (0.00)*	20.5 (0.00)*	24.27596	无
0.41	13.9 (0.03)*	13.9 (0.02)*	12.3209	至少 1 个
8.77E-05	0.002 (0.97)	0.002 (0.40)	4.129906	至少 2 个

*表明在 5% 的显著水平下拒绝原假设，P 值为伴随概率。

协整检验结果表明在 1% 的显著水平上变量之间具有协整关系，因此按照计量经济基本理论可以直接运用普通最小二乘法回归。根据理论函数式（4），假定模型为双对数形式，回归结果如下：

$$\ln I_t = 0.47\ln C_t - 0.36\ln e_t + 0.77\ln I_{t-1} \quad (5)$$

$t_1 = 3.37 \quad t_2 = -2.67 \quad t_3 = 11.56$

$S_1 = 0.14 \quad s_2 = 0.13 \quad s_3 = 0.07$

$\overline{R}^2 = 0.94 \quad DW = 2.03 \quad F = 252.52$

从式（5）的各项检验指标来看，模型效果是不错的，对近代化投资影响因素的解释能力较强。需要说明的是，关税税率数据在模型中未能通过检验，即进口关税对资本品进口的影响不大。我们对投资惯性变量做了反复模拟，最终，这一变量也就涉及滞后一期的投资，这说明近代中国投资项目不大，平均在二年之内基本上都可以投产了，且不再需要后续投资。这和我们先前的判断相吻合。

进一步地，我们用 Beta 系数方法对消费和汇率两个解释变量的重要性做了比较分析，分析结论是，消费需求变量的重要性是汇率变量的近2倍。这说明，影响中国近代化投资的主要因素是消费需求。于是，我们尝试只用消费需求变量解释近代化投资，模拟的方程式也是很不错的：

$$\ln I_t = -4.999 + 1.14\ln C_t + 0.58\ln C_{t-1} + [ar(1) = 0.72] \quad (6)$$

$$t_1 = -3.41 \quad t_2 = 5.03 \quad t_3 = 2.61 \quad t_4 = 7.43$$

$$S_1 = 1.47 \quad s_2 = -0.13 \quad s_3 = 0.22 \quad s_4 = 0.09$$

$$\overline{R}^2 = 0.95 \quad DW = 1.84 \quad F = 203.79$$

式（6）表明，当期消费需求和消费惯性（滞后一期消费需求）是影响中国近代化投资的主要因素。

四、结论

综合逻辑分析和实证分析的结果，我们可以得出以下结论：

第一，在中国产业以消费品生产为主、资本品制造业极弱、资本品主要来自进口的条件下，1903—1936 年中国近代化投资的主要影响因素为消费需求、汇率和投资惯性，关税税率对资本品进口的影响不显著。消费需求、汇率和投资惯性三个变量弹性值依次为 0.47、-0.36 和 0.77，弹性值表明，当其他因素不变时，三个变量若分别变动1%，近代化投资就分别相应地变动 0.47%、-0.36% 和 0.77%。

第二，比较分析消费需求和汇率两个影响因素相对重要性的结论是，消费需求的重要性大于汇率。消费需求的影响因素是国民收入，也就是说，国民收入决定着以进口资本品为主要物质载体的近代化投资的增长。这种汇率对进口影响相对较小的历史现象与中国改革开放初期有些类似，在经济起步时，国内市场消费需求强劲，厂商的投资渴望高企，投资需求拉动的进口需求旺盛，汇率导致的价格变动因素对进口抑制作用不大。

第三，关税税率对近代化投资的影响不显著，是我们意外的发现。从郑友揆先生对1926—1936年的研究①来看，南京政府的关税确对进口物量起到了一定的抑制作用。但我们的考察结果却显示对以进口资本品为主的投资影响不显著。这一结论表明，南京政府的关税政策对中国经济发展是有利的。关税政策减少了外国消费品的进口，使得这一部分国内消费需求转向国货，对国货需求增长就刺激了投资增长，而关税对投资所需外国资本品的进口影响不显著，则有利于国内投资增长。显然，投资增长是国民收入持续增长的重要条件，特别是在"供给约束型经济"态势之下。

第四，投资惯性变量仅涉及了滞后一期的投资，这说明近代中国投资项目不大，平均在二年之内基本上都可以投产了，且不再需要后续投资。

（原载《广东外语外贸大学学报》2015年第2期，人大复印资料《经济史》2015年第5期全文转载）

---

① 参见郑友揆《中国的对外贸易与工业发展》，上海社会科学院出版社1984年版。

从特区到自贸区：中国自贸区的特殊使命

如果说 35 年前深圳经济特区的诞生是新中国历史的一个石破天惊的伟大事件——标志着一个时代的结束和另一个时代的开始，那么 2013 年 9 月上海自贸区的成立，则是新中国改革开放史上一个足以与经济特区诞生相媲美的重要里程碑——标志着中国社会改革开放的深化，标志着由外向型经济向开放型经济的转型以及新一轮更加深刻的制度型开放的开启，同时更意味着以厘定政府权力为核心的法制的社会主义市场经济体系的营建与完善已经开始向纵深发展。

自上海自贸区"试水"成功，2015 年 4 月，国务院又正式批准了广东自贸区、福建自贸区和天津自贸区，其中广东自贸区涵盖了广州南沙自贸区、深圳前海蛇口自贸区和珠海横琴自贸区。可以说，犹如当年"5 + 2"传统经济特区（深圳、珠海、汕头、厦门、海南、上海浦东、天津滨海）以其先行先试的实践引领中国改革开放的方向一样，今天的自贸区作为新的历史条件下中国经济特区的一种新形式，将继续以其先行先试的率先实践和时代赋予的崭新功能，承担起中国社会深化改革，走向制度开放的时代使命。

一

正如中国的经济特区从来就不是一个简单的经济概念一样，中国的自贸区同样也不是一个纯粹的经济概念，它是经济全球化和区域经济一体化的产物，同时也是中国社会深化改革的产物。甚至从更深层的意义上而言，与当年的经济特区一样，其所肩负的改革使命，远远高于其所承担的单纯的经济使命。当然，没有经济的可持久发展就无所谓改革的成功与开放的成就，但经济的可持久发展从根本上说并不是作为改革的原因，而是作为改革的结果而存在的。同时，我们绝不能以发展替代改革，因为中国社会改革的任务还远远没有完成，还有相当漫长而艰辛的路要走。

从概念上说，中国自由贸易区是指在国境内关外设立的，以优惠税收和海关特殊监管政策为主要手段的，以贸易自由化、便利化为主要目的的多功能经济特区。其核心是营造一个符合国际惯例的，对内外资都具有国际竞争力的良好的国际商业环境。但是，中国目前的自由贸易区既不是国际通行的FTA（Free Trade Area）概念，也不是完全意义上的FTZ（Free Trade Zone）概念，而是一个功能上超越FTZ，而规则上又不同于FTA的具有中国特色的自由贸易区的概念。

FTA源于WTO（世界贸易组织）有关自由贸易区的规定，最早出现在1947年《关税与贸易总协定》文本中。该协定第24条第8款（b）对关税同盟和自由贸易区的概念专门做了解释：自由贸易区应理解为在两个或两个以上独立关税主体之间，就贸易自由化取消关税和其他限制性贸易法规。其特点是：设立主体是多个主权国家或地区，是由两个或多个经济体组成的集团；从区域范围来看，是两个或多个关税地区；从通行的国际惯例来说，遵循的是WTO准则；从核心政策来看，强调的是贸易区成员之间贸易开放、取消关税壁垒，同时又保留各自独立的对外贸易政策；从法律依据来看，遵守的是双边或多边协议。目前世界上已有的欧盟、北美自由贸易区、中国—东盟自由贸易区就是典型的FTA。

FTZ则是源自有关"自由区"的规定，1973年世界海关理事会签订的《京都公约》中指出，FTZ是缔约方境内的一部分，进入该区域的任何货物就进口关税而言，通常视为关境之外。其特点是：设立的主体是单个主权国家或地区，是单个主权国家或地区的行为；从区域范围来看，是一个关税区内的小范围区域；从通行的国际惯例来看，遵循的是WCO准则；从核心政策来看，强调的是海关保税、免税政策为主，辅之以所得税的优惠等投资政策；从法律依据来看，是主权国国内立法，而非多边协议约束。当然无论FTA还是FTZ，都是为了降低国际贸易成本，促进对外贸易和国际商务的发展而设立的，其本质主要是经济共同体或经济区域。

发展经济一直是中国社会改革的现实的逻辑起点，也是中国制度变迁的切入口。35年前，在邓小平"发展才是硬道理"的战略指引下，经济特区不仅在"让一部分人先富起来"的口号下成功地探索出一条由普遍贫穷走向共同富裕的制度变迁道路，还令世人瞩目地完成了由计划经济向市场经济转型的试验田的使命。如果说，改革的职能始终是中国经济特区的最根本使命，那么深化改革则无疑构成了今天中国自贸区的最根本使命。

中国自由贸易区如同当年的经济特区一样,是一个使命(改革)与发展(促进经济全球化、贸易自由化)的共同体,更是一个体制机制创新与制度创新的试验田。如对上海自由贸易区的总体要求是"试验区肩负着我国在新时期加快政府职能转变、积极探索管理模式创新、促进贸易和投资便利化,为全面深化改革和扩大开放探索新途径、积累新经验的重要使命"①;对天津自贸区的总体要求是"紧紧围绕国家战略,以开放促改革、促发展、促转型,以制度创新为核心,发挥市场在资源配置中的决定性作用,探索转变政府职能新途径,探索扩大开放新模式,努力打造京津冀协同发展对外开放新引擎,着力营造国际化、市场化、法治化营商环境,为我国全面深化改革和扩大开放探索新途径、积累新经验,发挥示范带动、服务全国的积极作用"②;对广东自由贸易区的战略定位是"当好改革开放排头兵、创新发展先行者,以制度创新为核心,贯彻'一带一路'建设等国家战略,在构建开放型经济新体制、探索粤港澳经济合作新模式、建设法治化营商环境等方面,率先挖掘改革潜力,破解改革难题。要积极探索外商投资准入前国民待遇加负面清单管理模式,深化行政管理体制创新,提高行政管理效能,提升事中事后监管能力和水平"③;对福建自贸区的总体要求是"紧紧围绕国家战略,立足于深化两岸经济合作,立足于体制机制创新,进一步解放思想,先行先试,为深化两岸经济合作探索新模式,为加强与21世纪海上丝绸之路沿线国家和地区的交流合作拓展新途径"④。

　　我认为,从中国改革开放和中国道路形成的逻辑起点上说,给予经济特区怎样高的评价都不为过。因为,没有经济特区就没有中国的改革开放;没有经济特区就不可能有市场经济的确立与形成;没有经济特区就不可能有引发中国社会的观念更新与革命;没有经济特区就不可能形成中国社会源自每个公民的创造力的展示;没有经济特区就不可能有让世界震惊的"中国奇迹"的创造;没有经济特区就不可能有经济发展方式转型的内在驱动力;没有经济特区就不可能有科学发展观的现实依据和中国梦提

---

① 参见《中国(上海)自由贸易试验区总体方案》。
② 参见《中国(天津)自由贸易试验区总体方案》。
③ 参见《中国(广东)自由贸易试验区总体方案》。
④ 参见《中国(福建)自由贸易试验区总体方案》。

出的社会物质与精神基础；没有经济特区更不可能有让亿万人富裕的"中国道路"的形成。经济特区是中国改革的突破口，同时也是中国社会以非均衡发展方式实现现代化的一条捷径。所以，我们应该从中国改革开放的全过程来研究、理解经济特区不可取代的历史地位，对中国改革开放的独特推动作用，对中国社会实现现代化的使命意义。

我认为，经济特区已经不只是一种暂时的经济现象，也不是一个阶段性的产物，更不是一项政策上的权宜之计，而是中国实现全方位改革的实验田，完成社会转型与制度变迁的一条有效的路径选择，是在经济发展不平衡的大国里加速实现现代化的一条"捷径"。如果从中国改革的全过程来分析，如果从中国改革开放的视角来考察，则经济特区的使命还远没有完成。以深圳为代表的早期经济特区成功的经验证明了这一点，以喀什、霍尔果兹、图们江为代表的新兴经济特区的产生证明了这一点，今天自由贸易区的形成更加印证了这一点。中国自由贸易区作为承担更深刻改革使命的升级版经济特区，必将继续以先行先试的品格和敢为天下先的实践从理论与实践两个方面丰富中国道路的实质与内涵。

二

先行先试，探索路径与道路，为中国社会的改革提供可借鉴、可复制的成功经验，是中国社会制度变迁的独特的道路选择。这一独特道路选择的正确性不仅为中国改革开放 35 年的成功现实所验证，为亿万中国人民所创造的"中国奇迹"所证明，更为中国经济特区的成功经验和其持久的生命力所证实。因此，从中国改革开放路径选择的意义上说，正如当年先行先试是中国经济特区的重要功能一样，先行先试今天可谓中国自贸区不同于 FTA、FTZ 的"中国特色"。

创办经济特区作为一种自上而下的正式制度安排，它以先行先试的示范，不仅大大减少了传统意识形态占主导地位的情况下制度变迁的体制内阻力，降低了制度创新的意识形态和社会成本，还成功地规避了改革有可能带来的更大的风险，从而使制度变迁的绩效在短时间内就能迅速显现出来，并卓有成效地示范全国。因此，从根本上说，先行先试既是一个创新的过程，又是一个向先进学习的过程，先行先试不仅是经济体制机制的先行先试，还必然包括政治体制、法制环境、政府治理体制机制与能力现代化和文化意识形态等社会诸方面更深层次制度变迁的先行先试。这是中国经济特区与生俱来的品质,更是新时代赋予中国自由贸易区的更具挑战性的新使命。

从某种意义上说,自由贸易区是新的历史条件和发展背景下被赋予了新使命的经济特区。先行先试,为中国社会的改革提供可复制、可推广的经验,从而推动中国社会改革的进程依然是自由贸易区的历史使命。如国家对上海自贸区的要求是紧紧围绕国家战略,进一步解放思想,坚持先行先试,以开放促改革、促发展,率先建立符合国际化和法治化要求的跨境投资和贸易规则体系,使试验区成为中国进一步融入经济全球化的重要载体。具体地说,"在风险可控前提下,可在试验区内对人民币资本项目可兑换、金融市场利率市场化、人民币跨境使用等方面创造条件进行先行先试";"推动中转集拼业务发展,允许中资公司拥有或控股拥有的非五星旗船,先行先试外贸进出口集装箱在国内沿海港口和上海港之间的沿海捎带业务"。① 对广东自贸区的要求是:"在扩大开放的制度建设上大胆探索、先行先试,加快形成高标准投资贸易规则体系。"② 对天津自贸区的要求是:"鼓励在人民币跨境使用方面先行先试","促进跨境投融资便利化和资本项目可兑换的先行先试","联合国内外知名股权投资机构共同成立创投基金,在自贸试验区先行先试"。③ 对福建自贸区的要求是:"推动两岸金融合作先行先试。"④

先行先试是中国经济特区的功能,是中国道路的独特路径,同时也必然是中国自由贸易区的独特功能与使命。从这个意义上说,从特区到自贸区是中国道路的内容,是中国道路的体现,又是中国道路与时俱进的拓展。剑桥大学高级研究员斯蒂芬·哈尔珀(Stephen Halper)曾说:"当我们说到中国道路的时候,主要是指中国在过去 30 多年里的发展和一系列改革"⑤。尽管中国道路是一个很宽泛丰富的概念,但从中国改革开放的内在逻辑来看,中国道路可以表述为:以创办经济特区为起点,以先行先

---

① 参见《中国(上海)自由贸易试验区总体方案》。
② 参见《中国(广东)自由贸易试验区总体方案》。
③ 参见《中国(天津)自由贸易试验区总体方案》。
④ 参见《中国(福建)自由贸易试验区总体方案》。
⑤ 魏晓文、刘志礼:《近期国外的中国模式研究、趋势、困境与启示》,载《理论视野》2010 年第 10 期。

试为路径，以改革开放为宗旨，以建立法制的社会主义市场经济为目标，以社会全方位改革和全面发展为方向的，具有中国特色的实现现代化的道路。特区与自贸区已作为不同历史时期不同的制度安排，共同构成了中国特色的实现现代化的路径选择。

三

如果说 35 年前创办经济特区是为了完成由计划经济向市场经济的转型，确立社会主义的市场经济体系，实现闭关自守向对外开放的改变，从而以社会制度安排的创新为内在动力，推动政府职能的转变。那么，今天中国自由贸易区的建立，则是为了进一步完善市场经济体系，实现外向型经济向开放型经济的转变，从而不仅推动、促使中国社会由政策开放走向制度开放，还促使我们的政府由全能政府走向服务政府，由服务政府走向授权政府，使政府职能转变由理念真正走向制度安排，借此逐步完成中国社会全面深化改革的使命。

无论经济特区还是自贸区都是自上而下的强制性制度变迁的产物，它们都是国家整体战略的一部分，并且都在中国社会改革开放的不同历史时期承担着不同使命。同时，以开放促改革又构成了它们共同的逻辑起点。正如当年"5 + 2"传统经济特区的区域辐射作用一样，今天的中国自由贸易区也同样肩负着重塑、完善中国经济发展区域版图的重要功能，而且都曾经是，并将继续成为区域协同发展的强有力的支撑点和引擎。如广东自贸区的功能就是促进内地与港澳经济的长期合作，形成互利互惠、繁荣共享的泛珠三角经济圈，成为 21 世纪海上"丝绸之路"的重要枢纽；天津自贸区将成为京津冀区域协同发展实现一体化的火车头；福建自贸区则重在两岸合作，同时加强与 21 世纪海上"丝绸之路"沿线国家和地区的交流开拓新途径。同时，正如当年传统经济特区都必然担负起转变政府职能、改革政府的探索功能一样，今天的中国自由贸易区从更加深刻的层面上继续着这一艰难，但却关系到中国社会改革成败的探索。在政府的权力还需要政府的权力剥夺的强制性制度变迁中，政府自身的认识能力无疑是至关重要的。

中国社会进行的是自上而下的强制性制度变迁。在自上而下的强制性制度变迁中，政府尤其是中央政府，是这场制度变迁的发轫者、领导者或者是最直接倡导者，同时又是这场制度变迁中首当其冲的"被改革者"，没有中央政府的决策和授意，就不可能有改革开放的实践，如经济特区、自贸区的产生就既是中央赋予地方政府特殊政策的结果，又是中央整体发展战略部署的产物。

中国 30 多年改革开放的实践证明：对于转型国家而言，政府在强制性制度变迁中的作用无疑是巨大的，甚至可以说，没有政府自上而下的强大政治力量的推动，既无法完成由计划经济向市场经济的转型，更不可能有今天市场经济的普遍确立和社会经济的繁荣。尤其中央政府和强大的"举国体制"，会在资源稀缺或有限的情况下，高效地集中资源干大事，并以决策的高效性引领社会经济的发展方向。但是，以强制性制度变迁确立市场经济体制和在市场经济体制基本确立以后完善市场经济，两种情形下政府的职能与作用是不同的，前者或许更需要政府通过比较强势的干预，推进市场经济的形成，从而加速完成由计划向市场的转变，而后者则要求政府在尊重市场规律和机制的前提下，矫正市场失灵，服务于市场而非驾驭、主导市场。强大的国家与发达的市场作为结果，无疑是令人向往的，但作为实现的过程，它要求处理好国家与市场，或者说政府与市场的关系。

追求富裕与富强几乎是世界各国人民共同愿望与追求的目标。尽管人类追求的目标很多是相同的，但实现或达到目标的路径与途径则是多样的，并不存在一个"放之四海而皆准"的发展路径与模式。各国发展的经验是可以借鉴分享的，但适合自己的才是最好、最有用，进而最有绩效的。同时，中国无须让自己陷入只有通过无限的经济增长才可能健康的思维，可以理性地调整自己努力的方向，从无限的产量增长成为提升人的社会福祉。在这方面，我们或许还要面临理想与现实冲突的煎熬，但可以肯定的是前途是无限光明而美好的。中国自由贸易区以她的勃勃生机向我们昭示着这样一个灿烂辉煌的未来。

[原载《深圳大学学报（人文社会科学版）》2015 年第 6 期，
《新华文摘》2016 年第 6 期全文转载]

论雄安新区与中国道路

我们生活在一个需要变革而又充满着变革的时代；我们奋斗在一个产生奇迹而又不断创造着奇迹的时代。如果说1980年8月26号国务院批复了深圳、珠海、汕头、厦门经济特区，并以创办经济特区的方式开启了中国改革开放的历程，从而开始了转型中国的制度变迁的路径探索，那么2017年，关于设立雄安新区决定，不仅意味着在一个经济发展不平衡的大国里，以创办特区、开发区、新区、自贸区的方式来确立、完善市场经济，实现社会转型是一条有效的路径，而且更意味着我们所探索并实践的以创办经济特区为起点，以先行先试为路径，以区域带动为引擎，以全面发展为目标的实现现代化的中国道路是正确的。或许正因为此，雄安新区被赋予"继深圳经济特区和上海浦东新区之后又一具有全国意义的新区"[1]。我认为，在正确的发展理念引导下，雄安新区将会与特区、自贸区一样作为中国改革开放进程中不同历史阶段的不同制度安排，共同构成中国特色实现现代化的路径选择，从而构成中国道路的内涵与重要组成部分。

一

近40年中国改革开放的实践证明，非均衡发展方式是在经济发展不均衡的大国里完成社会转型，从而实现全面发展的制度绩效最佳、成本代价最低的路径选择。如果说，当年以建立特区的方式开启中国社会的制度变迁主要在于降低改革开放的政治风险和试错成本，那么之后包括雄安新区在内的各类特区、开发区、新区、自贸区的建立则更多的是以政策的力量培育经济增长极，并通过"回流效应""扩展效应"和"涓滴效应"的释放，以制度示范制度，以区域带动区域，以先行先试形成、积累的增

---

[1] 参见《中共中央、国务院决定设立河北雄安新区》，见中华人民共和国中央人民政府网（https://www.gov.cn/xinwen/2017-04/01/content_5182824.htm），刊载日期：2017年4月1日。

长极，逐步带动、实现社会的均衡发展与全面发展。

按照斯德哥尔摩学派创始人、发展经济先驱者之一纲纳·缪达尔（Karl Gunnar Myrdal）的循环累积因果论①，经济发展过程在空间上并不是同时产生和均匀扩散的，而是从一些条件较好的地区开始的。一旦这些区域由于初始优势而比其他区域超前发展，则由于既得优势，这些区域就通过累积因果过程，不断积累有利因素继续超前发展，从而进一步强化和加剧区域间的不平衡，导致增长区域和滞后区域之间发生空间相互作用，并由此产生两种相反的效应：一是"回流效应"，即各生产要素从不发达区域向发达区域流动，使区域经济差异不断扩大；二是"扩散效应"，即各生产要素从发达区域向不发达区域流动，使区域发展差异得到缩小。在市场机制的作用下，"回流效应"远大于"扩散效应"，即发达区域更发达，落后区域更落后。基于此，缪达尔提出了区域经济发展的政策主张，即在经济发展初期，政府应当优先发展条件较好的地区，以寻求较好的投资效率和较快的经济增长速度，通过扩散效应带动其他地区的发展；但当经济发展到一定水平时，也要防止累积循环因果造成贫富差距的无限扩大，政府必须制定一系列特殊政策来刺激落后地区的发展，以缩小经济差异。事实上，中国社会的转型是沿着既不同于"华盛顿共识"，又不同于欧盟"第三条道路"的"中国道路"开始的。

首先，率先改革开放的并不像缪达尔所言的是从一些条件较好的地区开始的，而是从计划经济最薄弱的不发达地区开始。改革之初的深圳，不过是个名不见经传的小渔村；珠海，是个几乎没有像样基础设施的小城镇；汕头，是个虽然历史悠久但发展相对停滞的传统港口；厦门，是没有重工业的"战略一线"城市。但是，它们的共同特点是改革成本低，既没有计划经济的负担，又不怕失败的风险，皆因其位边远，其量轻微而不足以影响当时中国政治经济大局。所以，时任广东省委书记吴南生在陈述汕头建特的三大理由之一就是："地处粤东，偏于一隅，万一办不成失败了，也不会影响太大"②。

---

① Karl Gunner Myrdal, *An American Dilemma*: *The Negro Problem and Modern Democracy* (New York: Harper & Row, 1944); Karl Gunner Myrdal, *Economic Theroy and Underdeveloped Regions* (London: Gerald Duckworth, 1957).

② 吴南生：《经济特区的创立》，载《广东党史》1998 年第 6 期，第 13 页。

其次,"回流效应"在相当时间里是作为改革开放政策的吸引力,而不是单纯的市场经济作用的结果而存在的。以深圳为例,就重要的生产要素——人力资本的流动而言,初始的吸引力并不是来自要素价格本身,而是特殊政策逐渐形成的有利于改革开放的宽松的制度文化环境。所以早期深圳的创业者被称为具有冒险精神的第一个吃螃蟹的人。同理,最早外资的进入也并非完全由于利润最大化的驱动,而是对改革开放政策的看好,对由制度变迁所带来的未来巨大经济收益的良好而乐观的预期。同时,由于要素只有进入特区,才能获得特殊政策所带来的好处。所以,不仅在相当长时间里率先改革的政策性"回流效应"大于单纯的经济引致的"回流效应",而且"回流效应"所带来的区域发展差距,基本上是伴随着改革开放的步伐而开始逐步缩小的。在这一过程中,具有标志性意义的事件就是1992年邓小平南方谈话和党的十四大确立建立社会主义市场经济改革目标。从理论上说,只有当市场经济普遍确立了,要素才可能真正由政策性为主导的流动偏好选择,逐步回归到由市场经济规律为主导的流动偏好选择。

再次,"扩散效应"在相当程度上不是作为原因,而是作为结果发生的。所谓作为"结果",是说改革的进程和中央的整体战略部署在"扩散效应"中发挥着相当大的主导作用,这也正是中国社会自上而下强制性制度变迁特点所在。从理论机理上讲,随着先发达地区的发展,在"扩散效应"的作用下,各生产要素从发达区域向不发达区域流动,使区域发展差异得到缩小。但是在中国改革开放进程中,这种"扩散效应"一方面随着市场经济体制的普遍确立和日臻完善而形成,随着先发展地区产业的更新换代而释放,如当年广东的"腾笼换鸟";另一方面又深深源于国家发展战略的调整(如科学发展观及经济增长方式转变),以及国家整体发展战略的区域布局的推进与拓展(如由沿海开放到沿边开放、"一带一路"倡议等)。

最后,从某种意义上说,"涓滴效应"是作为改革开放的内容与路径,而不是发展后的结果在改革开放之初就已被战略性地制定了下来的。"涓滴效应"是阿尔伯特·赫希曼不平衡增长论的重要观点,是指在经济发展过程中并不给予贫困阶层、弱势群体或贫困地区特别的优待,而是由优先发展起来的群体或地区通过消费、就业等方面惠及贫困阶层或地区,带动其发展和富裕,从而更好地促进社会经济的增长。① 中国改革的目标就是完成由计划经济向市场经济的转型,探索由普遍贫穷走向共同富裕的道路。而实现后者的途径是以改革的制度力量让一部分人先富起来。从土地上解放出来的大量农民涌入先发展区域,他们不仅构成了在中国改革开放进程中具有开创历史意义的独特的劳动大军——农民工,而且还成为"中国奇迹"创造的最具有价格优势的生产要素。可以说,这就是伴随改革开放进程的最有代表意义的"中国式"的"涓滴效应"。这一中国特色的"涓滴效应"首先在客观上以给予人,尤其是曾被传统的户籍制度牢牢束缚在土地上的农民以自由选择权利的方式,缩小着城乡及区域之间的发展差距;同时,也在给予农民选择权利的可能中,改变着部分农民的生活状况。

可以说,作为中国社会强制性制度安排的特区、开发区、新区、自贸区,既以自身的率先发展释放着足以推动中国社会深化改革及现代化进程的"回流效应""扩散效应"与"涓滴效应",同时又表现为不同发展时期、时点或阶段上,上述"效应"的结果与产物。从中国社会制度变迁的路径选择来看,与相继成立的特区、开发区、新区、自贸区一样,雄安新区无疑也是享有一定特殊政策,并被赋予了特殊改革开放制度创新功能与使命的一类"特区"。在非均衡发展的大背景下,从传统的"5+2"特区到自贸区、雄安新区,都是在改革开放不同时期与阶段中,承担着不同的先行先试使命,实现国家发展战略的一项制度安排;都是完成制度变迁,实现社会转型的一条路径选择;都是深化改革开放,加速实现现代化的一条"捷径";都是以历史唯物主义为基础,对中国道路实质与内涵探索与丰富。这条发展道路,在不断形成中国经济区域增长极的同时,逐步实现着中国社会的均衡发展、协调发展与全面发展。

二

作为中国道路的重要内涵,无论特区、开发区还是新区、自贸区,都是在产生之初就被赋予了独特功能的政策性增长极。同时,这些增长极功

---

① A. O. Hirschman, *The Strategy of Economic Development* (New Haven: Yale University Press, 1958).

能的发挥并不是简单的发展后的自然释放,而是更多地表现为市场机制基础之上的,为实现国家发展战略的政策性释放。市场选择与政策引力相作用,市场的力量与制度的力量相结合,使中国社会经济发展呈现独特的轨迹与较高的速度。雄安新区的建立,不仅是梯度发展与反梯度发展路径选择的有机结合,也在深化改革的进程中诠释着中国道路的独特性与创造性。

梯度发展理论(即梯度转移理论)① 认为:在区域经济发展次序上应优先支持和促进高梯度地区经济的发展,从而取得较高的经济效益,带动和促进低梯度地区经济的发展。梯度发展理论还认为,区域经济的盛衰主要取决于产业结构的优劣,而产业结构优劣又取决于地区经济部门,特别是主导产业专业化部门所处的阶段。如果区域主导专业部门是由处在创新阶段的兴旺部门所组成,则列入高梯度区;反之,若由处在成熟阶段后期或衰老阶段的衰退部门所组成,则属于低梯度区。同时,由于新产业部门、新产品、新技术、新的生产管理与组织方法等大多发源于高梯度地区,在扩散效应的作用下,依顺序逐步由高梯度区向低梯度区转移。而梯度转移主要又是通过城镇体系逐步拓展实现的。威尔伯等人把这一生命循环论在区域经济学中创造性应用形象地称为"工业区位向下渗透"现象②。

首先,正如中国社会经济增长极(特区、开发区、新区、自贸区)的产生、形成是政策产物一样,梯度转移的发生也更多地表现为政策或国家战略的结果。由特殊政策和区域要素禀赋共同培育出来的增长极,在与作为国家整体战略部署的梯度发展布局相结合的过程中,使不同的增长极在不同的发展时期以不同的方式创造并承接着梯度发展的链条与机遇。在国家整体发展战略布局的制度性安排下,中国社会梯度发展以十分惊人的速度裂变扩展开来。以国家级开发区为例,1984—1986 年,国家在 14 个沿海开放城市建立第一批国家级经济技术开发区。之后,随着改革开放的推进和深化,根据国家不同时期发展战略的需要,国家级经济开发区建设也从沿海地区向沿江、沿边和内陆省会城市、区域中心城市梯度拓展。国

---

① R. Vernon, "International Investment and International Trade in the Product Cycle," *The Quarterly Journal of Economics*, 1966, 80(1), pp. 170 – 207.

② 参见高洪深《区域经济学》(第 4 版),中国人民大学出版社 2014 年版,第 125 页。

家级经济开发区作为梯度发展的原因与结果，以其自身区域经济增长极的功能，成为从沿海到沿边开放以及西部开发、东北振兴、中部崛起等国家发展战略目标实现的重要支撑点，不断构建着充分体现中国道路内在演进逻辑的、区域经济的新版图：经济特区—沿海开放城市—沿江经济开放区—沿边经济开发区—内陆经济开发区。其实，初期开发区的主要任务非常类似特区（甚至可以说，实质上其本身就是一种形式与功能的特区），那就是大胆探索引进外资、技术、管理、知识的新模式，逐步建立并完善了开发区管理的基本模式与法规体系，为下一阶段的大发展奠定物质基础，提供制度保障。所以邓小平同志1986年视察天津开发区时，题写了"开发区大有希望"[1]。据不完全统计，目前中国有不同定位、不同功能的各种国家级开发区近三百个。纵观改革开放以来国家级经济技术开发区的相继批复的历程，我们也可以从一个侧面看到中国经济梯度发展的独特轨迹。

其次，东南沿海区域带是中国经济的第一梯度区，最早的特区、开发区、新区、自贸区皆产生于此。沿海区域对外开放的先天地缘优势，客观上为先行先试、率先发展提供了内陆城市无法具备的可能，尤其是改革开放初期。而特区、开发区、新区、自贸区作为中国区域经济的增长极，又不断以其产业结构、科技发展、综合管理水平和创新能力等优势，强化着第一梯度区的自身实力和辐射力。中西部作为中国的第二、第三梯度区，在承接产业技术梯度转移的同时，也自然承接着与此同时"转移"的足以促进社会改革开放和市场经济体系完善的非经济要素与资源，即崭新的理念、先进的文化和良好的社会规制等。我认为，这种意义上的转移在相当长的时间里将贯穿中国梯度发展过程之中。所以，梯度转移在中国不是一个单纯的区域经济概念，而是与市场经济体制普遍确立的推进，与改革开放向纵深发展的进程相伴随的过程。因此，包括城乡在内的中国区域之间经济差距的缩小，说到底，不是单纯经济规律作用的结果，而是社会制度变迁的收获。

最后，反梯度开发理论[2]认为，落后地区开发可以不依据现状顺序，而根据需要与可能，跳过发达地区，直接对不发达地区进行开发。如果从

---

① 邓小平：《邓小平文选》第3卷，人民出版社1993年版，第165页。
② 参见张秀生、卫鹏鹏主编《区域经济理论》，武汉大学出版社2005年版，第60－61页。

梯度转移理论来考察中国社会制度变迁的路径，可以说是梯度发展与反梯度发展有机结合的策略选择。梯度发展是主导，尤其是在市场经济体制刚刚普遍确立的时期，而反梯度发展则是国家战略决策，它体现了均衡发展、协调发展、分享发展的理念；它反映了自上而下强制性制度变迁的制度力量；它展示出了在经济发展不平衡的人口众多的大国里，尽快消除区域发展差距的独特道路选择。只是反梯度发展在中国不仅表现为在经济相对不发达的地区直接建立政策性增长极，如2010年喀什、霍尔果斯、图们江特区的建立，以促进落后地区经济超常规发展，而且还表现为非率先发展区域所建立的政策性增加极具有鲜明的制度创新功能，即与率先发展区域的政策性增长极一同先行先试，探索经验与道路。

从国家级开发区和新区的时间布局上，我们也能清晰看到梯度发展与反梯度发展相结合的制度安排轨迹。自1992年10月上海浦东新区成立到2017年4月1日河北雄安新区成立，中国共拥有19个国家级新区。如果说上海浦东、天津滨海、浙江舟山群岛、广州南沙等新区具有超越起飞阶段的自身发展能力和周边辐射力与梯度转移能力的话，那么，陕西西咸、贵州贵安、云南滇中、哈尔滨新区、长春新区、江西赣江新区及如今批复的雄安新区的建立则是在市场经济并非优先发达的地区，以强制性制度安排，推动制度创新，为超常规发展创造制度支撑环境。中国改革开放的实践，使梯度发展理论与反梯度发展理论有可能在国家整体发展战略中得以有机结合，并构成了中国道路的一个组成部分。雄安新区的建立将会以实践验证，在中国制度变迁的进程中，中国式的梯度发展与反梯度发展相结合的发展路径是具有制度绩效的。

三

改革开放40年的今天，中国已经形成了由特区、国家级开发区、国家级新区、自贸区构成的，由局部地区到城市，由城市到大城市群，由大城市群到区域经济带的被赋予了不同功能和使命的"政策高地"。一方面，这些由"政策高地"构成的几乎遍布全国的强劲的增长极，在梯度发展及梯度发展与反梯度发展结合效应的共同作用下，不仅形成了具有不同发展水平的核心—外围经济圈或经济带，而且还很有可能在比较短的时间里，使区域之间的发展较快地呈现出威廉姆逊倒"U"型的趋势；另一方面，特区、新区、自贸区等不同政策性增长极形成的过程，又以独特的功能定位和所承担的时代使命，清晰地反映了中国社会全面深化改革的内在路径，使以经济改革为切入口的中国社会的制度变迁，逐步从经济领域扩展到政治、文化、社会管理机制、法律法规等更广泛领域。如果说当年经济特区的重要功能是成为计划经济向市场经济转型的试验田（特区很好地实现了这一功能），那么今天雄安的重要使命则是成为中国社会全面深化改革和全面协调发展的示范区。

当然，政府的远见卓识和自我革命的能力，将一如既往地决定着中国道路的可持续性与探索价值。美国当代经济学家约翰·弗里德曼（John Friedmann）在考虑区际不平衡较长期的演变趋势基础上，提出了与增长极理论和梯度发展理论相呼应的核心—外围理论①。这一理论首先将经济系统的空间结构划分为核心和外围两部分，核心区是社会地域组织的一个次系统，能产生和吸引大量的革新；边缘区则是另一个次系统，与核心区相互依存，其发展方向主要取决于核心区。核心区与边缘区不仅共同组成了一个完整的空间系统，而且二者还共同构成了一个完整的二元空间结构。中心区发展条件比较优越，经济效益也比较高，处于几乎绝对的支配地位；而外围区发展条件则比较差，经济效益也比较低，处于被支配的地位。因此，在经济发展的初始阶段会出现各生产要素从外围区向中心区的净转移，或者说只有"回流效应"，尚未产生"扩散效应"。这时期社会经济的二元结构十分明显，表现为一种单核结构。然而，随着经济进入起飞阶段，单核结构逐渐在"扩散效应"和梯度发展的作用下，被多核结构所替代。当经济进入持续增长阶段，随着政府政策的干预，中心和外围界限会逐渐消失，经济在全国范围内实现一体化。

弗里德曼进一步用熊彼特的创新思想来解释他的核心—外围理论的机理②：发展可以看作一种由基本创新群最终汇成大规模创新系统的不连续积累过程。迅速发展的大城市系统，通常具备有利于创新活动的条件。创

---

① John Friedmann, *Regional Development Policy*: *A case study of Venezuela* (Cambrige: MIT Press, 1966).

② 参见鄢洪斌、袁媛《城乡经济联系与互动理论及其启示》，载《西南民族大学学报（人文社科版）》2004年第7期。

新往往是从大城市向外围地区进行扩散的。核心区是具有较高创新变革能力的地域社会组织子系统，外围区则是根据与核心区所处的依附关系，由核心区所决定的地域社会子系统。核心区与外围区共同组成完整的空间系统，其中核心区在空间系统中居支配地位。弗里德曼非常强调核心区在空间系统中的作用。他认为，一个支配外围地区重大决策的核心的存在，具有决定性意义，因为，它决定了该地区空间系统的存在。任何特定的空间系统都可能具有不仅仅一个核心区，特定核心区的地域范围将随相关空间系统的自然规模或范围的变化而变化。弗里德曼曾预言，核心区扩展的极限是全人类居住范围内最终只有一个核心区。

第一，弗里德曼的核心—外围理论，作为解释经济空间结构演变的模式，从理论机理上尝试说明了一个区域如何由互不关联、孤立发展，变成彼此联系、发展不平衡；又由极不平衡发展变为相互关联的平衡发展的区域系统。在中国社会制度变迁的进程中，这一演进过程不仅速度惊人，而且因为核心区域基本上就是行政核心区域，所以在中央的统一部署和自上而下的垂直领导下，一旦区域发展战略形成，作为子系统的外围区域的地方政府，会以积极的制度安排促进国家整体战略部署下的核心—外围经济带的发展与完善。所谓"中国是一切规则的例外"①，我认为在这里可以解释为中国在人类社会发展进步的进程中，遵循普遍规律，走出自己的道路。如环珠江口珠三角经济圈、环长江口长三角经济圈和环渤海湾环渤海京津唐经济圈的形成，从发展轨迹来看基本上遵循着常规演进逻辑：首先形成经济增长极，"回流效应"加速增长极的自身发展和经济张力，"扩散效应"形成并促使梯度转移发展，梯度转移发展效应扩散，核心—外围经济带依次形成。但是从根本上说，没有"举国体制"的因素，即中央和地方政府强大而有力的资源调配、整合的能力与集中资源干大事的行政号召力、执行力，演进的时间会相对漫长，制度性交易成本也会增加，同时相应的各种机理的释放效应更会由于目标的分散而降低。所以，尽管缪达尔和赫希曼的理论动摇了市场机制能自动缩小区域经济差异的传统观念，并引起一场关于经济发展趋同或趋异的理论上的大论战，但是，无时间变量的区域非均衡学派对于空间距离、社会行为和社会政治经济结构对

---

① ［英］伯特兰·罗素：《怀疑论集》，严既澄译，振文出版社1984年版，第8页。

经济发展的影响力，尤其是由上述因素所决定的，非均衡发展路径选择及其进程中源于社会机制内部力量所致的非常规化的问题，则无法准确估计到。而中国道路的实践，则提供了另一种解释案例。

第二，众多发展中国家的实践证明，经济进步的巨大推动力将使经济增长围绕最初的出发点集中，增长极的出现（无论这个增长极是政策的产物，还是市场发展的自然结果）必然意味着增长在区域间的不平衡，这种不平衡是经济增长不可避免的伴生物，甚至还是实现整体经济发展的前提条件。无论处在经济发展的哪个阶段，进一步的增长总要求打破原有的均衡，非均衡增长既是增长的前提，又是增长的结果。中国社会发展的状况虽然也呈现相似的轨迹，但是在政府不断出台的，旨在促进区域协调发展的政策和先行先试载体的强大作用，越来越呈现出某些威廉姆逊倒"U"型假说[①]状态。

威廉姆逊倒"U"型假说所预测：均衡与增长之间的替代关系，依时间的推移而呈非线性变化。经济发展程度较高时期，增长对均衡是相依赖，即当社会经济发展到一定高的阶段时，每一次发展不再是简单地对现有均衡的打破，均衡表现为继续发展的前提，发展阶段与区域差异之间存在着倒"U"型关系。或许我们可以这样说，一方面，没有区域之间的均衡发展，很难实现社会的整体发展；另一方面，社会发展既打破原有均衡，又是以均衡发展为其向更高层次发展迈进的前提。从这个意义上讲，特区、开发区、新区、自贸区，既是非均衡发展的产物，又是均衡发展的结果与前提。作为非均衡发展的产物，它们释放着经济增长极的功能与效应；作为均衡发展的结果与前提，它们在缩小着区域之间的差距，展示着社会发展经济水平，体现着较高水平之上的经济增长对均衡越来越显著的依赖关系。从中国社会改革开放的逻辑起点和路径选择来看，非均衡发展是占主导地位的战略选择，尤其是改革开放初期。然而，雄安新区的建立反映了中国社会从以非均衡发展为主导的战略选择向均衡发展为主导目标的战略选择的过渡，从而雄安新区也表现为一种承担时代使命的制度安排。它既有同于以往的新区，又有别于以往的新区。它的产生是非均衡发

[①] J. G. Williamson, "Regional Inequality and the Process of National Development: A Description of the Patterns," *Economic Development and Cultural Change*, 1965, 13(4), pp. 3–45.

展进程的结果；它的存在呈现中国社会走向均衡发展的势态；它的使命是促进并实现社会的协调发展、均衡发展、全面发展。

第三，特区是实施特殊政策的地区或区域，从这个意义上讲，无论传统特区、开发区、自贸区还是包括雄安新区在内的新区都可谓特区，只是由于所处的改革开放的时代背景和历史进程不同，从而所担负的功能、使命具有相应的时代特征和不同的制度变迁的演进方向。循着各类特区的设立及其所赋予的功能与使命，我们可以大致梳理、总结出中国社会制度变迁及改革开放的内在逻辑脉络：①早期经济特区和经济特区早期的重要使命就是完成由传统计划经济向市场经济的转型，确立市场经济体系和发展社会经济，如以深圳为代表的传统经济特区。②社会主义市场经济改革目标确立之后（党的十四大），与完善社会主义市场经济体系相适应，转变政府职能成为传统经济特区先行先试的重要使命，同时也在相当程度上促使上海浦东和天津滨海新区的批复，从此形成中国"5＋2"（深圳、汕头、珠海、厦门、海南五个经济特区＋上海浦东和天津滨海两个新区）具有全国示范意义的制度变迁的先行先试"政策高地"。特区的使命也开始由主要发展经济向建立、完善市场经济体制及其配套改革扩展。③传统特区始终肩负中国改革开放排头兵的职能，它们不仅是社会制度变迁的引领者，而且还是某些诱致性制度变迁的发轫者。它们紧随国家发展战略的演进，为深化改革提供着可借鉴、推广的经验与做法。从发展是硬道理，科学发展观，和谐社会、法治社会建设，到国家治理体系和治理能力现代化、供给侧改革、"四个全面"和"五位一体"的改革观与发展观等，以深圳为典型代表的传统经济特区，作为中国改革开放的引擎，始终走在深化改革与制度变迁及创新的前列，构成了中国道路重要的内在演进逻辑。④从特区、开发区到新区、自贸区的建立，一方面体现了中国社会以增长极的建立，逐步实现由非均衡发展走向均衡发展的改革开放历程；另一方面包括传统特区在内的，多种类型的，肩负不同功能的增长极的政策性存在，意味着中国社会的改革已经从经济领域逐步扩展到社会发展的各个领域，全方位改革与整体协调发展也已经成为各类特区的时代使命，各类特区也日渐从经济增长极成为社会发展进步的增长极，雄安新区就是典型的这类特区。习近平总书记指出，规划建设雄安新区要突出七个方面的重点任务：一是建设绿色智慧新城，建成国际一流、绿色、现代、智慧城市；

二是打造优美生态环境，构建蓝绿交织、清新明亮、水城共融的生态城市；三是发展高端高新产业，积极吸纳和集聚创新要素资源，培育新动能；四是提供优质公共服务，建设优质公共设施，创建城市管理新样板；五是构建快捷高效交通网，打造绿色交通体系；六是推进体制机制改革，发挥市场在资源配置中的决定性作用和更好发挥政府作用，激发市场活力；七是扩大全方位对外开放，打造扩大开放新高地和对外合作新平台。当然，雄安新区还担负着优化中国政治版图的特殊使命，即疏解北京非首都功能，探索人口经济密集地区优化开发新模式，调整优化京津冀城市布局和空间结构，培育创新驱动发展新引擎，深入推进京津冀协同发展。可以说，这一使命既是以往各类特区所不具有的，又创立了中国社会制度变迁的崭新路径与模式，从长远来看，它对中国社会治理体制机制的变革、跨行政区划管理、跨区域公共物品供给、现代政府职责的规范更具有普适性的社会规制的建立，而法制现代化国际都市的建设将具有深远而强大的制度力量。正因为此，雄安新区被称为是站在深圳特区和浦东新区肩膀上成立的新区。这一定位意味着雄安新区不仅是建筑在经济特区近40年发展经验基础之上的新型特区，而且是对以建立经济特区为社会制度变迁路径选择的中国道路的拓展与丰富。如果说，今天的深圳是中国制造业创新发展基地的代表，上海浦东陆家嘴是中国金融中心的代表，那么雄安新区将会是未来中国全面协调发展的代表，它将把改革的制度绩效变为亿万人民实现中国梦的精神力量和祖国繁荣强大的物质力量。

如果说当年特区的建立是在计划经济的汪洋大海中建立市场经济的绿洲，从而开启由计划走向市场的惊心动魄的社会转型改革；如果说自贸区的建立是在经济全球化的大背景下完成由政策开放走向制度开化，由外向型经济走向开放型经济的触动社会经济结构的深化改革，那么雄安新区的建立则是在实现"四个全面"的进程中具体践行"五位一体"发展理念与总布局的又一个具有先行先试制度创新意义的"特区"。它不仅与当年的经济特区一样，其所肩负的改革使命远远高于单纯发展经济的使命，而且就自身功能与定位而言，已经远远超越了传统特区和如今自贸区所承担的特定使命。雄安新区将会成为优化中国行政版图，促使国家治理体制机制深化改革，全面建成小康社会的实验区。我们相信，与特区、开发区、自贸区一样，许多制度创新将在这里发生，许多成功的做法和经验将从这里复制全国,甚至许多探索与实践将会在这里由做法变为政策,由政策变为制度安排,由制度安排成为法律法规。中国道路也将在这里得到丰富与拓展。

强大的国家与发达的市场是我们所需要的,但法治社会是获得它们的前提;繁荣的国度与充满福祉感的民生是我们所期待的,但远见卓识的政府是实现它们的制度力量。

[原载《深圳大学学报(人文社会科学版)》2017年第4期]

经济特区与中国制度变迁的路径选择
——中国改革开放四十年历史进程的理论思考

对经济特区与中国制度变迁路径选择的思考与研究，不仅是对 40 年来中国改革开放历程的思考，对中国实现现代化道路的研究，而且是对经济特区与中国道路之间内在逻辑关系的理论与现实的探索。因为，中国改革开放 40 年来所走过的艰辛而辉煌的历程，就是由传统的计划经济向社会主义市场经济转型的过程，就是由普遍贫穷走向共同富裕的过程，就是由盲目闭关自守走向全面政策开放与制度开放的过程，更是全面建成小康社会，实现中国梦的伟大而美好的征程。而这一切不仅始于经济特区的创立，还构成了中国社会制度变迁的演进轨迹。

如果说探寻一条适合中国国情的实现现代化的道路，是改革开放 40 年来中国共产党矢志不渝的历史担当与使命，那么创建经济特区则可以说是中国共产党为实践这一伟大探寻的伟大创造。我认为，从中国社会制度变迁的历史进程和中国道路形成的角度来看，给予经济特区多么高的评价都不为过。因为对于今天的中国而言，经济特区已经不再是一个单纯的特殊政策的产物，更不是一项权宜之计，而是中国社会制度变迁和中国道路的逻辑起点，它本身就构成了中国道路的重要内涵。甚至可以说，没有经济特区的创建，就没有中国改革开放的实践；没有经济特区的"先行先试"，就没有中国社会制度变迁的路径选择；没有经济特区实践，就没有所谓中国道路的探索；没有经济特区示范与引领，就没有全面建成小康社会的发展积累；没有经济特区的拓展与创新，就没有实现中国梦的坚实的制度与物质力量。所以，从中国社会改革开放之初的政治背景来看，经济特区无疑是中国社会实现由传统计划经济向社会主义市场经济转变，从而全方位启动社会转型的必由之路；从现代化道路的探索来看，经济特区无疑是彻底摆脱理想与现实的冲突，从而迈上旨在实现共同富裕的中国特色社会主义道路的必由之路；从中国制度变迁的道路选择来看，经济特区无疑是在传统意识形态曾占据主导地位的国家里，打破传统体制的僵化和意识形态的教条，从而自上而下地完成社会转型与制度变迁的必由之路；从发展的战略上来看，经济特区无疑是真正摒弃"人定胜天"的盲目和"宁要社会主义的草"的荒谬，从而以非均衡发展的方式与"渐进式改革"的实践走上科学发展的必由之路。

马克思在《关于费尔巴哈的提纲》中指出："人的思维是否具有客观的真理性，这不是一个理论的问题，而是一个实践的问题……人应该在实践中证明自己思维的真理性，即自己思维的现实性和力量，自己思维的此岸性。全部社会生活在本质上是实践的。凡是把理论引向神秘主义的神秘东西，都能在人的实践中以及对这个实践的理解中得到合理的解决。哲学家们只是用不同的方式解释世界，而问题在于改变世界。"① 我以为，在回顾、总结、思考中国改革开放 40 年的伟大历程时，对中国经济特区的研究，既不能简单地就特区来谈特区，也不能仅仅停留或局限于经济特区问题本身的研究上。而应该从中国改革开放史的视角出发，把经济特区置于中国社会制度变迁的框架中，置于中国社会主义市场经济体系形成、发展、完善的进程中，置于中国道路探索的实践中，置于新时代的征程中来研究。从历史演进的视角，评价中国经济特区不可替代的地位、功能和独特的历史使命；从制度变迁的脉络，诠释经济特区与中国社会制度变迁路径选择的内在联系；从转型社会制度变迁的内在逻辑，论证中国道路的特殊性，以及这种特殊性中所蕴含着的普遍性，进而为其他转型国家提供一种可供借鉴的选择方案。让历史证明历史，让历史告诉未来。

一、经济特区的创立与中国道路的开启

以社会主义市场经济体制确立为主线的中国社会的制度变迁，构成了经济特区产生、成长、发展的艰辛而灿烂的历程。以深圳为典型代表的中国经济特区，曲折但成就卓越的改革开放的实践，不仅探索出了一条适合中国国情的制度变迁的有效路径，揭示出了一条具有中国特色的实现现代化的独特道路，还以其路径选择的正确性和发展的辉煌，推动了中国社会主义市场经济体系的确立、发展与完善，促进了社会转型的历史进程，加快了实现现代化的时代脚步，掷地有声地证明了中国道路的正确性。

---

① ［德］马克思、［德］恩格斯著，中共中央马克思恩格斯列宁斯大林著作编译局编译：《马克思恩格斯选集》第 1 卷，人民出版社 2012 年版，第 134 页。

所谓特区，即实施特殊政策的地区。沿着中国改革开放的历史轨迹，经济特区可以大致分为四种类型，即典型经济特区、广义经济特区、新兴经济特区和经济特区的拓展形式。所谓典型经济特区，又可以称为早期经济特区，主要是指中国改革开放初期创建的，作为国家整体战略部署的，由国家层面具体划定的，全面实行特殊经济政策和特殊行政、经济管理体制的、具有特定功能并承担特定使命的城市，如深圳、珠海、汕头、厦门、海南等早期综合性经济特区。这类经济特区是本文研究的重点和主要对象。因为无论从历史还是现实来看，它们都是真正意义上的中国社会制度变迁的开启者、改革开放的先驱者、社会主义市场经济的先行者、中国道路的探索者、现代化历程的开拓者。

所谓广义经济特区是指继由典型经济特区创建之后，国务院相继批复成立的国家级新区、国家级高新区（科技园区）、保税区、出口加工区、保税物流园区、保税港区、综合保税区以及国家综合配套改革试验区等具有特定试验功能的经济特区形态。这类经济特区也是特殊经济政策的产物，它们的功能与使命也是为了打破传统体制的束缚，推进中国社会改革开放的步伐，从而逐渐形成市场经济的新版图。但是，与典型的经济特区相比，它们不是一座独立行政区划的城市，而是一座独立行政区划城市中的相对独立的特定区域；它们不会像大多数典型经济特区那样，有中央首肯的计划单列的地位和所赋予的独立的立法权限，在行政管理上还隶属所在城市；它们所担负的改革开放的使命大多是更加具体并专项的，而非综合并全方位的；它们在相当程度上是在实施、验证、完成或完善国家的某一改革开放的理念与举措，它们也会在实践中有所创新、创造，但它们中的大多数并不像典型的经济特区那样，几乎"与生俱来"地担负着先行先试从而示范全国的使命。当然，广义经济特区在中国改革开放进程中的地位与作用也不尽相同。如上海浦东新区和天津滨海新区不仅是最早的国家级新区，而且在中国改革开放进程中具有更加重要的地位，尤其是上海浦东新区，它在功能和作用方面与典型特区非常相似。它们常常被与典型经济特区并称为"5+2"经济特区。

从整体上看，尽管广义经济特区并非完全具有典型经济特区"先行先试"，从而率先进行制度创新的品质，但是，它们在中国渐进式制度变迁进程中发挥着不可或缺的作用，它们的存在和实践，构成了中国道路的现实内容与发展脚步。从这个意义上说，它们不仅应该被写进更加完整的中国经济特区产生、发展、演变的编年史中，还应该写进中国改革开放的历史中，写进中国道路的探索与实践进程中。

新兴经济特区主要是指 21 世纪初，随着中国改革开放的整体布局拓展，由沿海开放到沿边开放战略的实施，相继成立的新疆喀什经济特区和霍尔果斯经济特区。这是继改革开放初期典型经济特区之后，再次被中央批复的以城市名字冠之的经济特区。尽管它的实际范围既不像典型经济特区，也不像它的名称那样是一座城市，同时对于它们经济特区身份的认可度也有些杂音。但是，它们不仅现实存在着，而且从经济特区的功能及区域协调发展战略上讲，它们正在并已经形成了政策高地和区域经济的增长极。同时，在一带一路倡议实施中，它们以不可替代的区位优势，构建着中国区域经济的新版图。

所谓经济特区的拓展形式是对自由贸易试验区、湾区经济而言的。可以说，自由贸易试验区和湾区经济带的确立，不是特区功能、使命的完结，而是以创建经济特区的方式确立、发展、完善市社会主义市场经济自然结果，是以创建经济特区的方式渐进式实现社会转型和制度变迁的必然趋势，是以创建经济特区的方式实现非均衡发展战略的渐次性收获，是以创建经济特区的方式探索中国道路的成功实践，是新时期承担新的改革开放使命的经济特区的拓展形式。所以有人说，中国自由贸易区是政府全力打造中国经济升级版的最重要的举动，其力度和意义堪与 20 世纪 80 年代建立深圳特区和 90 年代开发浦东两大事件相媲美，其核心是营造一个符合国际惯例的，对内外资的投资都要具有国际竞争力的国际商业环境。①湾区经济带的形成，更是经济特区从"集聚效应"到"辐射效应"的发展结果。它们不仅在政治—地理区位上呈现了既令人惊叹又在逻辑之中的经济特区、自贸区、湾区三重"身份"重叠的现象，而且与典型的经济特区一样，以制度创新的方式继续"先行先试"，也历史性地成为它们的时代使命。

谈到中国的改革开放，有两个历史性的会议是不能不提的。其一是 1978 年 11 月 10 日至 12 月 15 日在北京召开的为期 36 天的中共中央工作会议，史称"京西会议"。1978 年 12 月 13 日，邓小平在闭幕会上作了题

---

① 黄磊：《打造湖北改革开放"新标杆"》，见荆楚网（http://www.cnhubei.com/? spm = zm1033 - 001.0.0.1.WRLSPz），刊载日期：2017 年 1 月 11 日。

为《解放思想，实事求是，团结一致向前看》的重要讲话。他指出，解放思想是当前一个重大的政治问题。民主是解放思想的必要条件。处理历史遗留问题是为了顺利实现全党工作重心的转变，是为了向前看。要善于学习，要研究新问题。① 这个讲话，实际上是为即将召开的十一届三中全会奠定了基本指导思想。因此，"京西会议"不仅为十一届三中全会的召开作了充分的思想准备，而且成为酝酿中国改革开放的一次历史性的会议。

其二是"京西会议"三天后的中国共产党第十一届三中全会。1978年12月18日至22日，中国共产党第十一届中央委员会第三次全体会议在北京举行。全会明确提出：彻底否定了"两个凡是"的方针，重新确立解放思想、实事求是的思想路线；停止使用"以阶级斗争为纲"的口号，并坚定地做出了把党和国家的工作重心转移到经济建设上来，实行改革开放的伟大决策。② 可以说，党的十一届三中全会，正式开启了中国改革开放的历史新时期，它对今天中国所产生的影响是深远而历史性的。关于这一点，党的十七大报告在回顾总结新时期改革开放伟大历史进程时做出了准确而精辟的阐述：党的十一届三中全会从根本上冲破了"左"倾的观念，明确指出必须完整、准确地掌握毛泽东思想的科学体系。重新确立马克思主义的思想路线、政治路线和组织路线，做出了把党和国家的工作重点转移到社会主义现代化建设上来和实行改革开放的战略决策。中央领导同志在党的十一届三中全会前召开的中央工作会议上发表了《解放思想，实事求是，团结一致向前看》的著名讲话，讲话中关于"一个党，一个国家，一个民族，如果一切从本本出发，思想僵化，迷信盛行，那它就不能前进，它的生机就停止了，就要亡党亡国"的重要论断，代表了中国共产党人在新的时代条件下的一个了不起的伟大觉醒。③ 可以说，在党的十一届三中全会重新确立的解放思想、实事求是的思想路线指引下，亿万中国人民冲破了长期禁锢人们思想的许多旧观念，摆脱了思想上的许

---

① 邓小平：《解放思想，实事求是，团结一致向前看》，见《邓小平文选》第2卷，人民出版社1994年版，第140－153页。

② 邓小平：《形势迫使我们进一步改革开放》，见《邓小平文选》第3卷，人民出版社1993年版，第269页。

③ 邓小平：《解放思想，实事求是，团结一致向前看》，见《邓小平文选》第2卷，人民出版社1994年版，第143页。

多枷锁和禁锢，振奋起伟大的革新精神，创造出举世瞩目的发展成就；在十一届三中全会做出的否定"以阶级斗争为纲"的基本判断引导下，党和国家工作中心转移到经济建设上来，亿万中国人民在改革开放的进程中创造了并继续创造着充满活力的社会主义；在十一届三中所确立的正确发展方向引领下，中国共产党人在探索中国特色社会主义道路的实践中，开拓了马克思主义中国化的崭新境界，使党赢得了人民群众的支持与拥护，成为中国特色社会主义事业的坚强领导核心。① 马克思认为："人们自己创造自己的历史，但是他们并不是随心所欲地创造，并不是在他们自己选定的条件下创造，而是在直接碰到的、既定的、从过去承继下来的条件下创造。"② 踏着中国改革开放40年的脚步，沿着中国道路探索的轨迹，我们可以对经济特区在中国改革开放进程中的地位、作用和功能、使命做如下判断：

第一，经济特区作为开启中国改革开放的突破口，同时开启了中国社会制度变迁路径的探索征程。从此，中国现代化走上了一条既不同于传统体制下的苏联模式，又不同于资本主义时代的西方模式，更不同于被中东欧前社会主义国家和拉美转型国家所采纳的"华盛顿共识"的具有中国特色的发展道路。

在中国近现代史上，经济特区是一个承载着理性与激情、思考与探寻的划时代的标志。它标志着一个时代的结束和另一个时代的开始，标志着中国社会由传统的计划经济向社会主义市场经济的转型，标志着紧闭了30年的国门的正式开启，标志着思想解放与观念更新的到来，标志着一个经济已经走到濒临崩溃边缘的大国，真正开始走上了"发展是硬道理"的正确之路。因此，对于经济特区的创建者们来说，经济特区不仅仅是穷则思变、革故鼎新的产物，更是向"真理"挑战、向传统宣战及自我革命的产物。它的成功与未来是无法一下子预知的，但是，它有可能产生的政治风险与社会动荡在当时似乎是可以被预言的。1984年1月24日至2月10日，邓小平视察深圳、珠海、厦门特区说："办经济特区是我倡议

---

① 王幸生、林海：《旗帜就是方向——为什么要始终高举中国特色社会主义伟大旗帜》，人民出版社2008年版，第41页。

② [德]马克思、[德]恩格斯著，中共中央马克思恩格斯列宁斯大林著作编译局编译：《马克思恩格斯选集》第1卷，人民出版社2012年版，第669页。

的,中央定的,是不是能够成功,我要来看一看。"① 1979 年 2 月时任中共广东省委书记吴南生提议广东应当拿出一个地方对外开放时表示,可以先在汕头搞试验,汕头有搞对外经济活动的经验,汕头地处粤东,万一有什么差错,失败了,也不会影响太大。② 1979 年 4 月 5 日至 28 日在北京召开的中共中央工作会议上,当时任广东省第一书记习仲勋提出希望中央给点权,让广东先走一步,放手干时,邓小平说:"中央没有钱,可以给些政策,你们自己去搞。杀出一条血路来。"③

回顾 40 年的改革开放历程,经济特区"与生俱来"的划时代意义,不仅是足以载入中国改革开放史中的厚重的政治财富,而且是不断开创历史、创造奇迹的制度力量。如典型经济特区的先行先试与不断制度创新,给中国社会逐渐实现全方位改革开放所带来的无限的活力与生命力;广义经济特区的普遍确立与成功实践,对社会主义市场经济体系发展、完善的推动作用,以及在渐进式解决区域经济发展不平衡过程中的释放效应展现;新兴经济特区的批复,以及作为经济特区拓展形式的自贸区和湾区的相继成立对进一步深化改革,构建中国经济的新版图,逐步解决乃至消除社会发展不平衡不充分的状态,从而担当、引领新时代的新使命的示范作用。

第二,经济特区作为一种强制性制度安排,打破了传统体制下的一般均衡状态,使非均衡发展成为中国社会制度变迁的最佳路径选择,从而也成为探索中国道路的路径选择。正是非均衡发展道路,使中国这个经历了三十年计划经济后,能在一个较短的时间内迅速而成功地走向以"一部分地区、一部分人先富起来"为标志的、充满活力的社会主义市场经济体制。而经济特区作为非均衡发展道路的产物,与非均衡发展道路共同构成了中国道路的重要组成部分。

如果说幅员辽阔、人口众多和占绝对主导地位的中央集权的计划经济是中国社会改革开放面对的大背景,那么普遍贫穷和同样普遍存在着的区域之间、城乡之间经济发展水平的严重不平衡,则是中国社会开启制度变

---

① 中共中央文献研究室编:《邓小平年谱》(1975—1997)下,中央文献出版社 2004 年版,第 954 页。
② 参见吴南生《经济特区的创立》,载《广东党史》1998 年第 6 期。
③ 中共中央文献研究室编:《邓小平年谱》(1975—1997)上,中央文献出版社 2004 年版,第 510 页。

迁的最严重的社会现实约束。近三十年社会主义实践的曲折发展，尤其是20世纪70年代末中国社会经济的现状都已清楚地证明：苏联模式不行，计划经济走不通；小农的平均主义不行，均衡发展走不通；大规模的改革不行，在原有体制内走不通。在一个落后的由计划经济维系的普遍贫困的大国里，面对高度集中的计划经济体制，以及与之相应的平均主义分配制度，唯一的出路就是破除体制内部的各种积弊，另辟新径，走一条非均衡的发展道路。这条非均衡发展道路，就是1985年邓小平所说的"鼓励一部分地区、一部分人先富裕起来"。①

40年改革开放的实践证明，非均衡发展道路的选择是正确的。它的实施既可以有效地摆脱传统体制的束缚，又可以充分利用原有体制内部早已存在的发展不平衡。计划经济最薄弱的地方，最有可能成为市场经济生长的地方。40年前改革开放，就是从计划经济的汪洋大海中，创立市场经济的绿洲开始的。深圳、珠海、汕头、厦门作为计划经济最薄弱的地方，凭借着地理位置的优势（或比邻港澳，或远离计划经济中心）首先成了这块绿洲。这些地方既不是计划经济的重镇，又远离政治中心，一旦失败对当时的国民经济体系不会产生伤筋动骨的影响。也因为如此，这里才成为中国改革开放的沃土。这既是一个降低政治风险和改革成本的选择，又是一个充满政治智慧的符合中国国情的选择。所以，特区作为一种自上而下的正式制度安排，它不仅大大减少了传统意识形态占主导地位的情况下社会制度变迁的阻力，降低了传统体制占支配地位情形下制度创新的成本，而且成功地规避了改革开放有可能带来的各种风险和巨大的社会动荡，从而使制度变迁的绩效在短期内就迅速地显现出来，并卓有成效地示范于全国。1984年1月24日至2月10日，邓小平在视察深圳、珠海、厦门特区时分别为三个特区题词为"深圳的发展和经验证明，我们建立经济特区的政策是正确的"；"珠海经济特区好"；"把经济特区办得更快些更好些"。② 2月24日，邓小平同中央负责同志谈话时指出，"这次我

---

① 邓小平：《在中国共产党全国代表会议上的讲话》，见《邓小平文选》第3卷，人民出版社1993年版，第142页。

② 邓小平：《办好经济特区，增加对外开放城市》，见《邓小平文选》第3卷，人民出版社1993年版，第51页。

到深圳一看，给我的印象是一片兴旺发达"。① 1987 年 6 月 12 日，邓小平在会见外宾时说："深圳的同志告诉我，那里的工业产品百分之五十以上出口，外汇收支可以平衡。现在我可以放胆地说，我们建立经济特区的决定不仅是正确的，而且是成功的。所有的怀疑都可以消除了。"② 1992 年初春邓小平在著名的南方谈话中要求经济特区"改革开放胆子要大一些，敢于试验，不能像小脚女人一样。看准了的，就大胆地试，大胆地闯。"③ 1992 年 10 月，在北京召开的党的第十四次代表大会明确中国社会改革的目标是确立社会主义市场经济体制。这一历史性判定的得出，与经济特区成功的实践，与非均衡发展战略的有效实施是密不可分的。甚至可以说，没有这样的成功实践，将不可能有这样的历史性判定。

值得注意的是，非均衡发展作为中国制度变迁的路径选择，作为中国道路的一个重要组成部分，它并不是单纯意义上以纲纳·缪达尔、阿尔伯特·赫希曼为代表的西方区域经济学中的非均衡发展理论的内涵，而是一个既包括区域经济增长理论，又体现中国国情的发展逻辑与路径。其一，在改革开放之初的一段时间里，并非如经典理论所说，首先将资源投向效益较高的区域和产业，而是首先选择了经济相对落后，计划经济基础薄弱，改革阻力和成本都比较小的地方；其二，所投入的资源也并非有形的资金、技术或其他稀缺生产要素，而是期待能够吸引、带动经济起步与发展的生产要素的特殊政策。其三，以获得资源倾斜区域的经济高速增长来带动其他区域发展的理论逻辑，在中国式非均衡发展进程中，更多或更主要地表现为特殊政策和勇于改革的结果，尤其是改革开放初期。而带动区域发展的"集聚效应"和"扩散效应"一方面表现为特殊政策的效应，另一方面又表现为与特殊政策相互作用而不断产生、重塑的推动社会改革与发展的潜能与制度力量。

改革开放 40 年后的今天，当我们从制度安排的角度来看特区，当我们把非均衡增长引入我们的研究视野，特区就不仅仅是特殊政策的产物，

---

① 邓小平：《办好经济特区，增加对外开放城市》，见《邓小平文选》第 3 卷，人民出版社 1993 年版，第 51 页。

② 邓小平：《改革的步子要加快》，见《邓小平文选》第 3 卷，人民出版社 1993 年版，第 239 页。

③ 邓小平：《在武昌、深圳、珠海、上海等地的谈话要点》，见《邓小平文选》第 3 卷，人民出版社 1993 年版，第 372 页。

而且是适合中国国情的、具有中国特色的制度变迁的必由之路。从中国改革开放的历史沿革来看,对经济特区的肯定,是对"以阶级斗争为纲"这一极左思潮的彻底否定与颠覆,是对"发展是硬道理"这一理念的具有历史意义的肯定,是对中国社会制度变迁路径选择的理论认同,是对中国道路的高度自信。

第三,经济特区作为自上而下的正式制度安排,在"摸着石头过河"理念下,构成了中国渐进式改革的重要实践模式,而"先行先试""率先示范""敢闯"又都构成了这一重要实践模式的重要内涵与品质。如果说非均衡发展是面临约束的一种发展方式,那么渐进式发展则是面临约束的一种发展步骤,作为同一改革过程中相互支撑、相互推动的两个方面,它们共同保证了中国改革开放历程中强制性制度变迁主导下的诱致性制度变迁的自然发生;保证了转型进程从局部向全局的稳步推进;保证了体制内改革与体制外推动的有效相结合;保证了经济的市场化与全方位改革的渐进式发生与实现;保证了改革、发展与稳定的相互协调;从而以符合中国国情的改革实践,证明了中国道路的实践价值与现实意义。

中国的改革开放具有"渐进式改革"的基本特征,同时"渐进式改革"又构成了中国社会制度变迁的鲜明特色。"渐进式改革"以强制性制度变迁为主导,以诱致性制度变迁为潜能;以经济改革为切入口,以全方位改革为方向;以发展经济为着眼点,以全面发展为目标;以非均衡发展为路径,以协调共享发展为宗旨。这一改革的逻辑路线,基本反映了中国社会制度变迁的演进轨迹。

从理论上说,"渐进式改革"是一种建立在工业化和社会主义宪法制度基础之上,在一个宏观经济相对平衡稳定的国家里进行的市场化改革。它突出表现为进行改革的国家充分利用已有的社会组织资源,尤其是国家力量,发起、推进社会改革。具有双轨过渡的过渡性和强制性中的诱致性的特点,并呈现从局部到总体,体制内改革与体制外推进相结合,改革、发展与稳定相协调以及以先行的经济市场化改革促进政治体制改革的显著特征,[①] 而"先行先试"则是"渐进式改革"的最形象、最生动的中国式表达与实践。

---

① 参见王曙光《转轨经济的路径选择:渐进式变迁与激进主义》,载《马克思主义与现实》2002年第6期。

可以说,"先行先试"是转型中国赋予经济特区的"先天"品格,是强制性制度变迁赋予经济特区的政策"特权",是非均衡发展战略赋予经济特区的需要智慧与勇气的"优先"改革权,是渐进式改革开放赋予经济特区的伴随风险和成本"试验权",更是经济特区不朽生命力的原因所在。40年前,深圳经济特区凭借着"先行先试"的政策"特权",在全国率先开启了社会主义市场经济的伟大而艰苦的实践。在"先行先试"的旗帜下,深圳经济特区不仅曾把价值规律、市场竞争、劳动力商品、股票利息等最基本的市场经济概念与实践"输送"到了全国,还曾把"时间就是金钱,效率就是生命"这样石破天惊的口号叫响神州。

经济特区的主要功能就是在计划经济的体制中率先实现、示范、完成社会主义市场经济体系的构建,并在全国范围内推动社会主义市场经济体系的普遍确立。然而,经济特区作为中国社会制度变迁的路径选择,它不仅要以自身的实践促进社会主义市场经济体系的形成,而且要以自身的发展来完善社会主义市场经济体制,从而推动中国社会的改革开放向纵深发展。因此,随着中国改革开放伟大事业的日渐深入,随着人们对中国社会更深刻的制度变迁的深切期待,"先行先试"又不断被赋予更加深广的时代内涵和更加深远的深化改革的使命。诸如,继续以"敢为天下先"的勇气、智慧与胆略,探索、实践适应社会主义市场经济体制的社会制度环境、运行规制和法律体系的建立;探索、实践深化政治行政体制机制改革、构筑全民普惠共享的社会保障体系、营建体现激励和效率的社会创新机制的途径;探索、实践转变经济增长方式、实现可持续发展、完成供给侧改革的路径;探索、实践在全面建成小康社会、加快创新型国家建设、加快完善社会主义市场经济体制、推动形成全面开放新格局、率先全面实现现代化等方面继续走在全国前列的新举措,从而继续成为推动中国社会全方位改革开放向纵深迈进的"排头兵";等等。"先行先试"作为中国社会"渐进式改革"或制度变迁的操作路径,在推动自上而下的强制性制度变迁实现的同时,还促进了先行地区制度创新的自觉尝试与实践,即强制性制度变迁主导下的诱致性制度变迁的自然发生。同时,"先行先试"也保证了制度变迁与社会转型从局部向全局的稳步推进,形成了强制性制度变迁与诱致性制度变迁相结合的富有绩效的制度变迁模式。

正如前面所表述的,经济特区在中国绝不是一个暂时的经济现象,也不是单纯的特殊政策的产物,更不是一种权宜之计。作为特殊政策的产物，它完成了中国社会由计划经济向市场经济转型的探索与示范的使命；作为一种制度安排，它是在一个非均衡发展的大国里，以最小代价实现社会转型的最佳路径选择；作为渐进式改革的重要的实践模式，它降低了中国改革开放的风险并提高了制度变迁的绩效；作为中国道路的一个重要的组成部分，它以区域经济的集聚效应和辐射力，不断改变、改善并形成着中国经济的新版图，成为中国社会实现现代化的一条具有制度绩效的"捷径"。

经济特区绝不只是一座城市，它是中国社会制度变迁路径的探索者，是社会主义市场经济体系营建的先行者，是中国道路的一个不可或缺的组成部分。中国经济特区的形成，远远大于一座城市的形成；经济特区的成长，远远高于一座城市的成长；经济特区的发展，远远重于一座城市的发展；经济特区的影响力，也远远超越一座城市的影响力。我们只有把对经济特区理解与研究放在中国改革开放的历史进程中，我们才能说明、认识、理解经济特区独特作用与使命，才能寻找到中国制度变迁的演进路径，才能发现中国道路的理论机理，才能寻找到"中国奇迹"发生的原动力，才能真正说清楚经济特区为什么会以路径依赖的方式，为中国社会的制度变迁提供一条可复制的发展道路。

二、深圳经济特区的独特地位及中外经济特区比较

作为最典型而又成功的经济特区，深圳经济特区对中国改革开放做出了巨大的历史性贡献。改革开放40年后的今天，作为拥有自贸区和湾区双重身份与地位意义上的特区，深圳在中国深化改革的进程中，依然处于至关重要的率先制度创新的显著地位。经济特区的生命力，源于中国制度变迁路径选择的正确性，源于非均衡发展战略的制度绩效，源于渐进式改革实践模式的科学性，源于中国道路自身的生命力。以深圳为典型代表的中国经济特区的成功实践，不仅直接推动了从沿海开放到沿边开放战略的有效实施，而且不断以非均衡发展方式构建著中国经济的新版图。

有学者认为，深圳作为最典型而又成功的经济特区，对中国改革开放做出了四大历史性贡献：其一，率先探索、示范、实践了社会主义市场经济，为中国社会的经济发展贡献了一个"崭新体制"——社会主义市场经济，从而为中国社会的改革开放及制度变迁提供了制度—意识形态方面

的基础性保障；其二，以其自身的发展与成功，为中国实现现代化验证了一条"新道路"——中国道路，从而使中国社会通过非均衡发展战略比较迅速地开始了从普遍贫穷走向共同富裕目标的迈进；其三，以"先行"的实践与"敢为天下先"的勇气，为推进中国社会改革开放的进程提供了一种"新精神"——敢闯、创新，从而推动了足以影响亿万人的观念更新的革命，促进了与社会主义市场经济相适应的观念及改革创新文化的形成；其四，以率先发展的富裕和引领中国改革开放的成就证明了一个大道理——人的自由发展是社会发展的内容与目标；每一个公民的创造力，既是社会发展的源动力，又是实现中国梦的源动力；深化改革既是中国实现现代化的必由之路，也是实现中国梦的必由之路。①

第一，纵观深圳经济特区发展的历程，正是在试错、探索中不断调整发展战略、优化产业结构、转变经济发展方式，探索由传统计划经济迈入社会主义市场经济、由经济增长型社会逐步走向全面发展的福利型社会的充满创造与奇迹的过程。这一过程以先行先试的实践充分反映了中国社会制度变迁的现实演进历程。

深圳经济特区的起步是从"三来一补"开始的。选择这样的发展方式是由当时的要素禀赋所决定的。改革开放初期的深圳，只是一个计划经济比较薄弱的名不见经传的小渔村。那个时期的深圳所拥有的相对优势的生产要素就是低廉的劳动力和土地，而缺乏的则是资金、技术和管理。20世纪70年代末至80年代初，时逢包括香港在内的"南亚四小龙"产业更新换代与结构调整。如是在改革开放政策的引导下，香港以加工业为主体的劳动密集型产业，及时而又恰如其分地落户于亟须制造业的深圳。可以说，区域间产业的梯度转移从来都不是纯物质的物理移动。刚刚创建起来并急迫寻找发展机会的深圳，在承接香港产业链条的同时必然把资金、技术、管理和现代企业制度一并渐进转移到了这座成长中的年轻城市之中。承继市场经济发达地区和国家的产业更新链条，深圳不仅降低了经济发展的起步成本，而且大大降低了向市场经济学习的成本，并确定了外向

---

① 苏东斌、钟若愚：《中国经济特区的时代使命》，载《深圳大学学报（人文社会科学版）》2010年第3期；该文作者认为中国经济特区为中国社会发展做出了四大历史性贡献，包括贡献了一个"新体制"、贡献了一条"新道路"、贡献了一种"新精神"、验证了一个"大理论"。本文作者基于以上观点进一步进行解释，并作出了精细的总结与阐明。

型经济的特征。同时,"输入"的加工制造业,还以其派生需求催生了第三产业的兴起与发展。① 到了 1993 年,深圳对外贸易的 87% 来自三资企业的净出口和"三来一补"的征费收入;第三产业占深圳 GDP 的 46%,吸收劳动力占深圳从业人员的 32.2%。②

当深圳经济踏上高速增长的轨道时,自身自然资源先天不足的约束很快显现出来,并引起决策者们的切实关注。自然资源的先天不足,意味着任何以自然资源要素消耗、使用为增长方式的选择,都会在稀缺规律的作用下,使人们不得不为财富的创造和发展支付较高的价格,从而经济增长的代价也会由于财富创造成本的高昂而一同提高。③ 同时,深圳作为在全国具有示范效应的率先发展的新兴市场经济城市,既不能重复传统工业的发展模式与道路,也不能走上以更多的财富消耗来创造财富的不可持续的发展道路。于是,探索、尝试一种崭新的经济增长方式与财富创造途径,并以此示范全国就成为深圳经济特区的责任与使命担当。

从以"三来一补"为主体到以高新技术产业为支柱,深圳不仅适时选择了一条可持续发展的道路,还以制度变迁中的政府决策的主导力量(专项资金设立和政策优惠等),解决了初期高投入的资金缺口问题,减轻了高新技术企业独担风险的压力;以改革者的特有的宽阔的胸怀营造了高新技术产业落户、成长、发展、创新的制度环境,吸引了一大批国内外著名高新企业落户深圳;以变革者的远见卓识为高新技术产业的后续发展提供了扎实的智力保证,一些著名大学和各类科研机构在深圳生根筑巢。1999 年首届"中国国际高新技术成果交易会"(简称"高交会")在深圳举办,作为一种标志或里程碑,深圳走上了以高新技术产业为主导的产业发展方向。2000 年,深圳计算机磁头产量居世界第三位,微电子计算机产量占全国的 25%,程控交换机产量占全国的 50%,基因干扰素占全国的 60%,同时还是全国最大的打印机、硬盘驱动器、无绳电话的生产基地,并形成了电子信息、生物技术—新材料、光机电一体化和激光五大高新技术支柱产业。④

---

① 陶一桃、鲁志国:《经济特区与中国道路》,社会科学文献出版社 2017 年版,总论第 10 页。
② 陶一桃、鲁志国:《中国经济特区史论》,社会科学文献出版社 2008 年版,第 99 页。
③ 陶一桃、鲁志国:《经济特区与中国道路》,社会科学文献出版社 2017 年版,总论第 23 页。
④ 陶一桃、鲁志国:《中国经济特区史论》,社会科学文献出版社 2008 年版,第 99 页。

如果说，劳动密集型经济让深圳收获了由低成本带来的抢占市场的价格优势的竞争力，那么全球金融危机则不仅将劳动密集型经济所固有的产品资本、技术附加值低，缺乏核心竞争力这一源于经济增长方式本身的问题进一步突显出来，还将转变经济发展方式作为走向科学发展的必然的战略选择郑重地提了出来。

当一个国家劳动力资源比较富裕，从而劳动力的成本或价格比较低廉时，在缺乏资本和技术要素禀赋优势的情况下，首先使用自身所特有的低廉劳动力，就成为经济起步时期最佳的，同时也是最低发展成本的自然选择，这也正是深圳乃至全国改革开放初期经济起步和最初发展的主要选择。对大多经济比较落后的发展中国家而言，其发展所面临的并不是自然禀赋意义上的资源缺乏问题，而是要素结构意义上的资源约束问题。所谓要素结构意义上的资源约束，是指"要素禀赋结构"低下，即在一个国家或地区的经济发展中，缺少如资本、技术、教育、管理、法制等较高级的要素，而没有受过教育或受教育程度不高的一般劳动力则较为丰富。所以，"要素禀赋结构"低下就成为经济结构低下的根本原因。当一国家的要素存量中只有简单的劳动力，那么劳动密集型经济就是自然的选择。因此，"改变要素的质量和结构，才是提升产业结构的现实的、逻辑的前提"①。

纵观深圳经济特区的发展的历程，从以劳动密集型为特征的"三来一补"加工制造业的形成，到以资本、技术密集型为特征的高新技术产业的发展和自主创新理念的形成，再到以经济增长方式的转变来实现社会经济可持续发展模式的确立，都是在经历、创造着成功的辉煌与财富的积累的同时，不断以科学发展的认知及和谐发展的理念来解决、矫正发展中所存在的问题的时代脚步与收获，也是深圳这座城市为了前进的思考与反思。或许正是这种不断自我革命的品格与精神，才使得深圳这座以改革起家的城市在面临新时代新使命的今天，依然是推进"四个全面"战略布局，实现"五位一体"总布局，全力推进全面建成小康社会进程，率先实现两个百年奋斗目标的先行者、排头兵。

改革开放40年的今天，深圳已经步入了稳健发展的成熟时期。2017年，深圳经济比上年增长8.8%（按可比价格计算）；经济总量从始建之

---

① 樊纲：《中国经济特区研究》，中国经济出版社2009年版，第19－20页。

初的 1979 年的 1.96 亿元上升到 2017 年的 2.24 万亿元，位居全国第三；人均 GDP 从 1979 年的 606 元上升到 2017 年的 18.31 万元，按 2017 年平均汇率折算为 2.71 万美元，居全国大中城市第一位。[①] 可以说，深圳是沿着一条高速增长的轨道，把财富和富裕带给了奋斗着的人们。我们知道，GDP 是社会发展的物质基础，但不可能是社会发展的最终目标。没有伴随着社会福祉的提升与人的自由发展的 GDP 和人均 GDP 的增长，只能是一个缺乏灵魂和人文关怀的单纯物质的增长。深圳经济特区的成长与发展不仅展示了全面发展与分享发展的真谛，而且彰显转型中国的制度魅力。

无论从深圳经济特区的成功实践还是中国改革开放所取得的伟大成就的角度看，香港都是一个极其重要的因素。改革开放近 40 年来，在相当长的时期里，香港都是内地了解世界、学习市场经济、融入国际社会的最直接便利的窗口。改革开放初期，政府（主要是内地政府）提供政策，鼓励香港民间资本与内地自由往来，是香港与广东乃至全国普遍采用、实施的合作模式，而且在相当长的时间里引入港资、与港人合资以及港人独资也是内地与香港合作的最基本的、最主要的方式。2003 年 CEPA 的实施，也主要是向香港开放市场，以政策的优惠允许、鼓励港资参与内地市场竞争。1999 年，港澳投资占深圳实际利用外资的 50.70%；2016 年，这个数值高达 88.14%。[②] 应该肯定地说，与香港的资金、物质、商品、技术、人才等经济要素的往来，真正推动了内地，尤其是广东改革开放的进程。它不仅加快了计划经济向市场经济转型的步伐，而且带来了足以改变传统体制的来自竞争和市场经济的制度文化力量。任何时候，我们都不能简单地把市场经济理解为技术、科学、工具、手段，因为从根本上说，市场经济是制度，是机制，是文化与文明。

香港社会向我们展示的是被实践检验、证明过了的，不断被人们的试错教训所修正、完善过了的一套成熟的社会管理框架及行政运作程序。香港在管理社会的功能及效率上，在政府的决策规则及程序上，在官员的服

[①] 1979—2016 年深圳 GDP、人均 GDP 数据来自《深圳统计年鉴（2017）》，2017 年深圳 GDP、人均 GDP 来自深圳统计网站（http://www.sztj.com/pub/sztjpublic/tjsj/tjyb/default.html）。

[②] 1999 年、2016 年深圳实际利用外资额与港、澳资投资额数据均来自《深圳统计年鉴（2017）》。

务意识及法制观念上，在社会生活的民主及平等的价值取向上都具有一定的借鉴意义。香港的体制优势，是一种有价值的资源。向先进制度学习，有助于克服、避免转型社会的政府由自身的局限性而导致保守和低效率。比如，原有体制内的既得利益及传统意识形态，会直接影响官员们在制度变迁过程中的选择偏好，而先进体制的示范则可以使人们在短期内迅速跳出传统意识形态的束缚，避开人的理性的局限性，从而提升对制度变迁的认知能力。再比如，在转型社会的制度变迁过程中，常常会出现这样的情况：即使政府有心建立新的制度安排以使制度从不均衡恢复到均衡，但由于社会科学知识不足，政府也可能无法完成一项正确的制度安排。结果在利润最大化方面的短期努力会导致对持续无效活动的追逐（在制度制约给定时），而且即使它们会追求生产性活动，也可能会导致无法预期的结果。① 因此，向先进制度学习，既可以消除制度变迁的时滞，降低制度变迁的成本，减少制度变迁中的无形损耗，也可以使政府在制度的变迁中走向成熟、理性并富有责任感和服务社会与民众的职业人价值取向。香港是一个成熟、完善、高度国际化的发达的市场经济地区，它向我们展示出来的是服务型政府的工作效率，民主、透明的议事、办事秩序，公平竞争的市场秩序，完善、普惠的社会保障机制。改革开放40年的今天，祖国的发展繁荣不仅惠及730万香港居民，而且在一定程度上提升了香港的区位竞争力。据《2017年全球创新指数报告》（*Global Innovation Index*）显示，深圳—香港地区以4.1万项国际专利数排名全球第二位。东京—横滨城市群以9.4万项排名第一，美国圣何塞—旧金山城市群（硅谷所在地）排名第三。② 但是从某种意义上说，借鉴香港体制优势依然是我们深化改革可以利用的有价值的资源。尼采曾说："在哲学家中，没有比理智的诚实性更稀罕的了"。③ 人类社会的前进不仅需求勤奋与热情，更需要思考与理性。

第二，作为中国经济特区最典型、最成功的代表，深圳经济特区的地位是不可替代的。它不仅是真正意义上的中国改革开放的发源地，而且在

---

① ［美］道格拉斯·C. 诺斯：《制度、制度变迁与经济绩效》，刘守英译，生活·读书·新知三联书店1994年版，第9页。

② 世界知识产权组织（WIPO）：《2017年全球创新指数报告》。

③ ［德］弗里德里希·尼采：《权力意志——重估一切价值的尝试》，张念东、凌素心译，商务印书馆1991年版，第590页。

相当长的历史时期以自身的改革开放实践,引领着中国改革开放的方向,并不断创造出足以影响亿万人观念革命的崭新的思想与理念。尽管从中国制度变迁的路径选择和中国道路的实践来看,经济特区不只是一座城市的概念,但深圳作为一座以率先改革开放起而崛起的城市,无疑应该写进中国改革开放的史册之中。

时至今日,当人们谈到中国经济特区时,几乎就是指深圳。经历40年的改革开放,深圳在相当意义上已经成为中国经济特区的代名词,成为中国经济特区的一个辉煌的象征。作为计划经济向市场经济转型的"试验田",深圳历史性地承担着改革、探索、示范的使命;作为对外开放的"窗口",深圳坚定地承担着摸索、试错、寻找路径的使命;作为中国改革开放的"排头兵",深圳又几乎与生俱来地承担着先行先试、敢闯冒险、创造、产生可推广、可复制的经验的使命。所以在中国改革开放进程的中不仅许多惊天动地的做法与经验是从深圳产生并推广至全国的,而且许多改革与深化改革的实践也是由深圳率先去"干了再说"的。在中国改革开放后相当长的一段时期里,为全国提供可复制的经验和可效仿的制度变迁路径,是深圳经济特区特有的功能与使命,在中国社会迈向深化改革新时代的今天,在率先实现"四个全面"和"五位一体"的进程中,深圳作为最成功、最典型的经济特区,作为拥有自贸区和湾区双重身份与地位的经济特区,依然处于至关重要的率先制度创新的显著地位。

尽管40年后的今天,深圳特区并不是中国市场经济最发达的唯一地区,但率先走向社会主义市场经济的经历和身处对外开放窗口的区位优势,使今天的深圳依然具有对外并放最便捷的"窗口"地位。如果说改革开放之初,以示范效应在全国确立市场经济体系是深圳经济特区重要的功能与作用,那么改革开放40年后的今天,以不断的制度创新推动中国社会改革的深化,则成为深圳经济特区重要的历史担当。经济特区这种内在功能的演变,正是中国社会从以突破传统体制为目标的强制性制度变迁,向以收获潜在利益为动机的诱致性变迁演变的标志。中国社会并没有从改革的时代走向发展的时代,以改革谋发展依然是中国社会保持前行动力的内在动因。但改革还没有真正完成,道路依然曲折很漫长,经济特区作为中国社会实现现代化的一条行之有效的"捷径",其使命仍在继续,其担当任重而道远。

深圳经济特区作为最早实践社会主义市场经济的地方,它不仅拥有

40年改革开放的物质财富积累，还拥有40年改革创新的精神财富积累，更有在向国际惯例学习的过程中所积累下来的良好的社会规制和法律环境的积淀，这一切无疑都将成为深圳经济特区完成新的历史使命的得天独厚的物质与政治资本。当然，经济特区要完成新时期的新的历史使命，还需要继续具备、保持某些特殊的品质，如坚持改革的勇气、深化改革的魄力、实现改革的智慧、实施改革的艺术等。毫无疑问，最重要的还是拥有承担改革风险的大无畏精神和勇气。

尽管深圳几乎成为中国经济特区的代名词，但是它并不是中国经济特区全部。随着中国社会改革的深入，新的特区，尤其是作为经验特区的拓展形式的自由贸易试验区、湾区的建立与形成，不仅证明了选择创办经济特区的方式来完成中国社会的制度变迁并进而确立、发展、完善社会主义市场经济体系是正确，而且还说明经济持区是中国实现现代化的一条有效路径，其本身就构成了中国道路的重要内涵。因此，我们不仅要把经济特区作为一座城市或一个行政区域的增长极来研究，还应该把经济特区作为一种制度安排来研究；我们既要研究经济特区的特殊性，又要研究经济特区的一般性。我们只有既走进特区，又超越某一具体的特区来研究特区，才能真正理解经济特区在中国改革开放和制度变迁中的地位与作用。

从严格意义上讲，经济特区是特殊政策的产物，当特区政策不复存在时，经济特区也就应该不复存在了。邓小平同志创办经济特区的初衷就是要使经济特区成为中国制度变迁的突破口，对外开放的窗口、市场经济的试验田。40年过去了，经济特区不仅已经很好地完成了这一最初使命，而且星星之火，早已燎原。但是，如果由此我们就断言经济特区可以光荣地走进历史博物馆又未免太短视，太缺乏历史感了。我以为，经济特区的生命力源于中国道路的生命力，源于非均衡发展战略的路径选择，源于渐进式改革的实践模式的需要。如果说在社会主义市场经济体系在中国大地已经普遍确立的今天，经济特区还依然肩负着历史使命的话，那么这个使命就是要把这场关乎中国命运的改革开放的大业推向深入，进行到底。从这个意义上说，中国经济特区将贯穿于中国改革开放的全过程。同时，我坚信在新时代新使命的召唤下，中国经济特区作为中国改革开放的一面展示中国特色的旗帜，将绚丽地飘扬在历史的天空。

第三，无论从起因、功能、地位上还是概念上来看，中国经济特区与国外经济特区都不是完全同一个意义上的特区。尽管中国的改革开放是从经济建设入手的，但是对于改革开放的中国而言，经济特区的政治使命，或者说改革的使命，是其最大的使命，也是其最根本的使命；经济特区创建的政治意义，更大于其单纯的经济意义；经济特区存在的改革意义，更大于其单纯的增长意义。

经济特区并不是中国的发明，早在中国建立特区之前经济特区就已经存在了。通常国外学者用"Special Economic Zone"来表述经济特区，是指一个国家或地区在其关境以外划出一定的区域，在这个区域内建设基础设施，实行免除关税等各种特殊的优惠政策，发展出口加工贸易、转口贸易，推动该地区和邻近地区经济贸易的发展，增加财政收入和外汇收入。从历史上看，欧洲一些国家的沿海城市早在13世纪就随着商品经济的发展，出现了现代自由港的先驱，如意大利的威尼斯、德国的汉堡。有学者将世界经济特区的产生和发展分为三个阶段：第一阶段是1228年至20世纪50年代，是自由港和自由贸易区在世界范围内的发展时期；第二阶段是20世纪50年代至70年代中期，是出口加工区在世界范围内出现和发展时期；第三阶段是20世纪70年代末至现在，是世界经济特区向科学化、综合化和跨国化发展时期。[1] 也有学者没有从发展阶段对经济特区进行划分，而是指出，在国际上"经济特区"通常是一个宽泛的概念，从广义上涵盖了各类不同的园区，如自由贸易区、出口加工区、工业园区、经济技术开发区、高新区、科技园、自由港、保税区和企业区等。[2]

可以说，同样作为特殊政策的产物，但中国经济特区与国外经济特区并不是完全同一个意义上的经济特区。首先从产生的背景来看，中国经济特区并不是社会经济发展，尤其是国际贸易日渐兴起、繁荣的必然结果，而是社会经济濒临崩溃、穷变通久的产物。所以，尽管中国经济特区也具有自由港、自由贸易区、保税区、出口加工区、科技园区等形式与称谓，但是这些都是作为中国改革开放整体战略部署而产生、存在并发挥功能与作用的，而不是仅仅为了扩大对外贸易这样单纯的经济目标。其次从功能与作用看来，正如前面所说，中国经济特区从它成立那天起就担负着结束

---

[1] 参见钟坚《入世后中国经济特区前途问题探讨》，载《经济学动态》2002年第5期。

[2] FIAS, *Special Economic Zones*: *Performance*, *Lessons Learned*, *and Implications for Zone Development* (Washington, DC: World Bank, 2008); Douglas Zhihua Zeng, "Building Engines for Growth and Competitiveness in China: Experience with Special Economic Zones and Industrial Clusters," *World Bank Publications*, 2010, 45 (9).

一个旧时代的同时又开起一个新时代的使命。它的产生是为中国社会转型寻找路径,它的发展是为中国制度变迁探索道路。它以降低改革的意识形态成本和试错成本的方式增进着制度变迁的绩效,为社会转型提供着可供效仿和复制的制度安排。再次从地位与意义上来看,它是特殊政策的产物,也是政治智慧的产物。作为特殊政策的产物,它与国外经济特区具有相同的属性。但作为政治智慧的产物,它体现了中国经济特区的独特性。这种独特性就在于作为一种自上而下的强制性制度安排,它不仅带动着社会经济的发展,更引领着一个国家全方位的改革整体方向。所以从某种意义上说,对中国社会而言,经济特区所承担的政治使命,或者说改革使命是最大的,从而也是最根本的使命;经济特区创建的政治意义,更大于其经济意义;经济特区存在的改革意义,更大于其增长意义。所以在中国改革开放的历史进程中,无论典型经济特区,无论最贴近国外经济特区概念的广义经济特区,还是经济特区的拓展形式,都不是单纯的经济现象,而是不同时期承担不同改革使命的行政区划。

其实,中外经济特区的这种差异,正是对中国经济特区发展史研究的一个有趣的关注点。一方面,中国经济特区以其功能、使命的独特性丰富了世界经济特区的类型及世界经济特区发展史;另一方面,不同于世界其他经济特区的中国经济特区的成功实践,又从理论和实践方面证明了中国社会制度变迁路径选择的国别性和中国道路的独特性与可借鉴性。同时,对中国经济特区成功经验的研究,还具有与世界分享智慧的现实意义。

三、经济特区与中国制度变迁路径选择的内在逻辑

从制度变迁理论和区域增长理论来看,无论典型经济特区、广义经济特区还是自贸区、湾区,都是在中国改革开放不同时期与阶段中,承担着不同的先行先试使命,从而实现国家整体发展战略的一项制度安排;都是实现社会转型的一条有效的路径选择;都是加速实现现代化的一条"捷径";都是对中国道路实质与内涵的探索与丰富。这一发展轨迹,在不断形成中国经济区域增长极的同时,也不断逐步实现着中国社会的均衡发展、协调发展与全面发展。从典型经验特区到广义经济特区,再到经济特区拓展形式的自贸区、湾区的建立与形成,正是"梯度发展"与"反梯度发展"路径选择的有机结合。这种机结合不仅会以实践验证着中国式

的梯度发展与反梯度发展路径是富有制度绩效的,而且还会在深化改革的进程中,进一步证明中国社会制度变迁路径选择的正确性,诠释着中国道路独特性与创造性。

另外,从中国社会改革开放的逻辑起点和路径选择来看,非均衡发展是占主导地位的战略选择。但是,随着越来越多的各类特区的建立及市场经济的普遍建立与发展完善,威廉姆逊倒"U"型假说所预测的状况也逐渐显现出来,这其中的理论逻辑既反映了中国社会制度变迁的演进路径的现实逻辑,又构成了中国道路的理论机理。

马克思曾说:"理论在一个国家的实现程度,决定于理论满足这个国家的需要的程度。"① 40年中国改革开放的实践证明,非均衡发展方式是经济发展不均衡的大国里,完成社会转型,从而实现全面发展的制度绩效最佳、成本代价最低的路径选择,尤其对于降低改革开放的试错成本和意识形态成本而言。如果说当年以建立特区的方式开启中国社会的制度变迁主要在于降低改革开放的政治风险和试错成本,那么之后的各类特区的建立则更多的是以政策的力量培育经济增长极,并通过"回流效应""扩展效应"和"涓滴效应"的释放,以制度示范制度,以区域带动区域,并以先行先试所形成、积累的增长极,逐步带动、实现社会的均衡发展与全面发展。

第一,当我们用区域经济发展理论来解释中国经济特区的功能与作用时,一方面,以深圳为代表的典型经济特区的辉煌成就,以"集聚效应"和"扩散效应"从理论上有力地诠释了经济特区的功能、作用以及中国道路的机理与内涵;另一方面,中国社会制度变迁的独特的时代背景,以及由此所导致的制度变迁路径选择的独特性,又构成了对区域发展理论的另一种诠释与补充。如自上而下的强制性制度变迁,使传统区域经济学理论中的"回流效应""扩散效应""涓滴效应"都以"中国式"机制非"经典"地展现出来。

按照斯德哥尔摩学派创始人、发展经济先驱者之一纲纳·缪达尔的循

---

① [德]马克思、[德]恩格斯著,中共中央马克思恩格斯列宁斯大林著作编译局编译:《马克思恩格斯选集》第1卷,人民出版社2012年版,第11页。

环累积因果论①，经济发展过程在空间上并不是同时产生和均匀扩散的，而是从一些条件较好的地区开始的。一旦这些区域由于初始优势而比其他区域超前发展，则由于既得优势，这些区域就通过累积因果过程，不断积累有利因素继续超前发展，从而进一步强化和加剧区域间的不平衡，因此增长区域和滞后区域之间发生空间相互作用，并由此产生两种相反的效应：一是"回流效应"，即各生产要素从不发达区域向发达区域流动，使区域经济差异不断扩大；二是"扩散效应"，即各生产要素从发达区域向不发达区域流动，使区域发展差异得到缩小。在市场机制的作用下，"回流效应"远大于"扩散效应"，即发达区域更发达，落后区域更落后。基于此，缪达尔提出了区域经济发展的政策主张。即在经济发展初期，政府应当优先发展条件较好的地区，以寻求较好的投资效率和较快的经济增长速度，通过扩散效应带动其他地区的发展，但当经济发展到一定水平时，也要防止累积循环因果造成贫富差距的无限扩大，政府必须制定一系列特殊政策来刺激落后地区的发展，以缩小经济差异。

在中国并不像缪达尔所言，率先改革开放是从一些条件较好的地区开始的，而是从计划经济最薄弱的不发达地区开始的。如改革之初的深圳，不过是个名不见经传的小渔村。但是，如前所述，它们的共同特点是改革成本低，又不怕失败的风险。

"回流效应"在相当时间里，是作为改革开放政策的吸引力，而不是单纯的市场经济作用的结果而存在的。以深圳为例，重要的生产要素——人力资本的流动而言，初始的吸引力并不是来自要素价格本身，而是特殊政策逐渐形成的有利于改革开放的宽松的制度文化环境。同理，最早外资的进入也并非完全由于利润最大化的驱动，而是对改革开放政策的看好，对由制度变迁所带来的未来巨大经济收益的良好而乐观的预期。同时，由于要素只有进入特区，才能获得特殊政策所带来的好处。因此，不仅在相当长时间里率先改革的政策性"回流效应"大于单纯的经济引致的"回流效应"，而且"回流效应"所带来的区域发展差距，基本上是伴随着改革开放的步伐而开始逐步缩小的。从理论上说，只有当市场经济普遍确立

---

① Karl Gunner Myrdal, *An American Dilemma: The Negro problem and modern democracy* (New York: Harper & Row, 1944); Karl Gunner Myrdal, *Economic Theory and Underdeveloped Regions* (APS April Meeting, APS April Meeting Abstracts, Gerald Duckworth, 1957).

了，要素才可能真正由政策性为主导的流动偏好选择，逐步回归到由市场经济规律为主导的流动偏好选择。①

"扩散效应"在相当程度上不是作为原因，而是作为结果发生的。所谓作为结果是说，改革的进程和中央的整体战略部署在"扩散效应"中发挥着相当大的主导作用，这也正是中国社会自上而下强制性制度变迁特点所在。从理论机理上讲，随着先发达的地区的发展，在"扩散效应"的作用下，各生产要素从发达区域向不发达区域流动，使区域发展差异得到缩小。但是在中国改革开放进程中，这种"扩散效应"一方面随着市场经济体制的普遍确立与日臻完善而形成，随着先发展地区产业的更新换代而释放，如当年广东的"腾笼换鸟"；另一方面又深深伴随着国家发展思路的调整和整体发展战略的区域布局的推进与拓展，如科学发展观及经济增长方式转变和供给侧结构性改革的提出与实施，又如由沿海开放到沿边开放、自贸区及湾区经济带实施与拓展以及"一带一路"倡议的提出。

从某种意义上说，"涓滴效应"作为改革开放的内容与路径，而不是发展后的结果在改革开放之初就已被战略性地制定了下来。"涓滴效应"是阿尔伯特·赫希曼不平衡增长论的重要观点，指在经济发展过程中并不给予贫困阶层、弱势群体或贫困地区特别的优待，而是由优先发展起来的群体或地区通过消费、就业等方面惠及贫困阶层或地区，带动其发展和富裕，从而更好地促进社会经济的增长。② 中国改革的目标就是完成由计划经济向市场经济的转型，探索由普通贫穷走向共同富裕的道路。而实现后者的途径就是以改革的制度力量，让一部分人先富起来。从土地上解放出来的大量农民涌入先发展区域，他们不仅构成了在中国改革开放进程中，具有开创历史意义的独特的劳动大军——农民工，而且还成为"中国奇迹"创造的最具有价格优势的生产要素。可以说，这就是伴随改革开放进程的最有代表意义的"中国式"的"涓滴效应"。这一中国特色的"涓滴效应"首先在客观上以给予人，尤其是曾被传统的户籍制度牢牢束缚在土地上的农民以自由选择权利的方式，缩小着城乡及区域之间的发展差

---

① 参见陶一桃《雄安新区与中国道路》，载《深圳大学学报（人文社会科学学报）》2017年第4期。

② A. O. Hirschman, *The Strategy of Economic Development* (Yale University Press, 1958).

距。同时，在给予农民选择权利的可能中，改变着部分农民的生活状况。①

作为中国社会强制性制度变迁的正式制度安排，以深圳为代表的典型特区、以上海浦东为代表的广义经济特区、以自贸区为代表的经济特区的拓展形式，既以其自身的率先发展释放着足以推动中国社会深化改革及现代化进程的"回流效应""扩散效应"与"涓滴效应"，同时又表现为不同发展时期、时点或阶段上，上述"效应"的结果与产物。它都在不断形成中国经济区域增长极的同时，逐步实现着中国社会的均衡发展、协调发展与全面发展，从而探索、实践、验证、构建着中国道路的理论机理。

第二，作为中国社会制度变迁的结果与中国道路的重要内涵，无论特区、开发区还是新区、自贸区，都是在产生之初就被赋予了独特功能的政策性增长极。同时，这些增长极功能的发挥，如以"扩散效应"实现梯度转移，并不是简单的发展后的自然释放，而是更多地表现为市场机制基础之上的，为实现国家发展战略的政策性释放。市场选择与政策引力相作用，市场的力量与制度的力量相结合，使中国社会经济发展呈现独特的轨迹与较高的速度。雄安新区的建立，不仅是梯度发展与反梯度发展路径选择的有机结合，而且在深化改革的进程中，诠释着中国制度变迁路径选择的独特性与创造性。

梯度发展理论（即梯度转移理论）② 认为：在区域经济发展次序上应优先支持和促进高梯度地区经济的发展，从而取得较高的经济效益，带动和促进低梯度地区经济的发展。"梯度发展理论"还认为，区域经济的盛衰主要取决于产业结构的优劣，而产业结构优劣又取决于地区经济部门，特别是主导产业专业化部门所处的阶段。如果区域主导专业部门是由处在创新阶段的兴旺部门所组成，则列入高梯度区；反之，若由处在成熟阶段后期或衰老阶段的衰退部门所组成，则属于低梯度区。同时，由于新产业部门、新产品、新技术、新的生产管理与组织方法等大多发源于高梯度地区，在扩散效应的作用下，依顺序逐步由高梯度区向低梯度区转移。而梯

---

① 参见陶一桃《雄安新区与中国道路》，载《深圳大学学报（人文社会科学学报）》2017年第4期。

② R. Vernon, "International investment and international trade in the product cycle," *The Quarterly Journal of Economics*, 1966, 8(4), pp. 170 – 207.

度转移主要又是通过城镇体系逐步拓展实现的。威尔伯等人把这一生命循环论在区域经济学中创造性应用形象地称为"工业区位向下渗透"现象。①

正如中国社会经济增长极（典型特区、广义特区、经济特区的拓展形式）的产生、形成是政策产物一样，梯度转移的发生也更多地表现为政策或国家战略的结果。由特殊政策和区域要素禀赋共同培育出来的增长极，在与作为国家整体战略部署的梯度发展布局相结合的过程中，使不同的增长极在不同的发展时期，以不同的方式创造并承接着梯度发展的链条与机遇。在国家整体发展战略布局的制度性安排下，中国社会梯度发展以十分惊人的速度裂变扩展开来。如1984年至1986年，国家在14个沿海开放城市建立第一批国家级经济技术开发区。之后，随着改革开放的推进和深化，根据国家不同时期发展战略的需要，作为广义经济特区的国家级经济开发区建设也从沿海地区向沿江、沿边和内陆省会城市、区域中心城市梯度拓展。国家级经济开发区作为梯度发展的原因与结果，也以其自身区域经济增长极的功能，成为从沿海到沿边开放以及西部开发、东北振兴、中部崛起等国家发展战略目标实现的重要支撑点，不断构建着充分体现中国道路内在演进逻辑的区域经济的新版图。纵观改革开放以来作为广义经济特区的国家级经济技术开发区的相继批复的历程，我们也可以从一个侧面看到中国经济梯度发展的独特轨迹。

东南沿海区域带是中国经济的第一梯度区，最早的典型特区、广义特区皆产生于此。沿海区域对外开放的先天地缘优势，客观上为先行先试、率先发展提供了内陆城市无法具备的可能，尤其是改革开放初期。而典型特区和早期的新区、开发区作为中国区域经济的增长极，又不断以其产业结构、科技发展、综合管理水平和创新能力等优势，强化着第一梯度区的自身实力和辐射力。中西部作为中国的第二、第三梯度区，在承接产业技术的梯度转移的同时，也自然承接着与此同时"转移"的足以促进社会改革开放和市场经济体系完善的非经济要素与资源，如崭新的理念、先进的文化和良好的社会规制等。我认为，这种意义上的"转移"在相当长的时间里，还将继续贯穿中国梯度发展的过程之中。所以，梯度转移在中国不是一个单纯的区域经济概念，而是与市场经济体制普遍确立的推进，

---

① 高洪深：《区域经济学》（第4版），中国人民大学出版社2014年版，第125页。

与改革开放向纵深发展的进程相伴随的过程。因此，从根本上说，对新时期社会主要矛盾的解决，对社会发展不平衡、不充分问题的缓解与逐步消除，同样不是单纯经济规律作用的结果，而一定是更加深刻的社会制度变迁和更进一步深化改革的收获。

反梯度开发理论[①]认为，落后地区开发可以不依据现状顺序，而根据需要与可能，跳过发达地区，直接对不发达地区进行开发。如果从"梯度转移理论"来考察中国社会制度变迁的路径，可以说是"梯度发展"与"反梯度发展"有机结合的策略选择。"梯度发展"是主导，尤其是在市场经济体制刚刚普遍确立的时期，而"反梯度发展"则是国家战略决策。"反梯度发展"体现了均衡发展、协调发展、分享发展的理念；它反映了自上而下强制性制度变迁的制度力量；它展示出了在经济发展不平衡的人口众多的大国里，尽快消除区域发展差距的独特道路选择。"反梯度发展"在中国不仅表现为在经济相对不发达的地区直接建立政策性增长极，如2010年喀什、霍尔果斯新兴经济特区的建立，并以此促进落后地区经济超常规发展，而且还表现为非率先发展区域所建立的政策性增长极，与率先发展区域已形成的政策性增长极一同先行先试的更强的制度创新功能。因此，从作为广义经济特区的国家级开发区和新区的时间布局上，我们就能清晰看到"梯度发展"与"反梯度发展"相结合的制度安排轨迹，如雄安新区的建立就是一个非常有说服力的实证。这种反梯度发展的路径选择，可以在市场经济并非优先发达的地区，以强制性的制度安排，推动制度创新，为超常规发展创造制度支撑环境。中国改革开放的实践，使"梯度发展"理论与"反梯度发展"理论有可能在国家整体发展战略中得以有机结合，并构成了中国道路的一个组成部分。

第三，改革开放40年的今天，中国已经形成了由特区、国家级开发区、国家级新区、自贸区构成的，由局部到全局、由个别地区和城市到大城市群、由大城市群到区域经济带的被赋予了不同功能和使命的"政策高地"。一方面，这些由"政策高地"构成的几乎遍布全国的强劲的增长极，在梯度发展及梯度发展与反梯度发展结合效应的共同作用下，不仅形成了具有不同发展水平的核心—外围经济圈或经济带，而且还很有可能在比较短的时间里，使区域之间的发展较快地呈现出威廉姆逊倒"U"型的

[①] 参见张秀生、卫鹏鹏主编《区域经济理论》，武汉大学出版社2005年版，第60-61页。

趋势。另一方面，新兴特区、国家级新区、自贸区、湾区等不同政策性增长极形成的过程，又以独特的功能定位和所承担的特定的时代使命，清晰地映了中国社会全面深化改革的内在路径，使以经济改革为切入口的中国社会的制度变迁，逐步从经济领域扩展到政治、文化、社会管理机制、法律法规等更广泛领域。如果说当年以深圳为代表的典型经济特区的重要功能就是成为计划经济向市场经济转型的试验田，推动、促进社会主义市场经济体制在全国的普遍确立。那么今天，作为经济特区拓展形式的自贸区、湾区的更重要的使命则是成为中国社会全面深化改革、全面协调发展、全方位改革开放的示范区。当然，政府的远见卓识和自我革命的能力，将一如既往地决定着中国社会制度变迁的绩效与中国道路的可持续性与探索价值。

美国当代经济学家约翰·弗里德曼（John Friedmann）在考虑区际不平衡较长期的演变趋势基础上，提出了与增长极理论和梯度发展理论相呼应的"核心—外围理论"[①]。这一理论首先将经济系统的空间结构划分为核心和外围两部分，核心区是社会地域组织的一个次系统，能产生和吸引大量的革新；边缘区则是另一个次系统，与核心区相互依存，其发展方向主要取决于核心区。核心区与边缘区不仅共同组成了一个完整的空间系统，而且二者还共同构成了一个完整的二元空间结构。中心区发展条件比较优越，经济效益也比较高，处于几乎绝对的支配地位，而外围区发展条件则比较差，经济效益也比较低，处于被支配的地位。因此，在经济发展的初始阶段会出现各生产要素从外围区向中心区的净转移，或者说只有"回流效应"，尚未产生"扩散效应"。这时期社会经济的二元结构十分明显，表现为一种单核结构。然而，随着经济进入起飞阶段，单核结构逐渐在"扩散效应"和梯度发展的作用下，被多核结构所替代。当经济进入持续增长阶段，随着政府政策的干预，中心和外围界限会逐渐消失，经济在全国范围内实现一体化。

弗里德曼进一步用熊彼特的创新思想来解释他的核心—外围理论的机

---

① John Friedmann, *Regional Development Policy: A Case Study of Venezuela* (Cambridge: MIT Press, 1966).

理①：发展可以看作一种由基本创新群最终汇成大规模创新系统的不连续积累过程。迅速发展的大城市系统，通常具备有利于创新活动的条件。创新往往是从大城市向外围地区进行扩散的。核心区是具有较高创新变革能力的地域社会组织子系统，外围区则是根据与核心区所处的依附关系，由核心区所决定的地域社会子系统。核心区与外围区共同组成完整的空间系统，其中核心区在空间系统中居支配地位。弗里德曼非常强调核心区在空间系统中的作用。他认为，一个支配外围地区重大决策的核心的存在，具有决定性意义。因为，它决定了该地区空间系统的存在。任何特定的空间系统都可能具有不仅仅一个核心区，特定核心区的地域范围将随相关空间系统的自然规模或范围的变化而变化。弗里德曼曾预言，核心区扩展的极限是最终达到全人类居住范围内只有一个核心区。

弗里德曼的核心—外围理论，作为解释经济空间结构演变的模式，从理论机理上尝试说明了一个区域如何由互不关联、孤立发展，变成彼此联系、发展不平衡，又由极不平衡发展变为相互关联的平衡发展的区域系统。在中国社会制度变迁的进程中，这一演进过程不仅速度惊人，而且又由于核心区域基本上就是行政核心区域，所以在中央的统一部署和自上而下的垂直领导下，一旦区域发展战略形成，作为子系统的外围区域的地方政府，就会以积极的制度安排促进国家整体战略部署下的核心—外围经济带的发展与完善，核心—外围之间在定位认知方面的制度交易成本也不一致。我以为，所谓"中国是一切规则的例外"②在这里可以解释为中国在人类社会发展进步的进程中，遵循普遍规律，走出自己的道路。如环珠江口珠三角经济圈、环长江口长三角经济圈和环渤海湾环渤海京津唐经济圈的形成，从发展轨迹来看基本上遵循着常规的演进逻辑：首先形成经济增长极，"回流效应"加速增长极的自身发展和经济张力，"扩散效应"形成并促使梯度转移发展，梯度转移发展效应扩散，核心—外围经济带依次形成。但是从根本上说，把"政策增长极"作为前提与背景，没有"举国体制"的因素，即中央和地方政府强大而有力的资源调配、整合的能力与集中资源干大事的行政号召力、执行力，演进的时间会相对漫长，制

---

① 鄢洪斌、袁媛：《城乡经济联系与互动理论及其启示》，载《西南民族大学学报（人文社科版）》2004年第7期。

② ［英］伯特兰·罗素：《怀疑论集》，严既澄译，振文出版社1984年版，第8页。

度性交易成本也会增加，同时相应的各种机理的释放效应，更会由于目标的分散而降低。

众多发展中国家的实践证明，经济进步的巨大推动力将使经济增长围绕最初的出发点集中，增长极的出现（无论这个增长极是政策的产物，还是市场发展的自然结果）必然意味着增长在区域间的不平衡，这种不平衡是经济增长不可避免的伴生物，甚至还是实现整体经济发展的前提条件。无论处在经济发展的哪个阶段，进一步的增长总要求打破原有的均衡，非均衡增长既是增长的前提，又是增长的结果。中国社会发展的状况虽然也呈现相似的轨迹，但是，在政府不断出台的，旨在促进区域协调发展的政策和先行先试载体的强大作用，越来越呈现某些威廉姆逊倒"U"型假说状态。

威廉姆逊倒"U"型假说[1]预测：均衡与增长之间的替代关系，依时间的推移而呈非线性变化。经济发展程度较高时期，增长对均衡是相依赖。即当社会经济发展到一定高的阶段时，每一次发展不再是简单地对现有均衡的打破，均衡表现为继续发展的前提，发展阶段与区域差异之间存在着倒"U"型关系。或许我们可以这样说，一方面，没有区域之间的均衡发展，很难实现社会的整体发展；另一方面，社会发展既打破原有均衡，又以均衡发展为其向更高层次发展迈进的前提。从这个意义上讲，特区、开发区、新区、自贸区、湾区经济带，既是非均衡发展的产物，又是均衡发展的结果与前提。作为非均衡发展的产物，它们释放着经济增长极的功能与效应；作为均衡发展的结果与前提，它们在缩小着区域之间的差距，展示着社会发展经济水平，体现着较高水平之上的经济增长对均衡越来越显著的依赖关系。从中国社会改革开放的逻辑起点和路径选择来看，非均衡发展是占主导地位的战略选择，尤其是改革开放初期。然而，自贸区、湾区等经济特区拓展形式的出现，反映了中国社会从以非均衡发展为主导的战略选择向均衡发展为主导目标的战略选择的过渡。然而这种过渡的到来，是建筑在相当长时期的非均衡发展战略基础之上的。所以从中国改革开放40年发展历程上看，更确切地说自贸区、湾区等经济特区拓展形式的产生，是中国社会呈现走向均衡发展势态的非均衡发展进程的结

---

[1] J. G. Williamson, "Regional inequality and the process of national development: A description of the patterns," *Economic Development and Cultural Change*, 1965, 13(4), pp. 3–45.

果。它们的使命是促进、实现社会的协调发展、均衡发展、共享发展、全面发展,但是作为经济特区的新时期的拓展形式,以非均衡发展的改革路径,实现中国社会的均衡发展既是特区始终不变的历史使命,又是中国道路的重要内涵。

无论"集聚效应""扩散效应",还是"梯度发展""反梯度发展"与"倒U型假说",都既从理论上阐明了作为特殊政策产物的经济特区功能机理,又从理论上解释了各类经济特区存在、发展、演进的内在逻辑。"集聚效应"很好地诠释了"政策高地"的改革开放与制度变迁的先行、先试的可能性;"扩散效应"从包括制度在内的全要素市场化流动的视角,给经济特区的"示范效应"以理论的诠释;"梯度发展理论"与"反梯度发展理论"不仅从理论上阐述了非均衡发展的现实意义,更富有说服力地证明了在强制性制度变迁中,由国家战略主导的非均衡发展演进的制度绩效(如前面所谈到的"梯度发展理论"与"反梯度发展理论"的结合效应);"倒U型假说"理论则是从均衡与增长依时间的推移所有可能形成的替代关系,既阐明了非均衡发展的"工具性",又阐明了非均衡发展的"目标性"。这一切向我们所展现的就是经济特区与中国社会制度变迁的内在逻辑及其理论机理。

经济特区既是中国社会制度变迁的起点,又是这一制度变迁的产物;它是中国社会制度变迁的路径选择,同时又展现了这一制度变迁的演进轨迹;它是中国社会实现现代化的一条捷径,同时又构成了中国道路的一个重要组成部分。非均衡发展是中国社会制度变迁遵循的理念,这一理念在降低改革开放成本和风险的同时,也增加着改革开放的边际收益。改革开放的不同历史时期承担不同使命的各类特区,作为政策创造的"增长极",在不断以"集聚效应"和"扩散效应"推进制度变迁进程的同时,创造着越来越广泛的经济增长极,推动中国社会的制度变迁向纵深展开,从而由非均衡发展走向在不断深化改革进程中,逐步解决发展不均衡、不充分问题的全面发展。

作为中国社会制度变迁的产物与路径选择,经济特区的使命仍在继续着。还有许多制度创新将在这里发生,还有许多有待实践的成功做法和经验将从这里继续复制至全国。更重要的是,还有许多探索与实践将会在这里由政策变为制度安排,由制度安排成为法律法规,从而把"先行先试"变为建设现代化国家的制度力量。强大的国家与发达的市场是我们需要的，但法治社会是获得它们的前提；繁荣的国度与充满福祉感的民生是我们所期待的，但政府的远见卓识是实现它们的政治与制度保障。

［原载《澳门理工大学学报》2018年第3期，《新华文摘》2018年第20期全文转载（封面文章），《中国社会科学文摘》总第179期（2018年11月20日）全文转载，人大复印资料《社会主义经济理论与实践》2018年第9期全文转载］

中国道路的又一伟大实践
——从经济特区到粤港澳大湾区

一、粤港澳大湾区自身及区位优势

从地理和行政区划上看,粤港澳大湾区包括了香港、澳门两个特别行政区和广东省的广州市、深圳市、珠海市、佛山市、惠州市、东莞市、中山市、江门市、肇庆市九个独立行政区划,被形象地称为"9+2"。它不仅是继美国的纽约湾区、旧金山湾区和日本的东京湾区之后迅速崛起的具有相当发展潜力和竞争实力的世界第四大湾区,同时还是区域协同创建的世界级城市群,它将成为未来中国参与全球竞争的一个独具区位优势的空间载体。

粤港澳大湾区总面积5.6万平方公里,2018年末总人口约7000万人,是中国最早开启改革开放的城市所在地区,也是我国目前整体市场经济体系相对完善,经济与社会的开放程度相对最高,区域经济活力和辐射力相对最强劲的区域。因此,无论在中国改革开放的历史进程中,还是在新时代国家发展的整体战略布局中,这一区域都拥有着由其独特的区位优势和在中国改革开放进程中的历史地位所决定的不可替代性。

从"粤港澳大湾区"概念的提出,到《粤港澳大湾区发展规划纲要》(以下简称《规划纲要》)的正式出台与实施,历经了七年的时间,这七年的思考、策划、分析与布局的过程,既是自上而下的强制性制度变迁的过程,又是自下而上的诱致性制度变迁的推动。一方面,由于中国社会进一步深化改革及未来发展整体布局的需要,作为一种强制性制度安排,催生了国家有关粤港澳大湾区的宏伟设想;另一方面,由于改革开放40年来的物质资本与制度资本的积累,作为一种诱致性制度安排,区域一体化的内生因素在社会肌体之中日渐孕育成熟并逐渐产生出释放效应。因此,粤港澳大湾区的构建充分体现了转型社会"渐进式"制度变迁的某种阶段性特征,即改革初期中央政府几乎是制度变迁的唯一倡导者、制定者与实施者,从而自上而下的强制性制度变迁占主导地位。但随着改革的深化和社会机制的日臻完善，作为改革的次级行动集团，如地方政府、企业家等成为社会制度变革与创新的诱致性力量，从而强制性制度变迁与诱致性制度变迁在足以减少或降低制度变迁交易成本的意识形态认同下（统一思想），促使自上而下的中央部署与自下而上的创造性响应和积极行动高度紧密结合，并构成了富有绩效的，充分展现中国道路特质的制度变迁的模式。

　　国家层面有关构建粤港澳大湾区的设想，最早是2012年12月，习近平总书记在党的十八大后首次离京考察到广东提出来的。他希望广东联手港澳，打造更具综合竞争力的世界级城市群。2016年3月，《中华人民共和国国民经济和社会发展第十三个五年规划纲要》正式发布，提出推动粤港澳大湾区和跨省区重大合作平台建设。同月，国务院印发《关于深化泛珠三角区域合作的指导意见》，要求广州、深圳携手港澳，共同打造粤港澳大湾区，建设世界级城市群。2017年3月5日，"粤港澳大湾区"首度被写入政府工作报告，报告提出要研究制定粤港澳大湾区城市群发展规划，发挥港澳独特优势，提升在国家经济发展和对外开放中的地位与功能。同年7月1日，在习近平总书记亲自见证下，国家发展改革委和粤港澳三地政府在香港共同签署《深化粤港澳合作推进大湾区建设框架协议》。同年10月18日，"粤港澳大湾区"写入党的十九大报告。2018年3月7日，习近平总书记参加十三届全国人大一次会议广东代表团审议，要求广东携手港澳打造国际一流湾区和世界级城市群。同年5月10日、5月31日，习近平总书记先后主持召开中央政治局常委会会议和中央政治局会议，对《粤港澳大湾区发展规划纲要》进行审议。2018年8月，中央成立粤港澳大湾区建设领导小组，并于8月15日召开粤港澳大湾区建设领导小组第一次全体会议。2018年10月，习近平总书记视察广东并发表重要讲话，要求广东担当好粤港澳大湾区建设的重要职责。2018年11月，中共中央、国务院发布《关于建立更加有效的区域协调发展新机制的意见》，指出要以香港、澳门、广州、深圳为中心引领粤港澳大湾区建设，带动珠江—西江经济带创新绿色发展。2019年2月18日，中共中央、国务院发布了《粤港澳大湾区发展规划纲要》（以下简称《规划纲要》），并发出通知，要求各地区各部门结合实际认真贯彻落实。至此，作为继京津冀协同发展、长江经济带发展、"一带一路"建设之后的国家又一个重大战略，同时作为纪念改革开放40周年的一项具有历史意义的重大举措,粤港澳大湾区建设正式开启了必将为未来中国带来巨大改变的历史航程。

建设粤港澳大湾区,既是新时代推动形成全面开放新格局的新尝试,又是推动"一国两制"事业发展的新实践。① 如果说《规划纲要》是指导粤港澳大湾区当前和今后一个时期合作发展的纲领性文件,那么粤港澳大湾区则是为未来中国的深化改革、全方位开放、全面发展探索、提供可借鉴的模式和可复制的样板的试验区域。

《规划纲要》对粤港澳大湾区区位优势进行了整体而准确的概述:一是区域优势显著。粤港澳大湾区地处我国沿海开放的前沿地带,以泛珠三角区域为广阔发展腹地,在"一带一路"建设中具有重要地位。交通条件便利,拥有香港国际航运中心和吞吐量位居世界前列的广州、深圳等重要港口,以及香港、广州、深圳等世界级航空枢纽,同时便捷高效的现代综合交通运输体系正在加速形成。二是经济实力雄厚。经济发展水平全国领先,产业体系完备,集群优势明显,经济互补性强,香港、澳门的服务业高度发达,珠三角九市已初步形成以战略性新兴产业为先导、先进制造业和现代服务业为主体的产业结构。三是创新要素集聚。粤港澳三地科技研发、转化能力突出,拥有一批在全国乃至全球具有重要影响力的高校、科研院所、高新技术企业和国家级科学工程,创新要素吸引力强,具备建设国际科技创新中心的良好基础。四是国际化水平领先。香港作为国际金融、航运、贸易中心和国际航空枢纽,拥有高度国际化、法治化的营商环境以及遍布全球的商业网络,是全球最自由经济体之一。澳门作为世界旅游休闲中心,和中国与葡语国家商贸合作服务平台的作用不断强化,多元文化交流的功能日益彰显。珠三角九市是内地外向度最高的经济区域和对外开放的重要窗口,在全国加快构建开放型经济新体制中具有重要地位和作用。五是合作基础良好。香港、澳门与珠三角九市文化同源、人缘相亲、民俗相近、优势互补。近年来,粤港澳合作不断深化,基础设施、投资贸易、金融服务、科技教育、休闲旅游、生态环保、社会服务等领域合作成效显著,已经形成了多层次、全方位的合作格局。② 笔者认为,中国未来发展的一个极其重要的战略性政策增长极选择粤港澳大湾区,有以下

---

① 中共中央、国务院:《粤港澳大湾区发展规划纲要》,人民出版社2019年版。
② 中共中央、国务院:《粤港澳大湾区发展规划纲要》,人民出版社2019年版。

三方面的主要原因。

第一，粤港澳大湾区是承载了中国率先改革开放"基因"的地区，积累了足以带动中国社会切实完成社会转型与制度变迁的可贵的制度资本。中国最早建立的五大经济特区中的两个，即深圳、珠海皆设立于此。同时，中国最成功的经济特区——深圳更是这一区域具有高水平辐射作用的跨区域经济与社会变革的增长极。承载率先改革开放"基因"的历史地位，使"敢闯""敢干""先行先试"成为这一区域的文化品格与城市精神。同时，在不断深化改革的进程中探索中国制度变迁的路径，提供可借鉴可复制的制度安排，又始终是这一区域的功能与使命。作为深化改革的制度安排，广州南沙、深圳前海、珠海横琴三个自由贸易试验区再度设立于此，更加明确了粤港澳大湾区在以建立政策性增长极为切入点，以不断产生、释放的"集聚效应"与"扩散效应"为实践路径的"渐进式改革"进程中的独特的地位与功能。

有学者认为，人类对自然科学技术的探索与对制度的探索一样，都是一个长期发展的过程，都付出了无数代人的代价，这种"代价"，对于今天已形成的可用的科技存量和制度存量而言，都是"投资"；可用的制度就是有助于保护产权、降低交易费用的所有制度，即使技术不变，这些制度本身就导致财富的增长。由于可用制度同样具备由前期投资产生和创造未来收入的特征，因此它构成"制度资本"。① 也有学者认为，制度资本由认知资本、规范资本和规制资本组成。② 同时，Joost Platje 列举了制度资本四个重要的影响可持续发展的因素：公共领域、制度强度、良好的治理和制度均衡。③ 率先改革开放和"先行先试"的改革"特权"给粤港澳大湾区带来的制度资本的积累，会由于认识资本的形成，大大降低深化改革的心理成本；会由于规范资本的形成，大大降低制度变迁的交易成本；会由于规制成本的形成，大大提高制度创新的绩效，这是因为制度总

---

① 高炽海：《回归价值：中国问题、制度与区域综合价值发展模式》，吉林大学出版社 2012 年版。

② Bresser Rudi and Millonig Klemens, "Institutional Capital: Competitive Advantage in Light of the New Institutionalism in Organization Theory," *Schmalenbach Business Review*, 2003, 55(7), pp. 220–241.

③ Joost Platje, "An institutional capital approach to sustainable development," *Management of Environmental Quality: An International Journal*, 2008, 19(2), pp. 222–233.

是镶嵌在制度环境之中的，只有在与之相适应的制度系统中才能产生绩效。

第二，40 年来的高速发展，使粤港澳大湾区成为中国社会经济实力和活力较强的区域之一，从而为带动中国经济的可持续发展，积累了丰厚并可以发挥巨大"扩散效应"的物质资本。中国 GDP 排名前五位的大城市中，粤港澳大湾区就占了三个，即深圳、香港与广州。2018 年，粤港澳大湾区 GDP 约 1.64 万亿美元，同比增长 7%，略高于全国 GDP 平均增速（6.8%）；粤港澳大湾区以不足全国 5% 的人口，创造了全国 13% 的经济总量；其中深圳 2018 年 GDP 为 3660.35 亿美元，首度超越香港位居湾区首位；深圳及广州经济同比增长分别为 7.6% 与 6.2%，高于香港的 3%。① 根据世界知识产权组织《2017 年全球创新指数》报告，香港—深圳地区以区域集群创新能力全球排名第 2 位；根据英国智库 Z/Yen 集团和中国（深圳）综合开发研究院 2019 年 3 月共同发布的第 25 期"全球金融中心指数"（GFCI），香港稳坐全球第三大金融中心地位，深圳、广州分别排名第 14 位和第 24 位。2018 年底深港交易所总市值约 6.5 万亿美元，位居全球第 3 位。

另外，与同时飞速发展的长三角地区相对比，作为粤港澳大湾区的珠三角地区，其经济总量也呈现稳步增长趋势。2014—2018 年 5 年间珠三角地区平均人均 GDP 为 1.72 万美元，比长三角地区的 1.25 万美元高出 0.47 万美元；2014—2018 年同期珠三角地区平均第三产业占比为 55.15%，比长三角地区均值 51.53% 高出 3.62%；2014—2018 年珠三角地区及长三角地区专利申请总量分别为 210.98 万件和 514.96 万件，其中专利总授权量分别为 118.24 万件和 300.79 万件，2018 年起，珠三角地区人均专利申请量与专利授权量分别为每万人 104 件与每万人 61 件，远超于同期长三角地区 63 件与 34 件。没有经济的繁荣，就不可能有繁荣所致的文明。而这种繁荣所致的文明既包含了与经济发展同时孕育而生的社会自觉，又包含着制度的昌明和法治社会的营建。同时，一个区域的整体经济实力不仅决定了该区域对优质生产要素"集聚效应"的强弱及其自身发展潜力的高下，还决定了其自身的"扩散效应"与正的"邻里效应"

---

① 德勤中国：《大湾区发展规划纲要解读》，见德勤中国官网（https://www2.deloitte.com/cn/zh/pages/about-deloitte/articles/），刊载日期：2019 年 4 月 25 日。

的释放力量。

第三，香港将继续成为中国社会深化改革，拓展对外开放新格局，有效实施"一带一路"倡议不可或缺的制度因素。40年前，香港是内地对外开放的窗口，是中国走向世界、世界走进中国的桥梁与平台。40年后的今天，香港作为拥有高度国际化、法治化的营商环境及全球最自由经济体地位的发达市场经济地区，在内地加快构建更加开放型的经济新体制进程中，具有不可替代的独特地位与作用。从某种意义上说，粤港澳大湾区的构建是继40年前经济特区创建之后的新一轮更加深刻的改革开放，它喻示着中国社会将从单一的政策开放走向展示"社会开放度"的制度开放，将从以中国组装为主导的外向型经济走向以中国制造为标志的开放型经济，从而将以法治社会与规制社会的营建解决"实际开放度"低于"名义开放度"的这一现实问题，① 在世界舞台上扎实树立起更加开放包容的崭新的中国之大国形象。

如果说粤港澳大湾区是有效实施国家"一带一路"倡议的重要支撑，那么港澳，尤其是香港则是这一支撑的重要平台。香港国际金融、国际航运中心的地位，充分自由开放的市场经济环境，既是香港自身的优势，也是"邻里效应"下粤港澳大湾区得天独厚的优势。同时，香港既是东西方文化交融之地，又是南粤文化认同的聚集地。香港乃至澳门都将以其自身独有的制度魅力和历史积淀的文化认同，以"民心相通"的亲和力，为"一带一路"倡议在南粤华侨占相当大比重的南亚、东南亚各国的推进与实施，提供柔软而又坚实的、带着历史渊源的"自发性"支撑。《规划纲要》也明确指出：粤港澳大湾区是国家"一带一路"建设的重要支撑。为此要更好地发挥港澳在国家对外开放中的功能和作用，提高珠三角九市开放型经济发展水平，促进国际国内两个市场、两种资源有效对接，在更高层次参与国际经济合作和竞争，建设具有重要影响力的国际交通物流枢纽和国际文化交往中心。② 可以说，港澳是粤港澳大湾区支撑国家"一带一路"倡议实施最包容、开放的"中间带"。

粤港澳大湾区既是一种正式的制度安排，也是发展的结果与历史的选

---

① 中国人民大学经济发展报告课题组：《中国经济的对外开放度与适度外债规模》，载《中国人民大学学报》1995年第5期。

② 中共中央、国务院：《粤港澳大湾区发展规划纲要》，人民出版社2019年版。

择。承载率先改革开放的"基因",使粤港澳大湾区积累了大量的制度资本,粤港澳大湾区也在中国社会深化改革的进程中自然而然地继续担负起先行先试,探索道路的使命。同样,40年高速发展的财富积累既是粤港澳大湾区自身可持续发展与高质量增长的坚实基础,又是粤港澳大湾区在"渐进式改革"中继续以政策增长极的功能辐射带动周边(包括南亚、东南亚)的实力与能力的保障。40多年来,港澳一直是祖国对外开放的窗口与桥梁,更是实现以开放促改革的重要途径。在拓展对外开放新格局的进程中,尤其在"一带一路"框架下推动21世纪海上丝绸之路经济带的建设中,港澳因素赋予了粤港澳大湾区独特而显著的人文—地缘优势,这也正是其他区域所不具备的源于历史积淀的要素禀赋。粤港澳大湾区自身文化—历史及区位优势,将使其成为新时期中国社会深化改革进程中具有独特禀赋和跨区域辐射力的战略引擎。

二、粤港澳大湾区战略定位、发展目标及制度约束

无论从国家整体战略布局还是从区域协调发展的角度看,构建粤港澳大湾区的目的就是既能产生高质量"集聚效应",又能释放巨大"扩散效应"的区域一体化的实现。其关键是能够保障、促进、支撑区域一体化的制度体系及相关社会管理规制的确立,其实质是法治化的,既符合中国国情,又适合国际惯例的科学完善且更加开放的社会主义市场经济体制的营建。因此,粤港澳大湾区的建设,在遵循创新驱动,改革引领;协调发展,统筹兼顾;绿色发展,保护生态;开放合作,互利共赢;共享发展,改善民生的五大基本原则的前提下,① 既离不开已经形成的发展基础,更要首先面对发展中的问题与约束。如果说业已形成的基础是历史的积淀,那么需解决的问题与摆脱的约束则是创造未来的前提。规划指导目标与实现目标的行动,但并不等于目标本身。从本质上讲,粤港澳大湾区的建设,是中国社会深化改革的战略部署,是中华民族走向现代化的伟大实践,更是社会发展进步的时代历程。它的实现需要发展与发展的积累,改革与改革的推动,文明与文明的创造,繁荣与繁荣的尊严和高尚。

《规划纲要》明确制定了粤港澳大湾区的五大战略定位和四大重点发

---

① 中共中央、国务院:《粤港澳大湾区发展规划纲要》,人民出版社2019年版。

展目标，这是粤港澳大湾区建设的行动指南和实施纲领，也是未来中国社会改革发展的目标与方向。五大战略定位包括：一是以两步走的阶段性目标为实施路径，建成充满活力的世界级城市群。即到 2022 年，发展活力充沛、创新能力突出、产业结构优化、要素流动顺畅、生态环境优美的国际一流湾区和世界级城市群框架基本形成。到 2035 年，宜居宜业宜游的国际一流湾区全面建成。二是以促进国际国内两个市场、两种资源有效对接，在更高层次参与国际经济合作和竞争的方式，成为"一带一路"建设的重要支撑。三是以粤港澳良好合作基础为依托，以深圳前海、广州南沙、珠海横琴三个自由贸易试验区等重大合作平台为凭借，探索、深化珠三角九市与港澳协调协同发展和全面务实合作的新模式，成为内地与港澳更紧密合作的示范区。四是以破除影响创新要素自由流动的瓶颈和制约的改革力度，建成全球科技创新高地和新兴产业重要策源地，成为具有全球影响力的国际科技创新中心。五是以人民为中心的发展思想和生态文明理念为遵循，以多元文化交流融合为宗旨，以建设生态安全、环境优美、社会安定、文化繁荣的美丽湾区为目标，成为宜居宜业宜游的优质生活圈。

在五大战略定位的框架下，《规划纲要》又确定了具有实际操作层面意义的四大重点发展目标：一是以分工合理、功能互补、错位发展的更加协调的城市群发展格局基本确立为前提，以全要素区域内自由流通为重要标志的区域经济深度一体化的有序完成。二是以协同创新环境更加优化，创新要素集聚更加快捷有效，新兴技术原创能力和科技成果转化能力提升更加显著为标志的国际科创中心建设。三是以加快传统产业转型升级，促进新兴产业和制造业核心竞争力不断提升，数字经济迅速增长，金融等现代服务业和海洋经济加速发展为标志的现代化产业体系的构建。四是以软环境（生态文明建设）、硬联通（基础设施互联互通）为着眼点，以宜居宜业宜游为标志的高质量生产生活圈的打造。①

深化改革是粤港澳大湾区建设进程中最根本的使命。一方面，没有深化改革就不可能有粤港澳大湾区建设目标的实现；另一方面，每一目标的实现又必然是以深化改革为前提。在粤港澳大湾区以开放促改革的进程中，深化改革既是促进发展的原因，又表现为全面开放的结果。如是，在强制性制度变迁（中央政府为发轫者）与诱致性制度变迁（以企业家为

---

① 中共中央、国务院：《粤港澳大湾区发展规划纲要》，人民出版社 2019 年版。

主体主导）相互作用下，在作为"第二行动集团"的地方政府与作为"第一行动集团"的中央政府的积极配合下，不仅可以在敢闯的实践中不断探索，矫正实现目标的方式与路径，还可以促使目标与实现目标的手段在实施中高度契合，从而降低改革的成本，提高制度变迁的续效，增强制度创新的可复制性。

粤港澳大湾区作为世界四大湾区中占地面积最大、人口最多的新兴而又年轻的湾区，它既有自身发展的显著优势，又存在着不可避免的发展中的问题与制度的约束。就目前粤港澳大湾区发展现状而言，主要存在以下两方面的问题与约束：

其一，区域内经济、社会发展不平衡。经济最发达的城市、地区与欠发达的城市区域内共存；国际化水平最高或较高的城市、地区与开放度较低的城市区域内共存；社会整体发展水平和文明程度较高的城市、地区与社会整体发展水平和文明程度相对落后的城市区域内共存，并且在某些方面呈现"极化效应"。

从基本经济数据来看（见表1），区域内经济发展水平差距明显。粤港澳大湾区内GDP总量最高的前三个城市和地区分别是深圳、香港、广州，它们的GDP是经济总量最低的肇庆GDP的10倍有余，是江门、珠海GDP的近10倍；粤港澳大湾区"9+2"城市中，有6个城市的人均GDP低于大湾区的平均值，人均GDP最高的澳门是最低的肇庆的10倍还多；粤港澳大湾区中经济最发达的内地城市深圳和广州，在人均GDP方面与香港和澳门也存在着不小的差距。可以说，目前的"9+2"处在市场经济发展的不同阶段，尤其相对于香港。曾有人说，中国最富的在广东，最穷的也在广东。今天从某种意义可以说，中国最发达城市和地区在粤港澳大湾区，不太发达的城市也在粤港澳大湾区。

表1　2018年粤港澳大湾区"9+2"城市的GDP、人均GDP和第三产业占比

城市/地区	GDP（亿美元）	人均GDP（万美元）	第三产业占比（%）
香港	3630.00	4.87	92.20
澳门	545.40	8.26	93.40
深圳	3660.35	2.87	58.80
广州	3454.43	2.35	71.75

续表1

城市/地区	GDP（亿美元）	人均GDP（万美元）	第三产业占比（%）
佛山	1501.48	1.90	42.00
东莞	1251.03	1.50	51.10
惠州	620.04	1.29	43.00
中山	548.96	1.67	49.30
江门	438.30	0.96	44.50
珠海	440.47	2.41	49.10
肇庆	332.73	0.80	38.60
粤港澳大湾区合计	16423.19	2.33	65.97

数据来源：据粤港澳大湾区"9+2"城市2018年统计公报及统计部门官网资料整理，其中香港、澳门第三产业占比系2017年资料。

另外，尽管第三产业占比这一经济指标与区域资源禀赋及国家层面上的宏观发展定位有关，同时也并非第三产业占比越高越好，但就一般意义而言，如果说经济总量代表着一个城市或区域经济发展的数量维度，那么产业结构则在某种意义上反映了一个城市或地区经济发展的质量维度，也就是经济发展水平的高低和社会整体所处的发展阶段。即产业结构的演变是与一个社会的工业化发展阶段、现代化水平相关的。根据世界银行的统计数据，发达国家第三产业产值占GDP比重一般在60%以上，近五年，美国、日本、韩国、法国的第三产业占比分别在75%、68%、55%、72%左右。粤港澳大湾区"9+2"城市和地区中，有6个城市的第三产业占比低于50%，最低的肇庆只有38%。这不仅仅是指标的差距，更是让人们不能不去深入思考、剖析数据背后的问题。

从产业分布来看，区域内工业发展水平不平衡问题较为突出，并呈现"极化效应"。所谓的"极化效应"是指这样的一种情况：在市场机制作用下，一个地区只要它的经济发展达到一定水平，超过了所谓起飞阶段，就会具有一种自我发展的能力，就可以不断地为自身积累有利因素，从而为自身的进一步发展创造更多有利的条件。因为经济发达的高梯度地区会在经济发展的进程之中不断为其自身积累巨大发展优势，已经拥有的诸强大而富有潜质的科技实力、便捷而现代的交通与通信系统、完备而具有国际标准的基础设施、优越而具有制度绩效的生产协作条件、雄厚而高质量的生产与扩大生产的资本、集中而高效的要素集散与消费的市场等。同时，在不断发生的技术进步与日趋完善的优化的工业布局指向下，更加日益突显出发达地区由发展优势所带来的更加发展的优势。于是，一个地区的经济发展水平越高，它就越有可能和更便于从集聚经济与规模经济的效益中获得更多的利益，从而不断机制化地提高着自身在完全竞争性市场上的竞争能力。此外，产业集聚会带来为其服务的生产性和非生产性服务业在这一地区的相应发展，同时也会带来这一地区人口规模的相应增长，而上述逻辑链条还会在进一步推动该区域服务行业加速发展的"乘数效应"的一轮又一轮作用下，更进一步地促使生产分布的"极化效应"的发生与扩散。①

根据工业规模划分，粤港澳大湾区的内地城市已经呈现区域间工业发展水平十分不平衡的势态。这种不平衡表现出鲜明的三个梯队的发展层级：深圳属于第一梯队，2018年工业增加值已达到1398.52亿美元；广州和佛山属于第二梯队，同年产值分别为942.13亿美元和948.42亿美元；其他城市工业增加值均不足600亿美元，而肇庆则只有117.07亿美元。在"极化效应"作用下，深圳、广州、佛山三地一直都是粤港澳大湾区工业发展的重要地区，其工业增加值在大湾区的占比超过六成，并在"乘数效应"释放下，地区发展的"极化效应"又作为结果的原因和原因的结果进一步凸现出来。同时，作为"极化效应"的结果与"副产品"，创新资源的"马太效应"也在经济规律的作用下逐渐加剧。所以，粤港澳大湾区的创新资源及其能力的提升，更多集中在深圳、广州等中心城市，支撑创新的资源和创新的成果也加速向这一地区集聚。截至2018年底，广东省国家高新技术企业数量为3.31万家，深圳就占了1.44万家，集中了广东省1/3以上的高新技术企业；2017年，广东省2.68万件PCT国际专利申请中，有2.05万件来自创新之都深圳。②

同样作为"极化效应"的结果，在完全竞争的市场条件下，更加科

---

① Karl Gunnar Myrdal, *Economic Theory and Underdeveloped Regions* (London: Duckworth, 1957).

② 数据来源：《广东统计年鉴·2018》。

学的、能够促进、带动区域内产业有序发展的统筹协调机制尚未切实并具有约束力地建立起来，同质化竞争问题在很多地区还不以人的意志为转移地带有鲜明地方主义色彩地存在着。比如，深圳、广州、东莞、惠州、江门、珠海等地均将电子信息列为自身发展的支柱型产业。再如，随着近年来智能制造的兴起，各地不顾自身既有产业基础与要素禀赋，纷纷加快了对似乎可以立竿见影地提高地方产业结构的机器人和生命健康产业的布局，从而造成区域内由无序竞争所致的"无谓损耗"。

应该说，"极化效应"的产生为政府用"看得见的手"调节经济、干预、规划社会经济的整体发展目标及布局提供了理论依据和现实空间。而《规划纲要》的出台，将会使粤港澳大湾区在未来发展进程中，逐步消除"极化效应"，摆脱市场失灵的困惑，走向区域协调发展、错位发展、有序发展与共享发展的正确方向。富裕的国家与发达市场作为结果是我们所需要的，然而它们的实现是需要用政府的理性来矫正市场的非理性行为的。

从其他非经济指标和数据上看，社会整体发展水平的距离与差距依然是必须面对的客观存在。香港艾力彼医院管理研究中心公布的《2017粤港澳大湾区最佳医院50强排行榜》数据显示，广州拥有16家，香港拥有13家。深圳拥有6家，佛山和东莞分别拥有3家；澳门、中山、珠海各拥有2家，然而比澳门人口多七八倍的惠州、江门、肇庆各只拥有1家。截至2018年3月，广州地铁开通里程390.5公里，居全国第三；深圳地铁开通里程285.0公里，居全国第五；香港地铁开通里程264.0公里，居全国第七；东莞、佛山分别开通37.8公里和21.5公里，而粤港澳大湾区内其他城市尚未开通地铁。① 基础设施的互联互通，是粤港澳大湾区实现区域一体化的基础性保障，它是全要素在大湾区内能够实现自由流动的物质载体。"物质力量只能用物质力量来摧毁"②，尽管相对于保障全要素自由流动的基础设施建设而言，人这一最重要的生产要素的自由流动是更难，更需要制度创新和制度开放来支撑的，但是没有物质的保障，就很难实现物质之上的创造。

---

① 数据由交通运输部官网网站信息公开信息整理所得。
② ［德］马克思：《〈黑格尔法哲学批判〉导言》，见《马克思恩格斯选集》第1卷，人民出版社1972年版，第9页。

制度并不是经济增长的外生变量，它与资本、劳动和技术一样，是经济增长参数的函数。道格拉斯·诺斯、罗伯斯·托马斯在《西方世界的兴起》一书中曾表达过这样的思想：一种能够对个人提供有效激励的制度，是保证经济增长的决定性因素。① 所以制度因素，是经济增长的关键因素。粤港澳经济圈的形成是40年经济高速发展积累的结果，更是率先制度变迁的收获。因此，粤港澳大湾区的建设绝不是简单发展经济的问题，而是深刻制度变迁前提下的经济增长与区域协同发展问题。所以，以制度创新的力量摆脱自身发展的问题和制度约束，既是粤港澳大湾区建设的首要任务，又是不能不面对的改革问题。其中"第二行动集团"的地方政府，作为自上而下强制性制度变迁的执行者，在粤港澳大湾区的深化改革进程中，将在相当程度上代行"第一行动集团"的权力而发挥作用。

其二，行政区划与区域一体化的矛盾。粤港澳大湾区既是一个包容两种体制的世界级湾区，又是一个包含9个独立行政区划的区域共同体。首先，在粤港澳大湾区内既有在高度市场化环境下，经历漫长历史时期演进、发展起来的国际金融中心和国际航运中心，如香港；又有经历由传统计划经济向社会主义市场经济转型进程而成长起来的世界制造中心和世界领先的科创中心，如深圳、东莞。其次，除香港、澳门外，粤港澳大湾区还有具有相对独立的地方行政自主权的广州、深圳两个副省级城市和中山、珠海、惠州、佛山、东莞、江门、肇庆7个地级市。从粤港澳大湾区来看，行政区划与区域一体化本身就是一个既相生相长、又相互掣肘的矛盾统一体。一方面，区域一体化是建筑在原本就存在的行政区划基础之上的，甚至可以说，没有行政区划的存在与积累，就无所谓区域一体化的构建；但另一方面，区域一体化实现的过程又是在某种程度与方面弱化着行政区划的某些功能，从而实现区域协同发展的过程。当然，现实中客观存在的行政区划与建设目标中的区域一体化之间有可能发生矛盾，有些是历史发展延续的结果，而更多的则是现行体制的表现。这些问题有的需要靠发展来解决，有的需要靠改革来改变，有的需要靠时间来磨合、调整、完善，但从根本上说，解决上述所有问题的最终方法还是深化改革与制度创新。

---

① 参见［美］诺斯、［美］托马斯《西方世界的兴起》，严以平、蔡磊译，华夏出版社2009年版，第5－25页。

行政区划与区域一体化的矛盾在操作层面上会显现出以下三方面的问题：一是每一个具有独立决策与管理权力的行政区域，是否会无地方主义地服从区域一体化的整体发展目标；二是某些属于区域公共物品和公共基础设施的建设由谁付费及是否收费；三是对于区域内不同行政区划而言，协同发展前提下你的政绩，是否同时也是我的政绩，大湾区的政绩是否同时也是我的政绩等现实问题，都需要靠改革与创新的制度安排来探索解决的方法与路径。

粤港澳大湾区作为区域共同体，是需要有一个每位成员体都能认同的规则来约束各自的选择行为的。只有这样才有可能降低融合的交易成本，提高合作的制度绩效，提升共同繁荣的价值与福祉。所以在中央顶层设计的同时，即《规划纲要》出台的同时，更需要地方政府在中央整体制度安排的框架下，以探索的胆略和改革的智慧去实施制度创新，创造性地提供具有准公共物品性质的，能够在实现一体化进程中被区域共同体成员所共同遵循的制度与规则，从而以制度的力量促进"9+2"的协同发展，以制度的包容保障"港人治港""澳人治澳"前提下的"9+2"的合作共赢，以制度的创新提高在两种体制，甚至不同法律体系约束下，行政运行的效率与制度自身的绩效。

一座城市或一个区域独特的要素禀赋，决定了这座城市或这个区域在一个国家整体改革发展进程中的独特地位和作用的彰显与发挥。这里所说的独特的要素禀赋，不仅仅是指已拥有的经济要素的积累优势，还包括由于历史选择与机遇而拥有的政治资源优势和制度性资本的存量。作为承载率先改革"基因"的区域，作为拥有中国最成功的经济特区的经济带，作为同时拥有特区和自由贸易试验区的粤港澳大湾区，正是上述最稀缺的要素禀赋的"最富有的"拥有者。与此同时，作为解决行政区划与区域一体化矛盾的唯一路径，深化改革和制度创新又被使命般地赋予了原本就作为使命而构建的粤港澳大湾区。

美国经济学家道格拉斯·诺斯认为，当制度的供给和需求处于基本均衡的状态时，制度会处于相对稳定的状态；当不改变现存制度任何人都无法获得制度以外的好处时，制度变迁就会在期待获得潜在利益动机的驱使下发生。通常制度变迁的成本与收益之比，对于促进或推迟制度变迁起着关键作用。换一句话说，只有在制度变迁的预期收益大于预期成本的情形下，行为主体才会去推动直至最终实现制度变迁。在强制性制度变迁中，推动制度变迁的力量主要有两种：作为国家或中央政府的"第一行动集团"与作为地方政府的"第二行动集团"，两者都是决策主体，但是决策的层级与强制性的力度有所不同。就一般过程而言，制度变迁可以分为五个步骤：第一，推动制度变迁的"第一行动集团"的形成，它们是对制度变迁起着主导作用的行动集团；第二，有关制度变迁的主要方案的提出；第三，根据制度变迁的原则和目标，对即将实施的方案进行风险评估和成本收益选择；第四，推动对制度变迁起次要作用的，但不可或缺的"第二行动集团"的形成；第五，两个行动集团在共同认知的基础上，努力去实施、实现制度变迁。①

根据充当第一行动集团的经济主体的不同，制度变迁又可以分为"自下而上"的制度变迁和"自上而下"的制度变迁。所谓"自下而上"的制度变迁，是指由个人或一群人，受新制度获利机会的引诱，自发倡导、组织和实现的制度变迁，又称为诱致性制度变迁。所谓"自上而下"的制度变迁，是指由政府充当"第一行动集团"，以政府命令和法律形式引入和实行的制度变迁，又称为强制性制度变迁。②

诺斯在《经济史中的结构与变迁》一书中指出，国家的存在不仅是带来经济增长的关键，而且是造成人为经济衰退的根源。③ 正是由于这一悖论的存在，国家成为经济史研究的一个核心内容。中国"渐进式改革"的成功实践证明：一方面，中央政府在社会制度变迁中的作用是举足轻重的。它不仅以优化产权结构的方式提高着社会运作的效率，还以建立政策增长极的方式，使"渐进式改革"沿着既定的目标，走着适合本国国情的道路。继特区、自由贸易试验区之后的粤港澳大湾区建设，就是这一制度变迁的成果与实践。另一方面，作为正式制度变迁的另一主体，即"第二行动集团"的地方政府，在"渐进式改革"中的地位与作用则越来越突显出来，随着改革的深入和社会规制的日臻完善，源于"第二行动

---

① 参见 [美] 道格拉斯·C. 诺思、[美] 兰斯·E. 戴维斯《制度变迁与美国经济的增长》，张志华译，上海三联书店、上海人民出版社1993年版。

② 参见林毅夫《关于制度变迁的经济学理论：诱致性变迁与强制性变迁》，见 [美] R. 科斯、[美] A. 阿尔钦、[美] D. 诺斯等：《财产权利与制度变迁：产权学派与新制度学派译文集》，刘守英等译，上海三联书店、上海人民出版社1994年版，第371页。

③ 参见 [美] 道格拉斯·C. 诺思《经济史中的结构与变迁》，陈郁、罗华平等译，上海三联书店、上海人民出版社1994年版。

集团"地方政府的制度变迁，产生着越来越强有力的引导作用。他们既是自上而下的强制性制度变迁中"第一行动集团"，即中央政府改革方案与理念的执行者，同时又是另一种足以影响国家整体改革意图有效实施与不断制度创新的强大力量。当"第一行动集团"的策略既定之后，在推动改革开放的进程中，"第二行动集团"不仅会代理"第一行动集团"实施改革的方案，而且可以以其或积极或保守的态度影响改革的进程与深度。在过去40年来改革开放的历史进程中，粤港澳大湾区作为承载了率先改革开放"基因"的地区，不断以其制度创新的影响力与震撼力推动着中国社会改革的进程，提供着可以复制的中国经验，探索着可以借鉴的中国路径。其中，作为"第二行动集团"的地方政府的改革决心、勇气和观念的先行则是至关重要。

解决行政区划与区域一体化的矛盾，实质上是深化行政管理体制机制改革的又一具有探索意义的伟大实践。尤其港澳因素的存在，不仅在客观上会提出旨在降低交易成本的更具有操作意义的制度需求，而且会在"邻里效应"作用下，使借鉴香港和澳门优势成为深化改革和制度创新的又一源动力。

三、粤港澳大湾区的构建与中国道路

粤港澳大湾区处于中国市场经济最发达完善、对外开放程度相对最高的地区，既承载着中国社会改革开放40年来的辉煌成就，又积淀着丰厚且富有活力与魅力的财富资本、要素资本与制度资本，而且其地缘区域又形成了经济特区、自由贸易试验区与大湾区三大政策性增长极相叠加的势态。因此，粤港澳大湾区绝不是一个简单的区域经济学的概念，而是一个足以带动中国社会改革开放向纵深推进的政策性增长极。它与经济特区和自由贸易试验区一样，都历史性地肩负着中国改革开放不同时期所赋予的不同内涵的改革目标与使命。① 甚至可以说，粤港澳大湾区是一个更大区域的经济特区。只不过40年前经济特区的创建是从中国社会计划经济最薄弱的地方开始的，而今天粤港澳大湾区的构建是在中国社会主义市场经

---

① 陶一桃：《深圳要当好粤港澳大湾区建设的引擎》，载《深圳特区报》2017年8月9日第A02版。

济体系最发达、完善的地区开始的。作为一项制度安排，粤港澳大湾区将以其探索与实践，在以开放促改革的新一轮深化改革的进程中，为创新型国家建设，为拓展对外开放新格局，为现代工业体系的营建，为全面实现高质量发展提供可复制的中国经验。

从粤港澳大湾区业已形成的发展基础来看，它的创建充分展示、体现了改革开放40年来的财富创造、物质积累和制度绩效。可以说，没有率先改革开放的实践与积累（包括制度资本在内），就不可能形成粤港澳大湾区这一富有潜质和无限活力与辐射力的经济圈，也不可能有《规划纲要》的出台。如今的粤港澳大湾区不仅具有经济实力和区域竞争力，而且具备了建成国际一流湾区和世界级城市群的基础条件。2018年粤港澳大湾区GDP达1.64万亿，人均GDP约近2.33万美元。虽然位居东京、纽约、旧金山湾区之后，但发展速度达到7%，远超上述三大湾区；以香港、澳门、广州、深圳、珠海五大机场为主的粤港澳大湾区机场群2018年旅客吞吐量超过2亿人次，货邮吞吐量超过830万吨，机场群的运输规模已经超过纽约、伦敦、东京等世界级机场群，位于全球湾区机场群之首。①

改革开放40年来，作为拥有率先改革基因的粤港澳大湾区对中国深化改革的最大贡献，就是积累了可贵的制度资本，尤以深圳为典型代表。这些制度资本既是40年来制度变迁的收获，又是完成深化改革的政治财富。华人经济学家陈志武教授曾认为：如果一国的制度有利于交易市场的容量最大化，有利于经济的深化，那么我们就说该国具有高的制度资本。② 有学者认为，制度资本表现为价值观的认同、规则的完善性和机制的有效性。制度资本能有效促进集群制造企业技术创新，它是决定集群创新网络形成和优势发挥的基础，也是其技术创新的重要基础。③ 如果用最朴素的语言来阐述粤港澳大湾区的制度资本，那就是已经积累形成的便利而开放包容的营商环境、法律与社会规制相对完善的制度环境、敢闯的精神与追求卓越的习惯、冒险的性格与使命和担当的情怀。同时，由于意识

---

① 《三地民航协同共建大湾区世界级机场群——粤港澳大湾区空域协同发展研讨会在广州顺利召开》，载《空运商务》2019年第6期，第37页。
② 参见陈志武《为什么中国人勤劳而不富有》，中信出版社2008年版。
③ 参见姜文杰、张玉荣《制度资本、关系资本对集群制造企业技术创新绩效的影响》，载《管理学报》2013年第11期。

形态是一种可以节省成本与费用的制度安排，因此作为意识形态重要组成部分的观念、价值、精神等非正式制度安排，在正式制度变迁中拥有着超越资本与技术的独特的制度魅力。

沿着中国道路实践的轨迹，粤港澳大湾区的形成与经济特区、自由贸易试验区的形成与发展在逻辑上是相关联的，可以说，大湾区既是经济特区"扩散效应"的结果，又将是产生新的"虹吸效应"的政策增长极。它充分体现了中国社会制度变迁的独特路径，即建立政策性增长极（如经济特区、自由贸易试验区、大湾区）——产生由政策所致的吸引要素流动的"虹吸效应"——释放要素集聚所产生的"扩散效应"从而辐射带动周边——新的政策增长极再度被再创造出来——新的"集聚效应"和"扩散效应"不断在更高的水平上再度产生并得以释放——辐射带动更加广泛的区域，逐步在全国范围内完成制度变迁和实现现代化的使命。

其实，从中外湾区形成的机理及功能的差异上，我们也能看出作为制度安排的粤港澳大湾区的构建与经济特区、自由贸易试验区之间的制度演进的内在逻辑以及对中国道路的深刻诠释。

第一，如果说国外湾区是自然形成、演化的结果，那么粤港澳大湾区则是国家整体战略部署的政策产物。除粤港澳大湾区外，世界其他三大湾区分属于两大最发达成熟的市场经济国家，即美国和日本。它们都有着漫长的发展演进的历史，又几乎无一例外地拥有着成熟的社会运作规制和健全的法律法规体系，纽约大湾区的繁荣发端于19世纪末；旧金山湾区崛起于19世纪中叶的"淘金热"；东京—横滨湾区形成于20世纪60年代。粤港澳大湾区则是在40年改革开放积累的基础上，作为深化改革的更具有制度示范效应的政策增长极与中国道路成功的典范而形成的。所以从它产生那天起，率先改革就具有更加重大的意义。从粤港澳大湾区目前自身发展的现状来看，虽然具有明显的后发优势，但又具有同样明显的先天不足。当然，"举国体制"的独特魅力会在一定程度上强化湾区的辐射功能。但是，市场经济体制的成熟与完善程度，无论对湾区自身发展还是其功能的发挥，都是最重要、最基本的制约。① 正如没有中央的统一战略部署就没有经济特区、自由贸易区一样，没有中央的深化改革的制度安排，

---

① 陶一桃：《中国湾区肩负以开放促改革的制度创新使命》，载《深圳特区报》2017年4月28日第A02版。

也不可能有粤港澳大湾区这一更大区域、更大辐射力的政策增加极。作为政策的产物，它的产生本身就是中国道路的重要组成部分和伟大实践。

第二，如果说国外湾区是发展积淀的结果，那么粤港澳大湾区则是转型的制度安排。应该说，正是由于缺乏历史的积淀与发展的积累，虽然粤港澳大湾区自身已经具有了超越中国其他区域和城市的对优质生产要素得天独厚的吸引力，但与世界其他三大湾区相比，受到来自制度性交易成本和生活成本的约束，粤港澳大湾区对最重要的生产要素——人力资本的吸引力还不够强劲。人力资本不仅是湾区经济得以形成和发展的重要因素，更是其国际竞争力的坚实基础。旧金山、纽约、东京三大湾区不仅拥有众多世界著名高校，还高度集聚了来自全世界的高端人才资源。如旧金山湾区是世界最重要的科教文化中心之一，拥有着斯坦福、伯克利等世界著名高等学府，有逾百位的诺贝尔奖得主、菲尔兹奖得主、图灵奖得主在这一湾区工作；纽约湾区有哥伦比亚大学和纽约大学；东京湾区有亚洲建立最早的东京大学和世界排名前100的早稻田大学。粤港澳大湾区虽然拥有160多所高校（约200万在校大学生），集聚了国内的大量高端人才资源，也吸引了部分国际人才，但与世界其他三大湾区相比，相对缺少国际知名高等学府，同时也相对缺乏集聚、吸引国际一流人才的源于社会内在机制的"虹吸力"。作为社会转型的一项制度安排，粤港澳大湾区的一个重要功能，就是通过自身的先行先试，探索包括人力资本在内的全要素湾区内无制度障碍有序流动方式与路径，从而为实现经济全球化背景下的区域经济一体化探索可复制的道路。

第三，如果说带动区域经济发展是国外湾区的主要功能，那么引领社会深化改革则是中国湾区的重要使命。尽管粤港澳大湾区是中国最开放的区域，但与世界其他三大湾区相比，其市场的开放度大于社会的开放度，因而国际化程度相对较低还是粤港澳大湾区发展中的问题与约束。开放、包容、国际化是中外湾区的共同属性，而文化的多元，尤其是人力资本的文化的多元化，则是世界级大湾区得以持续成为区域经济发展引擎的关键所在。如美国的旧金山湾区，在硅谷工作的人中有60%左右回到家里讲的是自己国家的语言；50%以上的专利来自移民和外籍研究人员。[①] 国际

---

① 邓江年：《国际对标促进粤港澳大湾区开放合作》，载《南方日报》2018年11月19日第A02版。

化不仅只是国际贸易，还必然包括文化的多元化。粤港澳大湾区作为引领中国社会深化改革的政策性增长极，将为以开放促改革，拓展对外开放新格局提供可借鉴的制度安排。

第四，如果说国外湾区的主要功能是发挥稳定的"集聚效应"，那么粤港澳大湾区的重要功能则与经济特区、自由贸易试验区一样更在于发挥持续的"扩散效应"。尽管在粤港澳大湾区内部有香港、深圳、广州这样的国际航运中心和国际物流中心，但与世界其他三大湾区相比，国际区域交通枢纽的地位还在确立之中，湾区内部在交通等基础设施方面还处于发展不平衡状态。国际交通枢纽的形成，无疑是一个历史发展积淀的结果。但新的世界政治经济格局的形成，也将会使原有空间结构和布局发生着某些甚至具有颠覆意义的改变，在这方面我们会面临世界政治经济版图变化所带来的机遇。但是，粤港澳大湾区自身内部交通等基础设施发展不平衡的问题，则会直接影响大湾区一体化的速度与程度。区域公共物品在多大程度上能有效提供及有效率地分享与共享，不仅是粤港澳大湾区自身发展的重要约束，还是其"扩散效应"释放的硬障碍。粤港澳大湾区作为政策性增长极，持续的"扩散效应"发挥的过程，就是中国道路实践的过程，也是为新兴市场经济国家提供发展中问题之中国解决方案的过程。

从《规划纲要》实施的空间布局主导思想来看，粤港澳大湾区的创建是自上而下的强制性制度变迁又一历史性实践，充分体现了"举国体制"魅力。如同当年经济特区的建立一样，在经济发展依然不平衡的大国里，再创造一个更大区域的政策增长极，并以政策增长极的"虹吸效应"优化生产要素组合与产业结构，从而在区域经济率先获得高质量发展的同时，带动周边经济发展与提升。这种"极点带动、轴带支撑、辐射周边"的空间布局理念，同时又是粤港澳大湾区在中国社会深化改革进程中发挥"集聚效应"与"扩散效应"的制度变迁的技术路径。即以粤港澳大湾区为龙头，以珠江、西江经济带为腹地，带动中南、西南地区发展，成为辐射东南亚、南亚的重要经济支撑带。

经过近40年的改革开放实践，中国对外开放的制度环境和经济社会基础已经发生巨大的变化，中国社会也正在以坚实的步伐走进世界经济的大格局，并在世界经济中处于越来越显著的地位。在深化改革和实施"一带一路"倡议的大背景下，湾区经济不仅是一种新的开放模式和发展路径，是继经济特区、自由贸易试验区之后我国新一轮对外开放的区域引擎，还肩负着探索包括国际间区域合作的可行模式；探寻香港、澳门兴内地共同繁荣、分享发展的有效方式；开拓以开放促改革的制度变迁的路径；实现创新型国家建设目标的道路等使命。①

粤港澳大湾区的创建预示着改革开放40年的成功与成就，昭示着新时代新征程的开启及未来中国充满勃勃生机的美好愿景。《粤港澳大湾区发展规划纲要》的出台和粤港澳大湾区的建设，不仅证明了以"渐进式"制度变迁为主导的中国道路的正确性，同时还将极大地丰富具有中国特色社会主义理论体系。粤港澳大湾区将会以其率先深化改革和创新发展的实践，在推动创新型国家建设和拓展对外开放新格局进程中，为中国创造无限的世界机会，为世界创造神奇的中国机会。

[原载《澳门理工学报（人文社会科学版）》2019年第4期]

---

① 参见陶一桃《深圳在粤港澳大湾区经济带中的地位与作用——中国三大湾区经济带比较视角》，载《特区理论与实践》2017年第5期。

从"先行先试"到"先行示范"
——经济特区的新使命

2019年7月24日召开的中央全面深化改革第九次全体会议通过的《关于支持深圳建设中国特色社会主义先行示范区的意见》强调:"支持深圳建设中国特色社会主义先行示范区,要牢记党中央创办经济特区的战略意图,坚定不移走中国特色社会主义道路,坚持改革开放,践行高质量发展要求,深入实施创新驱动发展战略,抓住粤港澳大湾区建设重要机遇,努力创建社会主义现代化国家的城市范例。"① 8月18日,《中共中央 国务院关于支持深圳建设中国特色社会主义先行示范区的意见》(以下简称《意见》)正式发布,提出深圳"到2035年成为我国建设社会主义现代化强国的城市范例","到本世纪中叶,成为竞争力、创新力、影响力卓著的全球标杆城市"的发展目标。②

《意见》的提出是中央深化改革的战略部署,是对深圳在我国改革开放40年历史进程中地位、功能、使命的肯定,是对以率先改革开放而著称的深圳这座年轻城市的厚重希冀,是对我国最成功的经济特区的新时代新使命的郑重赋予,是中国道路又一伟大实践的时代性开启。这必将会以深化改革的创新性实践,为我国社会的制度变迁与现代化建设提供更具有说服力的理论支撑与实践模式,从而在"一带一路"倡议实施进程中,为新兴市场经济国家提供具有可借鉴意义的发展中问题的中国解决方案。③

---

① 《习近平主持召开中央全面深化改革委员会第九次会议》,见中华人民共和国中央人民政府网(https://www.gov.cn/xinwen/2019-07/24/content_5414669.htm),刊载日期:2019年7月24日。

② 《中共中央 国务院关于支持深圳建设中国特色社会主义先行示范区的意见》,见中华人民共和国中央人民政府网(https://www.gov.cn/zhengce/2019-08/18/content_5422183.htm?eqid=dfa526c50007a8e400000006645bc85e),刊载日期:2019年8月18日。

③ 陶一桃:《深圳:从"先行先试"到"先行示范区"》,载《深圳特区报》2019年8月6日第C01版。

一、《意见》提出的理论与现实意义

40年前，我国改革开放开启，历史性地选择了深圳，深圳也历史性地成为探索由传统计划经济向社会主义市场经济转型，寻找由普遍贫穷走向共同富裕道路的试验田，成为我国对外开放的窗口，成为在计划经济汪洋大海中生长起来的对我国社会制度变迁产生巨大影响力和示范效应的市场经济的绿洲。40年后的今天，随着改革开放的深化，历史又一次选择了深圳，深圳又再一次历史性地担负起推动改革开放向纵深推进的重任：在率先建设体现高质量发展要求的现代化经济体系方面，在率先营造彰显公平正义的民主法治环境方面，在率先塑造展现社会主义文化繁荣兴盛的现代城市文明方面，在率先形成共建共治共享共同富裕的民生发展格局方面，在率先打造人与自然和谐共生的美丽中国典范方面成为中国特色社会主义先行示范区。① 可以说，这既是历史的必然，也是中国道路内在逻辑所展现出来的深化改革及制度变迁的路径与轨迹。深圳以其几乎与生俱来的品格，再次成为我国改革开放历史进程中的政策性增长极。

首先，"先行示范区"的本质内涵就是率先实践探索与先行制度创新，而深圳正是这一品格"与生俱来"的拥有者。②

从我国改革开放的历史进程看，"先行先试"是正式制度变迁赋予深圳经济特区的"先天"品格，是"渐进式改革"赋予经济特区的政策"特权"，是非均衡发展路径赋予经济特区的"优先"改革权，是党中央领导下的自上而下的强制性制度变迁赋予经济特区的先行先试的"试验权"，更是经济特区独特功能与不朽的生命力之所在。40年前，深圳经济特区凭借着"先行先试"的政策"特权"，在拥有着近30年计划经济历史的大国里率先开启了富有划时代意义的社会主义市场经济的实践。在"先行先试"的伟大旗帜下，深圳经济特区不仅曾经把商品、价值规律、资本、股票、利息、劳动力商品等最基本的市场经济概念与实践"输送"

---

① 《中共中央 国务院关于支持深圳建设中国特色社会主义先行示范区的意见》，见中华人民共和国中央人民政府网（https：//www.gov.cn/zhengce/2019 - 08/18/content_5422183.htm?eqid = dfa526c50007a8e400000006645bc85e），刊载日期：2019年8月18日。

② 陶一桃：《深圳：从"先行先试"到"先行示范区"》，载《深圳特区报》2019年8月6日第C01版。

到了全国，还曾经使"时间就是金钱，效率就是生命"这样的崭新观念成为震撼神州的响亮口号。40年后的今天，"先行示范区"作为新时代新使命和中国道路重要内涵与实践模式的提出，不仅是对深圳经济特区在我国社会制度变迁中独特功能与历史贡献的充分肯定，更是以自上而下的强制性制度变迁的制度力量向以"先行先试"起家的深圳提出了更艰巨的深化改革任务与要求。

如果说40年前建立经济特区的使命主要是以其"先行先试"的实践完成由传统计划经济向社会主义市场经济的转型，探索由普遍贫穷走向共同富裕的道路。那么40年后的今天，作为我国最典型、最成功的经济特区深圳，其"先行先试"的实践则是建设中国特色社会主义先行示范区，这是一个更加广阔而深远的目标。具体地说，就是要在我国社会深化改革的伟大历程中，在创新型国家规制营建中，在拓展中国对外开放新格局的制度开放进程中，在推动"一带一路"倡议有效实施的整体布局中，在粤港澳大湾区区域增长极的建设中，继续以先行先试的率先实践，为我国社会的深化改革提供可借鉴、可复制的经验。①

可以说，"先行先试"与"先行示范区"既逻辑相连，又使命相继。没有曾经的"先行先试"的成功实践，就不会有今天的"先行示范区"的新使命与新担当；而"先行示范区"这一深化改革使命的完成，又离不开"先行先试"这一固有品格与精神的弘扬。对于深圳而言，二者的不同就在于时代所赋予的功能与使命的差异，即由于我国改革开放不同历史阶段所承载的改革内涵的不同，从而带来其功能与使命的承继性变化，如由率先改革开放到率先深化改革；由完成社会转型到带动社会全面发展。但是，其根本都是"率先"改革。②

其次，"牢记党中央创办经济特区的战略意图"的关键，就是要明白经济特区对我国改革开放和制度变迁意味着什么，而深圳正是中央战略意图最早、最成功的实践者。

经济特区是适合中国国情的风险最小、成本最低的"渐进式改革"

---

① 陶一桃：《深圳：从"先行先试"到"先行示范区"》，载《深圳特区报》2019年8月6日第C01版。

② 陶一桃：《深圳：从"先行先试"到"先行示范区"》，载《深圳特区报》2019年8月6日第C01版。

的重要的实践模式。在邓小平提出的"摸着石头过河"的改革智慧指引下,"先行先试""率先示范"均构成了这一重要实践模式的显著内涵与重要品质。如果说非均衡发展道路是我国社会面对区域及城乡之间发展不平衡约束之下所选择的一种发展方式,那么"渐进式改革"则是我国社会面临传统体制和极左意识形态约束的一种发展步骤,它们作为同一制度变迁与社会转型过程中相互支撑、相互推动的两个方面,共同保证了改革开放进程中由中央发起的强制性制度变迁主导下的以地方政府积极响应为特征的诱致性制度变迁的有序发生;保证了社会转型与改革逐渐从局部到全局、从部分地区到全国的稳步推进;保证了具有自我革命性的体制内改革与具有正的释放效应的体制外推动的有效相结合;保证了经济体制改革与全方位改革的渐进式实现;保证了体制转型、经济发展与社会稳定的相互协调;从而以具有中国特色的改革实践,证明了中国道路的理论价值与现实意义。

选择以创办经济特区的方式开启改革开放,是中央的伟大战略部署。这一伟大战略部署的意图告诉我们,经济特区对于改革开放的伟大事业而言绝不是一种暂时的经济现象,也不是一个单纯的实施特殊政策的政策性增长极,更不是一种过渡性的权宜之计。作为实施特殊政策的政策性增长极,它很好地完成了由传统的计划经济向社会主义市场经济转型的探索与示范的使命;作为一种社会转型的制度安排,它是在一个经济发展不均衡的大国里,以最低成本、最小代价实现社会转型的最佳路径选择;作为一种"渐进式改革"的中国特色的实践模式,它在降低改革开放风险的同时,提高着我国社会制度变迁的绩效;作为有别于"华盛顿共识"的中国道路的一个重要的组成部分,它以不断建立足以推进、促进、深化改革的政策性增长极(经济特区、自由贸易试验区、大湾区)的方式,日益深化地释放出足以改变我国经济新版图的"集聚效应"与"扩散效应",成为我国社会实现现代化的一条具有制度绩效的"捷径"。而深圳作为既拥有自由贸易试验区又位于粤港澳大湾区的核心引擎增长极的中国最成功的经济特区,从"先行先试"到"先行示范区",既以其自身的发展与辉煌很好地践行、体现了中央创办经济特区战略意图的独特的实践价值,又富有制度绩效的诠释了中央创办经济特区战略意图的深远的理论意义。①

中央创办经济特区的战略意图还告诉我们，经济特区是中国道路的一个不可或缺的组成部分，它不仅只是一座城市的成长与发展繁荣，而且是我国社会制度变迁路径的率先探索者，是社会主义市场经济体系率先试验者，更是中国特色社会主义先行示范者。我国经济特区成功的实践证明，不同国家实现现代化的道路殊途同归，而中国则为人类社会的进步提供了一种独具特色的发展道路，这条道路不仅使中国人民对制度优势的自信不断增强，而且也获得了人民对改革开放的普遍认同与支持。因此，对我国社会而言，经济特区的建立远远重于一座城市的形成；经济特区的成长，远远大于一座城市的成长；经济特区的发展，远远高于一座城市的发展；经济特区所产生的持续影响力与引领作用，也远远超越了一座城市本身所固有的影响力与区位作用。因此，我们只有把经济特区置于改革开放的宏大的历史进程中去研究，才能真正说明、理解经济特区独特功能与使命，才能寻找到中国社会制度变迁的演进路线，才能发现中国道路的内在理论逻辑，才能从根本上说清楚为什么经济特区会以路径依赖的方式，不断以不同表现形式和阶段性目标与使命（特区、自由贸易试验区、大湾区、先行示范区）为中国社会的制度变迁提供可复制、推广的制度安排，才能真正深入理解中央创办经济特区的战略意图的真谛。②

最后，"努力创建社会主义现代化国家的城市范例"，就是要坚持改革开放基本方向，切实抓住粤港澳大湾区建设这一重要机遇，践行高质量发展的总体要求，实施创新驱动发展根本战略，而拥有改革开放 40 年来丰厚物质财富与制度资本积累的深圳，正是这一使命的必然的担当者。

深圳经济特区作为我国最早实践社会主义市场经济的城市，不仅已经拥有了 40 年改革开放所积累的物质财资本，拥有了 40 年改革创新的精神财富资本，更拥有了在向国际惯例学习的过程中所积累下来的良好的社会规制和法律环境的厚重积淀，这一切无疑都将成为深圳经济特区完成新时代新使命的得天独厚的制度性资本。当然，经济特区要完成这一新时代所

---

① 陶一桃：《深圳：从"先行先试"到"先行示范区"》，载《深圳特区报》2019 年 8 月 6 日第 C01 版。

② 陶一桃：《深圳：从"先行先试"到"先行示范区"》，载《深圳特区报》2019 年 8 月 6 日第 C01 版。

赋予的新的历史使命无疑还需要继续具备、保持构成这座城市特质的某些独特品质，如率先改革的勇气、"敢闯""敢干"的魄力、敢为天下先的气概、实现改革的智慧、实施改革的艺术等。毫无疑问，最重要的还是要拥有承担改革风险的大无畏精神和担当情怀。对今天的深圳而言，上述品格就是创造奇迹的资本。①

深圳作为与香港共同形成的粤港澳大湾区建设中的三大极点之一，作为创新型国家建设中最具有辐射力与影响力的国际科创中心的引擎城市，它已经不仅仅是未来中国经济发展的强有力的增长极，而且必将是中国社会主义深化改革的制度创新的增长极，在完善中国特色社会主义制度，推进国家治理体系和治理能力方面继续探索、提供可复制的经验与模式。

《意见》的出台再次证明，"先行先试"作为我国社会"渐进式改革"与制度变迁的操作路径，在推动自上而下的强制性制度变迁实现的同时，也促进了先行地区制度创新的自觉尝试与实践，即以中央统一部署下为标志的，正式制度变迁主导下的诱致性制度变迁的自然发生。同时，"先行先试"还保证了制度变迁与社会转型从局部向全局的稳步推进，形成了正式制度变迁与诱致性制度变迁相结合的富有绩效的制度变迁模式。②

二、"五大定位"与高质量发展的意义与价值

《意见》全文共七个章节十九条意见，除前言与总体要求外，其他五章十六条分述五大战略定位。这五个定位分别是：高质量成长高地、法治城市示范、城市文明典型、民生幸福标杆、可持续发展先锋。

具体来说，就是以创新驱动为根本，以现代工业体系建设为基础，以全面深化改革开放为动力，以助推粤港澳大湾区建设为重要目标，率先建设体现高质量发展要求的现代化经济体，从而成为中国高质量发展高地；以全面提升民主法治建设水平为基础，以优化政府管理和服务为保障，以

---

① 陶一桃：《深圳：从"先行先试"到"先行示范区"》，载《深圳特区报》2019年8月6日第C01版。
② 陶一桃：《深圳：从"先行先试"到"先行示范区"》，载《深圳特区报》2019年8月6日第C01版。

促进社会治理现代化为目标,率先营造彰显公平正义的民主法治环境,从而成为中国法治城市示范;以全面推进城市精神文明建设为保证,以发展更具竞争力的文化产业和旅游业为重要路径,率先塑造展现社会主义文化繁荣兴盛的现代城市文明,从而成为中国城市文明典范;以教育的公平为民生幸福的标杆,以医疗的普惠为民生幸福的尺度,以社会保障体系的完善为民生幸福的制度保障,率先形成共建共治共享共同富裕的民生发展格局,从而成为中国民生幸福标杆;以完善生态文明制度建设为前提,以构建城市绿色发展新格局为目标,率先打造人与自然和谐共生的美丽中国典范,从而成为中国可持续性发展的先锋。①

《意见》在前言中明确指出:党和国家作出兴办经济特区重大战略部署以来,深圳经济特区作为我国改革开放的重要窗口,各项事业取得显著成绩,已成为一座充满魅力、动力、活力、创新力的国际化创新型城市。当前,中国特色社会主义进入新时代。支持深圳高举新时代改革开放旗帜、建设中国特色社会主义先行示范区,有利于在更高起点、更高层次、更高目标上推进改革开放,形成全面深化改革、全面扩大开放新格局;有利于更好实施粤港澳大湾区战略,丰富"一国两制"事业发展新实践;有利于率先探索全面建设社会主义现代化强国新路径,为实现中华民族伟大复兴的中国梦提供有力支撑。②

《意见》指导思想着重强调:以习近平新时代中国特色社会主义思想为指导,全面贯彻党的十九大和十九届二中、三中、四中全会精神,紧紧围绕统筹推进"五位一体"总体布局和协调推进"四个全面"战略布局,坚持和加强党的全面领导,坚持新发展理念,坚持以供给侧结构性改革为主线,坚持全面深化改革,坚持全面扩大开放,坚持以人民为中心,践行高质量发展要求,深入实施创新驱动发展战略,抓住粤港澳大湾区建设重要机遇,增强核心引擎功能,朝着建设中国特色社会主义先行示范区的方

---

① 《中共中央 国务院关于支持深圳建设中国特色社会主义先行示范区的意见》,见中华人民共和国中央人民政府网(https://www.gov.cn/zhengce/2019-08/18/content_5422183.htm?eqid=dfa526c50007a8e400000006645bc85e),刊载日期:2019年8月18日。

② 《中共中央 国务院关于支持深圳建设中国特色社会主义先行示范区的意见》,见中华人民共和国中央人民政府网(https://www.gov.cn/zhengce/2019-08/18/content_5422183.htm?eqid=dfa526c50007a8e400000006645bc85e),刊载日期:2019年8月18日。

向前行，努力创建社会主义现代化强国的城市范例。①

我认为，中央为深圳确立的中国特色社会主义先进示范区的五大战略目标各有侧重，互为补充，有机融合，统为一体。另外，高质量发展作为一个崭新的发展观或发展理念，它又在五大战略目标中具有尤其重要的地位。作为一个完整的全方位的发展观，高质量发展不是一个单纯的经济学概念，也不是单纯的经济指标的增长，而是一个涉及经济、政治、社会、价值观念等众多方面的发展理念。从根本上讲，法治社会、社会文明、民生幸福、可持续发展并不是经济增长以后事情，而是社会发展的原本内容。

"高质量发展"是 2017 年中国共产党第十九次全国代表大会首次提出的新表述，表明我国经济由高速增长阶段转向高质量发展阶段。2018 年国务院政府工作报告指出："按照高质量发展的要求，统筹推进'五位一体'总体布局和协调推进'四个全面'战略布局，坚持以供给侧结构性改革为主线，统筹推进稳增长、促改革、调结构、惠民生、防风险各项工作。"从中央关于高质量发展内涵的厘定也可以得出如下结论：高质量发展既是一个涉及经济、政治、文化、社会乃至价值观念的全方位发展的理念，又是一个社会整体文明、发展、进步、繁荣的综合过程。它意味着消除贫困、人身束缚、各种歧视压迫、缺乏法治权利和社会保障的状况，从而提高人们按照自己的意愿来生活的能力。同时，它还意味着在强调市场机制、全球化对提高人们生活水平做出基础性重大贡献的同时，更加强调政府和社会在人的生存、保健、教育等领域承担责任，更需要人作为发展的主体在全面的社会交往和变革中发挥主动作用。

正如诺贝尔经济学奖得主阿玛蒂亚·森所言：从自由的角度来看待发展，我们之所以重视财富，是因为财富增加了我们的自由，经济增长不能理所当然地看作目标，发展必须更加关注使我们生活拥有更多的自由。自由之所以重要是因为自由可能增加人们的能力和影响世界的能力，从而对发展过程是极为重要的。② 因此，让每一个人都能分享改革开放的成果，

---

① 《中共中央 国务院关于支持深圳建设中国特色社会主义先行示范区的意见》，见中华人民共和国中央人民政府网（https：//www.gov.cn/zhengce/2019 - 08/18/content_5422183.htm？eqid = dfa526c50007a8e400000006645bc85e），刊载日期：2019 年 8 月 18 日。

② 参见［印］阿玛蒂亚·森《以自由看待发展》，任赜、于真译，中国人民大学出版社 2002 年版。

同样必然构成了高质量发展的重要内容。

首先，率先建设现代化经济体系不是一个单纯的发展经济的问题，而是一个伴随深化改革的法治社会建设问题。现代化经济体系作为高质量发展的结果与基础，是需要制度环境的。没有保障产权与自由平等交换权利的法治环境，就不可能有构建体现高质量发展要求的现代化经济体系的基础性制度保障。产权结构可以创造有效率的市场，而有效的市场则是现代化经济体系生长的制度空间。诺斯研究发现，市场的有效性不仅在于对产权的充分界定和行使，还意味着一套足以推进生产率提高的约束变量被制度化地创造出来。产权结构无效率是市场无效率的根本原因，因此制度创新的一个重要内容就是产权结构的创新。同时，产权结构本身还可以推动技术进步。技术进步既与市场规模的扩大相关，又与技术的发明者能从中获取较大份额的发明收益的可能性相关。如果缺乏产权这一制度安排，新技术在投机心理驱使下变得唾手可得，那就会丧失人们创新发明的动力。①

其次，率先建设现代化经济体系，首先要率先进行社会体制机制的制度创新，这是确保实现高质量发展的社会制度环境。制度是镶嵌在制度环境中的，制度环境又往往以社会规制的完善与效率表现出来，如营商环境就是制度环境。没有保证高质量发展的制度安排，就不可能有体现高质量发展要求的现代化体系的存在。在其他条件给定的情况下，制度环境不仅决定了交易成本的高低，而且决定了人们的选择行为。也正因为如此，我国社会的改革才呈现出由经济体制改革入手，逐渐拓展到政治体制改革、社会管理体制与机制的改革、规制社会的营建及法治社会建设有序深化。因此，社会主义市场经济不是一个单纯的经济制度，而是一套完整的制度体系。制度的绩效与竞争力源于制度体系的内在契合度与相互的关联度与支撑度，即源于制度体系的竞争力。党的十九届四中全会通过的《中共中央关于坚持和完善中国特色社会主义制度 推进国家治理体系和治理能力现代化若干重大问题的决定》，系统地提出了十三个方面的制度建设的内容。这既完整地构建了中国特色社会主义的制度体系，又明确了完善这一体系所面临的制度约束及制度创新的任务与目标。

---

① ［美］诺斯、［美］托马斯：《西方世界的兴起》，厉以平、蔡磊译，华夏出版社2009年版，第1－25页。

最后，创新驱动，是率先建设现代化经济体系的关键。高新技术产业和战略性新兴产业是构建现代化经济体系的核心动能，也是构建这一体系的唯一路径。深圳在 20 世纪 90 年代中后期已经形成了以高新科技产业为主导的产业体系，并形成了"四个 90% 以上"的独特现象：所有制结构中，90% 以上是民营企业；高新技术产业中，90% 以上是民营企业；研发投入的总额中，90% 以上来自民营企业；专利总量中，90% 以上属于民营企业。可以说，作为中国最成功的经济特区，作为我国特色社会主义的先行示范区，深圳已经具备了建设现代化经济体系最关键的制度与技术力量，那就是较完善的高新技术产业体系和可持续释放扩散效应的创新能力。可以说，率先建设现代化经济体系的最终目标，就是使深圳真正成为具有全球辐射力的国际科技创新中心。而这一先行示范的战略目标与粤港澳大湾区发展规划中对深圳的定位及在区域发展的总体布局中的功能又是高度吻合的。这不仅意味着国家整体战略布局的逻辑相连，更是对深圳功能与使命的制度化明确。靠创新起家的深圳，将在创新型国家建设中成为创新中国的一个标志性引擎。

三、"先行示范"与政府的自我革命

《意见》为深圳成为中国特色社会主义先行示范区制定了既鼓舞人心，又具有操作意义的三个阶段的发展目标：到 2025 年，深圳经济实力、发展质量跻身全球城市前列，研发投入强度、产业创新能力世界一流，文化软实力大幅提升，公共服务水平和生态环境质量达到国际先进水平，建成现代化国际化创新型城市。到 2035 年，深圳高质量发展成为全国典范，城市综合经济竞争力世界领先，建成具有全球影响力的创新创业创意之都，成为我国建设社会主义现代化强国的城市范例。到本世纪中叶，深圳以更加昂扬的姿态屹立于世界先进城市之林，成为竞争力、创新力、影响力卓著的全球标杆城市。[①]

从根本上说，"先行示范区"是一场更加深刻的观念革命，这一挑战

---

① 《中共中央 国务院关于支持深圳建设中国特色社会主义先行示范区的意见》，见中华人民共和国中央人民政府网（https://www.gov.cn/zhengce/2019-08/18/content_5422183.htm?eqid=dfa526c50007a8e400000006645bc85e），刊载日期：2019 年 8 月 18 日。

不亚于，甚至更重于 40 年前改革开放之初的观念更新的冲击力。它意味着改革必须打破既得利益格局才能真正深入，开放必须放弃狭隘的保护主义思维方式才能真正得以拓展。① 同时，它还意味着，市场经济体制的完善必须与政治文明、制度文明和社会的昌盛同时倡导并同时得到真正的实现。

尽管任何经济的发展都会面临资源的约束，但比来自资源的约束更为深重的不是资源本身，而是来自思想和观念的约束。因为资本和技术本身是不能自动创造价值的，能使资本和技术创造财富的是具有创新理念的人。因此，经济发展中的问题，并不都是单靠发展经济就能自然解决的。观念不能直接改变社会，但观念能够改变人，而人则能够改变社会。先有开明的政府，才有制度的文明社会的文明；先有改革的政府，才有改革的社会。所以政府自身要先完成由先行先试到先行示范的新时代新使命的思想观念的转变与提升。因为，我国社会进行的是自上而下的强制性制度变迁，这种制度变迁的特点决定不仅需要一个强有力的政府，还需要一个学习型的政府。政府的认知能力和认知能力的提升，政府的理念和理念的开放，政府的行为和行为的文明对转型社会来说不仅关系百姓的福祉，更决定社会发展的政策制定和选择。② 深圳 40 年发展的成功经验证明了这一点，未来先行示范的实践还将证明这一点。

我们知道，打开国门引进的不仅仅是先进的技术，也不仅仅是资金和设备，还应该包括理念、思想和规则。对人类文明的学习、接纳与认同，是社会走向文明与富裕的理性选择。政府不仅应该是这种学习的倡导者，还应该是一个坚定的实践者。学习型的政府既是社会福祉，也是社会进步的前提与象征。③ 在先行示范的进程中，诸如如何在经济发展和经济转轨中建立宪政规则和市场法治规则；如何考察、判定信息不对称和市场失灵；如何评估、构建市场经济中关键性制度安排和社会秩序；如何随着改

---

① 陶一桃：《深化改革开放需要学习型政府》，参见《改革不停顿开放不止步——广东省庆祝改革开放 40 周年理论研讨会发言摘登》，见南方网（https：//ld.southcn.com/node_2bb9b0a717/5c30eda0c9.shtml），刊载日期：2018 年 12 月 28 日。

② 陶一桃：《摆脱富饶的约束　迎接富强的未来》，载《奋斗》2017 年第 24 期。

③ 陶一桃：《深化改革开放需要学习型政府》，参见《改革不停顿开放不止步——广东省庆祝改革开放 40 周年理论研讨会发言摘登》，见南方网（https：//ld.southcn.com/node_2bb9b0a717/5c30eda0c9.shtml），刊载日期：2018 年 12 月 28 日。

革的深化确定国家和政府在经济发展和社会转型中的角色与功能；如何抑制转型时期大规模的机会主义和寻租行为；如何避免制度变迁中的路径依赖所产生的有碍深化改革的惰性；如何解决发展不平衡不充分的问题；如何绿色发展和共享发展等问题都依赖于政府自身不断自我革命所产生的动力、判断力和决策力。因此，先行示范与进一步深化改革都要求我们的政府要成为真正的服务型政府，同时还要在社会管理体制与机制的深化改革中逐渐完成由单纯服务型政府，走向充分展现大市场小政府社会管理机制的授权型政府。政府不是市场经济的参与者，而是社会规制的制定者。对任何社会而言，政府对私有财产权利和竞争次序的保障与维护，比单纯的管理都更加具有意义和社会绩效。①

中国社会进行的是自上而下的强制性制度变迁，其实施方式是不同于东欧剧变的渐进式改革。政府，尤其是中央政府，既是社会改革的直接倡导者与发起者，又是社会改革的实施者。这种社会改革具有以下四个特点：其一，权力能够保证改革顺利实施；其二，能以举国之力高效实现发展目标；其三，渐进式改革以经济改革为切入点，使人民很快感受到改革开放的实惠从而支持改革；其四，渐进式改革为旧体制在一定时期内保留了存在的空间，从而避免了改革的过大风险与社会根本性动荡，并使改革逐步获得认同，保证了改革的不断深入推进。

我国改革开放的过程，实质是用政府的权力来剥夺政府权力的过程。所以政府，尤其是地方政府自我革命的勇气是"改革不停顿，开放不止步"的根本保障。我国社会由政府主导的自上而下的强制性制度变迁的成功实践证明，一个不断自我革命的政府，是社会制度变迁得以持续下去并不断深化的理性头脑与权力保障。因为在这样的制度变迁的框架内，只有政府才有能力与权力同时解决发展和发展中所出现的社会问题，而这些问题又大多是没办法交给"看不见的手"去完成的。②

深圳要完成中国特色社会主义先行示范区这一深化改革的历史使命，还要继续保持一些已经成为城市精神财富的重要品格，并着重进行以下四个方面的自我革命与制度创新。

第一，要以更加敢闯的勇气、更加富智慧的胆识完成深化改革使命所

---

① 陶一桃：《从经济特区谈中国道路的实质与内涵》，载《社会科学战线》2018年第6期。
② 陶一桃：《从经济特区谈中国道路的实质与内涵》，载《社会科学战线》2018年第6期。

需要的观念更新与认知能力的提升,从而保证在先行示范的深化改革的进程中,充分发挥地方政府作为"次级行动集团"的推动改革的积极作用,一如既往地继续走在全国前列。如《意见》中所要求的加快形成全面深化改革开放新格局,支持深圳先开展区域性国资国企的综合改革试验,加快构建与国际接轨的开放型经济新体制,支持深圳试点深化外汇管理改革。推动更多国际组织和机构落户深圳,支持深圳加快建设全球海洋中心城市,按程序组建海洋大学和国家深海科考中心,探索设立国际海洋开发银行等全新的深化改革的使命。① 因为这是一次不亚于40年前艰难程度的、更加深刻的改革,即将先行示范的每一项改革都是一种突破;每一项改革都不亚于40年前的艰难;每一项改革都不亚于40年前的艰巨;每一项改革都与40年前一样具有里程碑意义。40年前的先行先试是在计划经济与市场经济均薄弱的地区,现在的先行示范则是在市场经济最发达的地区。40年前深圳可谓一张白纸没有负担,相对而言富裕后的改革将是更艰难的事。40年前面对的是"不改革就死路一条"的贫穷,今天面对的则是享受改革开放丰硕成果的已经富裕的自我。当"不改革就死路一条",而改革则有可能"生",人们会有可能冒着险选择"改革";当不改革不会失去什么,而改革则可能有风险时,人们会理性选择保守。所以面临已富裕起来的深化改革,比面对贫穷的开拓性改革更需要勇气与使命担当。

第二,以更加富有包容性的制度安排,保证国际化的全要素,尤其是高科技人才无制度障碍并低交易成本的自由流动。如《意见》中所说的:"支持深圳实行更加开放便利的境外人才引进和出入境管理制度,允许取得永久居留资格的国际人才在深圳创办科技型企业、担任科研机构法人代表。"② 资源优化配置的一个重要制度前提,就是人力资本有自由选择权利,在市场规律的引导下自由流动。在谈到制度与人的经济价值不断提升之间的关系时,舒尔茨曾指出:"我确信在人力资本投资与人的经济价值

---

① 《中共中央 国务院关于支持深圳建设中国特色社会主义先行示范区的意见》,见中华人民共和国中央人民政府网(https://www.gov.cn/zhengce/2019-08/18/content_5422183.htm?eqid=dfa526c50007a8e400000006645bc85e),刊载日期:2019年8月18日。

② 《中共中央 国务院关于支持深圳建设中国特色社会主义先行示范区的意见》,见中华人民共和国中央人民政府网(https://www.gov.cn/zhengce/2019-08/18/content_5422183.htm?eqid=dfa526c50007a8e400000006645bc85e),刊载日期:2019年8月18日。

的不断提高之间存在着很强的关联。然而,这一发展的制度内涵却远未明确。我的目的是要表明,人的经济价值的提高产生了对制度的新的需求,一些政治和法律制度就是用来满足这些需求的。它们是为适应新的需求所进行的滞后调整,而这些滞后正是一些重大的社会问题的关键所在,经济理论是阐明和解决这些问题的一个必要的工具。可以认为,人力资本在寻求其自身的参与权时要求表明制度的状况。一个十分显然的事实是,特定的经济制度关系重大,它们是会变迁的,且它们事实上正在发生变迁。人们试图对可选择的制度变迁加以考虑来作出社会选择,以增进经济效率和经济福利的实绩。"① 从制度上保障人力资本的自由流动,是人的经济价值提升的制度变迁,从而是实现高质量发展的前提。

第三,以更加开放的制度安排与国际化的视野,营造保障并体现高质量发展理念的现代化经济体系的成长环境。如《意见》中所提出的"开展市场准入和监管体制机制改革试点,建立更具弹性的审慎包容监管制度";"研究完善创业板发行上市、再融资和并购重组制度,创造条件推动注册制改革";"在推进人民币国际化上先行先试,探索创新跨境金融监管";等等。② 以开放促改革一直是我国改革的现实逻辑,开放不仅仅是单纯的贸易往来,更在于与物的流通同时所发生的市场经济文化的引入和对国际规则的了解。40 年改革开放的成就证明,"开放"既是我国社会完成制度变迁的重要前提,又是中国真正走向世界的制度保障。在先行示范的深化改革中,如何从体制上完成由政策开放走向制度开放,如何从机制上解决实际开放度低于名义开放度,如何在保持发展道路选择上的"中国特色"的同时遵循国际惯例,等等,都是未来中国能够在国际贸易及国际事务中,真正拥有规则制定权与话语权必须靠自身的制度完善来摆脱的制度约束。

第四,充分利用好香港因素,借鉴香港体制优势,发挥好香港全球第三大金融中心的地位与作用,尤其是对接好香港业已形成并享有一定国际

---

① T. W. 舒尔茨:《制度与人的经济价值的不断提高》,见 [美] R. 科斯、[美] A. 阿尔钦、[美] D. 诺斯等《财产权利与制度变迁:产权学派与新制度学派译文集》,刘守英等译,上海三联书店、上海人民出版社 1994 年版,第 253 – 254 页。

② 《中共中央 国务院关于支持深圳建设中国特色社会主义先行示范区的意见》,见中华人民共和国中央人民政府网(https://www.gov.cn/zhengce/2019-08/18/content_5422183.htm?eqid = dfa526c50007a8e400000006645bc85e),刊载日期:2019 年 8 月 18 日。

声誉的科研平台和高等院校的研究能力与资源；在深港两地深入合作中，为实现高质量发展，为营建现代化经济体系，为创新型国家建设汇集更有效的资源，寻找可借鉴的经验，从而实现深港两地乃至香港与内地的共同发展，分享繁荣与富裕。①

如果说40年前经济特区建立之初的主要功能，就是在计划经济的汪洋大海中率先示范、实践、完成社会主义市场经济体系的构建，并推动社会主义市场经济体系的普遍确立。那么40年后的今天，随着我国改革开放历史进程的不断深入，随着人们对更深刻的制度变革的期待与需求，"先行先试"必然会被深化改革与可持续发展的需要而赋予更加深刻的时代内涵和更加深远的改革使命。在中国特色社会主义先行示范区的建设中，深圳将会把既体现社会经济发展整体水平，又反映人们社会福祉分享的公平程度；既体现社会整体文明高度，又反映每一个人自由选择权利的"高质量发展"理念，高高地写在"先行先试"的旗帜上。

作为中国社会制度变迁的产物与路径选择，经济特区的使命仍在继续着。还有许多制度创新将在这里发生，许多有待实践的成功做法和经验将从这里继续复制至全国。更重要的是，许多探索与实践将会在这里由政策变为制度安排，由制度安排成为法律法规，从而把"先行先试"变为"先行示范"的建设现代化国家的制度力量。强大的国家与发达的市场是我们需要的，但法治社会是获得它们的前提；繁荣的国度与充满福祉感的民生是我们所期待的，但政府的远见卓识是实现它们的政治与制度保障。②

作为我国最成功的经济特区，深圳这座以改革起家、著名的新型现代化城市，将在中国特色社会主义先行示范区这一深化改革的探索征途中，再一次担负起伟大的制度创新的历史使命。深圳将以其中国改革开放的先行先试者、深化改革开放的先行示范者的独特地位，诠释着中国道路的正确性与中国特色社会主义的制度魅力。可谓让历史证明历史，让历史告诉未来。

（原载《特区实践与理论》2019年第6期）

---

① 陶一桃：《关键在于制度创新》，载《深圳特区报》2019年8月28日第A06版。
② 陶一桃：《经济特区与中国社会制度变迁演进的内在逻辑》，载《深圳社会科学》2018年第1期。

经济特区与中国特色"渐进式改革"的绩效

自1980年中共中央和国务院决定将深圳、珠海、汕头和厦门这四个出口特区改称为经济特区以来，在中国改革开放40年的进程中，经济特区，尤其是深圳经济特区，就以制度变迁的先行者和"政策性经济增长极"的双重使命与双重身份，率先探索着中国社会由传统计划经济向社会主义市场经济转型的发展路径，寻找着由贫穷走向共同富裕的实践模式，探寻着由经济体制改革逐步深入到政治体制、社会管理体制机制等全方位改革的制度安排，践行着以非均衡发展战略实现区域协同发展的有效途径，贡献着由政策开放走向制度开放，由外向型经济走向开放型经济的理念、做法与可借鉴、复制经验。以深圳为典型代表的经济特区，作为中国社会制度变迁的逻辑起点与中国道路的重要组成部分，它既是自上而下强制性制度变迁的产物，又是这一制度变迁的结果，同时还是中国特色"渐进式改革"的伟大的践行者。作为自上而下强制性制度变迁的产物，它肩负起"先行先试"和"先行示范"的历史使命；作为强制性制度变迁的结果，它以"政策性增长极"的制度力量，不断产生、释放着"虹吸效应"与"扩散效应"，从而改变、形成着中国经济的新版图；作为中国特色"渐进式改革"的伟大的践行者，它以其自身的发展不断探索着中国社会制度变迁的路径，并以其自身的成功证明着中国道路选择的正确性。

一、制度变迁与中国特色"渐进式改革"特征

中国的改革开放，具有中国特色"渐进式改革"的鲜明特征。所谓中国特色"渐进式改革"是指1978年以来中国所采取的既不同于"华盛

顿共识"所推崇的"激进式改革"①，又不同于典型的"渐进式改革"的中国特色的制度变迁的路径与模式。具体地说：中国特色"渐进式改革"在以建立经济特区为重要的实践载体，以先行先试为主要的实践逻辑与步骤的前提下，以强制性制度变迁为主导，以诱致性制度变迁为潜能；以自上而下顶层设计为核心，以自下而上授权改革为路径；以经济改革为切入口，以全方位改革为方向；以发展经济为着眼点，以全面发展为目标；以非均衡发展为路径，以协调与共享发展为宗旨。这一中国特色"渐进式改革"的基本路径，反映了中国道路前行的内在逻辑轨迹。所以，中国特色"渐进式改革"，不仅构成了中国道路的重要组成部分，而且又以改革开放40年的成功实践，发展了传统转轨经济学理论与区域经济学理论，丰富了中国特色政治经济学理论体系，为转型国家提供了另一条可供选择、借鉴的成功道路。

中国特色"渐进式改革"具有典型"渐进式改革"的基本特征，它是典型"渐进式改革"融入中国国情的中国体现。从根本上说，中国特色"渐进式改革"与典型"渐进式改革"一样，都是制度变迁的一种选择方式与路径。

从理论上讲，典型的"渐进式改革"是指在一个宏观经济相对平衡稳定的国家里所进行的市场化改革。它实施的前提条件就是该国具有一定的工业化基础，同时具备宪法等制度环境。所谓国家宏观经济层面的相对平衡稳定，是指既没有恶性通货膨胀，又没有较高的政府预算赤字，更没有潜在或已发生的债务清偿危机。在现实中，典型的"渐进式改革"突出表现为改革国充分利用自身已有的社会组织资源，尤其是国家政权的力量，发起、推进社会改革的进程。其具有在相当长的时期内双轨共存并生的过渡以及强制性制度变迁中的诱致性的特点，并从一开始就呈现改革路径与进程的某些显著特征：其一，从改革的策略看，呈现几乎贯穿于全过程的由局部到总体的改革步骤与节奏；其二，从改革实施的方式看，表现为具有存量保留的体制内改革与具有增量推动的体制外促进相结合的前进

---

① 1989年，美国国际经济研究所邀请国际货币基金组织、世界银行、美洲开发银行和美国财政部的研究人员，以及拉美国家代表在华盛顿召开了一个研讨会，旨在为拉美国家经济改革提供方案和对策。美国国际经济研究所的约翰·威廉姆森（John Williamson）对拉美国家的国内经济改革提出了已与上述各机构达成共识的10条政策措施，称作"华盛顿共识"。

中的缓冲性；其三，从改革逻辑来看，展示出以先行的经济市场化改革促进政治体制乃至全面改革的突出特征；其四，从改革的理念来看，体现为改革、发展、稳定相协调，增长、繁荣、开放相协同的基本原则。由于"渐进式改革"是从经济体制改革以及发展经济入手的，它不仅以经济的率先发展赢得了人们对改革开放的支持，还在促进经济发展的同时，肯定了人们对物质利益追求的正当性；在给了人们选择权力的同时，赋予了市场经济主体自由发展的可能；在充分调动每一个人的积极性与创造性的同时，赢得了人民对改革开放的广泛支持与热情参与。

  典型的"渐进式改革"是相对于"激进式改革"而言的。不同的改革方式，实质上喻示着不同的改革道路或路径的选择，中国特色"渐进式改革"更是说明了这一点。相对于"激进式改革"而言，典型的"渐进式改革"同样具有源于自身实施逻辑的某些特质：其一，"激进式改革"以整体同步改革为出发点，具有破釜沉舟、置之死地而后生的"气概"。在实践进程中往往是先开始社会制度改革，后进行社会经济体制改革和经济发展，并在客观上表现为通过牺牲经济发展速度的方式，来推动制度变迁与社会转型。相比之下，"渐进式改革"更加注重、强调经济体制改革的先行性，以经济发展促社会改革；以不断深化改革，谋求社会经济的稳步发展。改革与发展齐头并进，相互促进，从而实现以经济的稳步增长来支撑社会改革的稳步推进。其二，"激进式改革"以彻底摧毁计划经济体系和国有制基础为导向，基本上不为旧体制留出任何生存空间。以"休克疗法"的方式先破后立，在毁灭旧体制之后重新进行新体制建设。其关键问题是在旧体制被摧毁的同时，造成国家体制系统的"真空"状态，从而进行改革要经历较为漫长的从经济凋敝到缓慢复苏及与之伴随着的社会动荡的煎熬。相比之下，"先立后破"构成了"渐进式改革"基本特征。在不断鼓励非国有经济发展的同时，不断转变原国有企业产权结构和经营机制；在不断减少指令性计划的同时，不断扩大市场经济规律发挥作用的范围；在使传统体制逐步收缩的同时，使市场主体地位和与之相适应的体制机制逐步形成、扩张并趋于完善，从改革的路径上有效地避免了社会体制机制出现无政府的"真空"状态。其三，"激进式改革"由于以迅速完成社会转型为目标，因此具有全局性、彻底性和迅速性的典型特征，希望并力求速战速决，渴望一夜之间摧毁传统计划，建立完全自由竞争的市场。相比之下，改革稳健有序，步骤循序渐进，措施逐步实施则构成了"渐进式改革"显著特质。其典型的实施路径是,遵循非均衡发展的战略,通过局部改革来逐步实现改革目标,通过边际均衡的方法逐渐并有步骤地分解改革难题,以非均衡发展战略的"非均衡实施",实现全方位改革和全面发展。

从制度经济学和制度变迁理论的视角来分析,相比典型的"渐进式改革",中国特色"渐进式改革"具有如下三个特点。

第一,从制度变迁的演进方式来看,尽管中国特色"渐进式改革"沿着典型"渐进式改革"的从局部到全局的实施步骤与路径前行,但是在改革的进程中显示出独特的,并伴随着改革的深化不断彰显出来的制度供给与制度需求相互依存、相互促进的由改革道路选择所决定的内在逻辑关系。一方面,在宏观层面上呈现鲜明的供给导向为主、需求导向为辅的总趋势,即中央顶层设计的强制性制度变迁以制度供给的方式部署、推动改革进程,而经济特区在特殊政策创造的制度供给空间内实践着中央改革意图的同时,又以诱致性制度变迁的方式不断产生新的制度需求;另一方面,在实践层面上则呈现需求导向为主导、供给导向为辅,由特殊政策派生出来的诱致性制度变迁,以先行先试的成功经验不断创造出新的制度需求,从而推动以中央顶层设计为引导的强制性制度变迁,在深化改革的实践中又不断创造出新的制度供给,中央顶层设计的强制性制度变迁与特殊政策诱发的诱致性制度,作为改革过程中制度供给与需求的两个方面,形成了中国特色"渐进式改革"相辅相成的富有制度绩效的有机进程。

第二,从改革的实施路径来看,尽管中国社会的制度变迁以典型的"渐进式改革"为基本路径,其改革的逻辑也基本符合诱致性制度变迁的许多特质,但从根本上说,其还是自上而下部署、推动的强制性制度变迁。诱致性制度变迁或作为强制性制度变迁的结果,或作为推动强制性制度变迁的力量,由中央政府批准后以正式制度安排来实施并发挥绩效。如改革初期经济特区"干了再说"的改革特权,是建立经济特区这一正式制度安排及其相关特殊政策,赋予经济特区自下而上的诱致性制度安排的权力与可能;如经济特区的"先行先试"和"先行示范"功能,在率先探索社会主义市场经济实现方式与途径中,以自身的成功做法与制度创新,成为推动中国社会自上而下强制性制度变迁的力量。当然,所有建立起来的新的制度安排,包括率先改革的制度创新,最终都要由中央政府批准后方才由经验变为制度,由特殊政策变为法律法规。占绝对主导地位的自上而下的强制性制度变迁，与作为强制性制度变迁结果和推动力的自下而上的诱致性制度变迁相结合，构成了中国特色"渐进式改革"的充满制度绩效的内在演进逻辑。

第三，从改革的主体来看，尽管与典型的"渐进式改革"一样，推动中国社会制度变迁的主体是中央政府，但是，在中国特色"渐进式改革"的框架内还有一个不可或缺、不可忽视的被中央政府授权的"次级行动集团"——经济特区这一独特主体。在中国特色"渐进式改革"中，经济特区历史地成为中国强制性制度变迁进程中肩负先行先试使命的、由中央政府授权的"次级行动集团"。经济特区不仅在改革之初担负起中国社会由传统计划经济向社会主义市场经济体制的转型，探索由普遍贫穷走向共同富裕的道路使命；而且在深化改革中又继续肩负着由政策开放走向制度开放，由外向型经济走向开放型经济的新使命。一方面，经济特区由于被授予率先改革的特权，实质上是制度变迁发轫者——中央政府改革意图的直接实施者；另一方面，由于其被赋予了率先改革的政治特权，又成为实践层面上的改革主体。然而，这个改革主体率先改革的探索，相对于中央政府而言是自下而上的，但相对于规范定义中的"诱致性制度变迁"，则是自上而下的。因为从根本上还不是"由个人或一群人，受新制度获利机会的引诱自发倡导、组织和实现的制度变迁"①，而是中央授权下的地方政府为主导的制度变革。所以，中央政府和中央授权"先行先试""先行示范"的"次级行动集团"的经济特区，构成了中国特色"渐进式改革"中既地位、作用、力度截然不同，又缺一不可的事实上的两个主体，这种独特的制度变迁的"双主体结构"，正是中国道路之所以成功地不断释放潜在制度绩效的重要因素。

二、中国特色"渐进式改革"与中国道路

经济特区发展40年的实践证明，中国特色"渐进式改革"是适合中国国情的制度变迁方式与路径的。这一改革方式与路径不仅减少了中国改

---

① 林毅夫：《关于制度变迁的经济学理论：诱致性变迁与强制性变迁》，见［美］R. 科斯、［美］A. 阿尔钦、［美］D. 诺斯等《财产权利与制度变迁：产权学派与新制度学派译文集》，刘守英等译，上海三联书店、上海人民出版社1994年版，第391-397页。

革开放的成本,降低了制度转型的风险,避免了社会转轨有可能发生的动荡,而且在加快中国实现现代化的步伐,形成中国经济的新版图的同时,创造出了令世人瞩目的中国奇迹,令新兴市场经济国家接受并借鉴中国发展经验与模式。中国特色"渐进式改革"既是中国道路的实践模式与实施路径,又是中国道路不可或缺的重要的组成部分。中国特色"渐进式改革"不仅赋予了中国经济特区不同于西方区域经济学理论所定义的独特内涵与功能,还生动、深刻地诠释了中国道路的独特性。

"中国道路"是既不同于苏联模式、又不同于"华盛顿共识"的充分体现中国特色的实现现代化之路,其实质就是中国共产党领导和社会主义现代化。因此,这条道路所体现的"中国特色",表明的是历史性、国别性和社会发展的差异性,而不是对现代化本质内涵与固有价值判断的否定;这条道路所蕴含的"中国特色",只是"特"在实现目标的道路上,"特"在达到目标的路径选择上,而不是目标本身。从根本上说,中国道路的探索过程既是对人类文明的认同过程,又是为世界提出中国智慧的过程。这一过程承载着一个民族独立自主谋求富强的美丽故事,更体现了改革开放倡导者、领导者们的政治智慧与民族担当。①

第一,坚持独立自主地走适合本国国情的发展道路,把社会转型和制度变迁成功的源动力和未来发展的期望从根本上寄托于自我革命的社会制度变革之中,这是中国改革开放的内在政治前提,也是中国道路的内在政治前提,更是中国特色"渐进式改革"路径选择与实施的内在前提。

中国的改革开放既没有诸如"华盛顿共识"所附带的对自由市场经济理论的必然认同和教条式规定,也没有以接受国际货币基金组织和世界银行巨额投资、援助等为交换的附加前提条件,更没有已经被别人设定好的毫无选择权的向资本流动开放、私有化、自由化和透明化的经济发展道路约束,有的只是适合中国国情的改革开放路径的选择。"北京共识"②的提出者乔舒亚·库珀曾指出:实现经济增长的同时是否能保持独立自主,是"北京共识"与"华盛顿共识"最根本的区别,因为这直接影响

---

① 陶一桃:《新时代经济特区新使命新作为》,载《深圳特区报》2018年5月8日第C01版。

② "北京共识"被定义为:艰苦努力、主动创新和大胆实验;坚决捍卫国家主权和利益;循序渐进,积聚能量。创新和实验是其灵魂;既务实,又理想,解决问题灵活应对,因事而异,不强求划一。它不仅关注经济发展,也同样注重社会变化,通过发展经济与完善管理改善社会。

到发展中国家自身的发展后劲。中国的发展经验也证明，独立自主，依照国情制定相应的政策，而不是盲从于西方的某种"经典"理论，才能找到适合自己的卓有成效的发展道路。中国特色"渐进式改革"就是对经典"渐进式改革"的中国化实践。如以建立经济特区这一"政策增长极"的方式，来完成由局部到全局的改革路线，既很好地解决了经济发展不均衡对改革开放的资源约束，又很好地规避了庞大的传统计划经济体制对改革开放的直接制度制约，以改革之初所创造的内生制度力量（建立经济特区），为改革的顺利实施创造了得以施展的制度空间，而且这一内生的制度力量——经济特区，又不断地与中央政府整体部署及改革意图在供给创造需要与需求创造供给的中国特色"渐进式改革"中，相辅相成地推进着社会改革不断向纵深展开。

第二，首先开始经济体制改革并发展社会经济，是中国改革开放的切入口，也是中国道路的逻辑起点，而以建立经济特区的方式开启这个起点，正是中国特色"渐进式改革"基本路线。中国特色"渐进式改革"作为中国道路的重要组成部分，在以建立经济特区的方式寻找、探索中国道路的同时，又以经济特区的成功实践丰富、完善着中国道路的内涵。

对于转型中的社会主义国家来说，减少制度变迁成本，降低社会转型风险，获取人们对改革开放的认同是改革伊始最关键的问题。而中国特色"渐进式改革"非常巧妙而有效地解决了这一关键性问题。如作为中国特色"渐进式改革"的率先实践者，中国早期经济特区深圳、珠海、汕头、厦门以及稍晚几年的海南，都是传统计划经济时期工业基础最薄弱的地方，既没有雄厚的工业基础，也不是重工业发展之地，然而正是这样的智慧选择，使中国社会转型过程中不得不释放的成本，出现向后推迟的有利于改革开放向前推进的结果。诸如并没有过早的发生大规模的国企员工下岗。大规模国企员工下岗不仅发生在经济特区成立13年之后，而且发生在社会主义市场经济体制确立之后。1992年，党的十四大报告把建立社会主义市场经济体制作为我国经济体制改革新的目标，中国社会主义市场经济体制正式确立。党的十四届三中全会通过《关于建立社会主义市场经济体制若干问题的决议》，建立了社会主义市场经济体制的基本理论框架，社会主义市场经济理论基本完成。如果说前者，即经济特区10年社会主义市场经济成功实践，为国企员工下岗提供了市场化自我消耗改革成本的空间与路径（尽管难免存在社会成本个人化的问题）；而后者，即中国改革开放的社会主义市场经济体制方向的确立，在逐步消除人们对国企固有的意识形态崇拜的同时，也逐渐消除了下岗群体的心理负担和丧失曾经"优越感"所构成的心理成本。人们已经看到了，市场经济所拥有的自由选择的机制，是能够给绝大多数人带来自我发展并致富的可能的。这样，市场机制在客观上又成为改革开放不得不释放出来的社会成本的内化机制，而中国特色"渐进式改革"也在以建立经济特区推进社会主义市场经济体制形成中，展现了中国道路的智慧。

第三，"摸着石头过河"，先行先试，创造经验，探寻道路，普遍推广；既坚定不移地实施改革开放，又为原体制留出"渐进式改革"的时间与空间，这是中国社会制度变迁稳妥而具有操作性的整体思路与实践逻辑，同时也是中国道路的实践特征。中国特色"渐进式改革"以建立经济特区的方式既逐步完成了这一道路的探索，又不断证明了这一道路的正确。[1]

改革必须是全方位且根本性的，但改革切入口的选择应该是相对风险最小且收益最大的。只有首先通过局部的改革来改变贫穷的现状，才能让人们感觉到改革的希望，从而拥有认同、参与改革的勇气与热情。社会转型的初期，获取民众对改革支持的最直接、最有说服力的方法就是社会经济的发展和伴随发展的人们收入水平的提高。这是典型"渐进式改革"的基本步骤，而中国特色"渐进式改革"以创造"政策性增长极"——经济特区的方式，富有感染力和感召力地创造了这样一个具有说服力的制度空间，尤以深圳经济特区为代表。1979 年，深圳经济特区始建初时，GDP 不足 2 个亿（19638 万元），是同期广州 GDP 的不到 4%（广州 1979 年 GDP 约 48 亿），是同期香港的 GDP 不足 0.2%（香港 1979 年 GDP 约 1117 亿人民币）。但 40 年过去，深圳的 GDP 增长了约 1.5 万倍，按常住人口 1343.88 万人计算，2019 年深圳人均 GDP 达 20.03 万元（2.9 万美元），约是全国平均水平（7.09 万元，约 1.03 万美元）的 3 倍，连续七年超过台湾人均 GDP（2.59 万美元），逼近韩国人均 GDP（3.18 万美元），比 1979 年深圳这座城市刚建成的时候（606 元）翻了 330 倍。[2] 40

---

[1] 陶一桃：《从经济特区谈中国道路的实质与内涵》，载《社会科学战线》2018 年第 6 期，第 22-31 页。

[2] 数据由广东省统计年鉴、世界银行数据库计算所得。

年来，深圳的 GDP 增长了 1.5 万倍，深圳总人口增长了 40 倍（相比广州增长了 2 倍，香港增长了 0.5 倍），深圳可能是近几十年来世界上 GDP、人口增幅最大的城市。值得关注的是深圳海归人才和数字人才的引进数量，在全国大中城市名列第三。人口无疑是一座城市发展的核心因素，尤其对一个在社会转型中成长的城市而言。一方面，人口流动的变化情况，足以体现一座城市对"人"的吸引力与魅力；另一方面，城市自身在获取劳动力红利和所创造的价值的同时，更获得了消费规模与能力。两者相互促进，又会产生有利于城市发展的"极化效应"，以深圳为典型代表的经济特区，正是自身发展所产生的"极化效应"的最大的受益者。从某种意义上讲，"极化效应"是邓小平"让一部分人、一部分地区先富起来，逐步实现共同富裕"思想实施过程中的产物，它也构成了中国特色"渐进式改革"的内在的自发溢出的效应。

第四，"以开放促改革"，既是有效降低传统意识形态阻碍的低成本方式，又是迅速提升国民对市场经济的认识能力与水平的快捷渠道，从而成为中国社会得以顺利开启制度变迁进程的有效步骤。这是中国道路的探索路径，也是中国特色"渐进式改革"的逻辑路径。

以深圳为代表的经济特区，作为中国特色"渐进式改革"的"试验田"，其中一个最重要的功能就是成为中国对外开放的窗口。改革开放之初，这个窗口让中国人首先了解并走向了世界。同时这个几乎令国人既陌生而又好奇的窗口，在把中国带入经济全球化的过程中，又不以人的意志为转移地把市场经济文化和国际惯例引入了中国人的生活。

改革与开放作为构成中国特色"渐进式改革"的同一过程的两个方面，它们既相互促进，又互为因果，并不断沿着以开放促改革的逻辑步骤实现着中国特色"渐进式改革"的目标。可以说，没有"杀出一条血路"的改革的勇气就不可能有打开国门的开放；同样，没有坚定不移地开放，就没有足以推动改革与深化改革的来自市场经济规制的力量。以开放促改革，作为中国特色"渐进式改革"的内在步骤，它不断以来自外部的力量，推进着中国改革开放向纵深迈进，推动着中国社会制度变迁整体进程。今天的深圳，2019 年全市进出口总额 29773.86 亿元，约占同期全国进出口总值的 10%，其中，出口总额 16708.95 亿元，连续 27 年居全国大中城市首位。① 这一数字的背后，正是以开放促改革带来的制度绩效。

沿着"以开放促改革"的制度变迁进程，中国社会的改革开放在实践中经历了由外向型经济向开放型经济的发展与转型的过程；在制度上经历并仍在经历着由政策开放走向制度开放的演变与深化的过程。两者既体现为逻辑上的演进，又表现出发展进程的统一性。它们都是"以开放促改革"这一过程的必然结果，又是"以开放促改革"的制度绩效与收获。"以开放促改革"作为中国特色"渐进式改革"的实践步骤与逻辑，既是中国智慧的展示，又是中国国情的体现，更是对中国道路的国别性寻找与探索。

第五，始终坚持中国共产党对在自上而下的强制性制度变迁中改革开放进程的领导权，并由此形成了具有卓越制度绩效的"举国体制"，这是中国特色"渐进式改革"所体现出来的中国道路的本质特征。"举国体制"是在一个计划经济的大国里，面对社会发展不均衡与资源稀缺的约束，较为迅速地完成制度变迁目标的一种政治资源与力量，这是中国改革开放得以成功的关键与政治制度保障。

所谓"举国体制"是指由国家统一领导，自上而下实施，层层机制衔接，政令直接畅达的政体运作与社会管理体制机制模式。这种社会管理机制与模式具有集中稀缺资源干大事的超强统筹力；具有准确、快速政令畅通执行的自上而下的低交易成本的制度通道；具有整齐划一、万众一心抵御突发事件的高度动员力与召集力；更具有迅速呼唤起民族情怀与崇高道德感的体系化的可以几乎瞬间产生巨大精神力量的价值观与舆论感召力。可以说，中国所形成、拥有的这种"举国体制"，既是改革开放40年所取得的令世人瞩目的伟大成就的制度保障，又是"中国奇迹"创造的制度力量，更是以中国式"渐进式改革"为特征的中国道路的魅力所在。

如前所述，尽管中国特色"渐进式改革"从改革的步骤来看具有某些诱致性制度变迁的特点，但从根本上说还是自上而下的正式制度变迁。它甚至比"激进式改革"更需要政府的统筹力量与整体部署。"激进式改革"与"渐进式改革"都具有用政府的权力来剥夺政府权力的改革目标，但前者是要政府放弃对社会经济的掌控，完全交给自由竞争的市场。而后

---

① 数据来源：《2019 年深圳国民经济和社会发展统计公报》。

者则旨在剥夺中重新形成政府权力，即建立崭新的、与市场经济相适应的政府管理体制机制，从而使政府在自我革命中完成由传统体制下的强权政府走向社会主义市场经济体制下的服务型政府，走向法制社会框架下授权型政府转变与革命。

中国特色"渐进式改革"证明，在政府主导的自上而下的强制性制度变迁中，一个能够不断自我革命的政府，是社会转型与制度变迁沿着正确并不断深化道路前行的理性头脑与权力保障。因为在强制性制度变迁的框架内，只有作为制度变迁的设计者、发轫者、部署者的政府，才有可能同时解决发展和发展中所出现的社会问题，而这些问题又大多无法由"看不见的手"来完成的。中国特色"渐进式改革"的实施与深化，在相当程度上由政府自身不断自我革命所产生的日益提高的认知力、判断力和决策力所决定的。

由于普遍贫穷和区域及城乡发展不均衡是中国社会转型之初的大背景，非均衡发展道路就成为中国社会制度变迁的路径选择；由于中央统筹部署下的社会主义市场经济体系建立是中国改革开放的大前提与目标，中国特色"渐进式改革"就成为中国社会制度变迁的实践步骤；由于中国道路是一个无成功经验借鉴的探索过程，因此，以创建经济特区的方式，率先进行社会主义市场经济的探索与实践，既成为降低改革开放成本与风险的最佳途径选择，同时构成了中国特色"渐进式改革"的基本实践路径与模式。如前所述，经济特区作为中国特色"渐进式改革"探索者与实践者，一方面由于被授予率先改革的特权，实质上是制度变迁发轫者——中央政府改革意图直接实施者；另一方面，由于其拥有了率先改革的政治优先权，因此其又成为实践层面上的改革主体。中央政府和中央授权"先行先试""先行示范"的"次级行动集团"的经济特区，构成了中国特色"渐进式改革"中既地位、作用、力度截然不同，又缺一不可的事实上的两个主体，这种独特的制度变迁的"双主体结构"，不仅是中国道路成功的重要因素，而且其成功的实践不断丰富着中国道路的内涵，印证着中国道路的正确性。

三、经济特区与中国特色"渐进式改革"绩效

经济特区作为中国特色"渐进式改革"的实践模式与路径，一方面，

它在中央特殊政策所创造的率先改革的制度空间内实践着国家改革的整体意图，同时又以不断先行先试的成功经验创造出新的制度需求，从而使中央顶层设计的强制性制度变迁与特殊政策诱发的诱致性制度，作为改革过程中制度供给与需求的两个方面，形成了中国特色"渐进式改革"相辅相成的有机进程；另一方面，经济特区在自上而下的强制性制度变迁占绝对主导地位的社会转型框架下，作为强制性制度变迁结果和推动力，不断以先行先试所派生出来的自下而上的诱致性制度变迁与强制性制度变迁相互促进的方式，构成了中国特色"渐进式改革"不断向纵深迈进的内在演进的逻辑。经济特区作为中国特色"渐进式改革"的实践模式与路径，它又使中国特色"渐进式改革"呈现加强的"虹吸效应"、扩大的"扩散效应"、制度化的"涓滴效应"和较迅速展现出来的先行城市或地区的倒"U"型曲线现象，从内在逻辑与机理上增进着中国改革开放的制度绩效。

第一，经济特区作为中国特色"渐进式改革"的实践模式与路径，在形成政策性"虹吸效应"的同时，又以其授权下的诱致性制度变迁创造出加强的"虹吸效应"，加强了中国特色"渐进式改革"的制度绩效。

通常来说，在一个国家经济发展初期，因为资源，尤其是资本与技术是有限且稀缺的，只能以非均衡发展的方式来解决非均衡发展条件下的经济发展问题。因此，选择一个或几个城市进行优先发展是一种常规的路径选择。优先发展的地区在巨大的要素投入之下，会因为发展速度的拉动而对本城市或地区之外的所有人才、物资、资金产生巨大的吸引力，从而将周边甚至更大范围内的优质资源吸纳到自身经济体之中，这一经济体运动的时候会产生巨大而强劲的能量，并以尘埃卷起之势横扫周边，形成经济的龙卷风。人们形象地称之为"虹吸效应"。通常这种优先发展的城市或地区大多如纲纳·缪达尔的循环累积因果论所言，是从一些条件较好的地区开始的。① 但是，中国的改革开放并不像缪达尔所言，而是从经济发展比较落后，尤其是计划经济工业基础相对薄弱的不发达地区开始的（为降低社会转型的成本与风险），早期经济特区改革均具有这样的特征。因此，中国经济特区作为特殊政策的产物，其"虹吸效应"的产生最初完全来自特殊政策所形成的自上而下的制度供给，如放宽外汇管制、允许多

---

① Karl Gunnar Myrdal, *Economic Theory and Underdeveloped Regions* (London: Gerald. Duckworth, 1957).

种所有制经济发展、允许引进国外资本等。

增长极理论认为,经济增长极作为一个区域的经济发展的新的经济力量,它自身不仅会形成强大的规模经济,而且对其他经济也会产生着"支配效应""乘数效应""极化效应"与"扩散效应"。诸种效应的产生与存在,充分显示了经济增长极对拉动一个国家或区域经济发展的巨大功能与重要意义。

基于增长极理论,中国经济特区既有经济增长极功能一般的属性,又展示出其独特的国别性,即中国特色的功能属性。作为中央政府确定的率先改革开放的政策性经济增长极,其政治使命不可避免而又符合逻辑地使经济增长极与生俱来的就具有了来自制度力量的附加值,因此,在权力力量的推动与经济规律作用的相结合下,以深圳为典型代表的经济特区不仅在改革开放初期可以快速产生对要素的"虹吸效应",而且同样较为迅速地释放、形成了对周边乃至全国经济的"拉动效应",同时"极化效应"又在经济特区大胆探索,率先发展所扩大的区域发展差距的作用下,更加速了"虹吸效应"的力度与辐射度,从而中国经济特区在实现中央改革总目标的同时,以其授权下的诱致性制度变迁,不断创造出加强的"虹吸效应",进而增强了中国特色"渐进式改革"的制度绩效。

第二,经济特区作为中国特色"渐进式改革"的实践模式与路径,在形成政策性"扩散效应"的同时,又以其授权下的诱致性制度变迁创造、释放出日益扩大化的"扩散效应",加强了中国特色"渐进式改革"的制度绩效。

"扩散效应"通常是指增长极的推动力。即一个先发展的经济体,通过一系列经济内部的联动机制不断向周围区域或经济体发散渗透力的过程。

在中国特色"渐进式改革"的框架中,中央的整体战略部署对经济特区所形成、释放的"扩散效应"起着相当大的主导与引导作用,这也正是中国社会自上而下强制性制度变迁的特点所在。在中国改革开放进程中,一方面,随着经济特区自身的发展,在"乘数效应"机理的作用下,"扩散效应"自然产生并向周边相对落后的地区释放产能;另一方面,在"先富带后富"的中国特色"渐进式改革"所遵循的理念下,足以造成非均衡发展进程中难免出现的,由于"回流效应"大于"扩散效应"所形成的富者愈富,贫者愈贫的区域发展扩大化的趋势并没有呈现广泛扩大化趋势,"扩散效应"所产生的正的溢出效应又以率先改革的制度力量,通过经验复制、借鉴的途径强化着"扩散效应"的辐射力度与区域,形成在中央统一部署下的日益扩大化的"扩散效应",如从传统经济特区到新兴经济特区,从沿海开放到沿边开放,从而加强了中国特色"渐进式改革"的制度绩效。

第三,经济特区作为中国特色"渐进式改革"的实践模式与路径,在形成制度化的"涓滴效应"和较迅速展现出来的先行城市倒"U"型曲线现象的同时,从内在逻辑与机理上增进着中国改革开放的制度绩效。

"涓滴效应"是阿尔伯特·赫希曼不平衡增长论的重要观点,它是指在经济发展过程中并不给予贫困阶层、弱势群体或贫困地区以特别的优待,而是由优先发展起来的群体或地区通过消费、就业等方面惠及贫困阶层或地区,带动其发展和富裕,从而更好地促进社会经济的均衡增长与协调发展。① 倒"U"曲线是美国著名经济学家库兹涅茨于1955年提出来的关于收入分配状况随经济发展过程之间变化趋势的曲线,又被称为"库兹涅茨曲线"(Kuznets curve)。这个假说认为社会经济的每一次发展,都不再是简单地对现有均衡的打破,而呈现出来的均衡表现为社会经济继续发展的某种前提,发展阶段与收入之间存在着倒"U"型关系。②

在中国特色"渐进式改革"的框架中,中国社会制度变迁的目标就是完成由计划经济向市场经济的转型,探索由普遍贫穷走向共同富裕的道路。而实现后者的途径就是以率先改革的制度力量,"让一部分地区、一部分人可以先富起来,带动和帮助其他地区、其他的人,逐步达到共同富裕"。可以说,这就是伴随中国改革开放历史进程中的最具有代表意义的中国式"涓滴效应"的生动展示。以深圳为典型代表的经济特区,作为"政策性经济增长极"所释放出来的"虹吸效应",在吸引资本、技术、人力资本的同时,先"虹吸"了数以千万计的农民工。这种镶嵌在改革开放之初顶层设计之中的制度安排,使"虹吸效应"在改革伊始就具有了与"涓滴效应"相互作用、相互依存的机制性关系。"虹吸效应"使

---

① Albert O. Hirschman, *The Strategy of Economic Development* (New Haven: Yale University Press, 1958).

② Simon Kuznets, "Economic Growth and Income Inequality," *The American Economic Review*, 1955, 45(1), pp. 1–28.

"涓滴效应"的迅速释放成为可能，而"涓滴效应"又在"虹吸效应"的作用下得以快速扩大。在随即形成的"扩散效应"的推动下，"涓滴效应"在中国以前所未有的速度发酵，在向经济特区提供着被"虹吸"劳动力的同时，改变着部分人和部分地区的生活状况，缩小着城乡及区域之间的发展差距，并呈现某种程度上的、具有区域差异性的倒"U"型曲线趋势。

所谓某种程度上的倒"U"型曲线趋势，是指在经济特区率先发展的带动下，作为改革开放和社会经济的飞速增长的结果，人们整体收入水平的增加和赤贫人口数量的绝对减少，共同以边际增量的方式使伴随着经济增长过程中的收入差距扩大，以生活质量得到改善和获得感得以兑现的方式表现出来。所以，改革开放所带来的倒"U"型曲线趋势是以整体经济增长和人均收入的提高为显性展示的，而伴随经济增长的收入差距扩大并没有成为主要矛盾，尤其是改革开放的前期。所谓区域差异性是指，以深圳经济特区为典型代表的率先发展地区，以较快的增长步伐走到了倒"U"型曲线的高点，并开始呈现经济发展与收入差距反向运行的趋势。即随着经济收入的整体增长，收入差距在逐渐缩小。由此，在中国形成了由于区域发展水平的差异而导致的倒"U"型曲线的不同阶段化的现象。相对普遍贫穷和普遍比较富裕的地区，收入的贫富差距不是太大；比较富裕的地区，某种程度上呈现经济增长与收入贫富差距负相关的走势；经济正处于快速起步发展的地区，伴随着经济的增长，收入贫富差距则处于倒"U"型曲线的上升阶段。由于"涓滴效应"在改革开放伊始，就已被制度化地以国家整体战略部署的方式成了经济特区的功能之一，由于"虹吸效应"与"扩散效应"既是经济特区这一"政策性增长极"的内在机理，同时又以不同机理推动着"涓滴效应"的释放与倒"U"型曲线的差异性展现，从以非经典理论所预测的机理，加强了中国特色"渐进式改革"的制度绩效。

马克思说："理论在一个国家的实现程度，决定于理论满足这个国家的需要的程度。"① 中国经济特区不仅仅是特殊政策的产物，同时它本身就是一种制度安排，即由特殊政策赋予了"率先改革权"的一项制度安

---

① ［德］马克思、［德］恩格斯著，中共中央马克思恩格斯列宁斯大林著作编译局编译：《马克思恩格斯选集》第1卷，人民出版社1972年版，第10页。

排。它既率先担负起中国社会改革开放与深化改革的使命，又以"次级行动集团"的独特身份与率先改革的特权，不断开拓性地为中国社会的制度变迁提供着可复制、可借鉴的做法与经验。当我们用传统区域经济理论来诠释中国经济特区的功能时，一方面，以深圳为代表的典型经济特区作为"政策性经济增长极"，以其自身所取得的辉煌的成就印证着传统的"回流效应""扩散效应""涓滴效应"以及倒"U"型曲线的理论的一般理论机理；另一方面，作为中国特色"渐进式改革"的实践模式与路径，经济特区又在中国特色"渐进式改革"的框架内，有力地诠释着中国经济特区独特功能、作用以及中国道路的机理与内涵。从而使传统区域经济理论的"虹吸效应""扩散效应""涓滴效应"以及倒"U"型曲线都以"中国式"机制非"经典"地展现出来，在丰富、完善中国特色社会主义理论的同时，又以适合中国特色的改革路径证明着中国道路的正确性。

经济特区作为中国特色"渐进式改革"的实践模式与路径，其功能与使命仍在继续着。在深化改革的进程中，在中国特色社会主义"先行示范"的建设中，许多制度创新将在这里发生，有许多待实践的做法和经验将从这里继续探索并复制至全国。更重要的是，许多探索与实践将会在这里由政策变为制度安排，由制度安排成为法律法规，从而把"先行先试"变为建设现代化国家的制度力量。

（原载《广东社会科学》2020年第6期）

深圳奇迹与中国共产党改革智慧

如果说深圳经济特区奇迹印证中国共产党的改革智慧，那么中国改革开放的成功实践则展示出中国共产党的思想与道路的力量。这一思想与道路的力量将作为珍贵的制度财富，镌刻在中国共产党的发展史中，镌刻在中国的改革开放史中。

兴办经济特区，是党和国家为推进改革开放和社会主义现代化建设进行的伟大创举，"中国特色渐进式改革"则是中国共产党的伟大探索，经济特区与中国道路作为中国特色社会主义理论的重要内涵与组成部分，将成为中国共产党的理论与思想财富。

在中国共产党百年辉煌的发展历史中，改革开放是我们党的一次伟大觉醒，正是这个伟大觉醒孕育了我们党从理论到实践的伟大创造。改革开放具有其独特的历史意义及理论与实践价值。

如果说始于1978年的改革开放，彰显了中国共产党人自我革命的勇气与挑战教条主义的大无畏的批判精神，那么打破传统计划经济体制，建立社会主义市场经济体系，走中国特色社会主义道路，则充分展示了中国共产党的道路自信、理论自信、制度自信与文化自信。深圳经济特区作为社会主义市场经济的试验田，作为全国改革开放窗口，它不仅以其自身令世人瞩目的辉煌成就和发展奇迹证明了中国共产党改革开放的决策是英明的，印证了中国道路是正确的，同时还体现了中国共产党的改革智慧和源自思想与道路的力量及魅力。

习近平总书记在深圳经济特区建立40周年庆祝大会上发表重要讲话时指出："深圳是改革开放后党和人民一手缔造的崭新城市，是中国特色社会主义在一张白纸上的精彩演绎。"①

纵观深圳等经济特区发展的历程，其建立与成功是中国共产党发展史

---

① 《续写更多"春天的故事"——习近平总书记出席深圳经济特区建立40周年庆祝大会并在广东考察纪实》，见学习强国网页（https://www.xuexi.cn/lgpage/detail/index.html?id=2182053781494526968&item_id=2182053781494526968），刊载日期：2020年10月16日。

上辉煌的一笔,它不仅以改革开放的实践真正推动了马克思主义的中国化,还以中国共产党人在社会转型进程中的不断探索性突破,丰富发展了马克思主义,形成了中国特色社会主义理论体系,为新兴市场经济国家和转型国家提供了可资借鉴的中国解决方案。

党的十八大以来,习近平总书记站在人类社会历史演进规律的大历史观高度,反复强调中国特色社会主义是从中华文明5000多年、鸦片战争以来180多年、党成立100年、新中国成立70多年、改革开放40多年的历史进程中得来的。① 深刻揭示了党史、新中国史、改革开放史、社会主义发展史的内在关联。深圳是我国最早实施改革开放、影响最大、建设最好的经济特区,为全国改革开放和社会主义现代化建设作出了重大贡献,是改革开放史上的重要篇章。

一、中国共产党的伟大创举:经济特区创立与中国道路探索

今年是中国共产党成立100周年,当我们从百年党史的视角出发,回顾、总结、思考中国经济特区40余年的伟大历程时可以发现,正是中国共产党带领中国人民解放思想,摆脱传统计划经济的束缚,探索适合中国国情的现代化道路,并以创办经济特区的伟大创举推进改革开放和社会主义现代化建设,进行中国特色社会主义的伟大实践,取得改革开放40余年的伟大成就,创造令世界刮目相看的中国奇迹。经济特区在中国社会制度变迁的进程中具有不可替代的地位、功能与独特的历史使命,经济特区与中国道路作为中国特色社会主义理论的重要内涵与组成部分,也将成为中国共产党的理论与思想财富。

在中国改革开放40余年的历史进程中,深圳经济特区就以制度变迁的先行者和政策性经济增长极的双重使命与双重身份,率先探索中国社会由传统计划经济向社会主义市场经济转型的发展路径,寻找由普遍贫穷走向共同富裕的实践模式,探寻由经济体制改革逐步深入到全面深化改革的制度安排,走出一条以非均衡发展战略实现区域协同发展的有效途径,贡

---

① 《求是》杂志编辑部:《坚定不移听党话跟党走》,见学习强国网页(https://www.xuexi.cn/lg-page/detail/index.html?id=7461245182261052776&item_id=7461245182261052776),刊载日期:2021年5月31日。

献出由政策开放走向制度开放，由外向型经济走向开放型经济的理念、做法与可借鉴、复制的经验。

以深圳为代表的经济特区，作为中国道路的重要组成部分，它既是自上而下强制性制度变迁的产物，又是这一制度变迁的结果，同时还是"中国特色渐进式改革"的伟大践行者。作为自上而下强制性制度变迁的产物，它肩负起"先行先试"和"先行示范"的历史使命；作为强制性制度变迁的结果，它以"政策性增长极"的制度力量，不断产生、释放着"虹吸效应"与"扩散效应"，从而改变、形成着中国经济的新版图；作为"中国特色渐进式改革"的伟大践行者，它以其自身的发展不断探索着中国社会制度变迁的路径，更以其自身的成功证明着中国道路选择的正确性。

41 年前，经济特区作为由传统计划经济向社会主义市场经济转型的试验田，作为中国改革开放的窗口，经济特区不仅成为冲出传统计划经济体制的一种崭新而富有挑战意义的制度尝试，成为中国改革开放的一个具有划时代意义的突破口，也开启了中国道路的探索征程。从此，中国现代化建设既不同于传统体制下的苏联模式，又不同于资本主义时代的西方模式，而走的是一条中国特色社会主义道路。

这里所说的中国道路，是指 1978 年以来中国所选择的社会转型、经济发展与全面实现现代化的方式与路径。具体地说，就是在一个已经拥有近 30 年计划经济历史，同时传统意识形态又占据统治地位的计划经济的大国里，在区域及城乡发展严重不平衡的贫穷的国度中，以创办经济特区的方式作为冲破传统体制为目标的制度变迁的突破口，旨在全国范围内逐步完成由传统的计划经济向社会主义市场经济转型，使中国社会全面走上社会主义市场经济的道路，逐渐成为一个真正的经济繁荣、制度自信、文化昌盛、国富民强的社会主义市场经济国家。

经济特区作为一种制度安排，打破了传统体制下的一般均衡状态，使非均衡发展成为中国社会制度变迁的路径选择，从而也成为探索中国道路的路径选择。经济特区作为非均衡发展道路的产物，与非均衡发展道路共同构成了中国道路的重要组成部分。经济特区在"摸着石头过河"理念下，构成了"中国渐进式改革"的独特实践模式，而"先行先试""先行示范"又构成了这一独特实践模式的重要内容。它们都以符合中国国情的改革实践方式，证明了中国道路的理论价值与实践意义。经济特区作为中国改革的探索者与先行者,在构成中国道路重要实践载体的同时,又以其路径选择的正确和发展的辉煌成就,推动了中国社会主义市场经济体系的确立、发展与完善,证明了中国道路选择的正确性。

对于今天的中国而言,经济特区已经不是一个单纯特殊政策的产物,更不是一项权宜之计,它本身就构成了中国道路的重要内涵。从今天深圳经济特区的新时代新使命来看,深圳要建设好中国特色社会主义先行示范区,创建社会主义现代化强国的城市范例,提高贯彻落实新发展理念能力和水平,形成全面深化改革、全面扩大开放新格局,推进粤港澳大湾区建设,丰富"一国两制"事业发展新实践,率先实现社会主义现代化。由"先行先试"到"先行示范",经济特区还将继续作为中国改革开放的先锋,创造可复制可推广经验的制度创新高地。

二、中国共产党的伟大探索:经济特区与"中国特色渐进式改革"

兴办经济特区,是党和国家为推进改革开放和社会主义现代化建设进行的伟大创举,"中国特色渐进式改革"是中国共产党的伟大探索。所谓"中国特色渐进式改革"是指1978年以来中国所采取的不同于一些国家激进式改革的改革路径,是在以建立经济特区为重要的实践载体,以"先行先试"为主要的实践逻辑与步骤的前提下,以强制性制度变迁为主导,以诱致性制度变迁为潜能;以自上而下顶层设计为核心,以自下而上改革为路径;以经济改革为切入口,以全方位改革为方向;以发展经济为着眼点,以全面发展为目标;以非均衡发展为路径,以协调与共享发展为宗旨的渐进式改革。这一改革的基本路径,反映了中国道路前行的内在逻辑轨迹。所以,"中国特色渐进式改革"不仅构成了中国道路的重要组成部分,还以改革开放40余年的成功实践,发展了传统转轨经济学理论与区域经济学理论,丰富了中国特色政治经济学理论体系,为转型国家提供了一条可供选择、借鉴的成功道路,这是中国共产党对马克思主义理论的世界贡献。

经济特区作为"中国特色渐进式改革"的实践模式与路径,一方面,它在中央特殊政策所创造的率先改革的制度空间内,实践着国家改革的整体意图,同时又以不断"先行先试"的成功经验创造出新的制度需求,从而使中央顶层设计的强制性制度变迁与特殊政策诱发的源于地方政府改革能动性的诱致性制度，作为改革过程中制度供给与需求的两个方面，形成了中国特色"渐进式改革"相辅相成的有机进程。另一方面，经济特区在自上而下的强制性制度变迁占绝对主导地位的社会转型框架下，作为强制性制度变迁结果和推动力，不断以"先行先试"所派生出来的，充分体现地方政府改革勇气与胆识的自下而上的诱致性制度变迁与强制性制度变迁相互促进、推动的方式，构成了中国特色"渐进式改革"不断向纵深迈进的内在演进逻辑。经济特区作为"中国特色渐进式改革"的实践模式与路径，在形成由特殊政策所致的，对生产要素和经济实体强大吸引力的"虹吸效应"的同时，又以其中央授权下的诱致性制度变迁（地方政府的大胆改革）创造出被加强了的"虹吸效应"，从而提高了中国特色"渐进式改革"的制度绩效。经济特区作为"中国特色渐进式改革"的实践模式与路径，在形成由特殊政策所致的，对周边区域经济产生推动或有利影响的"扩散效应"的同时，又以其中央授权下的诱致性制度变迁，创造、释放出日益扩大、深化的"扩散效应"，从而加快了中国特色"渐进式改革"的实践进程。经济特区作为"中国特色渐进式改革"的实践模式与路径，在制度化形成先富带后富的"涓滴效应"，较为迅速地展现出率先发展城市倒"U"型曲线（随着经济的发展贫富差距缩小）的同时，从内在逻辑与机理上更加彰显"中国特色渐进式改革"的时代意义。

马克思说："理论在一个国家实现的程度，总是决定于理论满足这个国家的需要的程度。"经济特区不仅仅是中国改革开放政策的产物，它本身也是一种制度安排，即由中央政策赋予了"率先改革权"的一项制度安排。作为一种制度安排，它既率先担负起中国社会改革开放与深化改革的使命，又以经济特区的独特身份与率先改革的优先权，不断开拓性地为中国社会的制度变迁提供着可复制、可借鉴的做法与经验。所以，经济特区作为"政策性经济增长极"，不仅在"中国特色渐进式改革"的框架内，有力地诠释、践行着中国经济特区独特功能、作用与使命，而且在丰富、完善中国特色社会主义理论的同时，展示着中国共产党的思想与道路的力量。

三、深圳奇迹印证中国共产党的改革智慧

回顾40余年的改革开放历程，经济特区拥有着"与生俱来"的划时代意义。它不仅仅是中国共产党所创造的足以载入中国改革开放史的厚重的政治财富，而且还是不断开创历史、创造奇迹的制度力量。从"先行先试"到"先行示范"，都在以"政策性增长极"的独特的制度绩效，展示着中国共产党的改革智慧，而深圳经济特区正是这一改革智慧的印证者。

我们知道，社会转型的初期，获取民众对改革支持的最直接、最有说服力的方法就是发展经济及伴随经济发展的人们收入水平的普遍提高，这是典型的"渐进式改革"的基本逻辑步骤。"中国特色渐进式改革"以首先建立"政策性增长极"——经济特区的方式，富有感染力与感召力地创造了这样一个具有说服力的制度空间。这就是改革开放初期邓小平同志所说的"让部分人，部分地区先富起来"政治智慧。

深圳是一座移民城市，人口无疑是一座城市发展的核心因素，尤其对一个在社会转型中成长的城市而言。一方面，人口流动的变化情况，足以体现一座城市对人的吸引力与魅力；另一方面，城市自身在获取劳动力红利和所创造的价值的同时，更获得了消费规模与能力。两者相互促进，又会产生有利于城市发展的"极化效应"，以深圳为代表的经济特区，正是自身发展所产生的"极化效应"的最大的受益者。

"极化效应"是由经济学家纲纳·缪达尔在其著作《经济理论和不发达地区》中提出来的。这一经济理论认为，在市场机制的作用下，一旦地区间发展水平与发展条件出现差距，条件好、发展快的地区就会在发展过程中不断地为自身积累有利因素，从而进一步快速发展。

第一，深圳经济特区的成功证明，中国共产党建立经济特区的决策是正确的。如何在传统计划经济体系中开始社会主义市场经济的实践，这对中国共产党人来说是一个陌生且全新的问题。深圳、珠海、汕头、厦门远离政治中心，计划经济相对薄弱，又具有地理位置优势。正因为如此，这些地方成为中国改革开放的先行地。可以说，这既是一个降低改革的政治风险和成本的最佳选择，又是一个充满政治智慧的、符合中国国情的选择。经济特区的建立不仅大大降低了传统意识形态依然占据主导地位的情况下社会制度变迁的阻力，降低了传统体制依然占据支配地位情形下制度

变革的成本，而且成功地规避了改革开放有可能带来的各种风险，从而使制度变迁的绩效在短期内就迅速地显现出来，并卓有成效地示范于全国。这是中国共产党人辉煌的一笔，是马克思主义中国化的经典案例。

第二，深圳经济特区的成功证明，中国共产党选择"中国特色渐进式改革"的路径是正确的。渐进式改革的一个重要特征，就是改革的实施从局部到全局逐步展开。中国首先建立一个既能体现中央整体改革意图，又赋予其改革自主权的"政策高地"——经济特区，进而为渐进式改革成功地寻找到了一个具有"试验田"意义的实践载体。"先行先试"是转型中国赋予经济特区的先天品格，是中央统筹部署下的强制性制度变迁赋予经济特区的政策"特权"，是渐进式改革赋予经济特区的伴随风险和成本"试验权"，是非均衡发展战略赋予经济特区需要智慧与勇气的"优先"改革权，更是经济特区不朽生命力的原因所在。"中国特色渐进式改革"的道路选择，不仅体现了中国共产党人的改革智慧，而且展示出了中国共产党人的理论自信与对马克思主义的再认识。

第三，深圳经济特区的成功证明，中国共产党选择"非均衡发展方式"是正确的。非均衡发展方式是在经济发展不均衡的大国里，实施东部沿海地区优先发展战略，有效完成社会转型，从而较快实现全面发展的制度绩效最佳、成本代价最低的路径选择，尤其对于降低改革开放的试错成本，更是如此。如果说"中国特色渐进式改革"是面临制度约束的一种发展步骤，那么非均衡发展则是面临资源约束的一种发展方式，作为同一改革过程中相互支撑、相互推动的两个方面，它们共同保证了中国改革开放历程中强制性制度变迁主导下的诱致性制度变迁的自然发生；保证了转型进程从局部向全局的稳步推进；保证了体制内改革与体制外推动的有效结合；保证了经济的市场化与全方位改革的渐进式推进；保证了改革、发展与稳定的相互协调；从而以符合中国国情的改革实践，为道路自信提供了令世人瞩目的现实依据。

第四，深圳经济特区的成功证明，中国共产党选择的中国道路是正确的。中国特色社会主义道路是近代以来中国人民艰辛探索最终选择的现代化道路，是中国共产党和中国人民在长期实践中逐步开辟出来的道路。历史已经充分证明，中国特色社会主义道路是民族复兴之路、国家富强之路、人民幸福之路。中国道路的探索过程是对人类文明的认同过程，是为世界提出中国智慧的过程。这一过程承载着一个民族独立自主谋求富强的历史使命，更体现了中国共产党作为改革开放领导者的政治智慧。

建立经济特区，并赋予经济特区在改革开放不同历史阶段的不同功能与使命，是中国道路的中国特色。如果说当年以建立经济特区的方式开启中国市场经济制度的探索，主要在于降低改革开放的政治风险和试错成本，那么之后的各类特区的建立则更多地是以政策的力量培育经济增长极，并通过"回流效应""扩散效应"和"涓滴效应"的释放，以制度示范制度，以区域带动区域，并以先行先试所形成和积累的增长极，逐步带动、实现社会的均衡发展与全面发展。无论经济特区、广义经济特区还是自由贸易试验区，都是在中国改革开放不同时期与阶段中，承担着不同的先行先试使命，从而实现国家整体发展战略的制度安排。或者说，都在产生之初就被赋予了独特功能的"政策性增长极"的功能与使命。这些增长极功能的发挥，如以"扩散效应"实现梯度转移，并不是简单的发展后的自然释放，更多地表现为市场机制基础之上的，为实现国家发展战略的政策性释放。市场选择与政策引力相作用，市场的力量与制度的力量相结合，使中国社会经济发展呈现独特的轨迹与较高的速度。从经济特区到广义经济特区，再到自由贸易试验区的建立与形成，正是"梯度发展"与"反梯度发展"路径选择的有机结合。这种有机结合在改革与深化改革的进程中，不断诠释着中国道路所蕴含着的"举国体制"的独特魅力，彰显着中国共产党源于改革智慧的稳健而坚定的创新精神。

1984 年，中国改革开放的总设计师邓小平同志在视察深圳、珠海、厦门三个经济特区时曾十分高兴地说："深圳的发展和经验证明，我们建立经济特区的政策是正确的。"1987 年，他再次谈及经济特区时说："现在我可以放胆地说，我们建立经济特区的决定不仅是正确的，而且是成功的。所有的怀疑都可以消除了。"2020 年 10 月 14 日，在深圳经济特区建立 40 周年庆祝大会上，习近平总书记发表重要讲话时指出："深圳等经济特区的成功实践充分证明，党中央关于兴办经济特区的战略决策是完全正确的。经济特区不仅要继续办下去，而且要办得更好、办得水平更高。"①

---

① 《习近平：在深圳经济特区建立 40 周年庆祝大会上的讲话》，见学习强国网页（https://www.xuexi.cn/lgpage/detail/index.html?id=15893681691260127916& item_id=1589368169126012791 6），刊载日期：2020 年 10 月 14 日。

如果说深圳经济特区奇迹印证中国共产党的改革智慧，那么中国改革开放的成功实践则展示出中国共产党的思想与道路的力量。这一思想与道路的力量将作为珍贵的制度财富，镌刻在中国共产党的发展史中，镌刻在中国的改革开放史中。

（原载《深圳特区报》2021年6月15日第A05版，《新华文摘》2021年第17期转载）

深港融合发展与区域经济韧性

自 2019 年《粤港澳大湾区发展规划纲要》出台，深港融合发展就已被日渐提上区域协调发展的议程。其后相继出台的《深圳建设中国特色社会主义先行示范区综合改革试点实施方案（2020—2025 年）》与《全面深化前海深港现代服务业合作区改革开放方案》（以下简称《前海方案》），都从制度层面上为深港融合发展确定了基本路径与规则衔接、制度对接的主要方向。如果说粤港澳大湾区的构建是中国社会深化改革的战略性部署，是以建立政策性增长极的方式，先行完成制度变迁探索的中国道路的逻辑演进，那么深港融合发展则是新时代深化改革进程中又一富有挑战性的制度安排。而消除融合发展的制度障碍，建立融合发展的制度通道，则是实现共同繁荣的关键所在。制度障碍的消除与制度通道的确立，不仅会以制度资本与社会资本的潜在力量增进着深港乃至粤港澳大湾区自身可持续发展的区域经济韧性，还将以"一国两制"框架下深港融合发展的体制机制的确立与实践，促进着中国社会管理体制与机制的现代化与国际化，从而使粤港澳大湾区真正成为未来中国具有超强扩散效应与辐射力、区域协同发展高质量引擎与制度创新的高地。

一、区域经济韧性及其影响因素

从一般意义上讲，经济韧性是指一个经济体在面临外部和内部各种环境变化的情况下，防范、抵御各种风险以及及时灵活调整政策，开辟新的发展路径的恢复能力。区域经济韧性则是指一个特定的区域或区域共同体所拥有的上述能力。当然，由于区域自身的特殊禀赋，或区域共同体所形成的独特的互补优势与要素集聚能力与合力的存在，区域经济韧性又会在成因或韧性表现形式上显示出某些差异性，但基本原理与机理是相同的。一个富有经济韧性的经济体，是一个具有可持续发展潜能的经济体，而一个富有可持续发展潜能的经济体，必定不可或缺地蕴含着经济发展韧性。

2002 年，Reggiani 等学者首次把"韧性"的概念应用到区域经济领域。他们认为在对经济学空间系统的动态研究过程中,"韧性"这一概念极其重要,它在类似的分析中应作为一个关键思路,尤其是空间区域经济系统面对各类冲击或扰动时。[1] Berkes 等学者认为,韧性不仅包括经济系统应对外界扰动的能力,还包括抓住并转化外部机遇的能力。[2] Rose 认为,经济韧性涉及企业、市场、家庭等不同层面,是区域系统中固有的一种响应机制,以及区域在外来冲击发生时和发生后为避免潜在损失而采取的应对策略的能力。[3] Foster 将区域经济韧性定义为:面对外部干扰,区域预测、准备、应对和恢复的能力。[4] Hill 等学者认为一个区域,经济受到冲击后的成功恢复能力表现为区域经济的韧性。[5] James 则根据遭受外界冲击发生后的情景,总结了区域经济的发展趋势,其中包括能否回到冲击之前的稳定发展状态,以及区域经济可以通过自身结构的调整,实现产业转型升级,走向全新的发展道路等,并将上述特质视为区域经济韧性。[6] 叶初升将经济韧性简练地概括为抵御风险、驾驭不稳定性的发展能力。[7] Martin 的研究将区域经济应对衰退冲击的"韧性"归纳为四个方面:其一,抵抗力,即区域经济应对衰退冲击的敏感性和反应程度,或者说脆弱性和易受伤害性;其二,恢复力,即区域经济从导致衰退的各类冲击中自我恢复的程度与速度;其三,自适应能力,即区域经济系统在遭受冲击之后重新有效整合其内部即有资源,调整自身包括产业结构在内的社会制度结构,从而适应新的变化了的外部环境的能力,这里还必然包括维持就业、产出、和收入水平相对稳定的能力;其四,经济可持续增长路径

---

[1] A. Reggiani, T. De Graaff & P. Nijkamp, "Resilience: An Evolutionary Approach to Spatial Economic Systems," *Networks and Spatial Economics*, 2002, 2(2), pp. 211 – 229.

[2] F. Berkes & C. Folke, *Linking Social and Ecological Systems: Management Practices and Social Mechanisms for Building Resilience* (Cambridge: Cambridge University Press, 1998), pp. 13 – 20.

[3] A. Rose, "Economic Resilience to Natural and Manmade Disasters: Multidisciplinary Origins and Contextual Dimensions," *Environmental Hazards*, 2007, 7(4), pp. 383 – 398.

[4] K. A. Foster, "A Case Study Approach to Understanding Regional Resilience," *IURD Working Paper*, 2007(8).

[5] E. Hill, H. Wial & H. Wolman, "Exploring Regional Economic Resilience," *Working Paper, UC Berkeley: Institute of Urban and Regional Development*, 2008, pp. 1 – 12.

[6] Ron M. James, "The Economic Resilience of Regions: Towards an Evolutionary Approach," *Cambridge Journal of Regions, Economy and Society*, 2009, 3(1), pp. 27 – 43.

[7] 叶初升:《中国的发展实践与发展经济学的理论创新》,载《光明日报》2019 年 11 月 1 日第 11 版。

的创造与再创造能力,即当区域经济遭遇冲击后,改变既有的增长模式,拓展、开创新的发展路径,从而再度实现经济持续稳定增长的能力。① 区域经济韧性在某种意义上可以被视作一个地区固有的特质,它是可以在相当长的时期里持续提升某一经济系统的至关重要的属性。当然,区域经济韧性又表现为一个循环过程,即区域经济面对冲击扰动以及其恢复过程,可能会引起区域经济结构和功能的演变,而这些变化又会影响区域经济系统面对下一次冲击扰动时的抵抗性和恢复性。也就是说,区域经济韧性是动态演化的,它既会影响区域经济对冲击扰动的应对能力,也会因系统的改变而发生着演化,从而决定应对下次外部冲击能力。② 一般认为,有四个方面的主要因素会对区域经济韧性产生主导性影响:

第一,区域产业结构状况。在已有的相关文献中,产业结构一直被看作影响区域经济韧性的最为重要的因素。排除单纯的产业多元化与专业化的利弊之争,仅就应对外部风险冲击而言,一方面,一个区域产业结构越多样性,尤其主导产业越非单一化,产业结构分散风险的能力就越强,该地区面对冲击时越能体现出更好的韧性;另一方面,包括主导产业在内的不同产业,对经济韧性均表现出不同的敏感度。以重工业为主导的区域,由于面对冲击时会产生高昂的沉没成本并存在退出壁垒,从而经济韧性较差;而金融业服务业占比高的地区,其经济韧性则显著强劲。

区域产业结构单一化的弊端就是会造成该区域的产业锁定,而产业结构多样化则可以防止这种锁定的发生。因为产业多元化不仅可以降低各类冲击对区域经济所产生的破坏力,更有利于区域经济在遭遇冲击后迅速恢复。③ 还有学者针对产业结构对区域经济韧性的影响认为,由于外部冲击直接影响的是一个或多个产业,产业结构多样化能够有效分散风险。然而对于专业化产业结构,一旦主导产业遭到冲击,短期内会因无法寻找接替

---

① R. Martin, "Regional Economic Resilience, Hysteresis and Recessionary Shocks," *Journal of Economic Geography*, 2012, 12(1), pp. 1 – 32.

② 李连刚、张平宇、谭俊涛等:《韧性概念演变与区域经济韧性研究进展》,载《人文地理》2019 年第 2 期。

③ R. Martin & P. Sunley, "Path Dependence and Regional Economic Evolution," *Journal of Economic Geography*, 2006, 6(4), pp. 395 – 437.

产业，从而导致工人重新就业机会变少、经济韧性减弱等情景的发生。①以简·雅各布斯（Jane Jacobs）为代表的城市经济学家则更加重视产业多样化的外部性作用。他们认为，由于多数重要的知识转移会发生于跨产业之间，因此产业结构的多样性会更能促进知识的跨行业交流，从而促进创新并带来技术水平的提升，最终促进地区经济的可持续增长。②

我们知道，由马歇尔—阿罗—罗默发展的MAR外部性，特别强调产业专业化对区域经济增长的影响机制。因为区域经济的专业化将有利于降低生产成本、提升生产效率、促进知识溢出等，MAR外部性认为相同或相关行业在某一区域集聚产生的知识和技术外溢效应有助于提高本地创新能力，进而促进地方经济发展。我以为，我们在阐述产业的多元化更有利于提升区域经济韧性的同时，并没有否定区域产业专业化的自身优势及对区域经济所产生的正的外部效应，因为两者是不同的问题。产业的多元化并不是对产业的专业化的否定，专业化寓于多元化之中，多元化包含着专业化。一个拥有较强区域经济韧性的经济体，一定是蕴含专业化的多元化的产业结构体。

第二，社会资本。社会资本是指某种认知锁定。这种认知锁定源于社会网络中不同行为主体间过多的相互关联性。对个人而言，社会资本表现为个人在社会组织结构中所处的地位坐标的价值；对于群体而言，社会资本则表现为生长在群体中，使成员之间能够获得互相支持的那些行为和准则的积蓄。皮埃尔·布迪厄（Pierre Bourdieu）提出，社会资本是"实际的或潜在的资源的某种集合体，那些资源的集合与某一群体共同持久性占有同一网络密不可分的。这种网络是体系化的，不仅被某一共同体成员所共同熟悉，而且还被他们所一致公认。社会资本从集体性拥有资本的角度，即准公共物品的属性，为每个会员提供着源于一致认同的支持，提供着足以为他们赢得社会声望与信誉的凭证"③。詹姆斯·科尔曼（James S. Coleman）指出："市场中的经济人为了实现自身的利益必须进行各种交换……于是自然形成了相对稳定并持续存在的一系列社会关系，……这

---

① 参见张振、赵儒煜、杨守云《东北地区产业结构对区域经济韧性的空间溢出效应研究》，载《科技进步与对策》2020年第5期。

② J. Jacobs, *The Economy of Cities* (New York: Vintage Books, 1969).

③ P. Bourdieu, "Le Capital Social: Notes Provisoires," *Acres de la Recherche en Siences Sociales*, 1980(31), pp. 2–3.

些社会关系之和不仅被视为社会结构的一个重要的组成部分,而且更以一种社会资源的方式存在着。"科尔曼在此基础上还提出了社会资本的概念,他认为社会结构资源是个人所拥有的资本财产,这种资本财产亦即社会资本。社会资本、物质资本、人力资本是每一个人与生俱来就拥有的三种资本,物质资本是有形的,而社会资本与人力资本则是无形的,三种资本之间存在着相互转换的可能。社会资本的形式有义务与责任、寄予与期望、网络与信息、规则与规范、有效奖励与惩罚、权威与权威关系以及具有各种功能的社会组织,有意识创建的社会组织等。① 林南认为社会资本是"投资在社会关系中并希望在市场上得到回报的一种资源,是一种镶嵌在社会结构之中,并且可以通过有目的的行动来获取或流动的资源"②。林南在定义社会资本时尤其强调社会资本的先在性,即社会资本首先存在于一定的社会结构之中,人们必须遵循其中的规则才能获得行动所需的社会资本,这个定义同时也说明了人选择行为与获得社会资本之间的关系。也就是说,人们是可以通过自身有目的的行动获得社会资本的。在罗伯特·帕特南(Robert D. Putnam)那里,社会资本不是个人的财产,而是一种团体的甚至国家的财产。帕特南强调,社会资本的重要性告诉我们,它的重心点不应该放在增加个人的机会上,而应该放在增进社群的发展上,从而为各种类型的社会组织保留更宽广的存在空间。③ 学者们普遍认为社会资本对提高区域适应能力有着积极的作用。但是,只有当社会资本能够促进多元化个体和认知,避免出现集体的盲目和短视行为时,它才会有利于区域经济韧性。如 Hassink 曾研究了韩国大邱的经济韧性。大邱曾经是韩国的"纺织之都",然而两次石油危机袭来时,并没有唤起当地人的危机意识。20 世纪 80 年代曾有专家提醒过,警惕中国这个竞争对手的出现,但是大邱认为中国并不可能对其构成颠覆性的威胁,所以产业转型的步伐始终没有迈开。后来大邱纺织业不可逆转的衰落不仅导致了当地经济的凋败,而且政府付出的巨大努力和投资也难有回天之力。其实从现实生活来看,区域创新能力、商业环境、制度政策、区域文化、教育水平、

---

① J. S. Coleman, *Foundations of Social Theory* (Cambridge: Harvard University Press, 1990).
② [美]林南:《社会资本:关于社会结构与行动的理论》,张磊译,社会科学文献出版社 2020 年版,第 19 页。
③ D. Putnam Robert, L. Robert & Raffaella Y. Nanetti, *Making Democracy Work: Civic Traditions in Modern Italy* (Princeton: Princeton University Press, 1993), pp. 200 – 300.

人口等因素都会影响区域经济韧性,而 Hassink 尤其指出,由于社会资本、知识网络和文化等是区域适应力的重要来源,因此对区域经济韧性的强弱具有重要的影响力,并且这种影响力同时会向正反两个方向扩展延伸。①

在本文的研究框架中,社会资本主要是作为一种内在的制度安排而纳入后面的分析逻辑之中的。从社会资本表现为区域共同认知的意思上来看,它无疑具有意识形态的制度功能,即节省交易费用的制度安排;从社会资本表现是为区域的每个会员提供支持和彼此信任的集体性拥有资本的角度看,它无疑具有减少或降低协调成本与组织成本的制度属性;从社会资本表现为镶嵌在社会结构中的资源,并希望通过市场得到回报的经济属性来看,它无疑具有以成本收益权衡决定人们选择行为的类似于正式制度安排的功能与属性。当然,一个社会或区域共同体社会资本的形成,与共同体的正式制度安排是紧密相连的。而且在相当程度上,正式制度安排决定了社会资本的特质,因为社会资本存在于社会的制度环境之中。

第三,政策和制度环境。政策和制度环境,同样被认为是分析和解释区域经济韧性重要因素。有学者认为社会经济系统分为企业主义、联合主义和发展主义三种类型。企业家精神构成企业主义社会经济体系的核心,而具有超强的创新活力则是其基本特质,这种经济体系的经济韧性最好,以美国为代表;在以政企合作为特征的联合主义模式下,部分权力会被中央政府下放给地方和私人部门,这种经济体系具有一定的经济韧性,以德国和北欧国家为典型代表;以政府为核心、以经济规划为主导的发展主义模式常见于东亚及前社会主义国家,这种社会经济体系更容易导致区域锁定,从而显著削弱经济韧性。从一般意义上讲,这三类社会经济体系的经济韧性是呈现由高到低的展现趋势的。总的来说,政府干预越少、政策环境越宽松的地区,经济韧性就会越好;政府权力较大或干预过多的地区,不利于新的增长路径在市场规律作用下有效形成,从而区域经济韧性就会较低。在考虑、分析区域经济韧性时,行政力量的影响是不可忽略的因素。当然,这种因素对区域经济韧性的影响未必总是消极的,一方面,僵化的体制会产生负面影响,阻碍经济结构有效率地调整和高质量的重组;

---

① R. Hassink, "Regional resilience: A promising concept to explain differences in regional economic adaptability?" *Cambridge Journal of Regions*, *Economy and Society*, 2010, 3(1), pp. 45 – 58.

但另一方面，中央集权政府同样会通过行政指令或发展规划，创造政策机会，促进区域经济的成功转型与重生。实践证明，无论是对老工业基地的更新转型，还是经济危机后的应对与社会经济的重建，政府的权力及其行政力量与手段都是重要且不可忽视的影响因素。①

对于影响区域经济韧性的政策和制度环境因素，将纳入中国社会制度变迁及改革开放的大背景下考虑。在中国传统计划经济向社会主义市场经济转型中，一方面任何一个懂得政府行动越少、成就将越多的政党，都将在政治上获得巨大而可喜的发展机会；②另一方面制度转型的效率性要求，政府的保护性功能又不可或缺。因为，在某些情况下，没有政府保障下的集体行动，社会转型的一些最基本的目标也无法顺利实现。沃尔特·奥肯曾说过这样一段话："视现存的政府为所有经济活动的全知全能的保护者是错误的，但是，认为被利益集团收买的现政府已不可救药，从而对解决建立恰当政治—经济秩序的问题丧失信心，也是不正确的。政治秩序与经济秩序的相互依赖性迫使我们要同时解决它们。它们都是同一整体秩序的组成部分。没有竞争秩序，就不会有能起作用的政府；而没有这样一个政府，也不会有竞争秩序。"③"举国体制"在中国社会转型进程中是一种有价值的资源，尤其在集中稀缺资源干大事和面对突然发生的外部冲击的时候。"举国体制"总是以政策和制度环境的方式发挥作用的，同时也总是以政策所释放的信息与制度环境所带来的选择的机会成本变化，决定着个人、群体或一个区域的决策行为，从而影响着区域经济韧性的强弱与高下。

第四，文化因素。文化因素在这里主要是指区域文化、风俗、习惯和由此所决定的人们的选择行为。作为影响区域经济韧性的文化因素，通常是以内在制度的功能发挥作用的。法国思想家孟德斯鸠在他的《论法的精神》一书中专门谈到了习惯的重要性："虽然贤明的人可以有他们自己制定的法律，但是他们却拥有一些他们从未制定过的法律"。戴维·休谟

---

① 参见孙久文、孙翔宇《区域经济韧性研究进展和在中国应用的探索》，载《经济地理》2017年第10期。
② 参见[美]理查德·A.爱波斯坦《简约法律的力量》，刘星译，中国政法大学出版社2004年版，第50—51页。
③ [德]瓦尔特·欧根：《经济政策的原则》，李道斌译，上海人民出版社2001年版，第349页。

和亚当·斯密也强调演化中的内在制度,是一个社会制度框架形成的现实基础。诸如有意识人为制定的,并通过立法确定下来的规则,以及包括公共选择在内的,由政治决策过程决定的社会制度的整体架构,都必须以在演进中既定的内在制度为基础。柯武刚和史漫飞把内在制度分为较宽泛但又在某些方面不无重叠的四个方面,那就是习惯、内化规则、习俗和礼貌、正式化内在规则。并认为习惯作为规则的主要特征就是会给它的遵守者自身带来遵循的便利,所以排斥个人的怪癖,几乎所有人都会服从习惯这一规则,而且这种遵守又基本上都是出自自利动机的选择行为;内化规则往往表现为人们通过习惯、教育和经验而自然习得的规则,这种习得来的规则又常常表现为非极端情况下人们会无反映、自发地服从状况,如道德就是这类内在制度的重要内容与经典体现;习惯和礼貌作为一种内在制度尽管违反它并不会自动引发共同体内的有组织的惩罚,然而会受到共同体内的其他人的非正式地监督,违反者虽然不会受到有形的惩罚,但会在共同体内落下不好的声誉,甚至会发现自己被所赖以生存的社会所排斥;正式内在制度虽然从制度形成的方式来看依然具有内在制度的特征,即随经验而出现的,但它们在共同体内实施或执行的方式则是正式的,即以正式规则的方式发挥作用并被强制执行,如校规、行业自我约束管理条例就属于这类制度。①

作为形成区域经济韧性的文化因素,本身就是制度的一个重要组成部分。然而,对一个社会而言,一方面制度是不可或缺的,因为任何无约束的自由对社会都是巨大的灾难;另一方面社会需要制度,但人们又往往并不了解制度。而文化的制度属性与功能就常常会被人们忽略从而作为一种自然而然的存在来理解。从"时间就是金钱,效率就是生命"的特区精神到潮汕文化所形成、积淀的某些习惯与习俗。事实上都是在以一种内在式制度或内化规则,抑或正式化内在规则的方式,在持续保持、增进着这一个固定群体的自身文化凝聚力的同时,也赋予这一固定群体和所生活的区域以来自文化认同的经济韧性。

综上所述,经济韧性还可以理解为一个经济体的自我转型升级的能力。即一个区域或区域共同体通过实现系统结构与功能的转变,形成可持

---

① 参见[德]柯武刚、[德]史漫飞《制度经济学:社会秩序与公共政策》,韩朝华译,商务印书馆2000年版,第122-125页。

续发展与最终形成自身消除风险干扰实现其转型的能力。但是，从区域经济韧性的生成及影响因素来看，并非单纯经济因素的结果，而是包括经济因素在内的社会诸因素共同作用的结果。可以说，今天的深港融合发展也非单纯的经济上的合作共赢，而是一种区域共同体的全方位的社会的融合。这种融合虽然是以中央政府指导性文献的方式倡导的，但根本上还是源于双方可持续发展的客观需要与区域共同体演进的趋势。一方面对香港而言，无论面对国际竞争还是谋得自身开拓性发展都需要内地的支撑（这种支撑包括要素更自由的无制度障碍的流动、空间地域的延伸等），而深圳则是这一支撑的最佳的要素供给者与高制度契合度的合作者；另一方面对深圳而言，无论率先深化改革还是拓展对外开放新格局都离不开香港这一个国际化的平台，而香港成熟完善的市场经济体制、发达的金融体系以及与之相关联的在国际经济秩序中的地位，不仅可以降低改革的认知成本从而提高制度变迁的绩效，而且可以为内地可持续发展带来制度环境的优化与"制度资本"的提升。

二、粤港澳大湾区的制度经济学诠释

如果从制度变迁的角度看，粤港澳大湾区无疑是一项正式的制度安排。作为一项正式制度安排，粤港澳大湾区的形成与构建，一方面具有制度一般的基本功能与属性，另一方面更具有制度创新的特殊意义，而形成高绩效的制度结构，从而获得高质量制度资本，并以此示范全国，推动中国改革开放向纵深迈进，则是粤港澳大湾区作为区域性经济增长极的关键所在。

新经济史先驱诺斯认为："制度可以被定义为社会的行为规则，提供了人类相互影响的框架。它们建立了构成一个社会，或更确切地说一种经济秩序的合作与竞争关系。"① 诺斯在与新制度经济学派代表人物戴维斯合著的《制度变迁的理论：概念与原因》一文中对制度概念又做了进一步的表述：制度是人为设定的一种制约，目的在决定人们之间的相互关系，从而构造出一套人们发生于政治、社会或经济等方面交换关系时的激

---

① [美]道格拉斯·C. 诺斯：《经济史中的结构与变迁》，陈郁、罗华平等译，上海三联书店、上海人民出版社 1995 年版，第 225 页。

励结构。戴维斯、诺斯在上述文章中还阐述了制度与制度安排以及制度环境之间的内在联系：制度的一个重要功能就是规范并决定人们的选择行为，它同时也支配着不同共同体之间可能发生的合作与竞争的方式……安排可能是以正式的方式出现，也可能是以非正式的方式出现；可能表现为暂时性的一种安排，也可能表现为更长久的一种安排。但是它必须至少用于下列一些目标，那就是提供一种崭新的制度结构，从而使某一共同体成员间的合作能够获得显著的在结构之外无法获得到的追加收入，抑或能提供一种机制，这种机制能通过影响法律或产权的变迁，改变团体或个人可以进行合法竞争的方式。戴维斯、诺斯还认为，制度变迁与技术进步有着非常相似的动机，即追求收益最大化是推动制度变迁和技术进步的行为主体的共同目标。所以，成本—收益之比就自然成为促进或推迟制度变迁的主张者什么时候采取行动以及如何采取行动的关键。只有当一项制度变迁的预期的净收益超过它的预期的成本时，一项制度安排才会被创新出来。也只有当上述这一基本条件得到满足时，我们才有可能发现在一个社会内部滋生了，或正在酝酿着改变现有制度和产权结构的愿望与企图。戴维斯、诺斯还阐述了制度创新的几种方式：纯粹自愿的形式，完全由政府控制和经营的形式，存在于这两种极端之间，更为广泛采用的半自愿半政府的结构。自愿的制度安排是以相互同意的个人之间的合作性安排为前提的，参与其中的任何人都可以不受约束地合法退出。这种制度安排的特征就是对决策的无条件的一致同意，同时接受这一决策所支付的成本要远远低于退出所带来的成本。与之不同，由政府发起的制度变迁是不会为个体提供自由退出选择的。因此，政府并不要求对行动的一致同意，而每一个个体却一定要遵从这些决策规则。戴维斯、诺斯进一步指出："尽管在自愿选择下的制度创新中，既没有与之相联系的组织成本，也没有强制成本，但收益的增长只限于一个人。不过，在自愿的安排下，要达成一致性可能会进一步增加组织的成本。所以，给定同样数量的参与者，在政府安排下的组织成本，可能要低于自愿安排下的成本。相对于其他制度创新方式，一个政府的强制性方案，可能会产生极高的收益，因为政府可能利用其强制力（这里可以理解为权力），并强制实现一个由任何自愿的谈判都不可能实现的方案"。①

通常一个社会所有制度安排的总和,包括政治和经济制度、技术、意识形态等正式和非正式的制度被称为制度结构。制度总是镶嵌在制度结构之中的,因此,它的效率还取决于其他制度安排实现它们功能的完善程度。"由于制度结构是由一个个制度安排构成,所以一个特定制度安排不均衡,就意味着整个制度结构不均衡。许多制度安排是紧密相关的,一个特定制度安排的变迁,也将引起其他相关制度安排不均衡。"② 一方面,没有制度结构所形成的相互支撑的制度系统,再好的制度也无法独自发挥作用并产生绩效;另一方面,制度供给本身从来都不可能是单向度的,一项制度供给的发生,要么表现为一系列相关制度供给的同时产生,要么渐进式引发或带来与之相关联的一系列制度创新的发生,从而渐进式形成更有利于获得潜在利益可能的制度结构的变化。

可以说,由新的制度安排所带来的更富有绩效的制度结构的形成,在制度创新中显得尤为重要。因为,制度的"制度资本"的功能与属性,只有在相互支撑的制度环境中才有可能展现出来,正如鲁滨孙世界不需要产权一样,产权制度也只有存在于市场经济体系中才具有价值并创造价值。德国制度经济学家柯武刚、史漫飞是这样定义"制度资本"的:制度拥有能增强生产要素效能的功能,这种效能的作用方式类似于资本使劳动具有更高的生产率。因此,我们可把一个共同体所构建的制度视为一种宝贵的生产性资产。我们称其为"制度资本"③。有学者从交易费用的视角来阐述"制度资本"的意义:"如果一个国家的制度安排有利于交易市场规模的最大化,从而有利于经济体制的深化,那么我们就可以说这个国家拥有较高的制度资本。"反之,"任何不支持遵循'看不见的手'来完成市场交易的制度安排,都完全有可能使一个社会的交易成本变得很高。

---

① 参见 L. E. 戴维斯、D. C. 诺斯《制度变迁的理论:概念与原因》,见[美]R. 科斯、[美]A. 阿尔钦、[美]D. 诺斯等《财产权利与制度变迁:产权学派与新制度学派译文集》,刘守英译,上海三联书店、上海人民出版社1994年版,第267—291页。

② 林毅夫:《关于制度变迁的经济学理论:诱致性变迁与强制性变迁》,见[美]R. 科斯、[美]A. 阿尔钦、[美]D. 诺斯等《财产权利与制度变迁:产权学派与新制度学派译文集》,刘守英等译,上海三联书店、上海人民出版社1994年版,第389页。

③ [德]柯武刚、[德]史漫飞:《制度经济学:社会秩序与公共政策》,韩朝华译,商务印书馆2000年版,第143—144页。

而这种被推高的成本，就是制度成本"①。从制度变迁的角度来讲，高质量的"制度资本"总是形成、存在于高绩效的制度结构之中。制度系统相互支撑的契合度越高，制度的"制度资本"的属性就越显著，从而一个社会的制度系统就越会以降低交易成本、增加潜在收益的方式增进着社会的总效益。

"制度环境是指一系列用来建立生产、交换与分配基础的基本的政治、社会和法律基础规则"，或者说"是一系列与政治、经济和文化有关的法律、法规和习俗"。制度环境是"人们在长期交往中自发形成并被人们无意识接受的行为规范"，它表现为可供人们选择制度安排的范围，使人们通过选择制度安排来追求自身利益的增进受到特定的限制。"支配选举、产权和合约权利的规则就是构成制度环境的基本规则类型的例子。"②制度环境是可以通过一份成文的文件、宪法或政府的政策抑或发展理念的改变而改变或营建的，《粤港澳大湾区发展规划纲要》《深圳建设中国特色社会主义先行示范区综合改革试点实施方案（2020—2025 年）》乃至《前海方案》，就具有后一种含义。上述规划与方案实质上都是政府的政策及发展理念，会导致一系列制度创新的联动效应，从而促成区域制度环境的改变。

营商环境是指市场经济中的行为主体在市场准入、生产经营、退出市场等相关过程中涉及的诸如法治环境、市场环境、政务环境及人文环境等外部因素和条件的总和。③ 如同制度总是镶嵌在制度结构之中一样，一个社会的营商环境也总是镶嵌在该社会的制度环境之中，并体现该社会制度环境的质量。高质量的制度环境产生高质量的营商环境，而高质量的营商环境又具有增进要素价值的制度资本的属性。甚至可以说，营商环境是制度环境与"制度资本"属性的最恰当的诠释与体现。在现实中，所有方便要素自由流动的制度安排，所有能够降低交易费用的制度设定，所有能使人力资本这一重要的生产要素获得交换价值以外的价值（如尊重感）

---

① 陈志武：《勤劳能致富吗?》，载《西部大开发》2004 年第 11 期。
② L. E. 戴维斯、D. C. 诺斯：《制度变迁的理论：概念与原因》，见 [美] R. 科斯、[美] A. 阿尔钦、[美] D. 诺斯等《财产权利与制度变迁：产权学派与新制度学派译文集》，刘守英等译，上海三联书店、上海人民出版社 1994 年版，第 270 页。
③ 参见世界银行《营商环境报告（2020）》，见网页（https://open-knowledge.worldbank.org/bitstream/handle/10986/32436/9781464814402.pdf）。

的制度系统，都有巨大可能在技术条件不变的情景下，仅仅由于营商环境的改善（更高质量的制度环境的形成与供给），实现经济增长并为社会带来来自制度文明的繁荣。从这个角度我们可以解释，为什么优化营商环境，成为粤港澳大湾区一体化进程中制度演进的重要方向；为什么营商环境的高水平衔接，会成为深港融合发展之首要任务；为什么不断优化的营商环境，又以"便利度"的感受作为制度创新的结果会在粤港澳大湾区日益凸显出来。有什么样的制度环境或制度安排，就有什么样的来自理性经济人的选择行为，从而就会有什么程度的社会文明。

加拿大菲沙研究院发表的《世界经济自由度 2020 年度报告》显示，在 190 个经济体中，香港位列全球最便利营商地的第 3 位，与去年相比提升了 1 位。同时香港还以 8.94 的评级高于全球第四大金融中心的新加坡，这是香港连续 24 年被评为全球最自由的经济体。菲沙发言人认为，利伯维尔场原则一直是特区政府制定政策的重要考虑以及香港经济的基石。香港有优质的司法制度、廉洁的社会风气、透明度高的政府、高效的监管制度，以及高度开放的环球商贸环境。这一切与香港成熟的自由贸易和投资制度相结合，与良好的营商环境与简单低税制的制度安排相支撑，使高效运作的政府为香港提供了一个长期稳定并镶嵌在社会机体内的市场经济制度环境，从而能够保障企业蓬勃发展，整体经济持续稳定向上。从制度变迁的视角，我们可以对粤港澳大湾区的形成与构建得出如下判断。

第一，作为一项正式制度安排，粤港澳大湾区的形成与构建为经济体之间可能的合作与竞争，提供了共同遵循的规则和一种全新的结构。在粤港澳大湾区的框架内，"9+2"行政区划的每一个成员之间的合作均可以获得某些在结构之外无法获得的追加收入，或提供一种能影响法律抑或产权变迁的机制，以改变个人（或团体）可以合法竞争的方式。如《粤港澳大湾区发展规划纲要》中有关大湾区的五项战略定位和四方面发展重点都是以正式制度安排的方式，① 使"9+2"的每一个行政区划既作为独立的经济体，又作为合作中的共同体，在实现一体化目标中获得只有在粤

---

① 《粤港澳大湾区发展规划纲要》提出五大战略定位："充满活力的世界级城市群、具有全球影响力的国际科技创新中心、'一带一路'建设的重要支撑、内地与港澳深度合作示范区、宜居宜业宜游的优质生活圈"，以及四方面发展重点："深化区域经济一体化、建设国际科技创新中心、构建具有国际竞争力现代产业体系、建设宜居宜业宜游的优质生活圈"。

港澳大湾区内才能获得的额外发展机会与收益。在这里尤为重要的是，在粤港澳大湾区的制度框架内，通过自上而下的制度安排所提供的能够影响法律或产权变迁的某些制度变迁的机会，如规则衔接、制度对接等政策许可与实践，使"一国、两制、三法域"的"9+2"的行政区划的合作，不仅获得了结构外不可能获得的潜在利益与追加收益，而且对于推动政治体制改革与社会管理体制机制的现代化与国际化均是一种足以降低试错成本的率先探索。

第二，作为一项正式制度安排，粤港澳大湾区的形成与构建体现了渐进式改革中"举国体制"的效率与权威性。"举国体制"不仅可以减少制度变迁的"时滞"与交易费用的方式，迅速把国家改革的总体意图变为可操作的实施方案，而且可以通过自上而下的行政隶属机制，使制度创新迅速产生出其他体制下都无法达到的极高效益，尤其在尚存在行政区划与区域一体化碰撞的情景下。另外，如果我们从制度设计的角度来理解《粤港澳大湾区发展规划纲要》，它事实上是一种具有准法律效力的制度性文件。它的作用不仅为实现区域一体化制定了合作与分工框架，如深港、珠澳、广佛三个增长极与七大节点城市的功能定位，还为有可能出现的过度消耗公共资源的"公地灾难"，恶性竞争带来的"无谓损耗"；有可能避免的包括公共基础设施、公共物品及准公共物品的区域间重复建设，给出了旨在提高边际收益与供给效益的协商机制与制度操作空间。

第三，作为一项正式制度安排，粤港澳大湾区形成与构建不仅会在制度结构优化的进程中进一步使制度的"制度资本"属性得以提升，而且通过模仿与传导机制推进中国社会的制度变迁向纵深发展，从而推进深化改革与高水平开放。

在谈到经济一体化时，德国制度经济学家柯武刚和史漫飞认为：经济一体化与不同的地区市场或国家市场的市场参与者之间密切的相互交往有关。当地区间或国家间的交易随贸易的增长而趋于密集时，我们就称其为"源于下层的一体化"；与这种一体化的进展相伴随，通常会发展出各种促进这些交易的内在制度。相反，"源于上层的一体化"与通过各种政治程序建立或改变外在制度有关，欧洲共同体是这方面的一个例子。① 按照

---

① ［德］柯武刚、［德］史漫飞：《制度经济学：社会秩序与公共政策》，韩朝华译，商务印书馆2000年版，第454页。

柯武刚和史漫飞的论述，粤港澳大湾区从概念上说应该被定义为"源于下层的一体化"，与之相适应的应该是各种促进区域交易的内在制度的产生。然而，这种在理论上契合制度经济学定义的"源于下层的一体化"，在中国则表现为由政府制定的"源于上层的一体化"，及与之相适应的正式制度的形成。但有一点是可以肯定的，那就是粤港澳大湾区自身的发展，已经为"源于上层的一体化"，即今天粤港澳大湾区的构建，奠定了基础，同时也为制度结构的优化提供了可能。那些"源于下层的一体化"，以及与之相适应的各种促进区域内交易便利化的内在制度的产生，则更多地以作为"次级行动集团"的地方政府间的准市场行为和市场行为展示出来，如2003年CEPA的实施、以深汕特别合作区为代表的"飞地经济"等。高质量的"制度资本"既作为市场经济日益完善的结果，又作为一体化制度框架的绩效得以显现与释放，只是这一切都以符合中国国情的方式，以中国特色制度演进的逻辑路径展开着。

第四，作为一项正式制度安排，粤港澳大湾区的形成与构建，以深港营商环境高水平规则衔接、制度对接为路径，在提升湾区制度环境质量的同时，促进香港真正融入祖国建设的整体布局之中。

营商环境从根本上还是一个社会的制度环境，通常人们会遵循"制度—行为—绩效"的路径来评价制度环境对社会经济的影响。制度环境往往通过作用于各类要素的配置效率，从社会运作机制上影响区域经济的增长，同时也会通过交易成本的高低反映一个区域的政府与市场之间的关系。

营商环境高水平规则衔接、制度对接，对粤港澳大湾区的不同行政区划而言，都是一个借鉴香港成熟市场经济体制机制的学习过程。经历40余年的改革开放，香港与内地的关系也在发生着变化。香港从内地了解世界、学习市场经济、融入国际社会的最便利的窗口，成为与内地合作发展的共同区域，深港融合发展使香港与内地的关系，也由单纯的要素往来走向了现实的规则衔接、制度对接的制度借鉴。从某种意义上说，从前香港自身所拥有的契合发达市场经济体的体制与制度资源，在很大程度上只是作为经济增长的外生变量影响着我们的生活和选择，而没有作为社会发展的内生因素改变着我们的行为方式、思维方法甚至决策程序。粤港澳大湾区的构建，尤其是深港融合发展的决策，会通过营商环境高水平衔接与对接等制度安排，把借鉴香港体制优势变成了湾区高质量制度环境营建的行动。当然在规则衔接与制度对接中,香港也会由于与深圳乃至大湾区在诸如商事规则等市场遵循及行为准则标准方面的逐渐一致性,而"制度化"地融入祖国发展的整体规划中。

知识的不足与缺乏,是可以通过恰当而有效的制度安排来予以缓解的。因为恰当的制度安排拥有引导个人决策者在一个复杂的、不确定的世界中做出理性抉择的功能,并能够帮助人们减少由信息不对称造成的损耗。① 香港的体制优势,是一种有价值的资源。向先进制度学习,有助于克服转型社会的政府由于自身的局限性而导致的保守与低效率,有助于避免由认知不足造成的较高的交易成本和无谓社会损耗,有助于降低向先进学习的机会成本、提高学习的效率与绩效。另外,向先进制度学习,既可以消除制度变迁的时滞,降低制度变迁的成本,减少制度变迁中包括服从心理和情感在内的无形损耗,还可以使政府在制度的变迁中走向成熟、理性并富有责任感和服务社会与民众的职业人价值取向。② 所以,营商环境的高水平衔接,不仅会加快粤港澳大湾区的一体化进程,从根本上提高湾区制度供给与制度环境的质量,更重要的还在于随着规则的一体化,将使香港有机会真正融入祖国的发展建设之中,并成为由市场规则所营造的、融合发展的制度共同体中的"一国两制"的行政区划。

粤港澳大湾区作为由国家整体发展布局所引致的正式制度安排,既表现为渐进式改革的必然演进,又体现了中国道路的内在发展逻辑——以建立政策性区域增加极的方式,以先行先试的制度探索,推动改革开放向纵深发展;以成功经验的借鉴与推广,实现区域协同发展与共同富裕。所以,粤港澳大湾区的构建,在为共同体成员提供只有在同体遵循的制度框架内才能获得的机会与利益的同时,不仅为深港融合发展提供了可能,还以制度创新的力量促进了中国社会制度变迁的步伐。

三、深港融合发展与区域经济韧性

如果说深圳与香港是粤港澳大湾区中具有独特意义的裙带增长极,那

---

① [德]柯武刚、[德]史漫飞:《制度经济学:社会秩序与公共政策》,韩朝华译,商务印书馆2000年版,第62页。

② 参见陶一桃《建设前海就是"再造香港"》,载《法人》2014年第5期。

么深港融合发展对于粤港澳大湾区建设来说则具有独特意义与功能。深港融合发展不仅仅是充分利用彼此包括制度在内的要素禀赋，从而形成发展合力与加强的引擎效能的客观需要，同时更是未来真正实现共同富裕与繁荣的唯一途径。深港融合发展的关键在于制度信道的建立，而规则衔接与机制对接则是构建制度通道的桥梁；深港融合发展的首要是营商环境的高标准接轨，而高质量的制度环境营建则是实现这一目标的前提。深港融合发展的核心在于增加区域经济的韧性，从而使深港不仅成为带动粤港澳大湾区高质量发展的强劲引擎，还要成为带动中国经济可持续发展的具有国际风向标意义的强劲引擎，然而要形成这样一种发展格局，需要更加深入的改革和更高水平对外开放的坚实推进。

第一，从深港两地产业结构的特点来看，深港融合发展将以产业结构的优势，整体增强粤港澳大湾区的经济韧性，从而提升其抵御、应对外部冲击与风险的能力，拥有保持经济稳定发展的源于内在产业结构的持续力量。

深港两地产业结构具有相当程度上的相似性与相互支撑性。其一，产业结构的高质量化是深港两地的共同特点。深圳以高新技术产业和新兴战略性产业为主导，香港则以包括金融在内的现代服务业为主导，而这两种产业业态均处于产业链条的高端位置，除了自身不大容易从根本上受到巨大的经济周期波动的冲击，在面对有可能出现的全球经济危机时，由于其自身业态的特质又显示出对整体经济的"稳定器"作用，尤其是高新技术产业。其二，产业业态的相互支撑性是深港融合的独特价值与意义。深港两地融合发展既有地在线的可行性，又有区域经济发展趋势的客观必然性。深圳的高新技术产业、先进制造业与香港现代服务业优势及国际化先发优势的结合；深圳数字金融与科技+金融与香港发达且拥有国际信用的金融体系的结合，都会以提升自身竞争力和世界经济体系对其依存度的方式，增强深港融合发展赋予粤港澳大湾区的区域经济韧性。其三，发展空间的拓展与要素无制度障碍的自由流动，既增强了深港融合发展的经济承载力，又形成了新的经济增长点，从而不仅使香港，而且使深圳乃至大湾区由于新的发展机遇所带来的可持续发展的活力潜质，更加富有区域经济韧性，如香港北部都会区建立与《前海方案》的出台。

第二，从深港两地的社会文化氛围与人力资本结构来看，较高的开放度与国际化、较强的社会学习能力及城市的宜居性，都以潜在收益的方式在强化社会资本的同时增加着区域经济的韧性。其一，较高的开放度与国际化水平，会以增强城市包容度的方式增强城市或区域的经济韧性。根据美国国际管理咨询公司科尔尼 2020 年的《全球城市指数》报告，尽管由于疫情等原因香港排名从连续 9 年的全球第 5 下降到第 6 名，但是从历史的延续性角度看，香港的排名依旧不俗，在这个排名中持续上升的深圳位居第 75 位。应该说在国际化方面，香港表现得比深圳更加具有张力，在规则衔接与制度对接的进程中，香港自身的国际化水平及国际化的社会管理体制机制会以提供营商环境的方式，增强着深港融合发展的区域经济韧性。其二，高质量的人力资本结构，既是社会的竞争力，又是在承受外部冲击时，内在固有的抵御能力与迅速寻找发展路径的创新能力。深圳以金融业、信息传输/软件和技术服务业、租赁和商务服务业、科学研究/技术服务业为主要代表的知识密集型服务业从业人员数为 116.28 万人，占全部从业人员的 12.92%，每十万人从业人员中就有 12925 人从事知识密集型服务行业的工作。香港以金融服务和专业服务及其他工商业支持服务为主要代表的知识密集型服务从业人数为 84.02 万人，占总就业人数的 21.8%，每十万从业人员中就有 21800 人从事知识密集型服务行业的工作。《2020 年全球创新指数》（*Global Innovation Index*，GII）显示，在以 PCT 国际专利申请量和科学出版物为核心评价指标的科技集群中，深圳—香港—广州科技集群位居全球第二，仅次于东京—横滨，超过美国圣何塞—旧金山城市群（硅谷所在地）。其三，对于处于区域增长极地位的城市来说，城市的宜居性既是城市的魅力，又是城市优质人力资本的储备能力与生命力之所在。美国经济杂志《环球金融》（*Global Finance*）在 2021 年 10 月发表了以"宜居城市"为主题的 2020 年世界排名中，进入榜单前 50 的中国城市有香港、上海、北京。香港排名第 11 位、上海排名第 21 位、北京排名第 22 位，深圳虽然没有进入前 50，但也显示出上升的势头。由于深港均为粤港澳大湾区经济带中不可替代的具有高质量引擎作用的卫星城市，并共同构成了得天独厚的裙带增长极，因此宜居性所带来的社会经济效益又会通过两者融合发展的合力展现出来。如深港两地 2020 年的 GDP 之和达到 5.18 万亿元，相当于上海的 1.33 倍，是珠江口周边与杭州湾周边的总量之和。香港和深圳的人均 GDP 分别 32.3 万元和

15.73万元，明显高于上海，在湾区经济带城市中也处于领先水平。①

第三，从深港两地社会资本的契合度来看，深港融合发展将会以文化资本的制度力量，在降低磨合成本，减少协调成本，节省交易费用，提高认知共识，从而产生"文化增长资产"的同时，增强着粤港澳大湾区的区域经济韧性。

从某种意义上说，香港的体制优势依然是我们深化改革可以借鉴的有价值的资源。深港融合发展在相当意义上是向先进学习的过程。在这一过程中，香港的体制优势无疑会增强着区域经济源于社会资本高质量化所派生出来的强劲韧性。从制度经济学的角度看，社会资本与文化资本具有概念上的较高的吻合度。广义的文化是指一个人作为社会一员所获得的全部能力和秉性。由于这些能力与秉性附着于习得制度并且支持这些制度的价值，所以文化具有资本的某些属性。它可以减少交往的风险与成本，支持社会的分工与市场运行效率。通常当在一个共同体中或一个社会里发现了新思想或更具有竞争力的新观念时，文化的演变便会发生。然而，当这些新的文化特质一旦得到了由个体延伸到整体的普遍模仿，从而使原社会制度框架中接受它们的人群数量超过了一个临界点时，它们就会变成新的社会规范，而新的制度（包括正式的或非正式地）就会被在普遍模仿中创造出来，文化资本抑或社会资本也必然会随之发生着改变，它们将会变得更加具有制度绩效。例如，14—16世纪欧洲的统治者们发现，当商人和制造商们认为另一些国家里有更受规则约束的政府和更可信赖的制度时，就会前往那些国家。这不仅迫使统治者们放弃了任意的机会主义，提供了可信赖的规则，还鼓励了某些内在的文化性制度，如诚实、守时和节俭。当外在制度和内在的文化性制度得到采用，新的"公民道德"广泛普及时，资产阶级社会和资本主义就诞生了。由于被迫开放以及获取西方技术和组织的紧迫需要的影响，作为制度的文化完全有可能突变成"文化增长资产"。② 这一演变逻辑也适合解释区域共同体成员间的类似情形。在发现更有优越性理念而形成新的共识以及共同遵循的文献的签署这类事件时，这种新的共识的形成往往会产生边际收益递增的结果，从而促进社会

---

① 数据来源于各相关城市统计公报整理。
② 参见［德］柯武刚、［德］史漫飞《制度经济学：社会秩序与公共政策》，韩朝华译，商务印书馆2000年版，第195—200页。

总收益最大化的形成。

其一，深港融合发展，是一种发展理念的共识。这种共识的形成会以降低合作的协调成本，提高合作的边际效益的方式增强着区域经济的韧性。我们知道，任何行政决策都可以通过一纸公文得以实现，但一个获得广泛认同并支持的行政决策，是需要广泛认同的社会价值体系支撑的，这就是社会资本或文化资本的功能。由于区域内一致认知所形成的社会资本，可以降低合作中不可避免的磨合成本，减少发生于资源分配、组织实施、信息收集等结合过程中的协调成本，节省与之相关的交易费用，从而使区域共同体之间的合作变得更简单并具有可预测性。这就如制度特有的功能一样，会使复杂的人与人之间的交往过程变得越发容易理解并具有更明确的可预见性，从而使不同个体之间的有效协调更易于低成本发生。"制度无疑为人们之间的交往与合作创造了一种信心，它会使人们真切地感受到由于常规很少变化，因而生活中的许多预期会发生的交往全在掌握之中，所以，制度把指向未来行动中的风险限定在基本可预知的范围中。只有当人们的行为被由一个个制度所构成的社会制度结构相对稳定化了，才可能增进知识和社会的劳动分工，而社会的劳动分工则是不断走向更加繁荣的基础。……有些制度安排能够得到广泛的赞许与接受，那是因为它们会给处于交往中的人们带来心理上的舒适感与安全感。在这样的制度环境下，人们会感到自己属于这样一个共同体，这个共同体不仅是文明有序的，而且协调成本很低，潜在风险也有限，而人与人之间相处也是可以选择信赖的。"① 因此，我们可以说，粤港澳大湾区的构建，不是简单的地理意义上的一体化的整合。不断达到一致认知的社会资本，或者说文化资本的形成，是一体化的坚实基础。正如在多数共同体中，诸如价值观、理念、集体道德在内的内在制度引导着成员间的多数行为一样，社会资本在减少或降低着无法避免的磨合成本、协调成本与交易成本的同时，也降低或减少着遵循区域共同体发展目标进程中的"服从成本"，从而使区域经济逐渐形成的韧性，完全有可能远远高于非合作及单纯要素或产业优势互补状态下所显示出来的强度。

其二，从深港融合发展的设想与实践来看，是融合发展模式的探索与

---

① ［德］柯武刚、［德］史漫飞：《制度经济学：社会秩序与公共政策》，韩朝华译，商务印书馆 2000 年版，第 142 页。

共建过程。这种探索与共建的过程，会以不断释放出由社会资本或文化资本的逐渐一致性所带来的经济发展整体目标一致性的方式，产生着"文化增长资产"，提升着区域经济发展韧性。

建立在发展共识基础上的区域共同体的融合发展，既不是简单的资源整合，也不是单纯地相互参与，而是以尊重彼此利益为大前提的、共同规划框架下的有机融合。所以这种融合发展模式不仅展现出社会资本或文化资本在区域共同体构建中的凝聚力作用，更会产生"文化增长资产"。即仅仅源于认知的认同形成了新的社会资本，而这种新的社会资本由于更便于区域共同体间更广泛的要素自由流动与高效组合，从而带来社会经济发展的新的机遇与可能。从2019年出台的《粤港澳大湾区发展规划纲要》，到新近出台的《前海方案》，再到香港《北部都会区发展策略》，深圳与香港在粤港澳大湾区发展中的举足轻重的地位日渐以政府规划的方式凸显出来了。融合发展已经由单纯的要素市场化流动走向共享型发展模式。当然，这种共享型发展模式绝不是对彼此个性的否定与简单的趋同，而应该是共识目标下得更加紧密的合作共赢。所以，这种共享型发展模式，不仅会为深港共同繁荣解决稀缺资源市场化配置或获得问题，还将会为解决诸如就业等社会问题相互提供机会与可能。因此，我们可以说，共同规则是建立在共同理念之上的，而共同理念则是社会资本或文化资本的关键体现；社会资本本身虽然不是规则，但它能决定什么样的规则被共同体所接受。如穆勒曾指出："虽然国家不能决定一个制度如何工作，但是它却有权力决定什么样的制度将存在。"① 深港融合发展所带来的更加开放包容的制度—文化环境，更加富有冲击力的创新氛围都会在促进、生产更高质量的"文化增长资产"的同时，增强深港合作的区域引擎作用。

其三，从深港融合发展的倡导与实施来看，在中央政府统一部署下的两个地方政府（深圳、香港）以次级行动集团的制度创新力，创造着更富有弹性与包容性的政策与制度环境，在增加区域制度竞争力的同时，使深港融合在粤港澳大湾区建设中展现出区域韧性释放源的独特魅力。

从制度变迁理论来定义，在制度变革中次级行动集团也是一个独立的决策机构，它的功能就是帮助初级行动集团完成制度变迁，并通过自身发

---

① 约翰·穆勒：《政治经济学原理及其在社会哲学上的若干应用》，朱泱等译，商务印书馆1991年版，第23页。

起的制度创新,帮助初级行动集团收取,或扩大制度变迁所带来的好处。甚至可以说,次级行动集团是帮助初级行动集团获取收入所进行的一种制度安排。尽管次级行动集团无法使所有的追加收入自然增长,但在制度变迁进程中它是可以作出一些能获取收入的策略性决定的。如深圳经济特区的"先行先试"和"先行示范"。① 中国社会进行的是自上而下的,以中央政府授权改革为特征的渐进式制度变迁。中央政府作为初级行动集团确定总体改革方向并决定向谁授权及授权的范围与内容,被授予改革优先权的地方政府作为次级行动集团在遵循中央整体改革方案推进着制度变迁的同时,又因为拥有了率先改革的自主权,从而有可能更富有成效地突破与创新。在粤港澳大湾区建设框架下,深圳与香港就是中央授权改革路径下的具有不同程度自主权的次级行动集团。深圳的次级行动集团角色源于经济特区,源于中国改革开放之初的"先行先试"和今天的"先行示范"之改革逻辑;香港的次级行动集团角色源于特别行政区,源于"一国两制"的基本国策。从深港融合发展的制度张力来看,二者的融合发展将会形成两个"次级行动集团",在制度创新方面的相互借鉴与支撑的复合力;将会形成举国体制优势与完善的市场机制,在资源分配方面的优势互补的效率;将会形成集中资源干大事的行政效率,与矫正政府失灵的市场规律共同作用的合力。如果说深港融合发展所产生的经济韧性来自深港两地各自制度优势的互补、叠加与相互支撑所形成的综合力量,那么这种综合力所形成的独特的经济韧性,将会通过"释放效应"与"邻里效应"增强着粤港澳大湾区的区域经济韧性,粤港澳大湾区也将会由于深港这一高质量的裙带增长极的形成及作用而更加具有可持续发展的潜力。

从根本上说,深港融合发展不是一个单纯的经济问题,而是一个文化大于资本、制度重于技术的社会问题。相对于资本与技术而言,来自制度—文化的约束,既是最软的约束,也是最坚硬、最根本的约束。实际上,它是共同的价值观和规则,界定着一个社会或共同体及其个人的选择行为。而在一个社会或共同体中发展起来的,并已经成形的诸如习俗、信仰、价值观等非正式制度,不仅是制度这一系统的组成部分,还是文化这

---

① L. E. 戴维斯、D. C. 诺斯:《制度变迁的理论:概念与原因》,见[美]R. 科斯、[美]A. 阿尔钦、[美]D. 诺斯等《财产权利与制度变迁:产权学派与新制度学派译文集》,刘守英等译,上海三联书店、上海人民出版社1994年版,第273页。

一系统的组成部分。因此，建立一个富有包容性的可操作的制度——文化认知共同体系，对深港融合发展来说，无论是从逻辑还是从现实意义上讲，都应该是首先的策略与智慧考虑。正如全球化是以某种价值认同为前提与基础一样，价值认同也同样是深港融合发展共同繁荣的潜在的制度性资产。构建能够一致理解的价值共同体，有助于设法使共同体内在制度演化变得更加可预见并有序。所以，对于演化中的共同体内在制度而言，共同价值发挥着过滤器和凝聚剂的作用。价值认同是共同体成员对内在制度的一种非正式的认可，所以它不会被硬性的强制执行，而一定是文化包容的结果与收获。① 因此，从某种意义上讲，要完成中央赋予深圳的促进香港、澳门长期繁荣稳定的使命，进一步消除制度文化障碍、建立共识通道、确立互信机制、提供平等机会，将是高于资本与技术之首要。

[原载《澳门理工学报（人文社会科学版）》2022年第2期，《高等学校文科学术文摘》2022年第3期全文转载，人大复印资料《台、港、澳研究》2022年第4期全文转载]

---

① 参见［德］柯武刚、［德］史漫飞《制度经济学：社会秩序与公共政策》，韩朝华译，商务印书馆2000年版，第477–479页。

附录

陶一桃主要著作目录

[1]《中国改革开放经济思想史》（陶一桃、鲁志国、伍凤兰等著），社会科学文献出版社2023年版。

[2]《中国经济特区简史》（陶一桃、鲁志国等著），学林出版社2020年版。

[3]《广东经济特区改革发展40年》（陶一桃、伍凤兰、闫振坤等著），中山大学出版社2018年版。

[4]《深圳改革创新之路（1978—2018）》（陶一桃、魏建漳等著），中国社会科学出版社2018年版。

[5]《中国经济特区发展（1978—2018）》（陶一桃、鲁志国等著），社会科学文献出版社2018年版。

[6]《生活中的经济学》（陶一桃、王保卫著），学林出版社2018年版。

[7]《经济特区与中国道路》（陶一桃、鲁志国等著），社会科学文献出版社2017年版。

[8]《东亚国家的可持续发展》（陶一桃、袁易明主编），社会科学文献出版社2017年版。

[9]《中国经济特区史要》（陶一桃、鲁志国主编），商务印书馆2010年版。

[10]《深港粤公共经济制度比较研究》（陶一桃主编；谢圣远、伍凤兰副主编），人民出版社2010年版。

[11]《中国经济特区史论》（陶一桃、鲁志国主编），社会科学文献出版社2008年版。

[12]《中国民生思想》（陶一桃著），中国社会科学出版社2006年版。

[13]《经济学是一种生活方式》（陶一桃著），中国社会科学出版社2004年版。

[14]《西方经济学的问题演进》（陶一桃、蔡增正主编），中央编译出版

社 2002 年版。

[15] 《经济文化论》（陶一桃著），冶金工业出版社 2001 年版。

[16] 《中国古代经济思想评述》（陶一桃著），中国经济出版社 2000 年版。

[17] 《计量经济史研究（第 2 辑）》（陶一桃主编；刘巍执行主编），社会科学文献出版社 2019 年版。

[18] 《计量经济史研究（第 1 辑）》（陶一桃主编；刘巍执行主编），社会科学文献出版社 2017 年版。

[19] 《深圳经济特区年谱（1978.3—2015.3）》（陶一桃主编），中国经济出版社 2015 年版。

[20] 《深圳经济特区年谱（1978.3—2010.3）（修订版）》（陶一桃主编），中国经济出版社 2010 年版。

[21] 《深圳经济特区年谱（1978—2007）》（陶一桃主编），中国经济出版社 2008 年版。

[22] 《经济特区研究文献索引（第五辑）：2011—2015》（陶一桃主编；钟若愚，王保卫副主编），中国经济出版社 2022 年版。

[23] 《经济特区研究文献索引（第四辑）：1978—1990》（陶一桃主编；钟若愚，王保卫副主编），中国经济出版社 2016 年版。

[24] 《经济特区研究文献索引（第三辑）：1991—2000》（陶一桃主编；钟若愚，王保卫副主编），中国经济出版社 2015 年版。

[25] 《经济特区研究文献索引（第二辑）：2006—2010》（陶一桃主编；钟若愚，王保卫副主编），中国经济出版社 2013 年版。

[26] 《经济特区研究文献索引（第一辑）：2001—2005》（陶一桃主编；钟若愚，王保卫副主编），中国经济出版社 2013 年版。

后记：对智慧顶礼膜拜

当完成自选论文的相关工作后，我一直在思考后记应该写点什么为好，一直沉浸在从这些自选论文中梳理着自己的思想轨迹，非常想跳出"自己"，以"题外"话作为后记来为自选文集画一个句号。于是，我选择了我为MOOC教材《带你走进〈理想国〉》①一书所作的序言——《对智慧顶礼膜拜》作为自选文集的后记，希冀借以表达我的理念与情怀。

恐怕没有什么能像智慧那样具有跨越时空、超越生命的感染力与征服力了。智慧的魅力从不会因时光的流逝而苍老，却总会因岁月的积累而厚重；从不会因历史的漫长而褪色，却总会因悠久的年代而熠熠生辉。当我们有能力回眸仰望历史的天空时，在那浩瀚的思想天际中，最闪亮的一定是智慧的光芒。

阅读是汲取先人智慧的最深切体验，尤其是阅读像《理想国》这样的哲学名著。当我们面对一部名著并试图去触摸它时，会像一个惴惴不安地站在学富五车的长者面前的茅塞未开的孩子，局促、拘谨，生怕答不出问题，又生怕回答错问题是此时此刻一种不由自主的心态。然而，当我们毕恭毕敬地坐在长者面前凝神聆听时，就会发现，在严谨的论断的上面，是思想自由飞翔的天空，在高深的哲理之中回荡着思辨的快乐。我们仿佛在一位如灯塔一般的向导的引领下，走进了一座庄重华美的知识殿堂，尽情地分享回荡在宇宙与心灵之间的智慧欢歌。

亚里士多德说："优秀是希腊人的习惯。"其实，智慧也是希腊人的习惯与特质。当我们去了解优秀的雅典人时，我们会深深地感到，雅典人的强大恰如业余爱好者的强大，他们所谓的优越感，不是来自专业知识或严格训练的专业化，而是来自运用脑力的精湛技艺。

柏拉图认为，智慧是最重要的美德，其他美德不过是这一美德的例证或有限的表现形式。苏格拉底认为，智慧是一种美好的东西，而愚蠢是一种有害的东西。人是在严肃的谈话中，而不是在财富、权力、声望或选举

---

① "带你走进《理想国》"这门课程被教育部评为线上一流课程。

投票中寻求智慧。智慧宛如思想之光,思想是太阳在穴壁上的投影,人能朦胧感受到它的存在,并在它的指引下发现真理。

　　智慧不是真理,但真理体现智慧。智慧更多地表现为对真理的追求和探索的过程。所以,在苏格拉底和柏拉图那里,哲学钟爱的是探索智慧,而不是无休止地宣布真理。同样,对于智慧的人来说,他们虽然充满智慧,但拥有十分谦虚的品格。他们从不夸口自己有多么智慧,而是满怀热情地去追求智慧;他们虽然以探索智慧为生命的内容,但表现为智慧的业余爱好者,而不是智慧的专业工作者和拥有者。他们以谦恭、孜孜不倦和执着的努力使智慧像天空中的星星离我们很远,但又似乎离我们很近,当云开雾散时,又慷慨地点缀着我们的生活。据说,德尔斐的神论独具慧眼,宣布苏格拉底是最有智慧的希腊人,而苏格拉底却把这解释成对他的哲学的起点"不可知论"的赞同——我只知道一件事,那就是我一无所知。只有当心灵能够转过身来直面自己,审视自己的时候,真正的哲学才会出现,那就是苏格拉底说的"认识你自己"。或许老子的"知人者智,自知者明,胜人者力,自胜者强"也正是一种苏格拉底式的哲学智慧。

　　智慧是哲学和像哲学家一样的思考。在人类历史上出现过诸如古希腊、中国的春秋战国那样的思想辈出的黄金时代。那个时候,尤其是古希腊,哲学与思辨如柏拉图所说是"那样难得的快乐"。对于那个时代的人来讲,对羞于露面的真理的热爱似乎超过了对肉体享受和世俗财富的追求。人们不贪图万贯家财,而只想为自己的问题寻找答案;人们在努力地洞悉自己的灵魂,并以此来找到自己安身立命的那根精神支柱。对那时的人来说,"生活就意味着不断地把我们的全部人格或经历变成光和烈焰"①。我想无论如何,在哲学与智慧离我们渐行渐远的今天,上古对智慧的那种无可比拟的热爱与崇拜,还应该留在我们渴望的灵魂中。

　　梭罗说过,要想成为哲学家,并不是只要有深邃的思想,甚至也不是去建立一所学校就行了,而是要热爱智慧,并愿意按照它的吩咐去过一种艰苦朴素、自食其力、宽宏大量和充满信心的生活。只要能寻找到智慧,其他一切都会不期而至。培根曾告诫我们说:"先去寻找心灵的宝藏,其

---

　　① [德]弗雷德里希·尼采:《快乐的智慧》,余鸿荣译,中国和平出版社1986年版,序第1页。

余的要么应有尽有，要么失去了也无关痛痒。"智慧或许不会使我们发财，却会使我们自由。这也正是孔老夫子所指的"仁者无忧，智者无惑"。

或许面对实用主义的胜利，人们早已感觉哲学是毫无用处的。于是人们开始渴望智慧却鄙视哲学，艳羡金灿灿的谷穗却漠视平实无华然而丰腴肥沃的土壤。当人们把对智慧的探索变为对智慧的索取时，当人们把智慧看成获取利益的工具并力图将其与哲学划清界限时，哲学的衰落亦即智慧的衰落，人们丢掉的就不只是哲学，更有对哲学的思考，对真理的探求和对自我的深沉反思。如果说一个只懂哲学的民族是一个呆板的民族，那么一个没有哲学的民族则是一个缺少智慧、丢失灵魂的民族。

威尔·杜兰特说："科学似乎总是在乘胜前进，而哲学则似乎总是在节节败退。"① 不过，这只是因为需要哲学解决的问题都是尚无科学方法可资借助的问题。诸如善与恶、美与丑、生与死、秩序与自由等，而这又是一项艰巨、冒险的任务。每当一个研究领域产生了可以用精确的公式来表示的知识时，它就进入了科学的行列。每一门科学都是以哲学开始，以艺术告终的。它起源于假设，而结束于累累的硕果。哲学是对未知事物（如在形而上学中）所做的假设解释。它是真理攻坚战的前哨阵地。科学是被占领的领土，在它的背后是那些安全地带。在那里，知识与艺术建立了我们这个并不完美的奇异世界。哲学之所以看起来迷惘彷徨、驻足不前，是因为它总是把胜利的果实留给自己的"女儿"——科学，自己却永不满足地踏上探索未知领域的征程。

没有艰苦的，甚至是折磨身心的哲学家般的思考，就没有智慧的光芒。如果一个人渴望智慧而又厌倦思考的艰辛和寂寞，那么他/她将失去的不仅仅是智慧，还有探索智慧的能力和兴趣。而后者的失去是失去一切的根本。

在谈到科学与哲学的关系时，杜兰特有过一段很精彩的话：科学是分析描述，哲学是综合阐释。科学要把整体化为局部，把有机分成器官，晦

---

① ［美］威尔·杜兰特：《探索的思想——哲学的故事》上，朱安、武国强等译，文化艺术出版社 1991 年版，引言第 3 页。

涩变得易懂。① 它不去调查事物的价值和理想的可能性，也不去考察它们的终极意义，而满足于说明它们的现状和作用，只把眼光紧紧盯在事物本身的性质和过程上。哲学家们却不满足于对事实的描述，他们希望弄清楚它与一般经验的关系，从而把握住它的意义和价值。他们把事物集中起来，进行综合说明；他们会把打破砂锅问到底的科学家出于分析目的，像拆卸手表似的拆开的宇宙再重新拼合起来，而且要拼得比以前的更好。科学教会我们怎样救命，怎样杀人；它一点一滴地降低了死亡率，然后又在战争中把我们一下子统统消灭。唯有智慧——借助全部的经验协调过的愿望——才能告诉我们什么时候需要救死扶伤，什么时候需要大开杀戒。构造手段的是科学，批评和协调过程的是哲学。光有科学而无哲学，光有事实而无洞察力和价值观，是不能使人类自身免于洗劫和绝望的。科学给予人们知识，然而只有哲学才能给予人类智慧。我想，杜兰特肯定不是在贬低科学，因为他深知科学的力量，他更清楚地明白，科学不仅仅给予我们知识，它常常也折射出人类智慧的光芒。然而杜兰特更想告诉我们，哲学是至高无上的知识，是人生智慧的知识，"从本质上说，哲学是一门集所有智慧之大成的科学"②。

对哲学的兴趣，就是对智慧的兴趣，就是探求智慧的动力。爱智慧首先要有热爱智慧的心灵和能力，因为只有当我们具备了聆听智慧的耳朵和灵魂的时候，只有在我们的心中至少埋有曾经在大师身上开花结果的根系的时候，伟人才会对我们开口说话；只有当我们的心灵离智慧越来越近时，智慧才有可能离我们越来越近。

股市能使人一夜之间由贫穷走向富有，或由富有跌入贫穷，但没有什么能使一个人一夜之间拥有智慧。对智慧的追求是一项艰苦的劳动，是春雨润无声的等待，是春来草自生的过程。走进哲学的殿堂，让先哲光彩照人的精神时时沐浴着我们的躯体和心灵，直到我们也能些许领略到达·芬奇所谓的"最高尚的乐趣、理解的欢愉"为止。当你选择了智慧，智慧才会选择你。

---

① 参见［美］威尔·杜兰特《探索的思想——哲学的故事》上，朱安、武国强等译，文化艺术出版社1991年版，引言第4页。
② 转引自凯泽林的话。凯泽林，德国哲学家，他的哲学主张在第二次世界大战后颇为流行，其要点为精神的新生。

苏格拉底曾对克里通说:"不要管那些哲学教师是好还是坏,一心一意地去考虑哲学本身。认认真真地把它审视一番,如果它天性邪恶,那就让所有的人都远远地离开它,但是如果它没有辜负我对它的信任,那就追随它,侍奉它,并且尽情地欢笑吧。"

让我们在虔诚中欢笑,在欢笑中对智慧顶礼膜拜吧。拉近我们与智慧距离的不仅仅是智慧,还有我们自己。

陶一桃
二〇二三年冬于深圳桑泰丹华府